3 쿠션 마스터 1
Master of 3 Cushion

이 현 저

일신서적출판사

책머리에

　협회의 자료에 의하면 국내 당구동호인의 수가 천만을 넘어섰다고 한다. 전체 국민의 2할 이상이 당구를 즐긴다는 결론이다. 국기인 태권도의 참여인구가 육백만 정도인 점을 감안한다면 당구가 우리에게 가장 친숙한 스포츠라는 사실엔 이론의 여지가 없어 보인다. 그래서인지 조금이라도 번화한 곳, 이른바 '상권'이 형성된 지역을 찾으면 예외 없이 맞닥뜨리게 되는 것이 바로 당구장 간판이다. 수 년 전 정점에 이르렀을 때 각 구청에 등록된 당구장의 총합은 무려 사만에 육박했다. 경기침체와 인터넷 게임문화의 영향으로 지금은 그 수가 현저히 줄었지만, 아직도 만 오천 이상의 업소가 전국 각지에 건재해 있다. 이는 생활체육이 일상화된 미국이나 일본은 물론, 자타가 공인하는 당구 종주국인 벨기에조차 감히 넘볼 수 없는 수치이다.

　그러나 이처럼 훌륭한 인프라에도 불구하고 국제무대에서 한국당구의 위상은 그다지 높은 편이 아니다. 아니, 오히려 부진하다는 표현이 더 적절할지도 모른다. 3쿠션의 경우, 몇 해 전 유명을 달리한 이상천 선수를 제외하면 세계대회 4강의 관문을 돌파한 선수가 전무한 실정이다. 같은 자질이 요구되는 양궁에서 우리 선수들끼리 결승을 치르는 장면이 그다지 낯설지 않은 것과는 다분히 대조적이라 할 수 있다.

　국제무대 성적이 기대에 못 미치는 원인은 몇 가지가 있는데, 대표적인 것이 당국의 정책과 용품의 규격, 그리고 스폰서의 부재이다. 성인이 다 돼서 전용구와 소형테이블로 공을 배우기 시작한 플레이어가 어려서부터 공인구와 규격테이블에 단련된 플레이어를 무슨 수로 이기겠는가. 게다가 생계비를 밑도는 우승상금이라는 현실이 전도유망한 신인들의 프로전향을 가로막는다. 그나마 위안이 되는 점은 세 가지 모두 더디지만 꾸준히 개선되고 있다는 것이다. 정책적으로는 학교 앞 거리제한 철폐나 업소 내 금연 정도가 미결로 남아 있을 뿐이고, 공인구와 규격테이블의 보급이 늘어나는 추세이며, 대기업의 협찬을 이끌어내기 위한 활동도 다각적으로 전개되고 있다.

그렇다면 시간이 지나서 위의 문제들이 해결되면 한국의 3쿠션이 세계를 제패할 수 있을까? 풀이 본격적으로 확산된 지 5년이 채 안 돼서 김가영이라는 챔피언을 배출해 낸 저력으로 미루어 충분히 가능성이 있는 얘기다. 그러나 3쿠션의 특성상 넘어야 할 산이 또 하나 있다. 재능과 연습량에 따라 실력이 좌우되는 여타 종목과는 달리, 3쿠션은 체계적인 이론이 뒷받침되지 않으면 언젠가는 한계에 봉착하게 된다. 샷 하나하나의 구조가 그만큼 복잡하고 난이도가 높기 때문이다.

그런데 정통한 이론을 배우기가 쉽지 않다는 것이 문제다. 아카데미나 프로가 상주하는 클럽의 수는 너무 적고, 원서를 포함한 기존의 이론서 중 중급 이상의 플레이어에게 충분한 자양을 공급할 수 있는 것은 매우 드물다. 사정이 이러니 대부분의 동호인들이 아까운 재능을 살리지 못하고 애버리지 정체의 늪에서 헤어나질 못하고 있는 것이다.

필자는 한 차원 높은 지식을 갈구하는 동호인들을 보면서 그들의 기대에 부응할 수 있는 이론서를 구상했고, 15개월의 산고 끝에 결실을 거둘 수 있었다. 몇몇 기연으로 손에 넣게 된 유럽의 일급 정보와 스스로 창안해 충분한 검증을 마친 새로운 기법들을 욕심스레 담아내다보니 분량도 기간도 당초 예상의 두 배가 돼버렸지만, 사랑해 마지않는 3쿠션에 양껏 심취할 수 있어서 행복하고 보람된 시간이었다. 지면이라는 제약을 완전히 극복할 수는 없었지만 재능과 끈기를 겸비한 플레이어라면 이 책을 통해 충분한 성취가 있으리라 믿어 의심치 않는다.

끝으로 원고를 완성하기까지 숱한 연구와 실험의 나날 내내 든든한 조력자가 되어준 국민생활체육 전국당구연합회 오성규 교육이사와 한없는 신뢰와 애정을 보내준 가족들에게 가슴으로부터 우러나는 감사의 말을 전한다.

이 현

추천의 글

이 책은 당신의 공에 대한 열정이 사라지는 그날까지

영원히 함께할 수밖에 없는 동반자이며,

진정한 당구의 세계로 여행할 수 있도록 해줄

길라잡이입니다.

이 책에는 당신의 여정이 계속되는 한

끊임없이 닥치게 될 여러 가지 시련들을

지혜롭게 극복할 수 있는 해법이 존재합니다.

그것은 3쿠션을 사랑하는 당신에게

마르지 않는 샘물과 같은 용기를 줄 것입니다.

세계 최고의 선수들의 경기하는 모습을 보며 당신은 무엇을 느끼셨습니까?

그들이 모두 천재일까요?

물론 남다른 재능도 갖췄겠지만 선진적 정보에 기반을 둔 체계적인 훈련이 없었더라면 그와 같은 경지에 도달하진 못했을 것입니다.

지금까지 수많은 당구서적이 나왔지만 3쿠션에 대한 궁금증과 욕구를 100% 해소해 주는 것은 없었습니다.

이제 「**3쿠션 마스터**」를 공부하십시오.

당신이 원하는 기량을 손에 넣을 수 있는 길이 보일 것입니다.

아울러 새로운 이론에 대한 연구와 실험을 함께 할 수 있게 해 주신 이 현 선생님께 감사의 말씀을 드립니다.

※ 대전 당구아카데미 원장(前)
※ 윌리암 당구스쿨 원장(前)
※ 국민생활체육 전국당구연합회 교육이사(現)
※ 국민생활체육 전국당구연합회 지도자 강습회 위촉강사(現)
※ 충북 당구연맹 소속 선수(現)

오 성규

… 차례 …

vol 1

I 기초 Basis

1 교양 Culture 15
- 1.1 기원과 역사 Origin & History 16
- 1.2 종목 Entries 23
- 1.3 큐 스틱 Cue Sticks 28
- 1.4 테이블 Tables 34
- 1.5 당구지 Table Cloth 37
- 1.6 당구공 Balls 38
- 1.7 초크 Chalks 40

2 예절 Manners 41
- 2.1 복장 Dress 43
- 2.2 악습 Bad Habits 44
- 2.3 품행 Conduct 46
- 2.4 초크 사용법 Chalk Usage 49

3 규정 Rules & Regulations 51
- 3.1 워밍업 Warm Up 53
- 3.2 래깅 Lagging 53
- 3.3 서브 Serve 55
- 3.4 득점 Points 56
- 3.5 재배치 Reposition 57
- 3.6 파울 Fouls 59

3.7 품행 규정 Rules of Conduct 61
3.8 핸디 Handicap 62

4 자세 Posture 65

4.1 스탠스 Stance 66
4.2 브리지 Bridge 69
4.3 머리의 위치 Head Position 73
4.4 그립 Grip 74
4.5 왼팔 Left Arm 75
4.6 보조도구 Assist Tools 75

5 정렬 Alignment 77

5.1 가상 큐 볼 Imaginary Cue Ball 78
5.2 주안시 Dominant Eyesight 81
5.3 타점 Hit Points 83
5.4 시야각 Eyesight Angle 87
5.5 스쿼트와 커브 Squirt & Curve 88
5.6 오차허용치 Error Margin 90

6 타구 Stroke 91

6.1 예비 스트록 Preliminary Stroke 92
6.2 상박과 하박 Upper Arm & Forearm 94
6.3 수평각 Horizontal Angle 96
6.4 시선 Eyesight 97
6.5 호흡조절 Breath Control 98
6.6 리듬 Rhythm 98
6.7 변화 Variations 99

7 물리법칙 Physical Laws 103

7.1 분리각 이론 Dividing Angle Theory 105
7.2 잉글리시 English 108
7.3 에너지 분배 Energy Distribution 113
7.4 구름 관성 Rolling Inertia 115
7.5 반사각 Reflection Angle 117

II 시스템 System

1 개요과 기본기 Outline & Basic Skills 121
- 1.1 숙련 Expertness 123
- 1.2 시스템 구성 System Lineup 124
- 1.3 입사점 Incident Point 125
- 1.4 큐볼의 지름 Diameter of Cue Ball 126
- 1.5 나침반 측정법 Compass Method 128
- 1.6 소실점 Vanishing point 130
- 1.7 테이블 값 Table Value 131

2 가변 잉글리시 시스템 Variable English System 136
- 2.1 5와 1/2 5 & Half 138
- 2.2 연장된 5와 1/2 Extended 5 & Half 152
- 2.3 30 대칭 30 Symmetry 155
- 2.4 리버스-엔드 Reverse-end 158
- 2.5 마이너스 10 Minus 10 167
- 2.6 2/3 2/3 170
- 2.7 거미줄 Spider Web 177
- 2.8 로드리게즈 Rodriguez 181
- 2.9 일출 일몰 Sunrise Sunset 184
- 2.10 페루 Peruvian 189
- 2.11 뒤쪽 우산 Backside Umbrella 191
- 2.12 더블 레일 Double Rail 194
- 2.13 볼 Ball 197

3 고정 잉글리시 시스템 Fixed English System 202
- 3.1 플러스 Plus 204
- 3.2 플러스 2 Plus 2 209
- 3.3 3팁 플러스 3tip Plus 212
- 3.4 35와 1/2 35 & Half 215

3.5 도쿄 연결 Tokyo Connection		218
3.6 역회전 Reverse		221
3.7 3O 퍼짐 3O Spread		225
3.8 아코디언 Accordion		228
3.9 3팁 횡단 3tip Across		230
3.10 접시 Plate		232
3.11 셰이퍼 Schaefer		235
3.12 등비 Even Ratio		239
3.13 분열 Split		240

4 스프레드 시스템 Spread System 244

4.1 긴 쐐기 Long Wedge		246
4.2 N자 횡단 N Across		249
4.3 밀고 당기기 Push & Pull		252
4.4 터키 각 Turkish Angle		253
4.5 클레이사격 Clay Shooting		256
4.6 O팁 플러스 Otip Plus		261
4.7 번 Byrne		263
4.8 지그재그 Zigzag		265
4.9 안쪽 우산 Inside Umbrella		267

5 등각 시스템 Equal Angle System 270

5.1 평행 측정 Parallel Gauge		273
5.2 십자 측정 Cross Gauge		276
5.3 7 ^{7}		278
5.4 1/2에 1 1 by Half		290
5.5 플러스 5 Plus 5		283
5.6 플로리다 예비 Florida Backup		286
5.7 마이너스 5 Minus 5		288
5.8 3과 4 3 and 4		290
5.9 99에서 1까지 99 to 1		292

vol 2
⟨수록된 내용⟩

III 응용

1 기본진로
- 1.1 안으로 돌리기
- 1.2 밖으로 돌리기
- 1.3 옆으로 돌리기
- 1.4 빗겨 치기
- 1.5 대회전
- 1.6 테이블 횡단
- 1.7 되돌려 치기
- 1.8 빈 쿠션 치기

2 선구
- 2.1 큰 공 식별
- 2.2 큐 볼의 위치
- 2.3 스핀 샷
- 2.4 리버스-엔드 샷
- 2.5 오펜스와 디펜스

3 포지셔닝
- 3.1 오브젝트 볼의 진로
- 3.2 두께와 시간차
- 3.3 포지셔닝의 원칙
- 3.4 도식화된 포지션
- 3.5 피해야 할 위치

4 난구
- 4.1 키스의 활용
- 4.2 인위적인 곡구
- 4.3 극단적인 스네이크

    4.4 마이너스 잉글리시
    4.5 테이블 횡단 샷의 응용

5 예술구
    5.1 찍어 치기
    5.2 반작용의 이용
    5.3 점프의 이용
    5.4 프로들의 샷

IV 단련

1 연습
    1.1 자세 점검
    1.2 스트록 완성
    1.3 입사점 찾기
    1.4 밀어 치기와 끌어 치기
    1.5 왼팔과 보조도구
    1.6 붉은 공의 처리
    1.7 찍어 치기 연습
    1.8 시간 안배
    1.9 혼자 하는 풀 시합
    1.10 관전

2 전술
    2.1 워밍 업의 활용
    2.2 테이블 값의 변화
    2.3 큐 스틱 자
    2.4 오펜스와 디펜스의 결정
    2.5 기본 진로와 난구

3 정신무장
    3.1 집중력
    3.2 자신감
    3.3 중압감의 극복

4 용어사전
    4.1 우리말
    4.2 영어
    4.3 일어

I 기초
Basis

- 높은 건물을 지으려면 깊게 파야 한다. -

1 교양
Culture

1.1 기원과 역사 Origin & History

1.2 종목 Entries

1.3 큐 스틱 Cue Sticks

1.4 테이블 Tables

1.5 당구지 Table Cloth

1.6 당구공 Balls

1.7 초크 Chalks

최고의 3쿠션 플레이어를 향한 장구한 여정의 첫 단계는 당구관련 일반상식과 플레이에 사용되는 용품에 대해 정리하는 것으로 시작해볼까 한다. 물론 이후에 소개될 예절이나 규정처럼 필수적인 내용은 아닐지라도, 스포츠인의 한사람으로서 어느 정도의 기본교양을 갖추는 것은 충분히 의미가 있는 일이기 때문이다.

1.1 기원과 역사 Origin & History

1.1-1 막대와 공의 놀이

당구의 기원에 대해서는 여러 가지 설이 분분하지만, BC 5세기경 지중해연안 국가들에서 시작된 '막대와 공의 놀이'가 그 효시라는 주장이 일반적이다. 고대 그리스와 이집트의 지배계급을 매료시켰던 이 놀이는 평탄하게 다듬은 지면에 돌로 만든 공을 놓고, 끝이 구부러진 나무막대로 쳐서 원추형의 목표물을 맞히는 방식으로, 당구를 비롯해 볼링^{bowling}, 골프^{golf}, 크리켓^{cricket}, 크로케^{croquet}, 하키^{hockey}, 폴로^{polo} 등의 공통된 조상으로 추정된다. 과격한 운동을 꺼렸던 귀족들에게 안성맞춤이었던 모양인지, 여러 유물과 벽화에서 그 흔적을 찾아볼 수 있다. 문헌상으로는 스키타이^{Scythia}의 학자 아나카시스^{Anarchasis}가 그리스를 여행할 때 이를 목격했다는 기록이 있다. 셰익스피어의 비극 「앤토니와 클레오파트라」에도 클레오파트라가 공치는 놀이를 했다는 묘사가 등장하지만, 고증된 사료로서의 가치는 없다.

로마 제국의 멸망 이후 형성된 중세 유럽 사회는 스포츠와는 인연이 없었다. 신앙과 노동만을 신성시했던 교회의 영향으로 여가선용이나 자아실현이라는 동기 자체를 죄악시하는 경향이 지배적이었으며, 끊임없는 외부세력과의 갈등 속에서 체력단련은 전쟁을 수행하기 위한 방편으로 인식되었다.

10세기 이후에도 스포츠의 입지는 나아진 게 없었다. 패배가 죽음으로까지 이어지는 기사들의 '마상시합tournament'이 중세를 대표하는 스포츠라는 사실만 봐도, 당시 사회상을 능히 짐작할 수 있을 것이다. 그러나 11세기후반부터 약 200년간 지속된 십자군원정을 계기로 동부 지중해의 문화가 유입되어 중세 봉건 사회에 다각적인 변화를 초래하는데, '막대와 공의 놀이'가 유럽 전역으로 전파된 것 역시 십자군원정의 결과로 전해진다.

기근과 페스트pest가 물러가고 인간성 회복을 제창하는 르네상스Renaissance의 바람이 일기 시작한 14세기 후반엔, 건축과 수공예의 발달에 힘입어 이 우아한 옥외스포츠를 실내로 끌어들이려는 시도가 이루어졌다. 이때부터 정방형, 장방형, 심지어는 타원형에 이르기까지 다양한 형태의 테이블이 시도되었는데, 혹자는 이 시기를 당구의 시발점으로 보기도 한다. 석재를 대신해 목재로 만든 공이 등장했고, 15세기에 이르러서는 '당구billiard'라는 용어가 처음으로 사용되기 시작했다.

1.1-2 당구를 즐기는 귀족들

중앙집권체제의 정비가 한창이던 1469년, 당구에 심취했던 프랑스 국왕 루이 11세Louis XI는 왕실공장장 앙리 드 비니Henry de Vigny에게 궁극의 테이블을 요구했으며, 앙리는 신중한 연구와 실험을 반복한 끝에 2:1 장방형의 규격을 제시함으로써 현대식 테이블의 기축을 마련했다.

당구가 최고의 사교스포츠로 정착된 영국에서는, 시설을 갖춘 성이나 저택의 수가 하루가 다르게 늘어갔다. 이 무렵까지는 전통이 그대로 계승되어, '메이스mace(혹은 메스트mast)'라는 도구로 공을 쳐서 아치형의 '포트port'를 통과시키거나 '킹king'이라는 핀pin 모양의 목표물을 맞히면 점수가 주어졌다. 달라진 점이라면 해저드hazard의 개념으로 추가된 '포켓pocket'정도인데, 그 수가 하나에서 둘로, 둘에서 넷으로, 다시 여섯으로 늘어나면서 훗날 스누커snooker와 풀pool의 모태가 되었다.

17세기부터는 공의 재질이 상아로 대체되기 시작했으며, 1660년경엔 당구지$^{table\ cloth}$를 적용한 테이블이 첫선을 보였다. 1730년을 전후해 포트와 킹은 자취를 감추었고, 곧고 날렵한 큐 스틱$^{cue\ stick}$의 등장으로 보다 정교하고 강한 타구가 가능해졌다. 그러나 미스큐^{miscue}를 범할 경우 당구지가 손상될 우려가 크다는 이유로 실력이 출중한 소수를 제외하면 사용이 제한돼 있었다.

18세기중엽 영국에서 시작된 산업혁명의 영향으로 시민계급이 사회적 실세로 대두되면서, 귀족들의 전유물이었던 당구에 본격적인 대중화의 길이 열렸다. 당시 많은 이들이 사교장으로 애용했던 카페들은 앞 다투어 테이블을 들여놓았고, 수십 대의 테이블을 구비한 전용클럽도 생겨났다. 영국에서 파견된 군인들에 의해 북미대륙에 당구가 전파된 것도 같은 시기이다.

1.1-3 18세기 카페의 풍경

1.1-4 오렴자

18세기말에는 단면을 둥글게 다듬은 큐 스틱의 효율성이 인정되어 수요가 급증했다. 한편, 타구 시 허리를 굽힐 필요가 없는 메이스는 여성들의 품위유지에 적합하다는 이유로 20세기 초반까지도 그 명맥을 유지했다. 1775년 프랑스에서는 제 3의 공을 더한 '까람볼^{carambole}' 경기가 창안돼 선풍적인 인기를 누렸다. 붉게 채색된 공을 지칭하는 까람볼의 어원은 열대과일의 일종인 '오렴자^{carambola}'라는 설이 있으며, 공의 충돌을 뜻하는 영어 '캐롬^{carom}'이나 '캐논^{cannon}'도 이에서 파생된 것이다.

19세기에 있었던 몇 개의 발견은 당구의 기술적인 측면에 일대 변혁을 가져왔다. 프랑스혁명이후 많은 관리가 투옥됐는데, 기병대 장교출신 프랑수아 맹고$^{François\ Mingaud}$ 역시 그 중 하나였다. 1807년 형무소에서 당구를 즐기던 그는, 큐 스틱의 끝에 가죽조각을 덧대면 파손을 방지할 수 있을 뿐 아니라 중심에서 다소 벗어난 곳을 가격해도 미스큐가 발생하지 않는다는 사실을 깨달았다. 후일 '큐 팁$^{cue\ tip}$' 또는 '큐 탭$^{cue\ tab}$'으로 명명된 프랑수아의 발견은 당구에 빠진 모든 이들의 전폭적인 지지를 받으며 삽시간에 퍼져나갔다.

1.1-5 프랑수아 맹고

1818년, 런던의 한 클럽에서 지배인으로 일하던 존 카$^{John\ Carr}$는 큐 팁의 기능을 극대화시키는 비법을 고안해냈다. 뛰어난 허슬러^{hustler}이자 '잭^{Jack}'이라는 별명으로 더 유명했던 그는, 큐 팁에 특정성분의 분말을 발라 공의 회전을 자유자재로 조절함으로써 주위를 경악케 했다. 존은 자신의 발명품에 '매직 파우더$^{Magic\ Powder}$'라는 상호를 달고, 각지를 순회하며 시연을 펼쳐 상업적으로도 성공을 거두었다. 오래지 않아 그의 상품이 백묵가루에 불과하다는 사실이 밝혀졌지만, 그 효과에 대해서만큼은 누구도 이의를 제기하지 않았다. 공에 가해진 회전을 '잉글리시^{English}'라 부르게 된 것도 영국 출신인 존의 발견 때문이다.

1.1-6 생고무 레일

19세기 중반부터 석재상판을 갖춘 테이블이 일반화되면서, 말총이나 고래수염, 펠트^{felt} 따위를 채워 가죽으로 감싼 기존의 레일에 대한 불만이 커져갔다. 초기의 레일은 단순히 공이 테이블 밖으로 튀어나가지 못하게 하기 위한 목적이 전부였으나, 원활해진 공의 구름만큼 반사각에 대한 기대치도 높아졌기 때문이다. 1835년, 영국의 장인 존 서스턴$^{John\ Thurston}$은 여러 장의 생고무판을 결합한 신개념의 레일을 선보였다. 새로운 레일은 황실에 헌납될 정도로 성능이 뛰어났지만, 쉽게 상하는데다가 온도에 따른 성질변화가 심해 유지하는 데 많은 비용과 노력이 소요된다는 문제가 있었다. 4년 후에, 미국의 찰스 굿이어$^{Charles\ Goodyear}$는 친구인 나다니엘 M. 헤이워드$^{Nathaniel\ Manley\ Hayward}$와 함께 유황이 첨가된 '가황고무$^{vulcanized\ rubber}$'를 발명해냈고, 존은 이들의 발명품을 레일에 적용함으로써 내구성과 저온 안정성을 한꺼번에 해결했다.

상아공은 무게중심$^{balance\ point}$이 부정확하거나 습기에 노출되면 변형이 일어나는 결점이 있었다. 게다가 공예품이나 인장, 피아노 키 등 용도가 다양해지면서 상아의 값이 날로 치솟자, 당구공 생산업체들은 거액의 상금을 내걸고 대체소재를 공모했다. 1869년, 미국의 발명가 존 W. 하이엇$^{John\ Wesley\ Hyatt}$은 니트로셀룰로오스^{nitrocellulose}와 장뇌^{camphor}를 혼합한 '셀룰로이드^{celluloid}'로 당구공을 제작했는데, 이는 최초의 플라스틱이었다.

1.1-7 상아재질의 공

1909년에는 벨기에 출신의 미국인 레오 H. 베이클랜드$^{Leo\ Hendrik\ Baekeland}$가 페놀^{phenol}과 포름알데히드^{formaldehyde}를 합성해 만들어낸 '베이클라이트^{Bakelite}'로 품질을 향상시켰으나, 상아에 견줄 만한 수준엔 도달하지 못했다. 플라스틱의 문제는 탄성이나 내구성, 정전기와 같이 원초적인 것들이어서, 제조기술의 지속적인 발전에도 불구하고 반세기나 지난 다음에야 공식적으로 상아를 대체하기에 이른다.

기초편-교양 **19**

1.1-8 맨해튼의 당구클럽

19세기를 '당구의 황금기'라 부르는 이유는 기술적 진보와 더불어 시합의 활성화가 이루어졌기 때문이다. 대회의 개최는 세계제일의 용품생산국으로 부상한 미국이 주도했다. 1853년 뉴욕New York에서 첫 공식대회가 개최됐는데, 영국식 포켓과 프랑스식 캐롬을 혼합한 방식으로 현대의 잉글리시 빌리어드English billiard와 유사한 종목이었다. 1859년 디트로이트Detroit에서는 최초의 4구4ball대회가, 1878년 세인트루이스St. Louis에서는 최초의 3쿠션3cushion대회가 열렸다. 4구 종목은 1876년 대회를 마지막으로 폐지됐으며, 대신 1883년 시카고Chicago대회부터는 보크라인balk line이 시작되었다.

20세기에 이르러서는 많은 협회와 단체들이 결성돼, 다각적인 활동으로 당구발전에 이바지하게 된다. 해체와 통합의 결과, 오늘날 그 전통과 권위를 인정받는 것으로는 국제캐롬연맹UMB/Union Mondiale de Billiard, 세계풀당구협회WPA/World Pocket billiard Association, 그리고 세계스누커연맹WSF/World Snooker Federation 등을 꼽을 수 있다. 1992년 1월, 3개 단체의 대표들은 스위스 이베르동-레-뱅Yverdon-les-bains에 모여 당구계 전체를 대변하는 '세계당구스포츠연합'WCBS/World Confederation of Billiards Sports'의 창설에 합의했다. 국제올림픽위원회IOC/International Olympic Committee의 단일대표기구방침에 따른 것으로, 당구의 저변확대와 올림픽정식종목채택을 이념으로 내세웠다. 1998년, WCBS는 IOC의 승인을 받았으며, 같은 해 방콕에서 개최된 제13회 아시안게임에서 당구가 정식종목으로 채택되는데 결정적으로 기여했다. 1999년에는 국제경기연맹총연합회GAISF/General Assembly of International Sports Federations의 정식회원으로 가입함으로써 보다 큰 영향력을 행사할 수 있게 됐다.

당구 역사상 가장 위대한 플레이어는 아마도 헤이몽 쉘르망Raymond Ceulemans일 것이다. 어느 시합에서나 화려한 볼거리를 제공하는 그는 당구가 국기인 벨기에의 국민영웅으로, 국내 대회 43회, 유럽 대회 32회, 국제 대회 25회 등, 총 100회 이상의 우승경력을 자랑하는 전설적인 인물이다. 특히 1963년부터 18년간 무려 17차례나 세계챔피언을 지냈는데, 이는 모든 스포츠를 통틀어 전무후무한 대기록이다. 1937년생으로 현재 일흔을 넘긴 나이에도 왕성한 활동을 펼치고 있는 이 정력적인 천재는 당구에 꿈을 둔 세계 젊은이들의 귀감이 되고 있다.

1.1-9 헤이몽 쉘르망

1.1-10 순종의 옥돌대

당구가 우리나라에 유입된 것은 1909년의 일로, 재위 2년차에 접어든 순종의 건강을 위해 창덕궁 인정전에 두 대의 테이블을 설치한 것이 최초이다. 왕실 법도에 따라 '옥돌대'라 불리던 이 테이블들은 현대의 보급형 모델과 비슷한 규격이었으며, 포켓이 없는 4구전용이었다. 득점방식은 색에 관계없이 오브젝트볼$^{object\ ball}$을 2개 이상을 맞히는 것으로, 상대의 큐볼$^{cue\ ball}$과 적색 공을 맞히면 2점, 적색 공 2개는 3점, 적색 공 2개와 상대의 큐볼은 5점이 주어졌다. 국장을 치르며 발간된 「순종국장록」에는 순종의 지점(持點)이 60~70점으로 기록되어 있는데, 한번에 10점이 주어지는 지금의 기준으로 환산하면 200점 정도라 할 수 있다.

일반인들에게 당구가 보급되기 시작한 것은 1920년경인데, 남대문근처 경성구락부에 5대를 시발로 의주로와 용산 총독부 관사촌에 각각 1대씩, 청량리 경성제대 예과(豫科) 직원휴게실에 1대, 남산 왜성대에 3대 등, 총 10여대의 테이블이 설치됐다. 이들은 대부분 일인 관료들 전용이었으며, 상업성이 배제된 사교장의 부속시설에 불과했다. 최초의 영업장으로 기록된 것은 1923년, 충무로 2가에 일인이 개업한 '파주정(波州亭)'이다. 같은 해 바로 옆 건물에 '시가노우찌(志賀之家)', 충무로 1가 제일은행 본점 뒤에 '아사히(旭)'등이 문을 열었으나, 시설도 미흡했고 고객이 일본상인들로 한정돼있었다. 이듬해 조흥은행 본점 건너편에 최초의 한인 당구장인 '무궁헌(無窮軒)'이 두 대의 테이블로 영업을 개시했다. 이어 보신각근처에 '광교 당구장'과 '종로 당구장'이, 다음 해인 1925년엔 인사동 '동아 당구장'과 종로 2가 '중앙 당구장', '테이라 당구장'이 차례로 개업해 한인업소가 여섯 곳으로 늘어났다. 이런 증가세는 꾸준히 이어져 광복 직전엔 서울소재 업소만도 서른 개가 넘었다.

1930년 봄, 테이블 메이커인 '스가누마(菅沼)'의 협찬으로 역대 최고의 여류플레이어로 평가되는 가쓰라 마사꼬와 노리꼬 자매가 내한했다. 가녀린 체구의 두 일본여성은 호텔에 여장을 풀자마자 로비에 마련된 테이블에서 공을 쳐 보이기 시작했는데, 그 기량이 너무나 출중해서 관람하는 이들이 입을 다물지 못했다. 소문은 삽시간에 퍼져서 이튿날 중앙당구장에서의 시범경기는 발 디딜 틈 없는 문전성시를 이루었으며, 을지로 황금당구장에서 마지막 시범을 펼칠 땐 몰려든 구경꾼들로 인해 전차운행이 마비될 지경이었다. 당시 마사꼬는 21세, 노리꼬는 17세에 불과했지만, 그들이 일으킨 반향은 우리 당구계의 각성을 촉발하기에 충분한 것이었다.

1.1-11 가쓰라 마사꼬

휴전성립 2년 뒤인 1955년, 명동 삼화당구장에 집결한 동호인들의 의결에 따라 대한당구협회 KBF/Korea Billiards Federation가 창설됐으며, 국회부의장을 맡고 있던 이재학씨가 초대회장으로 선출됐다. 여건은 열악했지만, 회원들의 의욕적인 활동에 힘입어 1956년엔 국내 최초의 전국대회가 열렸다. 개인전 우승은 부산의 박윤조 선수, 단체전 우승은 서울이었다. 같은 해에 순수 국산 테이블이 첫 선을 보였는데, 이때부터 용품의 국산화가 빠르게 진전된다. 당구장의 수도 크게 증가해, 1950년대 말에는 전국적으로 1,000여개에 달했다. 그러나 이런 외적인 신장의 이면엔 많은 문제점들이 도사리고 있었다. 폭력배들이 업주로부터 '보호비'를 갈취하는 일이 다반사였고, 내기당구와 도박에 빠져 가산을 탕진하는 이들이 속출했다. 업소의 난립은 과도한 고객유치경쟁으로 이어졌고, 이윤의 감소에 따라 서비스의 질도 현격하게 낮아졌다.

1961년, 군사정부는 폭력배와 무허가 업소에 대한 일제단속을 실시했고, 보사부 환경위생협회 내에 당구분과위원회를 설치해 관련 업무를 전담케 했다. 단속의 부작용으로 업소들의 영업이 크게 위축되자, 경기활성화를 위한 전국대회(1962년, 1963년)가 개최됐으나 큰 효과를 거두진 못했다. 1964년, 환경위생협회가 해체되면서 대한당구협회가 사단법인의 인가를 받았고, 이준구씨가 회장으로 취임했다. 1972년엔 재일교포 윤춘식 선수가 이끄는 일본대표팀이 방한해 우리 선수들과 친선경기를 가졌는데, 이 시합은 우리나라 최초의 국제대회로 기록됐다.

1977년엔 대한당구협회가 국제캐롬연맹에 가입함으로써 우리 선수들에게도 세계대회 참가의 길이 열렸다. 1993년, 미국에서 활동하던 고(故) 이상천 선수가 월드컵 챔프에 등극하는 쾌거를 이룩했으며, 9볼 세계선수권 2연패에 빛나는 김가영 선수는 세계 풀당구협회 랭킹 1위에 오른 바 있다.

1.1-12 이상천 선수

1.1-13 김가영 선수

1.2 종목 Entries

'큐 스포츠$^{cue\ sports}$'라 불리는 당구는 전용 테이블과 공에 따라 크게 세 종목으로 나눌 수 있는데, 레일내장$^{rail\ blade\ length}$ 3660mm×1830mm의 초대형테이블과 직경 52.2mm공을 사용하는 스누커^{snooker}, 레일내장 2540mm×1270mm의 중형테이블과 직경 57.3mm공을 사용하는 풀^{pool}, 레일내장 2844mm×1422mm의 대형테이블과 직경 61.5mm공을 사용하는 캐롬^{carom} 등이 그것이다.

스누커와 풀은 여섯 개의 포켓^{pocket}에 공을 집어넣음으로써 공격권을 이어가는 포켓 종목으로, 스누커와 잉글리시 빌리어드$^{English\ billiard}$가 전자에, 8볼^{8ball}, 9볼^{9ball}, 로테이션^{rotation}, 14-1랙$^{14-1rack}$ 등이 후자에 속한다. 트릭 샷$^{trick\ wrench}$은 스누커와 풀의 공통종목이다.

포켓이 없는 테이블에서 큐볼과 두 오브젝트볼의 충돌여부로 승부를 가리는 논-포켓 종목이 캐롬이다. 오브젝트볼을 공략하는 방식에 따라 다시 스트레이트 레일$^{straight\ rail}$과 보크라인$^{balk\ line}$, 1쿠션^{1cushion}, 3쿠션^{3cushion} 등으로 나뉘며, 별개의 종목으로 예술구^{artistic}가 있다.

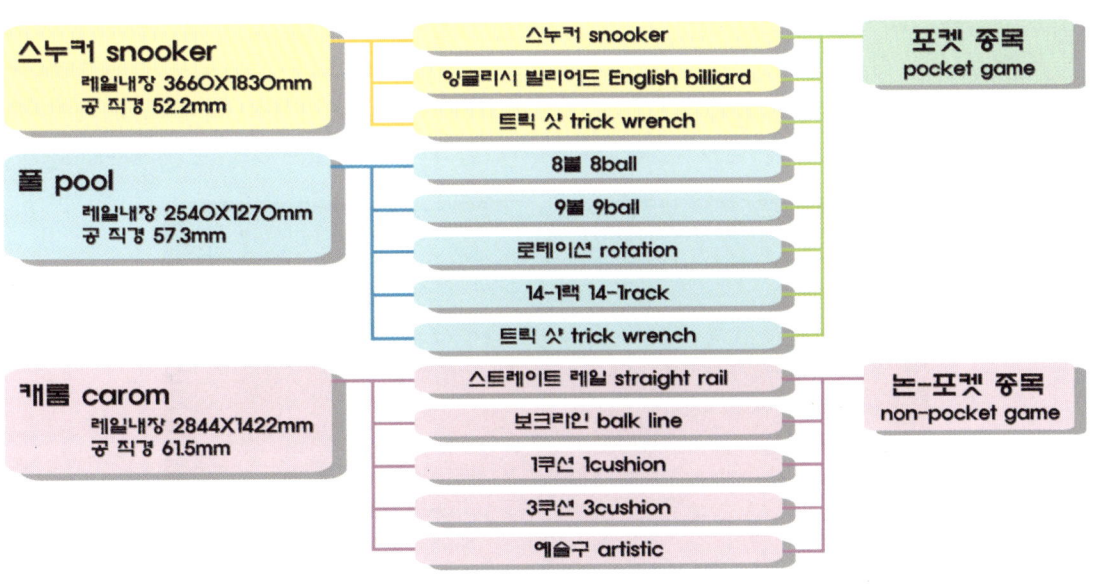

1.2-1 종목별 구성

A 스누커 종목

a 스누커 : 큐볼인 하나의 백색 공과 15개의 적색 공, 6개의 색이 다른 공$^{colored\ balls}$을 포지션^{position}에 맞게 배치한 후, 적색 공을 포켓에 넣으면 1점, 황색 공은 2점, 녹색 공은 3점, 갈색 공 4점, 청색 공은 5점, 분홍과 흑색 공은 각각 6점과 7점이 주어진다. 공격하는 플레이어는 일단 적색 공을 처리한 후에 다른 색 공을 노릴 수 있다. 파울이나 미스^{miss}를 범하게 되면 상대에게 2점을 주게 된다.

1.2-2 스누커

b 잉글리시 빌리어드 : 백색과 황색의 큐볼 두 개와 하나의 적색 공을 가지고 플레이한다. 상대의 큐볼을 포켓에 집어넣으면 2점, 적색 공은 3점이 주어지며, 공격하는 플레이어의 큐볼이 상대의 큐볼이나 적색 공을 맞히고 나서 포켓에 들어가도 2점이나 3점을 얻는다. 공격자의 큐볼이 상대의 큐볼과 적색 공을 한꺼번에 맞히기만 해도 2점이 주어진다는 점에서 캐롬의 성격이 가미돼 있다고 볼 수 있다. 파울이나 미스에 대한 규정은 스누커와 같고, 모든 점수는 중복합산을 원칙으로 한다. 일례로, 큐볼이 적색 공과 상대의 큐볼을 맞힌 다음 포켓에 들어가면 2 + 3, 즉 5점을 얻게 된다.

1.2-3 잉글리시 빌리어드

B 풀 종목

a 8볼 : 가장 대중적인 풀 종목으로, 하나의 큐볼과 1부터 15까지 번호가 새겨진 15개의 오브젝트볼을 사용한다. 번호가 새겨진 공은 1번부터 7번까지는 공 전체가 채색돼있는 솔리드solid이며, 9번부터 15번까지는 백색 바탕에 유색의 띠를 두른 스트라이프stripe이다. 오브젝트볼을 흩어놓는 래킹racking/breaking이 끝난 다음, 공격권을 가진 플레이어가 처음 집어넣은 오브젝트볼에 따라 솔리드와 스트라이프 중 어느 쪽을 공략할지 결정된다. 각 플레이어는 자신의 오브젝트볼 일곱 개를 모두 넣은 뒤, 게임 볼game ball인 8번 공을 지정한 포켓에 집어넣으면 승리하게 된다.

1.2-4 8볼

b 9볼 : 여성프로들의 국제시합에서 주를 이루는 종목이다. 하나의 큐볼과 1번부터 9번까지의 오브젝트볼을 사용하며, 유일한 스트라이프인 9번이 게임 볼이 된다. 오브젝트볼을 공략할 때, 반드시 번호순으로 넣어야 하고, 순서를 건너뛰려면 해당 번호의 오브젝트볼을 먼저 맞혀야 한다. 8볼은 게임 볼을 맨 마지막에 처리해야 하지만, 9볼에서는 언제든 기회만 있으면 게임 볼을 공략해도 상관없다.

1.2-5 9볼

c 로테이션 : 하나의 큐볼과 15개의 오브젝트볼을 사용하며, 9볼과 마찬가지로 오브젝트볼을 번호순으로 공략해야 한다. 1번은 1점, 2번은 2점 등, 포켓에 집어넣은 오브젝트볼의 번호에 따라 점수를 계산하며, 정해진 점수에 이르면 승리한다. 8볼이나 9볼의 래킹 포지션racking position에서 게임 볼이 중앙에 놓이는 것처럼, 점수가 가장 높은 15번 공을 중앙에 배치한다.

d 14-1 랙 : 하나의 큐볼과 15개의 오브젝트볼을 사용하며, 스트레이트 풀^{straight pool}, 혹은 14-1 엔드리스^{14-1 endless}라고도 한다. 모든 오브젝트볼을 1점으로 계산하며, 순서에 상관없이 공략할 수 있다. 다만 지정한 오브젝트볼을 지정한 포켓에 넣어야 하는 '콜 샷^{call shot}' 방식이 적용된다. 테이블 위에 하나의 오브젝트볼이 남게 되면 나머지 공들을 래킹 포지션에 배치한 후 다시 래킹한다.

e 트릭 샷 : 출제를 맡은 플레이어가 공을 임의대로 배치하고 나서 예고한 포켓에 예고한 오브젝트볼을 넣는 시범을 보이면, 상대가 같은 배치의 공에 도전하는 종목이다. 기회는 각각 두 번씩 주어지며, 출제하는 입장이나 풀이하는 입장이나 성공을 해야만 점수를 얻는다. 상대 플레이어가 자신이 낸 문제를 풀어낸 경우엔 얻은 점수를 도로 잃게 된다. 흥미를 더하기 위해 다양한 소품의 사용이 가능하다.

C 캐롬 종목

a 스트레이트 레일 : 캐롬 입문자를 위한 종목이라고 할 수 있다. 우리나라의 4구 종목과 거의 유사하나, 규격테이블과 삼색(백색, 황색, 적색)의 공인구(61.5mm)를 사용한다는 점이 다르다. 큐볼을 쳐서 두 개의 오브젝트볼을 한꺼번에 맞히면 득점이 되는데, 일정수준 이상의 플레이어에겐 거의 무한한 득점이 가능하기 때문에, 오래전에 국제시합에서 제외되었다.

b 보크라인 : 스트레이트 레일의 단조로움을 보완한 종목으로, 각각의 레일과 평행한 몇 개의 선을 그음으로써 존^{zone}을 만들어 득점을 제한한 것이 특징이다. 존의 너비와 개수, 득점제한에 따라 다시 몇 가지로 세분되는데, 현재 유럽에선 '18.2inch(47cm)라인/2점제'가 가장 대중적이다. 하나의 존 내에서 허용된 득점을 하고나면 큐볼이나 두 오브젝트볼 중 하나를 밖으로 빼내야 하므로, 연속득점을 하려면 상당한 기술이 요구된다. 4구에 식상한 동호인들에게 추천할만하다.

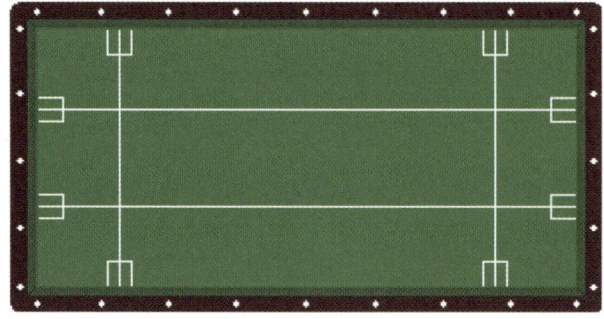

1.2-6 18.2inch 보크라인

c 1쿠션 : 존이 아닌 레일터치$^{rail\ touch}$로 득점을 제한한 종목이다. 큐볼이 오브젝트볼2를 맞히기 전에 1번 이상의 레일터치를 해야 득점으로 인정한다. 모든 득점은 1점을 원칙으로 한다.

d 3쿠션 : 이 책에서 다루고 있는 3쿠션은 큐볼이 두 번째 오브젝트볼을 맞추기 전에 세 번 이상의 레일터치를 이루어야 득점이 인정되기 때문에, 스누커와 풀을 포함한 전 종목을 통틀어 가장 난이도가 높다고 할 수 있다. 날고 긴다는 세계정상급프로들의 평균득점이 고작 1점대 후반에 불과하다는 사실만 봐도 3쿠션이 얼마나 까다로운 종목인지 알 수 있다. 하지만 그 때문에 도전하는 보람이 있고, 하나의 샷을 성공했을 때 성취감 또한 크다. 3쿠션을 흔히 '캐롬의 꽃'으로 일컫는 이유가 바로 거기에 있다.

e 예술구 : 스누커와 풀의 트릭 샷과 마찬가지로 여러 가지 극단적인 타법과 소품을 이용해 난해한 공을 풀어내고, 새로운 길을 창조하는 종목이다. 보다 높은 난이도를 고려해, 세 번의 기회가 주어진다는 점이 트릭 샷과 다르다.

10:08

앞의 내용은 세계대회에 공식적으로 채택된 종목위주로 구성된 것이다. 이외에도 나라별 고유종목이나, 새로운 규정에 따른 신규종목들은 이루 헤아릴 수 없을 정도로 많다. 종목의 다변화는 스누커보다는 풀이나 캐롬에서 훨씬 빈번하게 나타나는데, 그만큼 많은 이들이 즐긴다는 의미로 해석된다. 풀의 경우, 이미 국내 동호인들에게도 친숙한 카드 볼$^{card\ ball}$이나 뱅크^{bank}를 비롯해 원 포켓$^{one\ pocket}$, 시카고^{Chicago}, 골프^{golf}, 켈리^{Kelly}, 야구^{baseball}, 3구^{3ball}, 카우보이^{cowboy}, 크리비지^{cribbage} 등이 있다. 캐롬의 경우, 우리나라의 고유종목이 된 4구^{4ball}나 식스 볼^{6ball}, 라인 볼$^{line\ ball}$ 말고도 5핀^{5pin}, 프리 볼$^{free\ ball}$, 스쿼시^{squash} 등, 다양한 종목이 있다.

1.3 큐 스틱 Cue Sticks

　시합에 임한 각 플레이어는 같은 환경, 같은 테이블과 같은 공을 공유하게 돼 있다. 각자의 실력을 제외하면 조건이 대등한 셈이다. 그러나 실은 불평등한 조건이 딱 하나 있는데, 다름 아닌 큐 스틱이다. 기량을 공에 전달할 수 있는 유일한 수단이라는 관점에서 본다면, 이 같은 불평등은 대단히 불합리하게 느껴진다. 그러나 어쩔 수 없는 현실이며, 도구를 사용하는 스포츠의 공통된 특성이기도 하다.

　큐 스틱이 단순히 공치는 막대에 불과했던 시절은 이미 오래 전에 막을 내렸다. 18세기말 현재의 외형이 완성된 큐 스틱은 신소재, 신기술과 보조를 맞춰가며 쉼 없이 진화해왔다. 결과적으로 하나의 샷에서 큐 스틱이 차지하는 비중은 무시할 수 없는 수준에 도달했으며, 대량생산품과 고급 수제품의 격차는 날이 갈수록 벌어지고 있다.

　당구를 진지하게 즐기고 싶다면 전용 큐 스틱을 구매하는 것이 바람직하나, 자신에게 합당한 제품을 찾아내는 일은 결코 만만하지가 않다. 수작업으로 생산하는 큐 스틱은 대개 수십에서 수백만 원을 넘나드는 고가품이므로, 자칫 경솔한 선택을 했다간 낭패를 보기 십상이다. 여기에 전용 큐 스틱을 염두에 두고 있는 독자를 위한 몇 가지 조언이 있다.

안목이 생길 때까지 기다려라.

　꼭 실력이 일정수준에 이르러야만 안목이 생기는 건 아니다. 다양한 큐 스틱을 가리지 않고 체험하다보면 자신에게 잘 맞는 것과 그렇지 못한 것을 자연스레 구분할 수 있게 되는데, 이야말로 진정한 의미의 안목이다. 성급한 선택은 늘 후회가 따른다. 가능하면 많은 수의 큐 스틱을 경험해본 후에 결정하라.

다른 이의 조언을 구하지 말라.

　큐 스틱은 메이커나 모델마다 그 특성이 제각각이고, 같은 모델이라도 제원 specification 에 따라 많은 차이가 있다. 더구나 개인의 신체조건이나 취향이 저마다 다르기 때문에, 특정제품에 대한 절대적 평가는 존재하지 않는다. 어떤 이에겐 최고의 큐 스틱이 다른 이에겐 최저일 수도 있다는 의미이다. 물론 여러 사람이 한결같이 긍정적인 평을 내리는 제품이라면 신뢰할 수 있겠지만, 그 역시 체험을 바탕으로 한 검증을 생략해선 안 될 것이다. 큐 스틱을 사용하는 이는 본인이며, 본인을 가장 잘 아는 이도 본인이라는 걸 기억하라.

성능과 가격의 정비례를 기대하지 말라.

비싼 큐 스틱은 뭔가 이유가 있다. 아마도 특별한 소재나 기술이 적용되었을 가능성이 높다. 그러나 새로운 것과 우수한 것은 별개이다. 큐 스틱의 평가기준은 플레이어와의 조화가 최우선이며, 소재나 기술은 그 다음이 된다. 특히 화려한 무늬나 장식 때문에 높은 가격이 붙어있는 제품도 적지 않은데, 전시용이 아니라면 겉모양에 현혹되어 큐 스틱을 선택하는 일은 없어야 한다. 값비싼 큐 스틱을 구입했는데 전혀 도움이 안 된다면, 당구 자체가 싫어질 수도 있다.

※ 전용 큐 스틱은 사용과 보관에도 세심한 주의가 필요하다. 목재만 사용된 큐 스틱은 벽에 비스듬히 기대두거나 젖은 수건을 대서는 안 되며, 습도와 온도가 극단적으로 오르내리는 차 트렁크 같은 장소에 장시간 방치해서도 안 된다. 사용 후에는 알코올 성분의 전용 세정제로 잘 닦아 단단한 케이스에 보관하는 것이 좋다. 시합도중 초크를 털어낸답시고 큐 스틱으로 테이블 모서리를 두드리는 동호인이 많은데, 표면에 흠집이 파이거나 심하면 균열이 생길수도 있으니 절대 삼가야 한다.

일반적인 캐롬용 큐 스틱은 길이 137~147cm, 중량 470~550g정도이며, 외형에 대한 특별한 제한은 없다. 구조는 연결부인 조인트^{joint}를 경계로 상대^{shaft}와 하대^{butt}로 구분되며, 큐 팁과 선골^{ferrule}은 상대에, 그립^{grip}과 범퍼^{bumper}는 하대에 포함된다. 조인트가 없는 일체형 큐 스틱을 원피스 큐$^{one\ piece\ cue}$라 하는데, 휴대성은 떨어지지만 타구감의 단절이 없어 일부 메이커에서는 생산을 계속하고 있다.

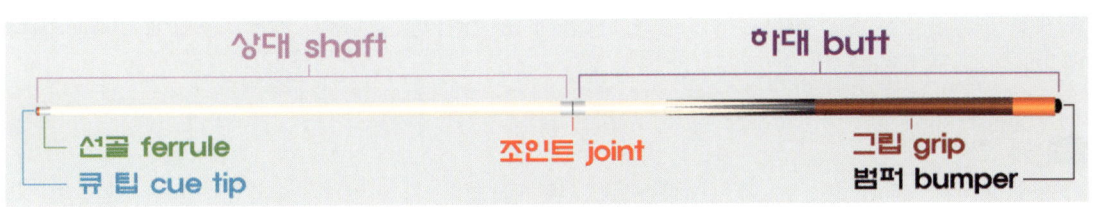

1.3-1 큐 스틱의 구성

A 상대

하대에 가해진 에너지를 공에 전달하는 역할을 담당하는 부분으로, 타구하는 순간 손끝에 전달되는 느낌을 좌우한다. 스누커용에는 회양목$^{boxwood\ tree}$이나 물푸레나무$^{ash\ tree}$가 사용되기도 하지만, 풀이나 캐롬용은 캐나다 단풍나무$^{Canadian\ maple}$가 주를 이룬다. 최근엔 유리섬유$^{glass\ fiber}$, 그라파이트^{Graphite} 등의 첨단소재로 제작된 제품도 판매되고 있으나, 아직은 그 질감이나 충격흡수성 등이 목재에 미치지 못하는 느낌이다. 따라서 골프나 테니스의 경우처럼, 소재분야의 전격적인 세대교체는 당분간 없을 것으로 전망된다.

상대는 하대에 비해 가늘고 긴데다, 표면이 외부에 그대로 노출된 탓에, 변형이 일어나기 쉽다. 휘어진 상대는 치명적이기 때문에, 각 메이커들은 이를 막기 위한 제작기법들을 개발해 왔다. 대표적인 것은 내부에 탄소 등의 이물질을 삽입하거나, 여러 조각의 목재를 접합하는 방식이다. 특히 '분할상대$^{section\ shaft}$'로 불리는 후자의 경우는 큐볼의 직진성을 향상시키는 효과도 있어서, 고가의 큐 스틱에 흔히 적용된다. 얼마 전 국내 굴지의 큐 스틱 메이커인 '한밭'에서 십자(+)형의 목재프레임을 사용한 획기적인 제품을 개발해 특허를 따냈는데, 단면이 오렌지형태인 타사제품에 비해 여러 부문에서 앞선다는 평을 얻고 있다.

1.3-2 오렌지 분할상대와 십자 분할상대

a 큐 팁 : 상대의 끝이며, 시합에서 공과의 접촉이 허락된 유일한 부분이다. 마찰력의 유지와 에너지의 전달이라는 상반된 기능을 동시에 수행해야하므로, 소재의 제한이 따른다. 너무 무르면 에너지를 흡수하고, 반대로 너무 단단하면 마찰력을 잃게 된다. 그런 의미에서 프랑수아의 업적은 실로 대단한 것이어서, 오늘날까지도 가죽을 능가하는 소재는 나타나지 않고 있다. 큐 팁은 사용하는 가죽의 종류와 제작 공법에 따라 대략 네 가지로 구분한다.

청 팁$^{blue\ tip}$

당구장에서 흔히 볼 수 있는 대중적인 큐 팁이다. 푸른빛을 띠며, 순록의 가죽을 사용하는 것으로 알려져 있다. 내구성은 떨어지는 편이지만, 손질하기가 용이하고 타구감이 부드럽다.

1.3-3 청 팁

홍 팁 red tip

주로 물소가죽으로 제작하며, 색은 암갈색이 주를 이룬다. 내구성은 단연 돋보이지만, 타구감이 너무 딱딱하다는 흠이 있다.

1.3-4 홍 팁

압축 팁 compressed tip

가죽분말과 수지를 혼합해 생산한다. 청 팁이나 홍 팁에 비해 가격이 저렴하지만, 수지 특유의 이질감이 단점이다.

1.3-5 압축 팁

적층 팁 multi-layered tip

질 좋은 송아지나 새끼돼지의 가죽을 여러 장 겹쳐 접착한 것으로, 가격은 비싸도 타구감이 정밀해 프로들의 대다수가 선호한다. 표면조직이 치밀해서 초크를 제대로 바르려면 자주 손질해주어야 하며, 둥글게 연마하는 과정에서 접착면이 노출된다는 단점이 있다. 가죽의 굳기에 따라 하드 hard, 미디엄 하드 midium hard, 미디엄 midium, 소프트 soft의 네 등급으로 나뉜다.

1.3-6 적층 팁

기초편-교양 **31**

b 선골 : 큐 팁은 미스큐의 방지와 상대의 보호를 위해 탄생했는데, 상대를 보호하려면 보다 딱딱하고 깨지기 쉬운 재질이 필요하다는 사실이 알려지면서 선골이 등장했다. 초기엔 상아나 코뿔소의 뿔을 깎아 제작했기 때문에 선골(先骨), 혹은 선각(先角)이라는 명칭이 붙었다. 선골은 상대의 쪼개짐을 방지하는 기능 외에, 큐 팁의 탈착을 용이하게 해 주며, 정렬의 기준점 역할도 한다. 그래서 강한 타격이나 정확한 정렬이 필수인 풀 종목에는 상대적으로 긴 선골이 쓰인다.

1.3-7 선골

공학의 발달로 선골의 소재도 합성수지가 주를 이루게 되었으며, 상대가 얇은 스누커용 큐 스틱엔 황동brass이나 알루미늄aluminum과 같은 금속제 선골이 사용되기도 한다. 일부 메이커에선 아직까지 상아를 사용하는 전통적인 기법을 고수하지만, 성능 면에서 합성수지보다 낫다는 보장은 없다.

B 조인트

운반의 편의를 위해 큐 스틱을 반으로 나누게 되면서, 연결을 담당하는 조인트가 필요하게 되었다. 큐 스틱 메이커들은 저마다 독특한 조인트를 출시해왔으나, 기본적으로 나사screw방식을 이용한다는 점에서는 차이가 없다. 조인트의 기본조건인 견고함과 가벼움을 실현하는데 있어 나사를 능가하는 구조는 아직까지 없기 때문이다.

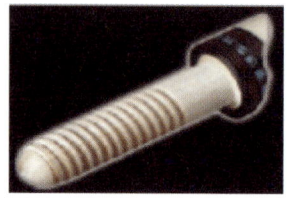

1.3-8 우드 조인트

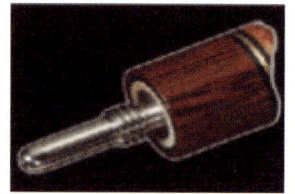

1.3-9 메탈 조인트

조인트의 소재는 메이커에 따라, 혹은 큐 스틱에 따라 다르다. 가장 무난한 것은 상, 하대의 목재를 그대로 이용하는 우드 조인트wood joint로, 강도유지를 위해 상대에 수나사, 하대에 암나사를 새겨 연결한다. 단가가 저렴하기도 하지만, 원 피스 큐와 같은 일체감이 가장 큰 장점이다. 대량생산품과 캐롬용 큐 스틱에서 흔히 볼 수 있다. 금속을 사용한 메탈 조인트metal joint는 무게중심을 분산시킨다는 단점이 있지만, 내구성 면에서 우드 조인트보다 뛰어나다. 니켈nickel과 스테인리스 스틸stainless steel 등이 이용되며, 균형을 유지하기 위해 상대에 암나사를, 하대에 수나사를 설치하는 것이 일반적이다. 주로 고급 큐 스틱에 적용된다. 그 외에 상아나 수지를 깎아 만든 조인트도 있으나, 널리 쓰이진 않는다.

c 하대

공에서 멀리 떨어진 부분이어서 그 중요성을 간과하기 쉽지만, 사실 타구에 있어 가장 중요한 부분이다. 분리된 상대만으로 공을 쳐보면, 하대가 얼마나 중요한지 깨닫게 된다. 하대는 공을 치는 동작에 힘을 더해주고, 균형을 관장한다. 큐 스틱의 무게중심이 하대에 있는 것도 그 때문이다.

요철을 새긴 복수의 목재를 중첩시키는 '스플라이스^{splice} 공법'은 19세기가 끝나갈 무렵 개발됐는데, 오늘날에도 가장 보편적인 하대 제작기법으로 통한다. 서로 다른 재질과 색상의 목재를 사용하면 다양하고 아름다운 무늬를 낼 수도 있다. 요철의 경계가 직선인 것을 '마운틴^{mountain}', 곡선인 것을 '버터플라이^{butterfly}'라 하며, 단풍나무^{maple}, 흑단^{ebony}, 장미나무$^{rose\ wood}$, 올리브나무$^{olive\ tree}$ 등을 조합한다. 아크릴^{acrylic}, 또는 자개나 상아를 활용한 장식을 넣는 메이커도 있다. 몇 가닥을 접합했느냐에 따라 2프롱^{prong}, 4프롱, 5프롱, 7프롱, 8프롱, 10프롱, 11프롱, 12프롱, 16프롱, 24프롱 등으로 나뉜다. 1.3-10은 대표적인 2프롱 하대의 제작공정을 표현한 것이다.

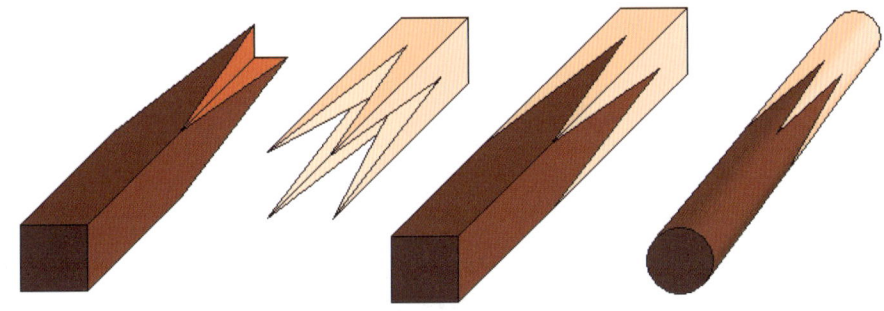

1.3-10 스플라이스 공법

a 그립 : 그립은 하대를 쥐는 오른 손의 동작을 뜻하기도 하지만, 여기선 그 손잡이를 지칭한다. 일반적인 캐롬용 큐 스틱의 그립은 목재가 그대로 드러나 있으나, 특정 소재를 감아 출시하기도 한다. 마찰계수를 높이기 위해 고무나 가죽으로 만든 별도의 그립을 끼워서 쓰는 플레이어도 많다. 풀이나 스누커용 큐 스틱의 그립엔 마^{linen}를 감기도 하는데, 수분을 흡수하면 더욱 강해지는 마의 특성이 용도에 잘 맞아 떨어진다.

b 범퍼 : 큐 스틱을 세울 때 바닥과의 충격을 흡수해 주는 부분이다. 소재는 고무가 일반적이며, 닳거나 분실했을 경우는 즉시 새것을 구입해 교체해주어야 하대가 파손되는 사태를 막을 수 있다. 요즘 나오는 큐 스틱은 대부분 범퍼 안쪽에 '중량볼트$^{weight\ bolt}$'를 끼울 수 있는 나사골이 마련돼 있어, 자신의 신체조건에 맞게 무게조절이 가능하다.

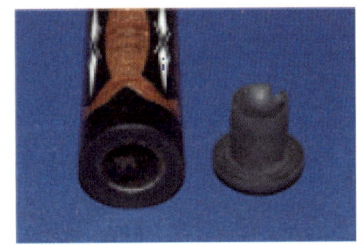

1.3-11 범퍼

1.4 테이블 Tables

스포츠의 무대는 플레이어와 관중을 매료시킨다. 그 중에서도 가장 정밀하고 아름다운 것은 당구의 테이블이 아닌가 싶다. 테이블은 제작과 조립에 최고수준의 완성도를 요구하며, 그 자체만으로도 하나의 훌륭한 인테리어소품으로 기능한다. 잘 맞춰진 고급 테이블은 그저 바라보는 것만으로도 행복하다.

A 구조 Structure

테이블은 통상적으로 네 부분으로 나뉘어 출고되는데, 완제품의 크기나 무게가 수송에 부적합하기 때문이다. 각 부분의 명칭과 기능은 다음과 같다.

a 스탠드^{stand} : 테이블의 지지를 담당하는 부분으로, 형태와 개수는 메이커에 따라 다르다. 1박스형$^{1box\ type}$, 2박스형, 4주형$^{4pillar\ type}$, 6주형, 3지 4주형$^{3branched\ 4pillar\ type}$ 등이 일반적이다. 과거엔 스탠드와 들보사이에 쐐기를 박아 수평을 조절했지만, 요즘은 자체적인 수평조절기능을 갖춘 스탠드가 주를 이룬다.

1.4-1 스탠드

b 들보^{girder} : 스탠드에 얹혀 상판을 고정하는 부분이다. 초기의 테이블은 목재들보가 일반적이었지만, 목재 배킹^{backing}이 접합된 상판이 등장하면서 H형 철재 빔^{beam}으로 교체되었다. 형태에 따라 가로 들보$^{horizontal\ girder}$와 세로 들보$^{vertical\ girder}$, 두 가지를 혼합한 교차 들보$^{cross\ girder}$로 나눌 수 있다. 상판이 두꺼운 고급 테이블엔 주로 교차 들보가 사용된다.

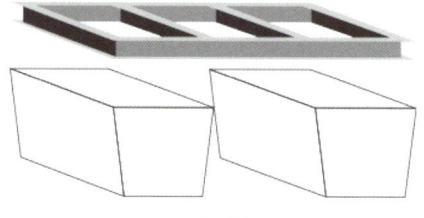

1.4-2 들보

c. **상판**bed : 공이 진행하는 면으로, 3장(일부 대형 테이블이나 스누커용 테이블은 4장)의 석판을 나란히 배열한 다음, 퍼티putty 등으로 틈메우기sealing를 한다. 재질은 충격에 강한 점판암natural slate이나 화강암granite을 사용한다. 상판의 두께는 공의 진행에 많은 영향을 주기 때문에, 고급 테이블일수록 두꺼운 상판을 사용하며, 당구지의 습도조절을 위해 상판 아래 열선heat cable을 삽입하기도 한다.

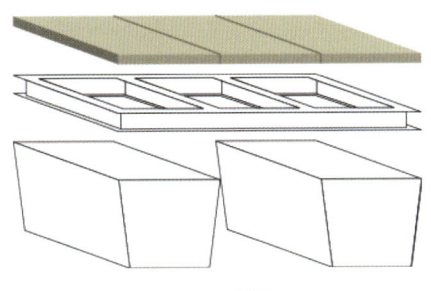

1.4-3 상판

d. **상틀**frame**과 레일**rail : 다채로운 반사각을 형성함으로써 당구, 특히 캐롬의 묘미를 제공하는 부분이다. 상틀의 재료는 보통 원목이지만, 최근엔 변형이 적은 신소재를 적용하기도 한다. 레일은 앞에서 설명한대로 가황고무가 주성분이며, 상판과 마찬가지로 당구지로 표면을 감싼다. 상판과 상틀의 연결엔 볼트가 이용되는데, 삽입부위에 따라 옆 볼트방식side bolt type과 밑 볼트방식under bolt type으로 구분한다. 각기 일장일단이 있기 때문에, 어떤 방식이 낫다고 단정하기는 어렵다. 깔끔한 외관과 플레이어의 의복보호를 위해 상틀의 옆면엔 에이프런apron, 또는 스커트skirt라 부르는 판을 부착한다.

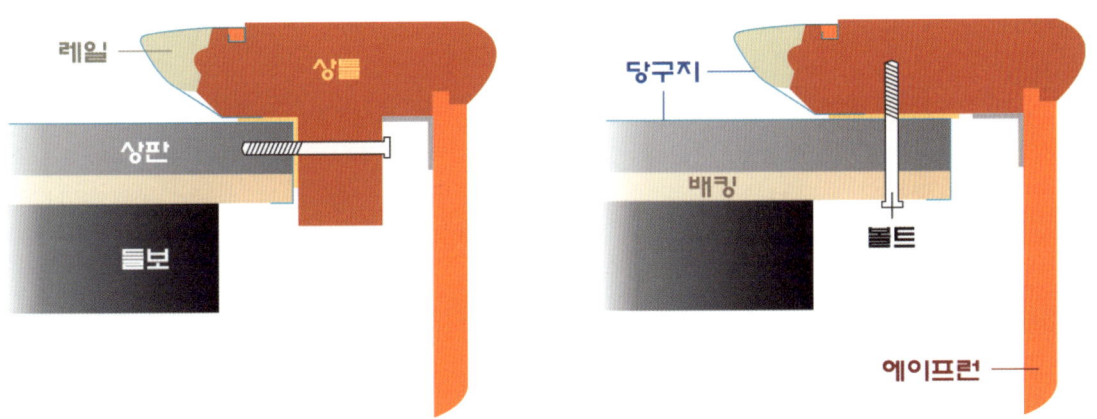

1.4-4 옆 볼트방식과 밑 볼트방식 프레임의 단면구조

B 규격 Size Standard

캐롬에 사용되는 테이블은 대형, 중형, 소형의 세 종류로 나눌 수 있다. 각각의 제원 및 특징은 다음과 같다.

a 대형 테이블 : 국제시합용 규격테이블은 레일내장이 2844.8mm×1422.4mm로, 우리가 흔히 접하는 보급형보다 크다. 단순히 크기만 차이나는 게 아니다. 보급형 테이블이 두께 40mm전후의 상판과 되튐경도$^{rebound\ hardness}$ 22~24의 레일을 사용하는 반면, 규격테이블의 상판은 대개 50mm이상(UMB의 규정은 45mm이상)이고 레일의 되튐경도도 37~44에 달한다. 또한 예외 없이 열선이 내장되어 습도제어가 안정적일뿐 아니라, 최고급 당구지의 적용으로 공의 구름도 원활하다. 요컨대 3쿠션을 즐기기에 가장 이상적인 테이블이라 할 수 있다. 그러나 높은 단가와 유지비, 보급형 테이블의 두 배에 가까운 설치면적 때문에 구매를 포기하는 업주들이 대부분이어서, 일반 동호인들이 쉽게 접할 수 없다는 게 흠이다.

b 중형 테이블 : 일명 '국제식 중대'로 알려진 중형 테이블은 풀 테이블과 동일한 2540mm×1270mm의 레일내장을 제외하면, 모든 조건이 규격테이블과 대등하다. 체구가 작은 여성이나 청소년, 또는 실력이 낮은 초보자들의 부담이 덜하기 때문에, 당구의 본고장인 유럽에서 널리 사랑받고 있는 모델이다. 국내에선 대개 아마추어대회의 공식 테이블로 사용되나, 규격테이블과 마찬가지로 아직까지는 보급이 원활하지 못한 실정이다.

c 소형 테이블 : 두 가지를 제외한 나머지, 즉 절대다수의 동호인들이 시합을 즐기는 것은 이른바 '국내식 중대'로 통하는 소형(레일내장 2448mm×1224mm) 테이블이다. 상업적 냄새를 물씬 풍기는 이 보급형 테이블은 직경 65.5mm의 대형 전용구와 더불어 오직 우리나라에만 존재하는 희귀종이다. 누구나 쉽게 익힐 수 있는 범용성, 구매와 유지가 저렴하다는 경제성에 우수한 공간 활용성까지 갖춰, 국내여건상 압도적인 시장 점유율을 자랑한다. 그러나 반사각의 편차가 크고 공의 구름이 원활하지 못해, 까다로운 테이블사양을 요하는 3쿠션을 감당하기엔 역부족이다.

최근에는 3쿠션의 선호도가 눈에 띄게 높아지면서, 고경도 레일과 충분한 두께의 상판, 고급 당구지와 열선까지 구비한 소형 테이블이 확산되고 있다. 이처럼 격상된 소형 테이블들은 정확한 반사각과 이상적인 공의 구름을 달성함으로써 소형 테이블이 3쿠션에 적합지 못하다는 기존의 인식을 점차 바꿔나가고 있다.

1.5 당구지 | Table Cloth

1.5-1 당구지

영국산 양모를 바탕으로 발달한 모직물산업은 과거 유럽에선 한 나라의 경쟁력을 좌지우지할 만큼 비중 있고 자리 잡힌 산업이었다. 따라서 17세기에 양모 당구지가 사용됐다는 사실은 전혀 놀랄 일이 아니다. 게다가 모직물 특유의 탄성과 내구성은 당구지가 갖춰야할 조건에 가장 이상적으로 합치되는 것이어서, 오늘날까지 어떤 직물에게도 자리를 내주지 않고 있다. 포르투갈의 모직물 라샤^{raxa}에서 파생된 외래어 '나사'가 양복지와 함께 당구지의 대명사로 통용되는 이유가 거기에 있다.

비큐나^{vicuna}, 알파카^{alpaca}, 캐시미어^{cashmere}, 앙고라^{angora} 등도 모직물의 일종이지만, 당구지로 사용되는 것은 가장 보편적인 모직물인 양모, 즉 울^{wool}이다. 울은 사용하는 원사의 종류에 따라 다시 두 가지로 나뉘는데, 실을 잣는 방적과정에서 정모^{combing}공정을 거치면 소모사$^{worsted\ yarn}$, 그렇지 않으면 방모사$^{woolen\ yarn}$가 된다. 정모는 섬유소^{fiber}를 가지런히 하고 거친 잡사를 제거하는 공정이므로, 가늘고 고운 소모사는 양복지로, 잔털로 인해 기공률^{porosity}이 큰 방모사는 코트지로 사용된다. 일부 유럽산 고급품을 제외하면, 당구지에 사용되는 원사는 대개 방모이다.

모직물의 내구성을 높이기 위해 방적공정에서 합성섬유를 섞어주는 것을 혼방^{blending}이라 한다. 혼방에 쓰이는 합성섬유는 나일론^{nylon}과 폴리에스테르^{polyester}가 대표적이며, 울과 합섬의 중량비$^{weight\ proportion}$에 따라 완제품의 등급이 결정된다. 현재 국산 당구지의 등급은 모두 네 가지인데, 울의 중량비가 90%이상인 것을 특지, 80%이상은 A지, 65%이상은 B지, 65%이하는 C 또는 C/F지로 분류한다. 합섬의 중량비가 높으면 내구성은 좋지만, 충격 흡수가 원활하지 못하고 공의 미끄러짐^{slide}이나 오염에 따른 변화가 심하다. 반대로 울의 중량비가 높으면 공의 진로는 원활하고 안정적인 대신, 쉽게 상하고 단가가 비싸다.

1.6 당구공 Balls

상아를 연마해 만들던 당구공은 1960년대 말 폴리에스테르^{polyester}로 대체되었다가, 현재는 페놀수지$^{phenolic\ resin}$를 압축성형해 생산한다. 처음으로 페놀수지 공의 대량생산에 성공한 기업은 벨기에의 살뤽^{Saluc}사인데, 한발 앞선 경도와 내구성을 내세워 폴리에스테르제품을 생산하던 경쟁사들을 일거에 제압하고 시장을 석권했다. 오늘날 동사의 주력상품은 각종 국제시합에서 부동의 공인구로 군림하고 있다.

1.6-1 살뤽사의 당구공

살뤽사는 수년 전부터 큐볼에 점^{dot}을 박아 넣은 제품을 공급하고 있는데, 단순히 장식을 위한 것이 아니다. 적색의 점들은 공 하나당 여섯 개씩으로, 어떤 각도에서도 두 개 이상 눈에 띌 수 있도록 일정한 간격을 유지하고 있다. 점이 찍힌 공의 장점은 큐볼이 지니고 있는 회전력의 크기나 경미한 접촉이 유발하는 움직임을 가시적으로 확인할 수 있다는 것이다. 이로 인해 시합을 관전하는 이들의 즐거움은 배가됐으며, 판정에 대한 시비가 대폭 줄어들었다.

UMB의 규정은 캐롬용 공인구의 중량을 205~220g, 직경을 61~61.5mm로 제한하고 있다. 그러나 소형테이블이 주를 이루는 국내에선 61.5mm의 공인구와 65.5mm의 전용구가 혼용되는 경우가 잦은데, 이는 두 가지 측면에서 중대한 문제가 있다.

🔴 첫째, 공과 레일의 접점이 문제이다.

이론상으로 가장 완벽한 반사각을 기대할 수 있는 레일의 높이는 공 지름의 절반이지만, 그대로 했다간 밀어치기를 할 때마다 튀어나간 공을 주우러 쫓아다녀야 한다. 공이 레일을 타고 넘지 못하게 하려면 높이를 높일 수밖에 없으나, 지나치게 올라가면 반사각이 틀어지고 레일에 접한 큐볼이 타점$^{hit\ point}$을 잃게 된다. 숱한 실험을 통해 검증된 최적의 레일높이는 공 지름의 60%이다. 다시 말해, 공인구는 36.6~36.9mm, 전용구는 39~39.3mm로 레일높이를 맞춘 테이블을 사용해야 한다는 뜻이다. 많은 업소에서 공인구를 찾는 동호인들과 전용구를 찾는 동호인들을 동시에 만족시키기 위해 레일 높이를 38mm에 맞추고 있으나, 이런 어정쩡한 절충으로는 근본적인 해결을 기대하기 어렵다.

🔴 둘째, 공의 구름이 문제이다.

공의 구름은 당구지의 품질과 직결되기 때문에, 무게가 가벼운 공인구는 결이 고운 고급 당구지를 사용해야 충분한 구름을 얻을 수 있다. 거친 당구지에서 공인구를 치다 보면 자기도 모르게 힘이 들어가고, 결국 정확도가 떨어지게 된다. 반대로 고급 당구지에서 전용구를 사용하면 과도한 구름 때문에 뒷공의 배치를 조절하는데 애를 먹는다.

결국, 공인구와 전용구는 같은 테이블을 공유하기 어렵다는 결론이 나온다. 그러므로 플레이어는 자신이 치고자 하는 공과 테이블의 제원이 서로 맞는지 확인해야 하며, 업주들도 당구지를 교체하고 레일의 높이를 조정할 때 전용구를 칠 테이블과 공인구를 칠 테이블을 확실하게 구분해 주는 것이 바람직하다.

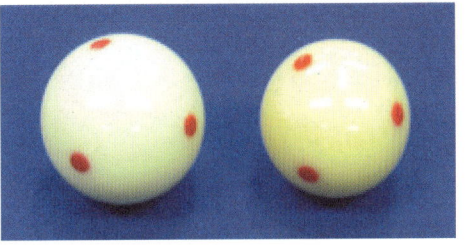

1.6-2 전용구와 공인구

사실 전용구는 구시대의 유물이라 할 수 있다. 기술이 모자라던 시절, 보다 쉬운 득점을 위해 만들어진 기형종인 셈이다. 최근엔 직경 63.2mm의 전용구를 보급하려는 움직임이 있는 것으로 아는데, 다소 늦은 감이 있지만 국제규격에 한 걸음 다가간다는 측면에서 대단히 고무적인 일이 아닐 수 없다. 어린아이의 자전거에 보조바퀴를 달아주면 넘어지진 않을지 몰라도 스스로 중심을 잡는 요령을 터득하는 것은 더뎌진다. '전용구이기 때문에' 획득한 득점은 기량의 인플레이션inflation에 지나지 않는다. 작은 만족을 쫓다가 우물 안 개구리로 전락하고 싶지 않다면 최소한 3쿠션만큼은 전용구의 사용을 배제해야 한다.

1.7 초크 Chalks

1.7-1 초크

대부분의 초크는 소석고$^{calcined\ gypsum}$나 탄산칼슘 $^{calcium\ carbonate}$ 분말을 용해시켜 반죽한 다음, 높은 압력과 열을 가해 제작하는데, 세세한 성분이나 공법은 메이커마다 조금씩 다르다. 동일한 상표가 붙은 초크라 해도, 생산 시기와 유통경로, 보관 상태에 따라 질적인 차이가 나게 되어 있다. 요즘엔 유명 상표를 사칭한 모조품들이 버젓이 유통되고 있어, 신중한 선택이 요구된다.

많은 동호인들이 초크는 손에 잡히는 대로 사용해도 무방하다고 생각하는데, 그리 가볍게 넘어갈 문제가 아니다. 성분이 다른 초크는 잘 섞이지도 않을뿐더러 따로 뭉쳐 버리기 때문에, 한 시합에서 여러 개의 초크를 번갈아 사용하는 것은 미스큐가 나기를 기원하는 것과 마찬가지다. 사정상 어쩔 수 없이 초크를 교환해야 한다면, 물기를 완전히 짜낸 수건으로 큐 팁을 깨끗이 닦고 나서 새 초크를 사용해야 한다.

큐 팁의 종류와 굳기에 따라 최상의 조합을 이루는 초크가 다르며, 같은 팁이라 해도 관리를 어떻게 해왔느냐에 따라 다르다. 청 팁이나 압축 팁은 조금만 손질해도 보풀이 일기 때문에, 입자가 굵은 초크가 어울린다. 반대로 조직이 치밀한 홍 팁이나 적층 팁은 입자가 미세할수록 좋다. 초크 입자의 굵기는 가루를 백지에 떨어뜨려 살펴보면 쉽게 판단할 수 있다. 전용 큐 스틱을 소유하고 있다면, 자신만의 초크도 구비하는 것이 좋다.

1.7-2 초크입자

2 예절
Manners

2.1 복장 Dress

2.2 악습 Bad Habits

2.3 품행 Conduct

2.4 초크 사용법 Chalk Usage

　아시안게임에 정식종목으로 채택된 지 10년이 지났건만, 아직도 당구에 대해 좋지 않은 이미지를 떠올리는 사람들이 많다. 일제강점기로부터 군사정권시절에 이르기까지, 당구장이 건달들의 본거지나 도박의 온상으로 전용되어온 세월이 과반세기다 보니, 어쩌면 당연한 귀결일지도 모른다. 체육시설임에도 불구하고 교육청의 인허가를 거쳐야 한다는 모순은 당구가 완전한 생활스포츠로서 자리매김하지 못했다는 증거이다.

　당구의 길을 가는 이들은 너나 할 것 없이 주위의 만류나 빈정거림에 시달리게 된다. 운이 없는 경우엔 애인이나 배우자에게 버림을 받기도 한다. 시대가 변하면서 많이 달라졌다고는 하나, 당구를 스포츠가 아닌 오락이나 잡기정도로 치부하는 고정관념의 틀은 여전히 견고하기 때문이다. 이는 절대 간과할 문제가 아니다. 해묵은 먼지로 인해 아름다운 보석이 사장되는 건 절대 좌시할 수 없는 일이다.

　최근 학생들 사이에서 선풍적인 인기를 누리고 있는 이종격투기는 일견 싸움과 다를 게 없어 보인다. 그러나 승리의 대가는 전혀 다르다. 격투기의 승자가 부와 명예를 얻는 반면, 싸움의 승자는 전과자로 낙인찍힐 뿐이다. 대체 무엇이 이런 차이를 결정짓는가. 그것은 남을 배려하는 절차와 규범, 즉 '예절'이다. 승패가 갈린 상황에서 방어능력을 상실한 상대를 공격하는 행위가 용납된다면, 아무도 격투기를 스포츠로 인정하지 않을 것이다. 모든 스포츠는 예절이 허물어지는 순간 빛을 잃기 때문이다. 당구도 마찬가지다. 늦은 시각에 가까운 당구장을 찾아보라. 감히 단언컨대, 눈살 찌푸리게 하는 플레이어를 상당수 마주칠 것이다. 벌겋게 상기된 얼굴로 고성을 연발하는 취객들이나, 줄담배를 피워가며 돈 따먹기에 여념이 없는 내기꾼들의 모습에서 스포츠를 연상할 수는 없는 노릇이다.

　공을 사랑한다면 당구의 위상을 재정립하는 데 무관심해선 안 된다. 휴대전화만 울리면 화장실로 뛰어 들어가는 꼴사나운 짓을 언제까지 반복할 것인가. 부정적인 사회인식을 혁파하기 위해 거창한 그 무언가가 요구되는 게 아니다. 그저 지켜야 할 것을 지키기만 하면 된다. 그것은 누구나 존중하는 스포츠정신, 바로 예절이다.

2.1 복장 Dress

산업혁명의 확산과 함께 대중화가 이루어졌지만, 현대 당구의 발상지는 유럽, 특히 영국과 프랑스의 왕실이다. 왕족들의 스포츠였던 까닭에 엄격한 궁중예절이 적용됐고, 그런 전통은 오늘날까지도 이어져 내려와서 UMB의 규정은 플레이어에게 정장과 타이의 착용을 강제하고 있다. 당구가 예절을 중시하는, 고상하고 기품있는 스포츠임을 보여주는 좋은 예이다.

2.1-1 대신들과 당구를 즐기는 루이 14세

2.1-2 프로의 복장
(고모리 준이치)

일반 동호인이라면 국제대회의 복식규정에 연연할 필요까지는 없다. 하지만 넘지 말아야할 선이 존재한다는 사실조차 망각해서는 안 된다. 많은 동호인들이 친구나 직장동료들과 어울리다가 즉흥적으로 당구장행을 합의하곤 하는데, 그런 경우는 대개 외출복이나 정장차림이므로 문제가 되지 않는다. 당구장 방문을 전제로 집을 나설 때 남의 눈을 아예 의식하지 않는 이들이 문제다. 사우나에서 막 나온 것처럼 형광색 반바지에 슬리퍼, 체모가 드러나는 민소매를 걸치고 당구장을 찾는다. 심지어는 내의 바람으로 나타나는 어처구니없는 이들도 있다. 이처럼 지나치게 간소(?)한 복장은 꼭 그릇된 것이라 단정할 수는 없으나, 분명 예절과는 거리가 멀다. 깃 달린 셔츠에 기지바지와 구두, 혹은 면바지와 운동화를 착용하는 게 뭐 그리 대단한 노력이나 희생을 요구하지는 않을 것이다. 무더운 여름이라면 다소 답답함을 느낄 수도 있겠지만, 견디지 못할 정도는 아니다. 동호회끼리의 친선시합이나 아마추어 대회에 참가할 예정이라면 반드시 흰 셔츠, 검정색 기지바지와 구두를 준비하자. 프로를 지향한다면 조끼와 타이도 포함시켜야 한다. 복장을 갖추는 것이야말로 모든 예절의 첫걸음이다.

기초편-예절 43

2.2 악습 Bad Habits

　우리 당구계가 시급히 청산해야할 3대 악습은 흡연과 음주, 그리고 도박이다. 이 고질적인 악습들이 되풀이되는 한 당구는 결코 건전한 스포츠로 거듭나지 못한다. 물론 당구장에서 매춘이나 마약거래까지도 공공연히 이루어지는 중남미 일부 국가들에 비할 바는 아니지만, 그건 그네들의 사정일 뿐 우리와는 무관하다.

　당구는 스포츠가 될 수 없다고 주장하는 이들의 논거가 바로 흡연이다. 흡연은 모든 스포츠와 상극이니, 반박의 여지가 없다. 현재 대부분의 당구장에선 흡연이 허용되는데, 환기시설이 제아무리 뛰어나도 한정된 공간에서 여럿이 피워대는 담배를 당해낼 재간은 없다. 냉난방을 신경써야하는 계절이면 상황은 더욱 악화되어, 꼭 장시간 플레이를 하지 않더라도 샤워나 옷 세탁이 불가피하다. 눈이 매울 정도로 자욱한 담배연기는 비흡연자는 물론, 흡연자들도 감당키 힘든 고문이다. 음료수 한 잔을 마셔도 건강을 생각하는 시대에 흡연을 조장하는 스포츠가 가당키나 한가. 흡연은 자신은 물론, 주위 사람들의 건강까지 해치는 폭력이자, 당신의 가족들이 당구를 즐기는 당신을 경멸하게 만드는 주범임을 다시 한 번 상기하자.

2.2-1 금연광고

　이차 내기 한 게임? 안 될 말이다. 술은 이성을 마비시키기 때문에, 음주상태에서 당구장을 찾는 이들은 실수를 하게 되어 있다. 실수는 크든 작든 남에게 피해가 되며, 그런 권리는 누구에게도 주어지지 않는다. 당구장은 공공장소이며 스포츠시설이다. 당구를 즐길 땐 술을 입에 대지 말아야하고, 일단 술을 마셨으면 당구장 출입을 자제해야 한다.

　만약 당신이 이용하고자 하는 당구장의 내실에 카드나 화투 따위가 눈에 띈다면, 당장 다른 당구장을 찾으라고 충고하는 바이다. 당구장은 당구를 치는 곳이지 도박을 위한 장소가 아니다. 업주가 도박을 주도하거나 방조하는 당구장엔 노련한 '꾼'들이 꼬이기 마련이다. 멋모르고 드나들다가 엮이기라도 하는 날엔 평생 후회할만한 경험을 하게 될 것이다.

얼마 전 수많은 가정을 파멸의 구렁텅이로 몰아넣은 성인오락실 사건을 상기해보라. 처음엔 그저 호기심으로 한두 번 찾아갔다가 결국 돌이킬 수 없는 결과로 이어지지 않았던가. 장소가 꼭 당구장이 아니더라도, 도박을 멀리해서 손해 볼 일은 없다.

2.2-2 칩 게임의 소품들

득점에 따라 칩을 주고받는 칩 게임 chips game은 실력자가 핸디 handicap를 접어주기 때문에 도박과는 차별화된 공정성이 존재한다. 긴장과 승부욕을 배가시킨다는 긍정적인 측면도 무시할 수 없다. 다만, 핸디를 조정할 때 정확한 실력이 기준이 돼야 하고, 칩의 액수도 웃어넘길만한 수준을 초과하지 말아야 한다. 실력을 속이거나 과도한 금액이 오간다면 도박과 다를 게 없다.

18:88

당구는 신체에 큰 부담을 주지 않는 실내스포츠이기 때문에 남녀노소를 불문, 날씨와 시간에 구애받지 않고 즐길 수 있다. 한 시간 동안 당구를 치면 1km 이상을 걷는 것과 같은 효과를 얻게 되며, 허리의 근력을 강화하고 척추를 곧게 유지하는 데에도 큰 도움이 된다. 그러나 흡연이라는 악습으로 인해 당구가 지닌 장점들은 모두 퇴색해버리고, 오히려 건강을 해치는 게임으로 전락하게 된 것이다.

대부분의 업주들은 손님이 끊길까 두려워서 금연을 실시하지 못하고 있다. 재무구조가 탄탄한 당구장은 드물기 때문에, 결단이 쉽지 않다는 것은 충분히 공감이 간다. 그러나 당장의 매출에만 연연하다보면 앞을 내다볼 수 없게 된다. 문화적인 퇴행이 일어나지 않는 한 흡연에 대한 규제는 점점 더 강화될 것이고, 종국엔 금연을 달성하지 못한 당구장은 도태될 수밖에 없다. 더구나 흡연자 모두가 금연당구장을 기피하는 것도 아니다. 아무리 지독한 애연가라 해도 목에 가래가 끓고 머리카락이나 옷에서 역한 냄새가 진동하는 상황이 달가울 리는 없기 때문이다.

2.3 품행 Conduct

시합전후 상대 플레이어와 심판에게 예를 갖추는 것은 기본중의 기본이다. 시합이라는 것은 승패에 관계없이 자신의 성장에 밑거름이 되는 소중한 기회이다. 그런 기회를 갖게 해준 이들에게 경의를 표하는 것은 지당하다. 설사 대단한 기량을 지녔다 해도, 기본적인 예절조차 지키지 못하는 플레이어는 애당초 하나의 인격체로서 실격이다.

2.3-1 시합 전 악수를 나누는 딕 야스퍼와 토비욘 블롬달

당구는 좁은 공간에서 즐기는 실내스포츠이다. 자신의 산만한 언행이 상대 플레이어뿐만 아니라 장내 모든 이들에게 좋지 않은 영향을 미친다는 사실을 명심해야 한다. 특히 친구나 직장동료들과의 시합에서 친근함이 지나친 나머지 볼썽사나운 견제를 하는 일이 잦은데, 이는 당구의 품위는 물론 스스로의 인격마저 비하하는 어리석은 행위이다. 당구는 고도의 집중력을 요하는 스포츠이다. 고의적으로 상대 플레이어의 집중을 흔들어놓는 것은 어떤 경우에도 용납되지 않는다. 물론 막역한 사이라면 긴장을 완화시키는 농담 한두 마디쯤은 무방하다. 그러나 그 조차도 이닝^{inning}의 교대시점 외엔 삼가야하고, 다른 테이블에 폐를 끼쳐서도 안 된다.

2.3-2 대기석에 앉아있는 헤이몽 쉘르망

국제시합에서는 큰 소리를 내는 것은 물론, 상대방의 이닝 중엔 서있는 것조차 금지된다. 조준하는 플레이어의 시야가 흐트러지는 것을 막기 위한 조항이다. 실제로 매우 민감한 두께조절이 요구되는 샷^{shot}을 할 때, 누군가 정면에 서서 빤히 내려다보고 있으면 상당한 부담을 느끼게 된다. 비록 부지불식간이라 해도, 상대 플레이어가 제 기량을 발휘할 수 없게 만드는 것은 잘못이다. 자신의 이닝이 아님에도 불구하고 어정쩡하게 서있으면, 옆 테이블의 플레이어에게 방해가 되기도 한다. 이닝을 마치고 나면 항상 앉아서 대기하는 습관을 들이자.

샷 동작에 들어가기 전에 항상 뒤를 점검하는 세심함도 잊지 말아야 한다. 거의 모든 당구장은 테이블과 테이블사이의 간격이 여유롭지 못하다. 특설 무대가 아니면 국제시합이라 해도 사정은 마찬가지다. 만약 당신이 확보해야 할 공간이 옆 테이블 플레이어와 중복된다면, 먼저 양보하는 아량을 보여라. 심판이나 대기 중인 플레이어는 공격하는 플레이어가 방해받을 가능성이 있거나, 이

2.3-3 부주의한 플레이를 소재로 한 그림엽서

미 샷 동작에 들어간 옆 테이블 플레이어를 방해할 수 있는 상황이 발생하면 지체 없이 지적해 주어야 한다.

이닝 중에 지나친 인터벌^{interval}을 잡아먹는 것은 매우 이기적인 행동이다. 시합에 할애된 시간은 균등하게 분배되어야하며, 특정 플레이어의 전유물이 될 수 없다. 명백한 진로를 놓고 테이블을 몇 차례씩 돌거나, 제대로 익히지도 못한 시스템^{system}을 적용한답시고 하염없이 지체하는 저급한 플레이는 대기 중인 상대에게 심한 불쾌감을 준다. 득점에 실패했다고 해서 한동안 자리에서 물러나지 않는 것도 마찬가지다. 복기나 반성은 대기석으로 돌아와서 해도 늦지 않다.

시합을 하다보면 맞았는지 안 맞았는지, 혹은 3쿠션인지 2쿠션인지 애매한 상황이 종종 발생한다. 심판이 있으면 문제가 없지만, 그렇지 않으면 실랑이가 벌어지곤 한다. 주위에 자문을 구했다가 의견이 분산되기라도 하면 쓸데없는 시비만 확산될 뿐이다. 국제경기의 규정은 오브젝트볼의 흔들림을 가시적으로 확인할 수 없거나, 큐볼이 세번째 레일과 오브젝트볼2를 동시에 맞춘 경우는 득점으로 인정하지 않는다. 따라서 판정이 불확실한 상황이 발생하면 공격권을 가진 플레이어가 자진해서 이닝을 마치는 게 옳다. 자기는 분명히 봤다는 둥, 그쪽에서는 보일 리가 없다는 둥, 말도 안 되는 생떼를 늘어놓으며 우겨대는 모습은 결코 아름답지 못하다.

심판이 없는 친선시합에서는 상대의 득점을 주판이나 기록지에 그때그때 표기해주어야 한다. 사람의 기억은 오류가 있기 마련이어서, 암산을 하다 보면 헷갈리기 일쑤다. 이닝이 길어질수록 헷갈릴 가능성도 높아진다. 공격하는 플레이어가 실제보다 많은 득점을 주장하거나 대기하는 플레이어가 실제보다 적은 득점을 주장한다면, 결론과는 상관없이 서로 감정을 상하게 된다. 상대방이 샷 하나를 마칠 때마다 분명한 목소리로 득점을 불러주고 기록하는 것은 공정한 시합의 초석이다. 시합의 내용을 정확히 파악하려면 기록지$^{score\ card}$사용을 기정사실화해야 한다. 2.3-4의 서식은 가장 보편적인 기록지로, 1부터 50까지의 이닝에 득점과 총점을 기록할 수 있게 되어 있다.

2.3-4 보편적인 기록지

　요행^{fluke}으로 득점을 했다면, 상대 플레이어에게 가벼운 목례 등으로 미안함을 전하는 것이 도리다. 요행은 샷에 중대한 결함이 있을 때만 나타난다. 그런 샷이 득점으로까지 연결됐는데 당연하다는 듯 넘어간다면, 지켜보는 입장에서는 화가 치밀 수밖에 없다. 반대로 상대의 요행은 가벼운 미소로 축하해주는 여유를 가져야 한다. 아마추어 시합에서 요행은 드문 일이 아니니, 일일이 신경 쓰면 본인만 손해다.

　시합을 관전하는 입장이라면 플레이어의 집중을 분산시킬 수 있는 언동을 일체 삼가야 한다. 뭘 좀 안답시고 목소리를 낮추지도 않고 이러쿵저러쿵 평가를 늘어놓거나, 샷을 하는 플레이어 주위를 서성거리는 몰상식한 이들은 남의 시합을 관전할 자격조차 없다. 심판은 그런 관객들에게 퇴장을 명할 권리와 책임을 갖는다.

2.4 초크 사용법 Chalk Usage

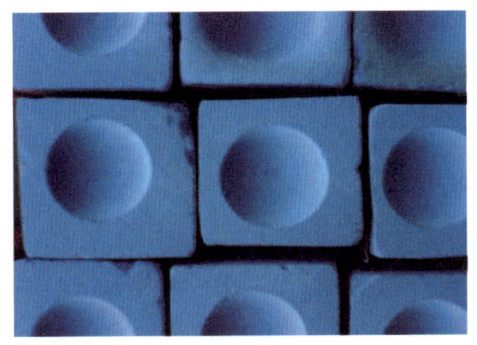

2.4-1 초크

프랑스사람 프랑수아 맹고와 영국사람 존 카의 발명은 어린아이라도 금세 질려버릴 게임을 평생을 연구해도 정복하기 어려운 오묘한 스포츠로 진화시켰다. 큐 팁과 초크의 출현으로 가능해진 비틀기는 현대당구에서 가장 핵심적인 요소라는 것은 주지의 사실이다. 그러나 초크의 사용이 엄격한 예절을 전제로 한다는 것을 아는 이들은 그리 많지 않아서, 반드시 짚고 넘어가야 할 부분이다.

당구장에 비치된 수많은 초크들 중 마모상태가 정상인 것은 한 손에 꼽을 정도다. 동호인들 대다수가 초크사용의 기본이라 할 수 있는 '바르기'조차 제대로 하지 못한다는 의미이다. 초크를 바르는 올바른 요령은 다음과 같다.

테이블에서 반 걸음정도 물러난다.
초크분말이 당구지나 상틀에 떨어져 공의 진행이 부자연스러워지거나 옷이 더러워지는 것을 막기 위함이다.

브리지에 사용하는 손으로 큐 스틱의 상대를 잡는다.
제대로 바르고 있는지 육안으로 확인할 수 있다.

큐 스틱을 사선으로 살짝 기울인다.
초크가 정작 필요한 부분인 큐 팁의 테두리에 우선적으로 접하게 된다.

그립을 쥐는 손으로 초크를 잡는다.
평소에 사용하는 손을 사용해야 보다 섬세한 제어가 가능하다.

큐 스틱을 조금씩 돌려가며 안에서 밖으로 발라나간다.
초크를 일정방향으로 사용하지 않으면, 큐 팁에 형성된 분말의 결을 거슬러 발라진 부분을 다시 벗겨내는 우를 범하게 된다.

많은 동호인들이 그립을 유지한 채 브리지를 잡던 손으로 초크를 바르는데, 그런 엉터리 사용법으로는 위에 언급된 내용 중 어느 한 가지도 충족시키지 못한다. 어떤 이는 큐 팁에서 요란한 소리가 날 정도로 경망스레 초크를 문지르기도 한다. 이는 듣기 거북할 뿐만 아니라, 과도한 분진을 유발해 손과 테이블, 나아가 실내공기까지도 오염시킨다. 미세한 분말로 이루어진 초크는 인체에 직접적인 해를 가하진 않지만, 많은 양을 지속적으로 들이키면 호흡장애를 일으키거나, 심하면 진폐증^{pneumoconiosis}으로 발전하게 된다. 무심한 행동 하나가 당신을 위해 봉사하는 이들에게 치명적일 수도 있다는 점을 명심해야 한다.

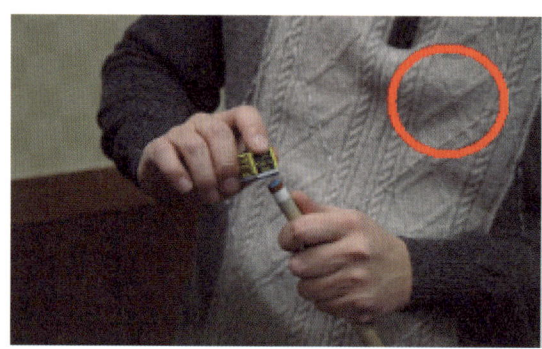 

2.4-2 올바른 초크사용법과 잘못된 사용법

바르기를 마무리하면 초크를 상틀 위에 바르게 내려놔야 한다. 초크가 옆으로 눕거나 뒤집어지면 상틀이 더러워지고 결국 자신의 옷은 물론, 상대 플레이어의 옷까지 버리게 된다. 이닝이 끝나면 사용한 초크를 회수하는 것도 잊어선 안 된다. 상대 플레이어가 샷을 구상하는데 방해가 될 수 있기 때문이다. 이닝이 바뀔 땐 테이블에 공 외에 어떤 것도 남아있을 수 없으므로 늘 자신의 초크를 휴대해야만 한다. 간혹 샷의 구상에 초크를 이용하려드는 동호인을 보게 되는데, 안됐지만 그건 파울이다.

3 규정
Rules & Regulations

3.1 워밍업 Warm Up

3.2 래깅 Lagging

3.3 서브 Serve

3.4 득점 Points

3.5 재배치 Reposition

3.6 파울 Fouls

3.7 품행규정 Rules of Conduct

3.8 핸디 Handicap

스포츠의 뿌리를 예절이라 가정하면, 줄기에 해당하는 것은 규정이다. 규정은 예절과 유기적으로 연계되어있을 뿐 아니라, 스포츠의 특성을 한정하고 흥미를 배가시키는 비중 있는 임무를 수행한다. 규정을 준수하는 것이 바로 예절의 실천이며, 규정이 존재함으로써 승부의 공정성이 보장된다.

테이블형태가 단순하고 사용하는 공이 많지 않아서, 당구를 잘 모르는 이들은 캐롬의 규정이 스누커나 풀의 그것보다 간단하다고 착각하기 쉽다. 그러나 실제로 캐롬, 특히 3쿠션에 적용되는 규정은 꽤나 다양하고 복잡하다. 이처럼 많은 규정을 일일이 숙지하는 것은 다소 번거롭긴 해도, 반드시 거쳐야할 과정이다. 용품의 규격에 대해서는 앞에서 어느 정도 다루었으니, 이번 장에서는 시합에 직접 연관된 조항들을 살펴보기로 하자.

3-1은 테이블 각부의 명칭을 나열한 것으로, 독자들의 이해를 돕기 위한 것이다. 그림에 황색점선으로 표시된 연결선^{string}들은 실제 테이블에는 나타나 있지 않다. (모든 용어를 영어위주로 서술한 것은 국제무대를 목표로 정진하는 이들에 대한 배려임을 미리 밝히는 바이다.)

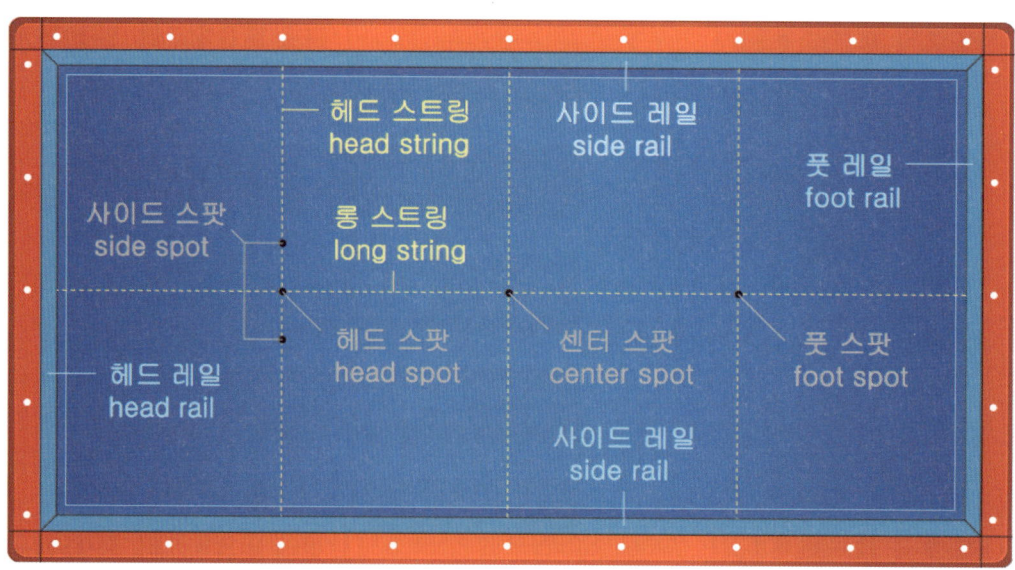

3-1 레일, 스트링과 스팟

3.1 워밍업 Warm up

시합에서 최상의 기량을 발휘하기 위해 몸을 풀고 테이블의 상태를 파악하는 것을 워밍업이라 한다. 각각의 플레이어는 시합에 앞서 5분간 워밍업을 할 권리를 가지며, 시합시작 15분 전까지 입장하지 못한 경우는 권리를 상실하게 된다. 심판은 워밍업의 순서를 지정하고, 세 개의 공을 플레이어가 원하는 위치에 배열한다. 플레이어는 큐볼을 자유롭게 선택할 수 있으며, 임의로 공의 위치를 변경하거나, 진행 중인 공을 정지시켜도 무방하다. 워밍업을 시작한 지 4분이 경과되면, 심판은 플레이어에게 1분 남았음을 통보해야 한다. 워밍업의 시간은 각 대회의 규정에 따라 달라질 수 있으며, 워밍업을 하는 동안에도 품행규정은 그대로 적용된다.

3.2 래깅 Lagging

래깅, 혹은 뱅킹 banking은 서브 serve의 권리, 즉 공격의 선후를 정하는 일이다. 심판은 모든 플레이어가 워밍업을 마치면, 세 개의 공을 래깅 포지션 lagging position에 배치한다. 항상 오브젝트볼이 되는 적색 공은 풋 스팟 foot spot에, 큐볼인 백색 공과 황색 공은 헤드 스트링 head string 상의 적절한 위치, 더 정확히 말하면 사이드 스팟 side spot과 사이드 레일 side rail의 중간에 놓이게 된다.

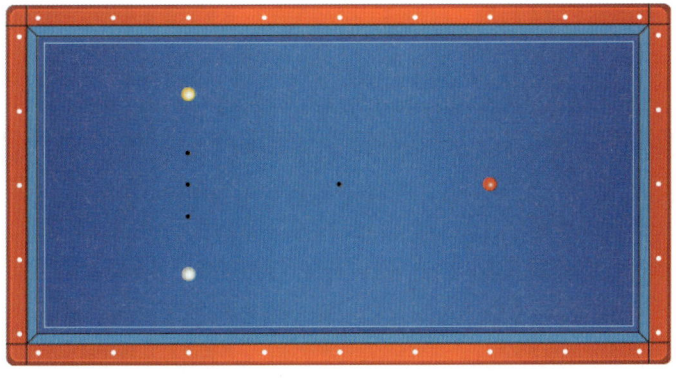

3.2-1 래깅 포지션

각각의 플레이어는 백색 공과 황색 공을 동시에 쳐서 풋 레일foot rail을 직접 맞힌 다음, 헤드 레일head rail로 돌아오도록 한다. 헤드 레일에 더 가깝게 멈춰선 공을 친 플레이어가 어느 쪽이 서브할지 결정할 권리를 갖는다. 여기서 '동시에'라는 표현은 상대의 공이 풋 레일에 닿기 전에 자신의 공을 쳐내야 한다는 의미이며, '직접'이라는 표현은 풋 레일이 아닌 다른 레일을 먼저 맞춰선 안 된다는 뜻이다. 이 두 가지를 어기면 래깅에서 진 것으로 간주한다. 되돌아온 공이 헤드 레일에 맞았는지의 여부는 판정에 영향을 주지 않는다.

3.2-2 이상천 선수와 조지 애쉬비 선수의 래깅

만일 백색 공과 황색 공이 충돌해 진로가 변경되면, 세로경계선인 롱 스트링long string을 넘긴 플레이어의 패배가 된다. 공을 치는 과정에서 파울을 범하거나, 풋 레일을 두 번 이상 맞히거나, 적색 공을 건드린 경우도 마찬가지다. 두 플레이어가 함께 파울을 범하거나, 어느 공이 풋 레일에 가까운지를 육안으로 판별할 수 없으면, 다시 래깅을 한다. 이때 시합의 품위유지를 위해 도구를 사용한 측정은 금한다. 이차 래깅에서도 같은 상황이 발생한 경우는 심판이 추첨을 통해 서브할 플레이어를 결정하게 된다.

> 래깅에 대해 국제규정과 국내규정이 상이한 부분도 있다. 국제규정에 의하면 풋 레일을 맞힌 공이 사이드 레일에 맞고 내려와도 상관없지만, 국내규정은 이를 파울로 간주한다. 또, 국제규정에선 래깅의 승자가 자신의 큐볼을 선택하는 것이 일반적이지만, 국내규정에선 서브하는 플레이어가 항시 백색 공을 사용하게 되어 있다.

3.3 서브 Serve

 래깅에 따라 서브할 플레이어가 결정되면, 본 시합이 시작된다. 심판은 공을 서브 포지션$^{serve\ position}$에 배치하고, 서브할 플레이어는 위치를 확인한 후 잘못된 부분에 대해 정정을 요구할 수 있다. 오브젝트볼1인 적색 공은 풋 스팟에 그대로 남고, 오브젝트볼2가 되는 상대의 큐볼은 헤드 스팟에, 서브할 플레이어의 큐볼은 사이드 스팟$^{side\ spot}$에 놓인다. 사이드 스팟은 헤드 스트링에서 벗어날 수 없으며, 헤드 스팟에서 좌우로 각각 6inch(15.24cm)이내에 위치해야 한다. 모든 스팟의 위치는 흑색 펜으로 점을 찍어 표시한다.

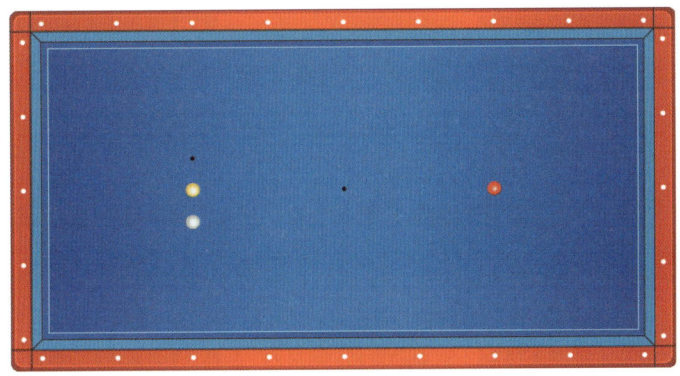

3.3-1 서브 포지션

3.3-2 왼쪽 스팟에서 황색 공으로 서브하는 토비욘 블롬달

 두 개의 사이드 스팟 중 어느 쪽을 선택할지는 서브할 플레이어가 결정한다. 오른손잡이는 오른쪽, 왼손잡이는 왼쪽을 선택하는 게 보통이지만, 토비욘 블롬달$^{Torbjon\ Blomdahl}$이나 김경률 선수 등은 오른손잡이임에도 불구하고 왼쪽 사이드 스팟을 선호한다.

 서브하는 플레이어는 진로와 상관없이 적색 공을 오브젝트볼1로 사용해야 하며, 레일을 먼저 맞히거나 상대의 큐볼을 먼저 맞히면 득점이 인정되지 않는다. 그러나 서브가 끝난 후에는 상대의 큐볼이나 적색 공, 또는 레일 중 어느 쪽을 먼저 맞혀도 상관없다.

3.4 득점 Points

심판은 서브를 제외하면 다음과 같은 모든 경우에 득점을 선언해야 한다.

● 큐볼이 오브젝트볼1을 맞히고, 세 번 이상의 레일터치를 한 다음 오브젝트볼2를 맞힌 경우

● 큐볼이 세 번 이상의 레일터치를 한 다음 두 개의 오브젝트볼을 맞힌 경우

● 큐볼이 한 번의 레일터치를 한 다음 오브젝트볼1을 맞히고, 다시 두 번 이상의 레일터치를 한 다음에 오브젝트볼2를 맞힌 경우

● 큐볼이 두 번의 레일터치를 한 다음 오브젝트볼1을 맞히고, 다시 한 번 이상의 레일터치를 한 다음 오브젝트볼2를 맞힌 경우

물론 공을 치는 과정에 파울이 없어야 하며, 큐볼과 오브젝트볼의 접촉이나 레일터치를 가시적으로 확인할 수 있어야 한다는 전제가 따른다. 큐볼이 세 번째 레일과 오브젝트볼2를 동시에 맞히거나, 오브젝트볼2와 큐볼의 최종 진로를 가지고도 판정이 애매한 경우는 득점으로 인정하지 않는다. 레일터치의 접점은 하나의 레일에 편중되어 있어도 유효하나, 큐볼이 레일을 타고 흘러서 진행하는 경우는 한 번의 레일터치로 판정한다. 의도했건 의도하지 않았건 오브젝트볼에 의해 큐볼의 진로가 달라지는 키스[kiss]는 그대로 인정한다.

모든 득점은 1점을 원칙으로 하고, 오직 심판만이 득점을 선언할 수 있다. 그러나 심판의 선언이 있더라도 모든 공이 완전히 정지한 다음에야 득점이 공식기록으로 인정되기 때문에, 공이 진행 중이거나 회전하고 있을 때 파울을 범하면 그 득점은 무효가 되어버린다. 득점에 성공한 플레이어는 이닝을 이어갈 권리를 가지고 공격을 계속할 수 있으며, 심판이 파울을 선언하거나 득점을 인정하지 않으면 상대에게 공격권을 양보해야 한다. 심판이 점수규정의 마지막 득점을 선언하고 나서 공이 완전히 멈추는 순간 시합은 종료된다.

3.5 재배치 Reposition

시합이 시작되면 공의 배치를 인위적으로 바꿀 수 없지만, 특별한 몇몇 경우에 한해서는 정해진 원칙에 따라 재배치가 허용된다.

A 프로우즌 Frozen

시합 중 두 개 이상의 공이 붙은 상태에서 멈춘 것을 '프로우즌^{frozen}'이라 한다. 특히 큐볼이 다른 공과 붙은 경우는 진로의 선택에 제약이 따르므로, 공격자가 재배치를 요구할 수 있다. 붙은 상태로도 쉽게 득점할 수 있다면 그대로 진행해도 상관없으나, 큐볼과 붙어있는 공을 오브젝트볼1로 사용하면 안 된다. 이때, 큐볼을 붙은 공과 상관없는 방향으로 진행시켰음에도 불구하고 붙은 공이 큐볼이 있던 쪽으로 움직이면, 붙어있던 공은 '기댄 공$^{lean\ ball}$'으로 인정하며, 파울이 아니다. 찍어 치기^{masse}기술을 이용해 큐볼을 완전히 떨어뜨렸다가 다시 붙었던 공을 공략하는 경우는 유효하다.

3.5-1 프로우즌

플레이어가 재배치를 요구하면 심판은 완전히 붙었는지를 확인한 후, 다음의 원칙에 따라 공을 이동시킨다.

- 🔴 큐볼은 헤드 스팟

- 🔴 상대의 큐볼은 센터 스팟

- 🔴 적색 공은 풋 스팟

떨어진 공은 움직일 수 없으며, 붙은 공이 놓여야 할 스팟을 떨어진 공이 가로막고 있다면 가로막은 공이 붙었을 때 이동해야 할 스팟에 갖다놓는다. 물론 상대방의 큐볼과 오브젝트볼이 붙어있는 경우는 재배치를 요구할 수 없다. 공격자가 붙어있는 두 공을 하나도 못 맞힌 경우는 공격권이 이양된 플레이어에게 재배치의 기회가 주어진다.

B 점프볼 Jump Ball

3.5-2 점프볼을 희화한 그림엽서

심판은 공이 테이블의 프레임에 맞거나 테이블 밖으로 벗어나버리면 점프볼을 선언해야 한다. 점프볼은 파울이기 때문에 점프볼을 유발한 플레이어는 공격권을 상실하며, 점프한 공은 프로우즌의 재배치 원칙에 따라 스팟이 결정된다. 여기서 공격권의 상실은 두 개의 큐볼이 서로 뒤바뀐다는 걸 의미하므로, 재배치의 스팟도 함께 바뀌게 된다.

C 돌발 상황 Emergency

지진과 같은 천재지변이나 옆 테이블 플레이어의 방해 등, 돌발 상황으로 인해 공의 위치가 변경되었다면, 원래 배치에 최대한 근접하게 되돌린 다음에 시합을 재개해야 한다. 심판은 프로우즌, 점프볼, 돌발 상황 외에도 필요하다고 판단되면 언제라도 시합을 중지시킬 수 있는 권한이 있다.

> 공이 레일 위를 튀다가 프레임에 맞지 않고 다시 테이블 안으로 들어오면 점프볼이 아니며, 하나의 레일 위에선 몇 번을 튀더라도 한 번의 레일터치로 간주한다. 공이 프레임에 닿는 순간 점프볼이 되므로, 심판은 그 공이 다시 돌아와 테이블 안의 공 배치에 영향을 미치지 못하도록 막아야 한다. 만약 점프볼의 간섭이 발생하면, 간섭이 없었을 시의 배치에 최대한 근접하게 되돌린 후에 시합을 재개해야 한다. 공이 레일 위에서 움직임이 멎으면 프레임을 건드리지 않았더라도 점프볼이 된다.

3.6 파울 Fouls

이닝의 교대는 두 가지 경우에 이루어진다. 정상적으로 샷을 했는데 진로가 틀려 득점을 놓친 경우나, 아니면 파울이 발생한 경우다. 파울의 종류가 다양하진 않아도 동호인들이 잘못 알고 있는 부분이 많기 때문에, 자세히 살펴 볼 필요가 있다.

A 점프볼

앞서 언급된 부분이므로 설명을 생략한다.

B 중복접촉 Double Touch

하나의 샷에서 큐 팁이 공과 두 번 이상 접촉한 경우를 일컫는다. 큐볼이 레일이나 오브젝트볼에 붙은 상태에서 큐볼을 붙은 레일이나 공을 향해 진행시키면 중복 터치를 범하게 된다. 큐볼이 레일이나 오브젝트볼과 매우 근접해 있다면, 근접한 레일이나 공을 향해 진행시킨다 해도 중복 터치를 피할 수 있다. 파울여부는 샷을 하는 플레이어의 기량에 좌우되며, 심판은 큐볼의 진행방향이나 비틀기의 보존상태 등을 충분히 고려한 후 판정해야 한다. 심판의 경험이나 지식으로 확신을 가질 수 없다면 파울을 선언할 수 없다. 가끔 플레이어가 예비동작에서 큐볼을 건드렸다가 반사적으로 다시 칠 때가 있는데, 두 번째 터치는 부정 샷$^{illicit\ shot}$으로 간주되어 첫 번째 터치 직후의 배치로 되돌리게끔 되어 있다. 이는 이미 공격권을 상실한 플레이어가 상대에게 유리한 공의 배치를 고의로 흩어버리지 못하게 하기 위함이다. 하나의 샷은 모든 공이 완전히 멈춘 시점에서 종료되기 때문에, 공이 진행 중이거나 회전하고 있는 상태에서 다음 샷을 하게 되면 중복 터치가 되고 이전의 샷은 득점으로 인정되지 않는다.

C 간접접촉 Indirect Touch

큐 팁의 전면이 아닌 다른 어떤 것도 공의 움직임에 영향을 미쳐선 안 된다. 큐 팁의 옆면, 선골, 상대, 초크, 손이나 옷자락으로 공을 건드리는 것은 물론이고, 테이블에 물리적인 충격을 가하거나, 입이나 손바닥으로 바람을 일으키는 행위도 간접접촉에 해당된다. 심판은 간접접촉이 발생하면 즉시 파울을 선언해야 하며, 달라진 공의 위치를 원래대로 되돌려야 한다.

D 밀기 Push

정상적인 타격을 가하지 않고 큐 팁을 큐볼에 밀착시킨 후 밀어서 진행시키면 파울이다. 밀기의 판정은 타구소리에 의존한다. 타구소리가 전혀 나지 않으면 밀기로 간주한다.

E 양발 떨어짐 Feet off Floor

큐 팁이 큐볼에 닿는 순간엔 두 발 중 어느 한 쪽은 반드시 지면과 닿아있어야만 한다. 공을 치고 난 다음 일시적으로 균형이 흔들려 두 발이 떨어지는 것은 간접접촉을 범하지 않았다면 상관없다. 자세를 안정시키기 위해 테이블에 한 쪽 발을 걸치는 것은 용인되나, 구두가 당구지에 닿으면 공에 영향을 미치지 않았다 해도 파울이다.

3.6-1 양 발 떨어짐을 희화한 그림엽서

F 오구(誤球) Wrong Ball

래깅을 마치면 각자의 큐볼이 정해지며, 한 번 정해진 큐볼은 시합이 종료될 때까지 변경할 수 없다. 상대의 큐볼을 자신의 큐볼로 착각하고 쳤을 경우는 샷의 성공여부에 관계없이 파울로 간주한다. 한 가지 재미있는 것은, 대기 중인 플레이어는 착각을 일으킨 플레이어가 샷을 하기 전에 큐볼을 정정해 줄 수 있으나, 심판은 샷이 끝난 후에만 지적이 가능하다는 점이다. 다시 말해, 착각을 일으킨 플레이어의 이닝은 대기 중인 플레이어가 좌지우지 할 수 있다는 뜻이다. 반면 큐볼이 바뀐 사실을 아무도 인지하지 못하면 문제가 제기되기 이전까지의 득점은 유효하다. 3득점을 했다고 가정할 때, 다음 샷을 구상하는 과정에서 지적이 들어오면 2점, 다음 샷을 했거나 하는 도중에 지적이 들어오면 3점 모두 인정된다.

G 표식 Marking

심판은 플레이어가 샷을 할 때 상틀이나 레일, 또는 당구지 위에 눈에 띄는 표시가 있다고 판단되면 파울을 선언해야 한다. 초크를 진로를 가늠하는 데 이용하거나, 큐 팁으로 입사점을 표기하는 행위가 이에 해당한다. 손에 묻은 땀이나 초크가루 등으로 표시를 남겨도 마찬가지다.

3.7 품행규정 Rules of Conduct

앞서 밝힌 바와 같이, 당구는 예를 무척이나 존중하는 스포츠다. 따라서 파울규정 외에 플레이어의 품행에 대한 별도의 규정이 존재한다. 파울을 범했을 땐 그저 이닝을 양보하는 선에서 끝나지만 품행규정을 위반하면 경고를 받거나, 심한 경우 퇴장이나 제명까지 당하게 된다. 이렇게 엄격한 품행규정이 존재함으로써 당구시합에서는 여타 스포츠에서 흔히 발생하는 불미스러운 장면이 절대 연출되지 않는다.

다음과 같은 경우는 품행규정을 위반한 것으로 간주한다.

- 정해진 복장을 착용하지 않은 경우
- 고의로 파울을 범하는 경우
- 과도한 인터벌을 상습적으로 잡아먹는 경우
- 상대 플레이어의 이닝 중 특별한 이유 없이 대기석을 벗어나는 경우
- 큰소리나 소음을 내는 경우
- 심판의 판정에 정당치 못한 이의를 제기하거나 부적절한 언동을 보이는 경우
- 판정을 재고할 것을 2회 이상 요구하는 경우
- 심판의 동선이나 시야를 의도적으로 방해하는 경우
- 관객으로서 플레이에 방해가 되는 언동을 보이는 경우

품행규정위반에 대한 판정과 제재는 대개 심판의 재량이나 집행위원회의 판결에 따른다.

3.8 핸디 Handicap

　지점이라고도 하는 핸디는 친선시합에서 기량의 격차를 줄여 승부의 불공평함을 해소하기 위한 제도이다. 우수한 플레이어는 보다 많은 점수를, 부족한 플레이어는 보다 적은 점수를 놓고 경쟁함으로써 일방적인 진행을 막을 수 있다. 프로들의 시합에서는 핸디가 따로 존재하지 않지만, 일반 동호인들끼리의 시합이라면 핸디를 적용하는 것이 바람직하다.

　핸디를 산출하려면 평균득점, 즉 그랜드(제너럴) 애버리지$^{\text{grand(general) average}}$를 제대로 파악하고 있어야 한다. 애버리지는 야구의 타율과 마찬가지로 득점을 이닝으로 나눈 다음 반올림을 거쳐 소수점 셋째자리까지 기록한 수치이다. 예를 들어, 어떤 플레이어가 시합에서 15점을 득점하는 데 26이닝을 소요했다면 애버리지는 0.577(15÷26)이 된다. 애버리지는 당일 컨디션이나 시합상대에 따라 적지 않은 편차가 발생하므로, 적어도 3개월 이상을 합산해 평균을 내야 제대로 된 애버리지, 바로 그랜드 애버리지라 할 수 있다. 그랜드 애버리지를 산출함으로써 자신의 수준을 객관적으로 파악할 수 있을 뿐 아니라, 월별/분기별 기량의 변화도 정확하게 점검할 수 있다.

　3쿠션에서의 핸디는 25이닝을 기준으로 하기 때문에, 애버리지에 25를 곱해 소수점 이하를 반올림해주면 된다. 그랜드 애버리지가 0.8정도면 핸디는 20점이 되는 셈이다. 규격테이블의 애버리지는 소형테이블의 애버리지에 비해 0.1~0.3정도 낮은 것이 정상이다. 공의 크기가 작아진 만큼 득점확률은 적어지고, 진행거리가 늘어난 만큼 오차는 커지기 때문이다. 따라서 대형, 중형, 소형의 세 가지 테이블을 번갈아가며 즐기는 플레이어라면 애버리지를 따로 계산하는 게 좋다.

　칩 게임에서 핸디를 접어준다는 것은, 애버리지가 높은 플레이어가 두 개의 칩이 걸린 레일-퍼스트 샷$^{\text{rail-first shot}}$을 성공해도 하나로 계산한다는 의미이다. 레일-퍼스트 샷은 큐볼이 오브젝트볼1에 맞기 전에 몇 번의 레일터치가 이루어지느냐에 따라 1뱅크, 2뱅크, 3뱅크로 구분하는데, 빈도나 성공확률로 따지면 '1뱅크>3뱅크>2뱅크'의 순서가 된다. 따라서 실력차이가 적게 나면 2뱅크 하나만, 많이 나면 1, 2, 3뱅크를 모두 접거나 접히면 된다. 이때 어떤 레일-퍼스트 샷을 대상으로 하느냐의 기준은 각자의 그랜드 애버리지이며, 애버리지의 격차가 0.05면 2뱅크, 0.1이면 3뱅크, 0.15면 1뱅크가 핸디가 된다. 일례로 그랜드 애버리지가 0.8인 플레이어와 1.1인 플레이어가 칩 게임을 하면, 애버리지 1.1인 플레이어가 모든 레일-퍼스트 샷을 접어주어야 한다.

3.8-1 칩

이 기준은 칩 게임에 참여한 플레이어가 셋 이상인 경우이고, 1대1의 게임이라면 애버리지가 높은 플레이어가 더 많은 핸디를 접어주어야 공평하다. 1대1의 게임에서는 애버리지의 차가 0.03이면 2뱅크, 0.07이면 3뱅크, 0.1이면 1뱅크 핸디가 되는데, 이는 애버리지가 높은 플레이어가 뒷공의 배치를 조절해 상대의 득점을 묶어버릴 수 있기 때문이다. 애버리지가 0.3이상 벌어지는 경우는 칩 게임을 자제하라고 당부하고 싶다. 기량의 차이가 너무 크게 벌어지면 핸디의 의미가 없어지기 때문이다.

규정에서 항상 논란의 대상이 되는 것은 미스큐이다. 미스큐란 큐 팁이 큐볼과 접촉할 때 미끄러짐^{slip}이 발생하는 현상인데, 부실한 큐 팁, 잘못된 초크 바르기, 과도한 타점, 헐거운 브리지, 고르지 못한 팔 동작 등이 원인이다. 미스큐가 논란인 이유는 미끄러짐 자체를 중복 터치로 보느냐 마느냐의 기준이 모호하기 때문이다.

국제 규정은 미스큐에 의한 득점을 일부 인정하지만, 국내 대회에서는 대개 파울로 간주한다. 물론 미스큐와 간접접촉을 함께 범했다면 이론의 여지가 없는 파울이며, 그 판단의 근거는 미스큐 자국이 큐 팁 전면과 옆면의 경계를 넘었는지 여부이다. 큐 팁의 전면과 옆면은 구조적으로 큐볼에 동시에 접할 수 없으므로, 공을 친 자국이 양쪽에 다 있다는 것은 중복접촉을 범했다는 증거가 된다.

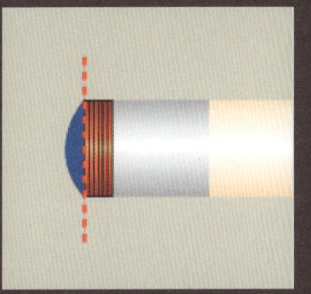

3.8-2 파울 경계선

4 자세
Posture

4.1 스탠스 Stance

4.2 브리지 Bridge

4.3 머리의 위치 Head Position

4.4 그립 Grip

4.5 왼팔 Left Arm

4.6 보조도구 Assist Tools

> 스포츠에서 가장 중요한 기본기는 자세이다. 멋진 자세는 정확도와 효율을 높여줄 뿐만 아니라, 보기에도 좋다. 당구역시 예외는 아니다. 스포츠 채널에서 시합을 펼치는 프로들을 보라. 체격조건에 따라 조금씩 차이는 있지만, 하나같이 단단하고 균형 잡힌 자세를 갖추고 있다. 단지 자세만으로도 일반 동호인들과 확연히 구분될 정도다. 프로들의 자세가 안정돼있는 이유는 인체 각 부위의 특성과 역학적 원리를 충분히 이해하고, 이에 근거한 몇 가지 대원칙을 철저히 준수하기 때문이다.
>
> 국내엔 제대로 된 교육시설이 턱없이 부족하기 때문에, 대부분의 동호인들이 자기보다 핸디가 높은 지인을 통해 당구를 배우게 된다. 가르치는 이의 실력이 월등하다면 문제가 없겠지만, 그렇지 못하다면 안 배우느니만 못한 결과를 초래하기도 한다. 엉터리지식은 불필요한 시행착오를 유발하고, 공에 대한 신뢰를 떨어뜨려 의욕을 상실케 한다. 특히 자세는 한 번 잘못 익혀놓으면 그릇된 습관으로 이어지므로, 추후 바로잡는데 큰 어려움을 겪게 된다.

※ 이 책은 플레이어가 오른손잡이라는 전제하에 기술된 것이다. 만약 당신이 왼손을 사용한다면 좌우를 반대로 적용하기 바란다.

4.1 스탠스 Stance

 자세잡기는 스탠스의 위치를 선정하는 것에서 출발하며, 그 기준은 언제나 큐 스틱이 된다. 위에서 내려다 봤을 때, 오른발 앞부분이 큐 스틱에 걸쳐있어야만 한다. 발과 발의 간격은 자신의 어깨넓이나 그보다 조금 넓은 정도가 적당하고, 왼발의 위치와 양 발의 각도는 상체의 방향에 따라 조금씩 달라도 상관없다. 단, 불편하다거나 불안정하게 느껴져선 안 된다. 4.1-1은 열린 스탠스$^{open\ stance}$와 중립 스탠스$^{neutral\ stance}$, 닫힌 스탠스$^{close\ stance}$를 표현한 것이다. 그림에서 확인할 수 있듯, 어떤 경우에도 오른발 앞부분이 큐 스틱에 걸친다는 점은 변하지 않는다.

4.1-1 열린 스탠스, 중립 스탠스, 닫힌 스탠스

스탠스는 오픈정도에 상관없이 '짝 다리'여야 한다. 오른쪽다리를 곧게 펴고 보다 많은 체중을 실어야 한다는 의미이다. 왼쪽다리는 펴도 상관없지만 살짝 굽히는 것이 자연스럽고, 오른쪽과 왼쪽의 체중분배는 6:4나 7:3정도가 적절하다. 오른발에 체중을 집중시킴으로써 오른쪽 어깨를 견고하게 고정시킬 수 있고, 완벽하게 고정된 어깨야말로 이상적인 팔의 왕복운동에 가장 중요한 조건이기 때문이다.

조준의 정확도를 높이려면 자세를 최대한 낮추어야 하는데, 허리를 숙일 때 체중이 집중돼있는 골반을 뒤로 밀어주면 최적의 균형을 얻을 수 있다. 이때 오른쪽 허벅지 뒷부분에 적당한 긴장^{tension}이 느껴져야만 한다. 4.1-2는 옆에서, 그리고 위에서 봤을 때 균형이 잘 잡힌 자세를 표현한 것이다.

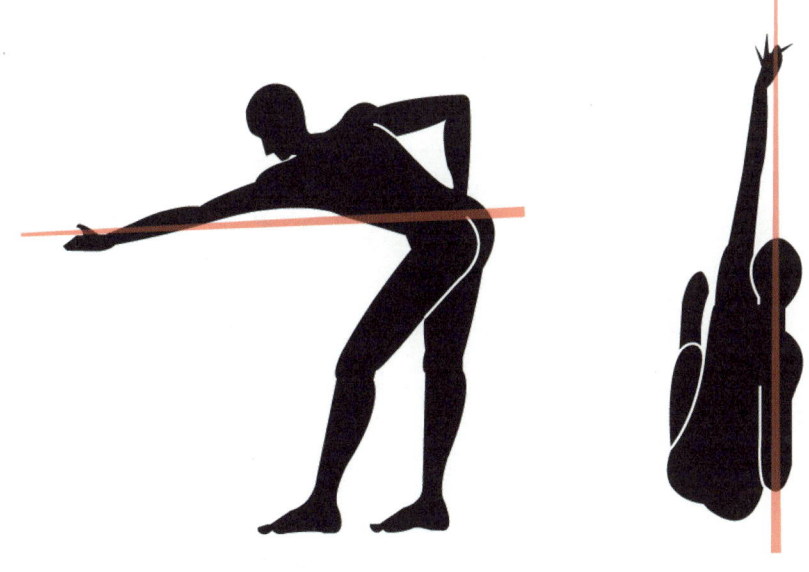

4.1-2 이상적인 자세

공을 치려는데 뭔가 어색하다면 스탠스의 위치선정이 잘못됐다는 얘기다. 그럴 땐 주저 없이 일어나 스탠스의 위치를 정정해야 한다. 이를 무시한 채 상체를 비틀거나 상박upper arm의 각도를 과도하게 변경하면 큐 스틱이 좌우로 흔들리기 십상이다. 큐볼의 위치에 따라 어쩔 수 없이 자세를 변경해야 하는 경우엔 어깨를 충분히 안정시킬 수 있는 지, 상체와 상박의 통상적인 각도를 확보할 수 있는지를 반드시 따져봐야 한다. 둘 중 어느 하나라도 크게 희생해야 한다면 더 어렵더라도 다른 진로를 선택하는 것이 낫다.

4.1-3 불안정한 자세를 선택한 토비욘 블롬달

스탠스를 취할 때 두 다리를 모두 구부리는 이들이 많은데, 당장 시정하는 게 좋다. 다리가 굽어있으면 스탠스의 안정을 하체의 근력에 의지하게 되고, 하체근육이 아무리 단단해도 골격을 능가할 수는 없기 때문이다. 장시간 플레이하거나 나이가 들어서 근력이 떨어지면, 피로가 더해져 안정감의 차이는 훨씬 커지게 되어 있다. 물론 처음엔 다리를 펴는 것이 더 불편하고 어색하게 느껴질 수도 있다. 그러나 이는 '느낌'의 문제일 뿐, 머지않아 익숙해질 수 있을 것이다.

곧게 펴진 스탠스가 과연 옳은지 의구심이 생기는 독자라면, 사격이나 양궁에서 사수가 다리를 구부렸을 때 기록이 어찌될지 상상해보라.

4.2 브리지 Bridge

'큐 받침'이라는 의미의 브리지는 왼손으로 큐 스틱 상대를 지지하는 것을 의미한다. 통상적인 브리지의 구조는 상하로 구분되며, 엄지와 검지를 이용해 큐 스틱의 상대를 감싸는 '훅^{hook}'이 상부에 해당하고, 중지, 약지, 소지와 손바닥을 이용해 훅을 테이블에 고정시키는 '서포트^{support}'는 하부에 해당한다.

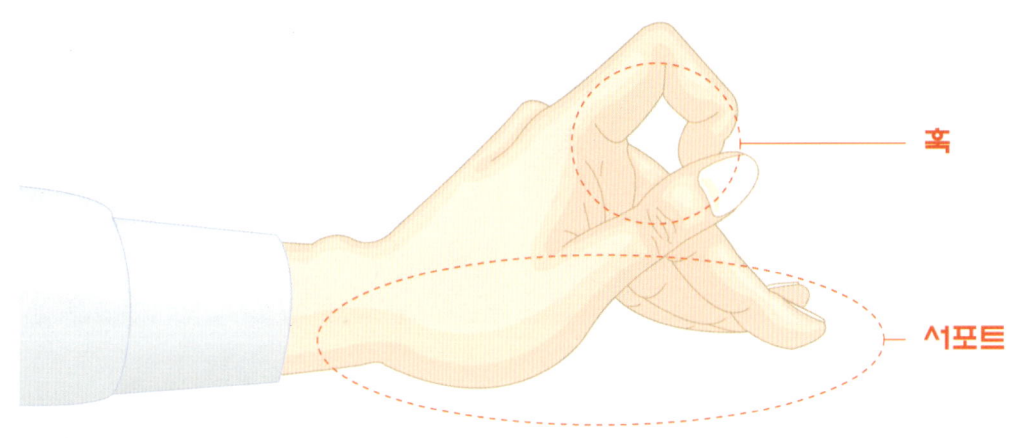

4.2-1 통상적인 브리지의 구조

큐 스틱을 피스톤^{piston}이라 가정한다면, 브리지의 훅은 실린더^{cylinder}가 된다. 너무 좁으면 무리한 저항을 유발하고, 반대로 너무 헐거우면 궤적이 흐트러지기가 쉽다. 공을 치기 전에 큐 스틱의 방향을 가늠하는 '예비 스트록$^{preliminary\ stroke}$'에서는 훅과 상대 사이에 약간의 여유 공간이 존재해야 하며, 이 공간은 큐볼과 팁이 만나는 시점에 완전히 메워져야 한다. 손가락이 금속처럼 단단하지도 않지만, 상대의 직경이 서서히 늘어나기 때문에 공간이 메워진 후에도 필요한 만큼 큐 스틱을 전진시키는 것은 문제가 되지 않는다.

훅을 거는 요령은 간단하다. 먼저 엄지에 걸친 상대 위로 검지를 'ㄷ'모양으로 오므리고, 그 끝부분에 엄지의 지문 중심부를 갖다 댄다. 물론 엄지가 검지와 맞닿는 부분은 개개인의 손가락 길이와 굵기에 따라 조금씩 다를 수 있으니, 실제로 해 보고 적당한 부위가 어딘지 알아두어야 한다. 다음엔 엄지의 첫 번째 관절을 서포트의 상부인 중지 둘째마디에 의지한다. 마지막으로, 검지를 몸 쪽으로 당기면서 엄지로 내리눌러 훅을 곤추세우면 완성된다.

서포트는 삼지창 형태의 스프레드 서포트$^{spread\ support}$와 벙어리장갑 모양의 오버래핑 서포트$^{overlapping\ support}$가 있다. 이는 개인의 취향에 불과하므로 스스로 더 편하고 탄탄하다고 느끼는 쪽을 택하면 된다. 대신, 어느 쪽을 선택하더라도 손가락을 구부려서는 안 된다. 서포트를 담당하는 손가락이 굽어있으면 전체 브리지의 균형이 무너져버리기 때문이다. 참고로 세계적인 플레이어들의 브리지를 살펴보면, 토비욘 블롬달$^{Torbjorn\ Blomdahl}$(스웨덴), 딕 야스퍼$^{Dick\ Jaspers}$(네덜란드), 김경률 선수 등은 스프레드 서포트, 페데릭 꼬드홍$^{Frédéric\ Caudron}$(벨기에), 헤이몽 쉘르망$^{Raymond\ Ceulemans}$(벨기에), 이상천 선수 등은 오버래핑 서포트를 사용한다. 예술구의 달인 세미히 사이그네르$^{Semih\ Sayginer}$(터키) 선수는 두 가지 서포트를 번갈아가며 사용한다.

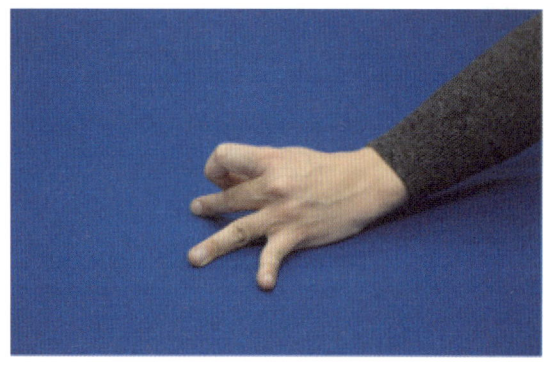
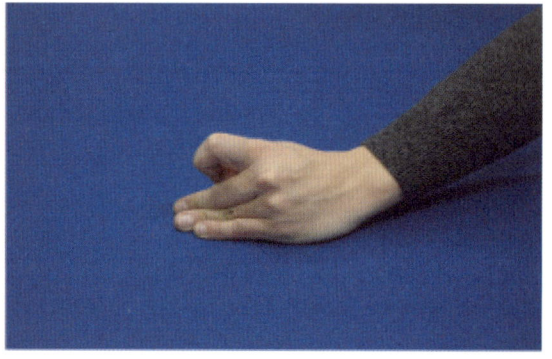

4.2-2 스프레드 서포트   4.2-3 오버래핑 서포트

서포트는 안정감이라는 측면에선 스탠스와 차이가 없으나, 필요에 따라 높낮이가 달라진다는 점은 다르다. 높이조절은 손바닥과 손가락이 이루는 각, 특히 중지의 각을 변화시킴으로써 가능해진다. 가장 높은 타점을 겨냥할 땐 중지와 손바닥이 약 90°의 각을 이루며, 가장 낮은 타점을 겨냥할 땐 180°, 즉 완전히 펴진 상태가 된다. 평소 연습을 통해 어느 정도의 각이 어떤 높이를 제공하는지 알아두면, 고개를 움직이지 않고도 정확한 타점을 찾아낼 수 있다.

4.2-4 페데릭 꼬드홍의 짧은 브리지

큐볼과 브리지 혹의 간격은 20cm전후가 적당하며, 이 간격은 매우 섬세한 타점이나 특별히 강한 타격이 요구될 시에는 더 짧거나 길어질 수 있다. 그러나 브리지를 너무 가까이 대면 스트록에 제약이 따르고, 너무 멀리 떨어뜨리면 타점이 흔들린다. 따라서 간격조절의 최대치는 10cm를 초과하지 않는 게 바람직하다. 브리지에 사용하는 팔은 곧게 펴주는 것이 원칙이지만, 오브젝트볼1이 큐볼에서 아주 가깝거나 아주 먼 경우는 자연스레 구부리는 게 보다 정확한 조준에 도움이 된다.

큐볼의 위치로 인해 통상적인 브리지가 불가능할 땐, 변형 브리지$^{\text{modified bridge}}$를 사용한다. 실전에서는 그런 상황이 빈번하게 발생하기 때문에, 평소 연습을 통해 모든 브리지를 손에 익혀두어야 한다. 흔히 사용되는 변형 브리지는 오버 브리지$^{\text{over bridge}}$, 레일 브리지$^{\text{rail bridge}}$, 프레임 브리지$^{\text{frame bridge}}$, 프레임-엔드 브리지$^{\text{frame-end bridge}}$, 레일-사이드 브리지$^{\text{rail-side bridge}}$, 오픈 브리지$^{\text{open bridge}}$ 등이 있으며, 각각의 용도 및 주의사항은 다음과 같다. (찍어 치기^{masse}의 브리지는 3부 5장 참조)

A 오버 브리지

오브젝트볼2가 큐 스틱의 진로를 가리고 있을 때 사용한다. 서포트를 곧게 펴 수직으로 일으킨 다음, 엄지를 손에 바짝 붙인 상태로 첫째마디를 세워 만들어진 V자형 홈에 상대를 걸친다. 부득이하게 하대를 들어 올려야 하기 때문에, 비틀기는 사용하지 않는 게 원칙이다.

B 레일 브리지

큐볼과 레일의 간격이 20cm정도일 때 사용한다. 손가락 끝을 레일의 날선$^{\text{blade line}}$에 걸치고 검지와 중지 사이에 큐 스틱을 삽입한다. 이때 엄지는 안쪽으로 넣어주는 게 보다 안정적이다.

4.2-5 오버 브리지

4.2-6 레일 브리지

C 프레임 브리지

큐볼과 레일의 간격이 15cm정도일 때 사용한다. 손가락을 곧게 펴서 프레임에 얹고, 검지와 중지 사이에 큐 스틱을 삽입한다. 검지, 중지가 상대와 닿는 면적이 넓기 때문에, 엄지를 밖으로 빼도 상관없다.

D 프레임-엔드 브리지

큐볼과 레일의 간격이 10cm이하일 때 사용한다. 엄지와 검지로 훅을 만든 다음, 나머지 손가락들은 가지런히 모아 프레임 끝에 얹는다. 아래 4.2-8에 나와 있는 것처럼, 엄지의 끝을 프레임 옆면에 붙이면 한결 안정적인 훅을 확보할 수 있다.

4.2-7 프레임 브리지   4.2-8 프레임-엔드 브리지

E 레일-사이드 브리지

큐볼이 레일에 가깝게 붙은 상태에서 레일과 평행에 가까운 각도로 샷을 할 때 사용한다. 엄지와 검지로 훅을 만든 다음, 너머지 손가락을 레일에 고정시킨다. 상단 타점을 사용할 땐 4.2-9처럼 중지, 약지 소지로 레일을 움켜쥐는 게 낫고, 중, 하단 타점을 사용할 땐 세 손가락을 곧게 펴 레일 위에 가지런히 얹은 다음, 훅을 아래로 떨어뜨리면 수월하다.

F 오픈 브리지

스누커나 풀에서 훅을 없앰으로써 완벽한 조준선을 얻기 위해 고안된 브리지로, 캐롬에는 큐볼의 위치가 멀어서 통상적인 브리지가 미치지 못할 때 사용한다. 오버 브리지를 그대로 눕혀 예의 V 홈에 상대를 걸치면 된다. 큐볼과 브리지의 간격이 큰데다가 안정적인 스트록마저 어렵기 때문에, 타점이동을 최대한 줄이고 가장 부드러운 스트록을 사용하는 것이 좋다.

 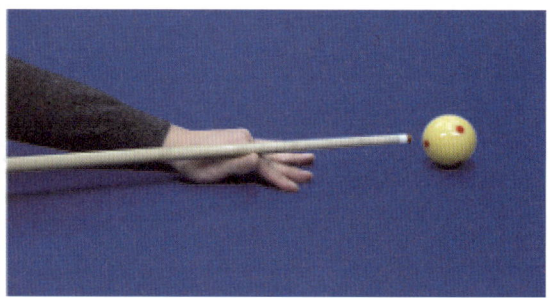

4.2-9 레일-사이드 브리지   4.2-10 오픈 브리지

4.3 머리의 위치 Head Position

머리는 어느 한쪽으로 치우쳐선 안 되고, 얼굴 중심의 세로 연장선이 큐 스틱과 수직으로 교차해야 한다. 특히 공의 배치에 의해 자세를 변경할 때, 얼굴이 큐 스틱 위에 위치할 수 없으면 다른 선택을 해야만 한다. 큐 스틱이 얼굴의 중심선에서 벗어나있으면 정확한 조준이 이루어지지 않는다.

정확한 정렬을 위해 상체를 60~80° 숙여야 하기 때문에 고개를 바짝 세우려들면 목과 어깨가 경직될 수밖에 없으며, 그런 자세에선 안정적인 동작을 기대하기 어렵다. 따라서 고개의 각도는 시야를 확보하는 데 지장이 없는 정도면 충분하다. 목과 어깨에 무리를 가하지 않는 각도라면 전방을 노려보듯 주시하게 되며, 세계적인 선수들의 전면사진이 하나같이 사나워 보이는 까닭도 거기에 있다. 4.3-1은 팔꿈치와 얼굴의 위치가 큐 스틱의 중심선과 완벽하게 일치하는 자넷 리$^{Jeanettte\ Lee}$ 선수의 자세이다.

4.3-1 자넷 리 선수의 완벽한 자세

큐 스틱을 얼굴의 중심이 아닌 오른쪽 눈에 맞춰야 한다는 주장도 있는데, 전혀 근거 없는 얘기가 아니다. 양쪽 눈의 정보처리능력이 심하게 차이나는 플레이어는 그렇게 함으로써 더 정확한 조준을 기대할 수 있다. 이에 대한 자세한 내용은 5.2에서 다루기로 한다.

4.4 그립 Grip

※ 이번 장에서의 그립은 앞장과는 달리 하대를 움켜쥐는 손의 동작을 의미한다.

4.4-1 큐 스틱의 무게중심

조립된 큐 스틱의 하대를 손가락 위에 올려놓고 이리저리 옮겨보면, 큐 스틱이 어느 한 쪽으로 기울어지지 않는 지점을 찾을 수 있는데, 이 지점을 큐 스틱의 무게중심이라 한다. 그립의 위치는 신장에서 120을 빼고, 다시 3으로 나누어 얻어진 답만큼 무게중심으로부터 범퍼방향으로 이동한 지점이 된다. 예를 들어, 신장 180cm인 사람은 (180-120)/3, 즉 큐 스틱의 무게중심에서 20cm떨어진 지점에 엄지가 위치하도록 그립을 잡아주면 된다.

이렇게 만들어진 그립을 '중립 그립 neutral grip'이라 하며, 큐 스틱의 무게중심과 플레이어의 팔 길이가 평균치를 크게 벗어나지 않는 한, 큐 팁이 공과 접하는 순간 오른쪽 하박 forearm은 지면과 수직을 이루게 되어 있다.

그립은 달걀을 쥐듯 가볍고 부드러워야 하며, 공과 큐 팁이 만나는 순간 악력이 가해지도록 해야 한다. 검지, 중지, 약지의 둘째 마디로 큐 스틱을 지지하고, 소지는 가볍게 붙이되 힘을 주어선 안 된다. 엄지의 첫째마디 옆 부분을 검지의 끝에 붙여 약간의 공간이 존재하도록 해 주는 것이 자연스러운 팔 동작에 도움이 된다. 그립을 쥐는 손목은 팔에 힘을 빼고 아래로 늘어뜨렸을 때 형성된 각도를 유지해야 하며, 전후좌우 어느 쪽으로도 편향되지 않아야 한다. 특히 큐 스틱이 움직이는 도중에 각도가 변하는 것은 치명적인 실패의 원인이 된다.

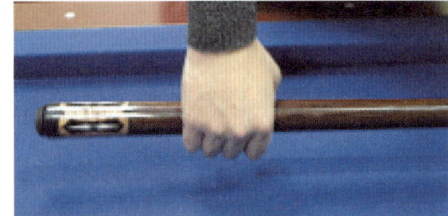

4.4-2 올바른 그립

4.5 왼팔 Left Arm

어떤 진로가 득점확률이 매우 높은데 큐 스틱이 닿지 않는다면, 굳이 어려운 진로를 택하는 모험을 하기보다는 왼팔이나 보조도구를 활용하는 것이 현명하다. 가장 바람직한 것은 역시 브리지와 그립을 바꿔 쥐는 것으로, 평소에 꾸준히 연습을 해둬야 할 부분이다. 정상급 프로들의 시합에서는 팔을 교체하는 장면이 자주 연출되는데, 눈여겨보지 않으면 바뀐 것조차 모를 정도로 자연스럽다. 그들은 대개 다른 팔로도 자기 핸디의 절반 이상을 쳐낼 만큼 훈련이 돼 있다.

왼팔을 사용하지 못하는 플레이어는 상당한 핸디를 짊어지고 있는 셈이고, 테이블이 커질수록 핸디의 부담도 가중된다. 만약 당신이 '왼팔만 쓸 줄 알았더라면……'과 같은 후회를 해 본 적이 있다면, 당장 연습을 시작할 것을 권한다. 그렇지 않으면 쉬운 진로를 눈앞에 놔둔 채 엉뚱한 선택을 해야 하는 괴로운 상황을 계속해서 맞이하게 될 것이다.

4.6 보조도구 Assist Tools

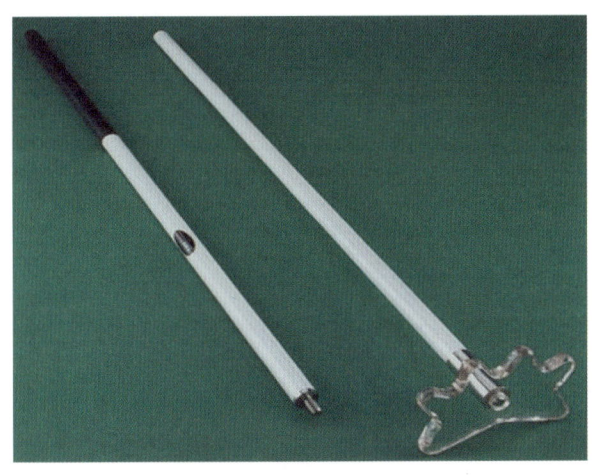

4.6-1 분리형 레스트

'레스트^{rest}', '레이크^{rake}', 또는 '브리지 스틱$^{bridge\ stick}$'이라 부르는 도구는 큐 스틱과 유사한 봉의 끄트머리에 수지나 금속제 고리를 달아놓은 것으로, 큐볼의 위치상 어느 팔로도 공을 칠 수 없을 때 사용한다. 원래는 초대형 테이블을 사용하는 스누커 종목을 위해 개발된 것이지만, 규격테이블이나 풀 테이블을 갖춘 당구장이라면 예외 없이 구비돼 있다. 사용법은 비교적 간단해서, 며칠간의 연습을 통해 숙달시킬 수 있다.

생소하다해서 연습을 안 하면 레스트도 왼팔과 마찬가지로 영영 못 쓰게 되는 수가 있다. 4.6-2는 레스트의 사용법을 표현한 것으로, 그립은 반대로 쥐고 레스트를 큐 스틱에 대해 사선으로 놓는 것이 요령이다. 스트록은 최대한 부드럽게 해 주고, 비틀기의 사용을 최소화해야 한다. 간접터치를 범할 가능성이 있으므로 왼손은 레스트에서 떼어 놓지 않도록 주의한다.

4.6-2 레스트 사용법

큐 스틱을 연장하는 도구인 익스텐션^{extension} 역시 스누커를 위해 개발됐지만, 캐롬에서도 간격이 큰 브리지나 레스트를 쓸 때 사용하면 상당한 도움이 된다. 소재는 무게 부담이 적은 알루미늄^{aluminium}이 일반적이며, 하대의 끝에 간단히 탈착할 수 있게 되어 있다. 규격테이블에서는 요긴하게 써먹을 수 있기 때문에, 하나쯤 구비해서 손에 익혀두면 든든하다.

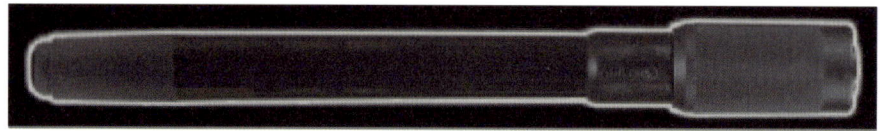

4.6-3 익스텐션

5 정렬
Alignment

5.1 가상 큐볼 Imaginary Cue Ball

5.2 주안시 Dominant Eyesight

5.3 타점 Hit Points

5.4 시야각 Eyesight Angle

5.5 스쿼트와 커브 Squirt & Curve

5.6 오차허용치 Error Margin

> 당구는 정렬의 스포츠다. 골프와 마찬가지로 한번 쳐낸 공은 두 번 다시 되돌릴 수 없기 때문에, 정렬의 중요성은 아무리 강조해도 지나치지 않다. 당구에서 정렬이라 함은 올바른 진로와 타점을 찾아, 그 연장선상에 큐 스틱을 일치시키는 것을 의미한다. 정렬이 완료된 큐 스틱은 자세의 방향과 위치를 제시하며, 큐볼의 진로를 결정한다. 완벽한 정렬은 오직 하나뿐이며 임의로 변경할 수 있는 성질이 아니기 때문에, 이를 놓쳤다간 득점에 도달하기 위한 모든 노력이 수포로 돌아가고 만다.
>
> 많은 이들이 정렬의 순서를 무시해 낭패를 보곤 하는데, 특히 스탠스를 먼저 고정시켜버리는 습관은 당장 버려야 한다. 정렬의 순서는 항상 '정렬선 → 큐 스틱 → 팔과 어깨 → 머리와 상체 → 하체'의 순서로 이루어진다는 것을 명심하라.

5.1 가상 큐볼 Imaginary Cue Ball

레일을 먼저 맞히는 레일-퍼스트 샷을 제외하면, 큐볼의 진로는 오브젝트볼1과의 충돌로 인해 꺾이게 되어있다. 충돌 이전의 진로를 1차 진로$^{1st\ track}$, 충돌 이후의 진로를 2차 진로$^{2nd\ track}$라 하는데, 두 진로간의 격차는 정렬을 어떻게 하느냐에 따라 커지기도 하고 작아지기도 한다. 따라서 원하는 2차 진로를 얻으려면, 그에 합당한 정렬의 기준선을 찾아내야 한다. 이때 필요한 것이 바로 '가상 큐볼'의 개념이며, 가상 큐볼의 위치에 따라 1차 진로와 두께가 결정되는 것이다.

가상 큐볼이란 큐볼이 오브젝트볼1과의 접점으로 이동했다고 가정한 것으로, 가상이동에서 만들어진 동선은 정렬선인 동시에 잠정적인 1차 진로가 된다. 이때 정렬선상에서 원근을 배제하고 바라본 가상 큐볼과 오브젝트볼1의 형상이 바로 두께이다. 여기서 '원근을 배제한다'는 표현은 가상 큐볼과 오브젝트볼을 같은 크기의 원으로 간주해 서로 포갠다는 의미이다.

가상 큐볼의 위치를 5.1-1에 나와 있는 것처럼 설정한다면, 큐볼과 가상 큐볼의 중심을 연결한 직선이 큐볼의 1차 진로가 되며, 그 연장선이 곧 큐 스틱의 정렬선이 되는 것이다. 오른쪽 그림은 두께, 즉 정렬선상에서 바라본 가상 큐볼과 오브젝트볼1의 평면적 형상인데, 두 공이 반지름만큼 포개지는 1/2두께에서는 큐 볼의 1차 진로가 오브젝트볼1의 표면에 접한다는 것을 알 수 있다.

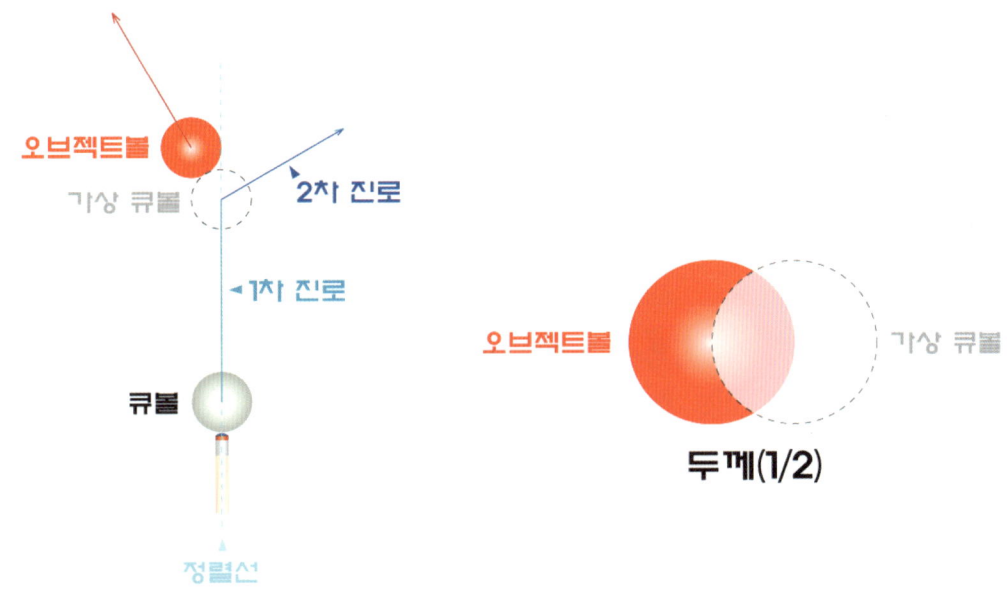

5.1-1 가상 큐볼의 위치선정과 두께

위 설명에서 '두께 = 가상 큐볼의 위치선정'이라는 등식을 이끌어 낼 수 있다. 큐볼과 오브젝트볼1은 움직이지 않으므로, 가상 큐볼의 위치를 어떻게 설정하느냐에 따라 두께가 달라진다는 의미이다. 두 공이 포개진 부분의 최대 너비가 공의 반지름보다 크면 '두껍다', 작으면 '얇다'고 하는데, 이런 개념은 포괄적인 것이어서 정렬의 기준이 될 수는 없다. 정확한 두께는 오브젝트볼1을 동일한 간격으로 수직분할해서 가상 큐볼과 포개진 부분의 개수, 즉 분수로 나타내야 한다. 오브젝트볼의 분할에는 8분법, 10분법, 12분법이 사용되며, 약분해서 분할횟수를 줄이면 두께를 가늠하기가 수월해진다. 두께와 2차 진로의 상관관계는 7.1에서 자세하게 다루기로 한다.

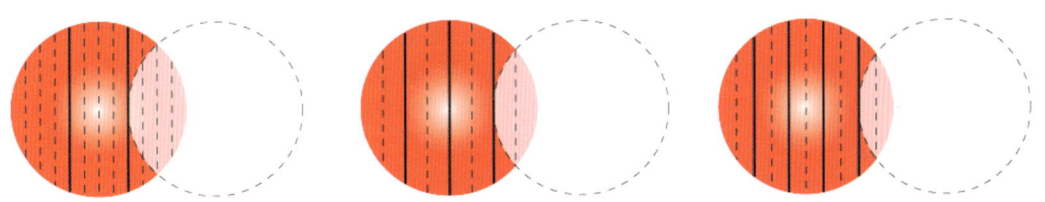

5.1-2 1/3(4/12)두께, 1/4(2/8)두께, 1/5(2/10)두께

정렬선은 가상 큐볼의 위치에 따라 달라지지만, 큐볼의 중심을 지난다는 사실은 변하지 않는다. 정렬선자체가 큐볼의 1차 진로에서 파생된 것이기 때문이다. 이는 정렬선이 큐볼의 중심을 축으로 회전하는 나침반의 바늘과 같다는 뜻으로, 큐 스틱은 물론, 자세 전체가 정렬선을 따라 움직이게 된다.

5.1-3 각 정렬선에 따른 자세의 위치

※ 자세를 변경할 필요가 없는 일반적인 샷에서는 스트록을 시작하기 전에 오른발의 위치를 점검하는 버릇을 들여야 한다. 고개를 숙였을 때 큐 스틱이 오른발의 앞부분을 가리고 있으면 문제가 없지만, 그렇지 못하다면 자세가 어딘가 잘못된 것이다. 특히 상박이나 하박의 각도가 정상이 아니라면, 득점에 실패할 가능성이 높다. 이럴 땐 스탠스의 위치를 정정해 정상적인 자세를 찾아야 한다.

5.2 주안시 Dominant Eyesight

사람이 입체감을 정교하게 인식하는 것은 양쪽 눈의 망막에 맺히는 상이 다르기 때문이다. 왼쪽 눈과 오른쪽 눈에 들어오는 영상은 두 눈의 간격만큼 차이가 나는데, 이를 '양안시차$^{binocular\ gap}$'라 한다. 양안시차는 거리가 멀수록 줄어들고 가까울수록 커지며, 이런 변화는 시각중추에 의해 원근을 파악할 수 있는 정보로 바뀐다. 두 개의 눈 덕분에 입체감을 인식할 수 있을 뿐 아니라, 시야도 넓어지고 시력까지 높아진다. 그러나 그런 장점들의 이면엔 사소한 결점도 존재하는데, 그 결점으로 인해 정렬에 혼선이 빚어질 수 있다는 사실을 알아야 한다.

두 눈에 비친 상이 서로 다름에도 불구하고 사물이 겹쳐 보이지 않는 것은 시각중추에서 '양안융합$^{binocular\ blending}$'이 일어나기 때문이다. 이는 상이한 두 개의 이미지가 머릿속에서 융합되는 작용으로, 자동카메라가 스스로 초점을 맞추는 것과 유사하다. 카메라가 초음파$^{ultrasonic\ wave}$나 적외선$^{infrared\ ray}$을 반사한 피사체에 초점을 맞추는 것과 마찬가지로 양안융합도 시선이 집중된 부분에 국한된다. 그 말은 정렬 시 가상 큐볼에 시선을 집중한 상태에서는 큐볼이나 큐 스틱의 이미지가 둘로 분산된다는 걸 의미한다. 큐볼과 큐 스틱이 시야엔 들어있지만 양안융합의 범위를 벗어나있기 때문이다.

볼펜 한 자루를 입에 물고, 50cm이상 떨어진 물체에 시선을 집중해 보자. 위의 내용을 직접 확인할 수 있을 것이다. 그런데 분산된 볼펜의 이미지를 유심히 비교해 보면, 어느 한 쪽이 더 선명하다는 사실을 발견하게 된다. 이것은 두 눈의 정보처리능력에 우열이 존재하기 때문인데, 더 강한 이미지를 전달하는 쪽이 바로 '주안시'이다. 분산된 볼펜의 이미지 중 왼쪽이 더 선명하다면 오른쪽 눈, 오른쪽이 더 선명하다면 왼쪽 눈이 주안시가 된다. 선천적인 오른손잡이의 주안시는 대부분 오른쪽 눈이다.

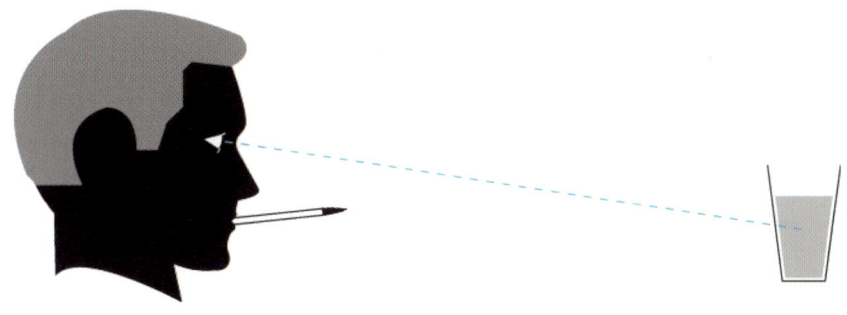

5.2-1 주안시 알아보기

머리가 큐 스틱의 중앙에 위치한 상태에서 오른쪽 눈에 비친 이미지가 강하게 반영되면, 제대로 맞춰진 정렬선이 꼭 왼쪽으로 치우친 것 같은 착시현상$^{optical\ illusion}$이 일어난다. 이를 보정^{adjust}한답시고 정렬선을 변경했다간, 큐볼의 진로가 오른쪽으로 치우쳐 버리게 된다.

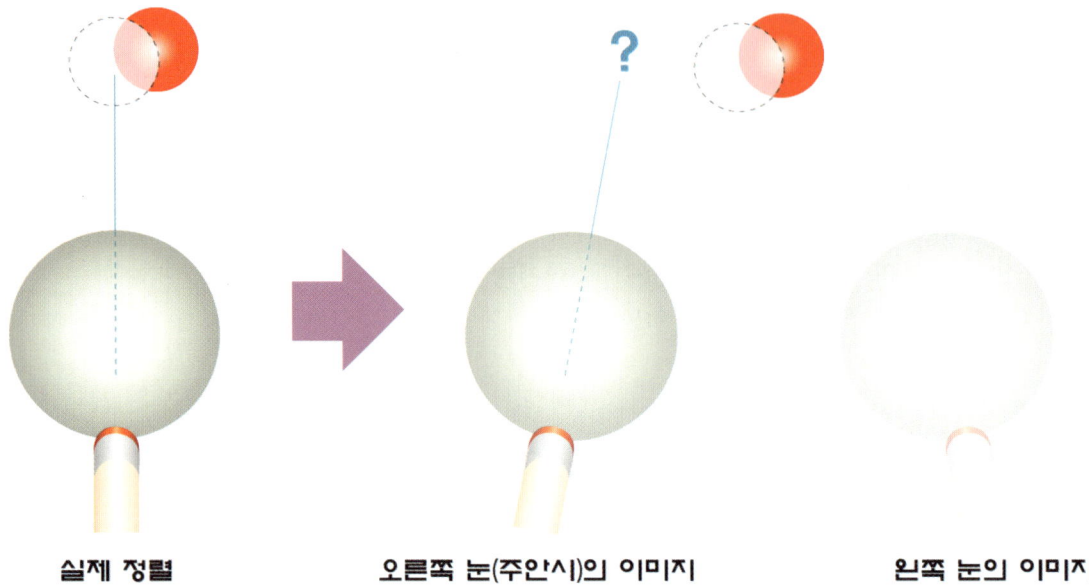

5.2-2 주안시로 인한 착시현상

실제로 오른손을 사용하는 플레이어는 오른쪽, 왼손을 사용하는 플레이어는 왼쪽으로 편향된 샷을 하는 경우가 많다. 착시로 인해 자기도 모르게 정렬선이 변경되는 것이다. 이런 현상은 가상 큐볼을 먼 곳에 설정할수록, 즉 양안융합의 범위가 큐 볼과 큐 스틱을 많이 벗어날수록 두드러진다.

그렇다면 이 문제를 어떻게 해결할 것인가. 가장 손쉽고 확실한 방법은 주안시가 아닌 눈을 감은 다음, 고개를 살짝 움직여 주안시가 큐 스틱 위에 위치하도록 해주는 것이다. 이렇게 하면 양안시차가 사라져 정확한 정렬이 가능하다. 물론 고개를 돌릴 때, 목을 제외한 어떤 부분도 움직여서는 안 된다. 어깨나 팔이 고개를 따라 움직이면 정렬선 자체가 달라지기 때문이다.

주안시가 유난히 강한 플레이어는 아예 처음부터 주안시가 큐 스틱 위에 오도록 머리의 위치를 잡아주는 게 낫다. 프로들 중에도 그렇게 하는 이들이 꽤 있다. 반대로 주안시가 별로 강하지 않은 경우라면 시차를 그대로 인정하고 정렬선을 두 이미지의 가운데에다 맞추면 된다. 실험을 통해 어떤 방법이 자신에게 적합한지 알아보자.

5.3 타점 Hit Points

타점은 큐 팁과 초크가 등장하기 전까진 '큐 스틱과 큐볼의 접점' 이상의 의미는 없었다. 그러나 타점을 이동해 회전력을 제어하는 것이 가능해진 다음부터는 샷의 성패를 좌우하는 열쇠가 되었다. 회전력은 큐볼의 진로와 반사각에 다양한 변화를 일으키며, 이런 변화야말로 당구, 특히 캐롬의 묘미이다. 그러나 타점의 이동으로 인해 정렬은 한층 까다로워지게 된다. 타점이동이 없다면 정렬선에 큐 스틱을 맞추면 그만이지만, 타점이동을 하려면 큐 스틱이 정렬선에서 벗어나야하기 때문이다.

A 한계 Boundary

큐볼은 구체이고 정렬선과 진로를 일치시키려면 큐 스틱이 정렬선과 평행으로 이동해야 하기 때문에, 정렬선에서 멀어질수록 큐 스틱과 큐볼의 표면이 이루는 각은 줄어들게 되어있다. 이 각이 지나치게 작으면, 큐 팁이 마찰력을 잃고 미끄러지는 미스큐가 발생하는데, 이는 타점이동에는 한계가 존재한다는 것을 의미한다.

일반적인 큐 팁이 마찰력을 유지할 수 있는 최소각도는 53°이다. 물론 소재나 품질에 따라 약간의 편차는 있을 수 있지만, 손질만 제대로 해 주면 대부분의 큐 팁이 53°까지는 마찰력을 유지한다. 정렬선과 평행하면서 큐볼의 표면과 53°의 각을 이루는 지점은 정렬선으로부터 큐볼 반경^{radius}의 60%만큼 떨어진 곳에 위치하며, 이 선이 바로 타점이동의 한계가 된다. 타점이동의 한계는 어느 방향으로나 정렬선과 일정한 거리에 위치하므로, 정렬선상에서 바라보면 큐볼 중심의 60%를 차지하는 원이 된다.

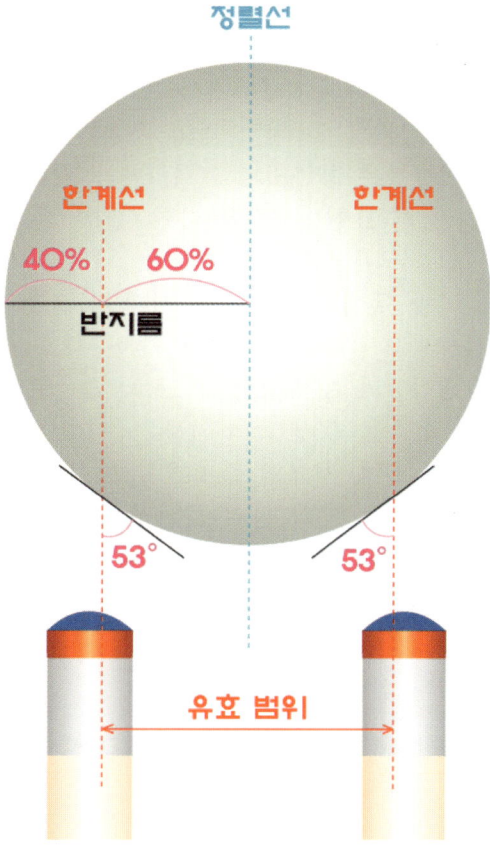

5.3-1 타점 이동의 한계

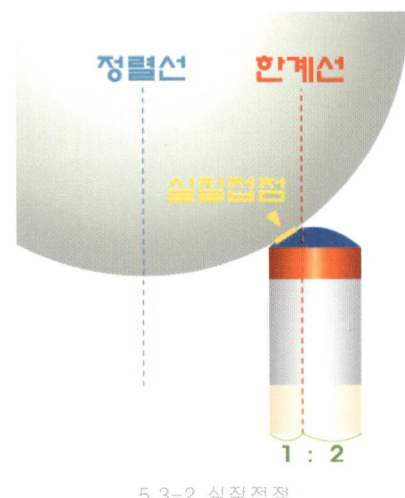

5.3-2 실질접점

5.3-1엔 큐 스틱이 한계선 바깥쪽으로 다소 치우쳐있는데, 그림이 잘못된 게 아니다. 5.3-2에서 알 수 있듯이, 큐 스틱 지름의 1/3만 한계선에 걸치면 큐 팁과 큐볼의 실질 접점[actual contact]이 한계선 약간 안쪽에서 형성된다. 따라서 미스큐는 발생하지 않으며, 이런 큐 스틱의 위치를 타점이동의 최대치로 보는 것이 안전하다.

예술구 종목에서는 극단적인 회전력을 얻기 위해 실질접점을 한계선에 맞추기도 하는데, 고도로 안정된 스트록이 아니면 미스큐가 나거나 큐 팁을 망치기가 쉽다.

B 방위 Direction

3쿠션을 제대로 배우려면 타점이동이 체계적이어야 한다. 정확한 타점을 선정하지 못하는 이들에게 2부에서 소개될 시스템[system]은 그림의 떡에 불과하다. 특히나 규격테이블에서는 미세한 타점의 차이가 엄청난 변화를 유발하기 때문에, 과거 주먹구구식의 타점선정은 통하지 않는다. 만약 당신의 스승이 타점을 지도할 때 '대략', '~정도', '~쯤' 등의 표현에 의지한다면, 빨리 다른 스승을 알아보는 게 현명하다.

이제 두께의 경우처럼 시선을 정렬선상으로 옮겨보자. 앞서 밝힌 대로, 타점이동의 유효범위[effective zone]는 큐볼 중심의 60%를 차지하는 원이다. 이 원 안에 시계의 문자판을 그려 넣으면 타점이동의 방위가 완성된다. 정렬선인 중심점으로부터 한 시간 간격으로 이어진 12개의 선이 기준방위가 되며, 경우에 따라 30분, 20분, 15분 단위의 선을 산정하기도 한다.

5.3-3에 표시된 것처럼 '9시 타점'은 적색 실선, '1시 30분 타점'은 녹색 실선 위에서 큐 스틱이 움직이게 되는 것이다.

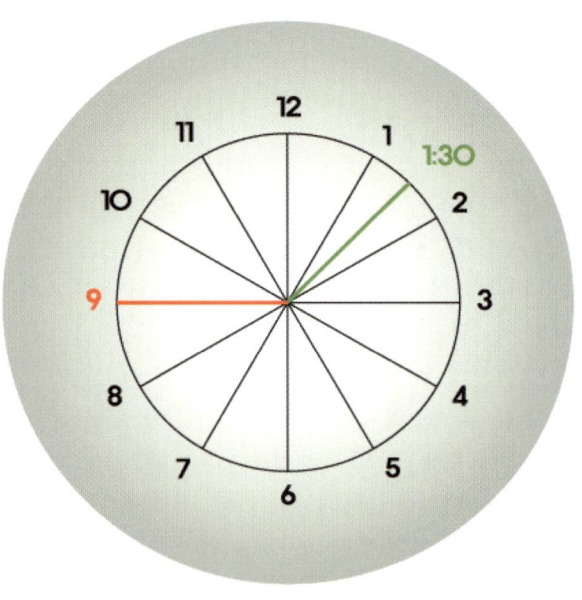

5.3-3 타점이동의 방위

C 단위 Unit

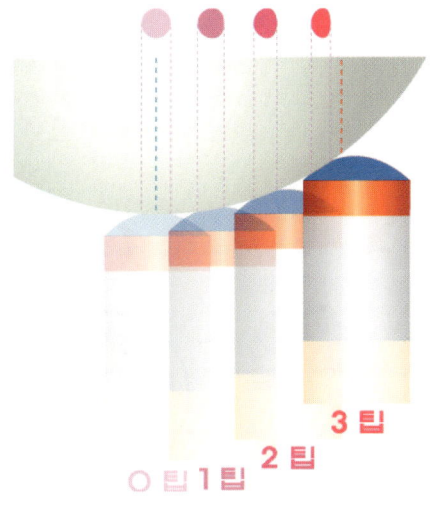

5.3-4 큐 스틱과 팁의 위치

선상이동의 단위는 '팁^{tip}'이다. 이동단위로서의 팁은 큐 팁과 큐볼의 최대접촉면을 의미하기 때문에, 가죽의 탄성을 감안하더라도 실제 큐 팁의 직경(9-12mm)보다 한참 작다. 게다가 큐볼의 표면이 곡면인 까닭에, 정렬선에서 멀어질수록 폭이 줄어드는 것이, 마치 달이 기우는 형태와 유사하다.

하나의 방위선상에 나열되는 팁은 셋(0팁 제외)을 기본으로 하며, 각 팁 중심 간의 거리가 같아야 타점별 회전력의 격차가 일정해진다. 팁과 팁 중심 사이의 평면거리는 약 6.6mm로, 11mm의 평균적인 팁을 가진 큐 스틱이라면 선골직경의 3/5정도를 이동함으로써 한 팁의 효과를 낼 수 있다.

팁도 방위와 마찬가지로 '반'의 개념이 있어서, 기본 팁의 사이사이에 절반 팁을 설정하기도 한다. 1/2팁, 1과 1/2팁, 2와 1/2팁, 그리고 예술구에 사용되는 3과 1/2팁까지, 총 네 개의 팁이 추가될 수 있다. 결국 방위선마다 7개의 팁이 존재한다는 뜻인데, 정시와 30분의 방위만 따져도 타점의 수는 무려 169개(0팁 포함)나 되는 셈이다. 정렬 시엔 실질접점을 눈으로 확인할 수 없으므로, 각 타점별 큐 스틱의 위치를 정확하게 알고 있어야 한다.

정렬선과 평행하다는 것은 큐볼에 설정한 타점이 가상 큐볼에도 똑같이 적용된다는 것을 의미한다. 정렬선은 큐볼과 가상 큐볼의 중심을 연결한 선이므로, 정렬선과 평행하면서 큐볼을 관통하는 큐 스틱의 중심선은 가상 큐볼의 같은 지점을 관통하게 되어 있다. 이 선분을 '제 2 정렬선'이라 하며, 타점이동이 필요한 샷에서 정렬의 기준으로 사용한다.

D 큐 팁 손질 Cue Tip Trimming

가죽이 주성분인 큐 팁은 타구로 인한 변형이 불가피하기 때문에, 타점이동에 제약을 받지 않으려면 지속적으로 손질해야 한다. 시합 전후는 물론, 매 이닝이 끝날 때마다 손상된 부분을 확인하는 습관이 필요하다. 간단한 손질도구는 항상 옆에 두고 사용할 수 있도록 개인이 휴대하는 것이 바람직하다. 큐 팁 손질의 3대 주안점은 직경, 곡률(曲率)^{curvature}, 그리고 조도(粗度)^{roughness}이다. 이 세 가지가 모두 갖춰져야 최상의 성능을 발휘할 수 있다.

a **직경** : 큐 팁의 옆면을 선골과 일치시키는 것이다. 선골에서 멀어질수록 큐 팁의 직경이 커지면 모서리가 충격을 못 이겨 파손되기 쉽고, 반대로 작아지면 실질접점이 줄어들어 미스큐를 피할 수 없게 된다. 팁 셰이버$^{tip\ shaver}$와 사포^{sandpaper}를 사용하되, 선골이나 상대를 깎아내면 안 된다.

b **곡률** : 팁 끝 곡면의 형태를 타점이동 유효범위의 축소판으로 만드는 것이다. 이 부분이 너무 평평하거나 둥글면 접점의 면적이 작아지기 때문에, 역시 미스큐가 나기 쉽다. 요령은 큐 팁의 5/3에 해당하는 원을 그려 큐 팁을 그 원에 맞춰 다듬는 것이다. 이렇게 하면 실질접점의 면적이 최대가 되어 가장 큰 마찰력을 얻을 수 있다. 팁 셰이버나 줄^{file}을 사용해 모양을 잡고, 굵은 사포로 끝손질을 해 준다.

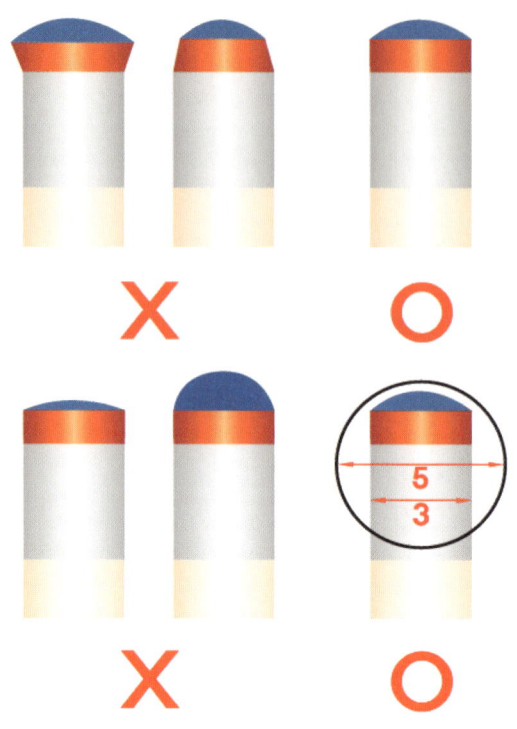

5.3-5 직경과 곡률

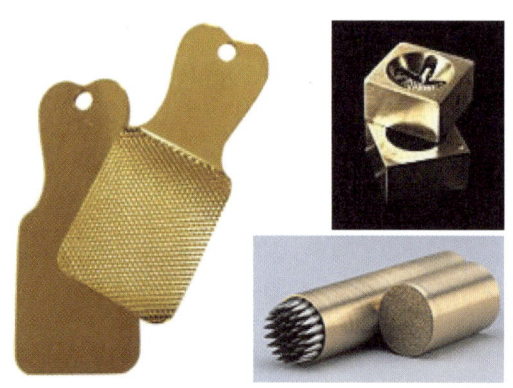

5.3-6 레이저 줄판과 큐 픽들

c **조도** : 큐 팁 전면의 거칠기를 유지하는 것이다. 조도가 떨어져 표면이 번질번질해지면, 초크가 잘 묻지 않아서 미스큐가 발생한다. 그러나 너무 거칠게 다듬었다간 큐 팁이 갈라질 수도 있으니 주의해야 한다. 고운 줄이나 큐 픽$^{cue\ pick}$, 또는 레이저 줄판$^{laser\ file}$을 사용하며, 이 중 레이저 줄판이 마모가 가장 덜하다. 시합 중 큐 팁의 전면에 사포를 대는 것은 삼가야 한다. 팁 가루가 초크와 뒤엉켜 마찰력이 떨어지기 때문이다.

큐 팁은 소모품이기 때문에, 일정기간 사용하고 나면 교체해야 한다. 큐 팁의 교체는 숙련된 기술이 필요한 작업으로, 섣불리 덤볐다간 선골과 상대가 상할 수도 있다. 경험이나 기술이 충분치 않은 이들은 전문가에게 맡기는 게 좋다.

5.4 시야각 Eyesight Angle

 타점의 위치를 안다 해도 허리를 굽힌 정도, 즉 '시야각'에 따른 타점의 가시적 변화를 놓쳐선 안 된다. 자세를 잡을 때 시선을 아무리 낮춰도 큐 스틱과 맞출 수는 없다. 그것은 플레이어의 시선이 정렬선에 대해 사선으로 위치한다는 의미인데, 그 기울기마저 일정치가 않다. 아래 그림은 시야각이 22.5°와 45°일 때, 중심타점(0팁)과 타점이동의 유효범위가 실제로 어떻게 보이는지를 표현한 것이다.

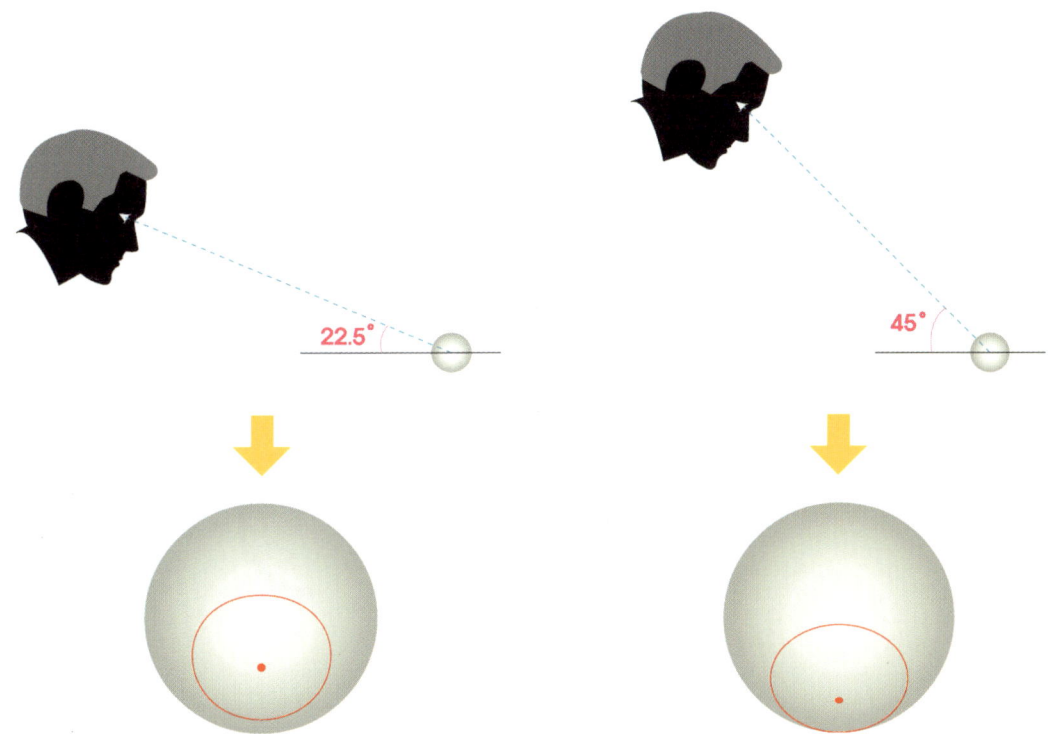

5.4-1 시야각에 따른 타점의 가시적 위치변화

 타점의 좌우이동이야 문제가 없지만, 상하이동은 시야각에 의해 오차가 발생할 소지가 있다. 상당수 플레이어들이 0팁을 실제보다 높게 겨냥하는 것도 이 때문이다. 문제를 해결하려면 브리지의 서포트에 타점의 높이를 입력시켜야 한다. 연습을 통해 각각의 타점에 맞는 브리지를 기계적으로 만들 수 있게 되면, 시야각을 신경 쓸 일이 없어진다.

5.5 스쿼트와 커브 Squirt & Curve

타점이동은 큐볼의 제어에 무한한 가능성을 열어주었지만, 동시에 고약한 숙제도 남겨놓았다. 횡 비틀기를 사용하는 샷에서 정렬의 완성도를 떨어뜨리는 스쿼트와 커브는 모든 플레이어의 공통적인 고민거리다. 스쿼트는 큐 스틱의 운동방향이 큐볼의 무게중심과 일치하지 않아 발생하는 '틀어짐' 현상이고, 커브는 큐볼의 횡 방향 회전력$^{horizontal\ English}$이 당구지와 마찰을 일으키면서 발생하는 '휘어짐' 현상이다.(7.2 참조) 큐 스틱을 수직에 가깝게 세워 타구하는 찍어 치기는 극단적인 스쿼트와 커브를 적극적으로 활용한 샷이다.

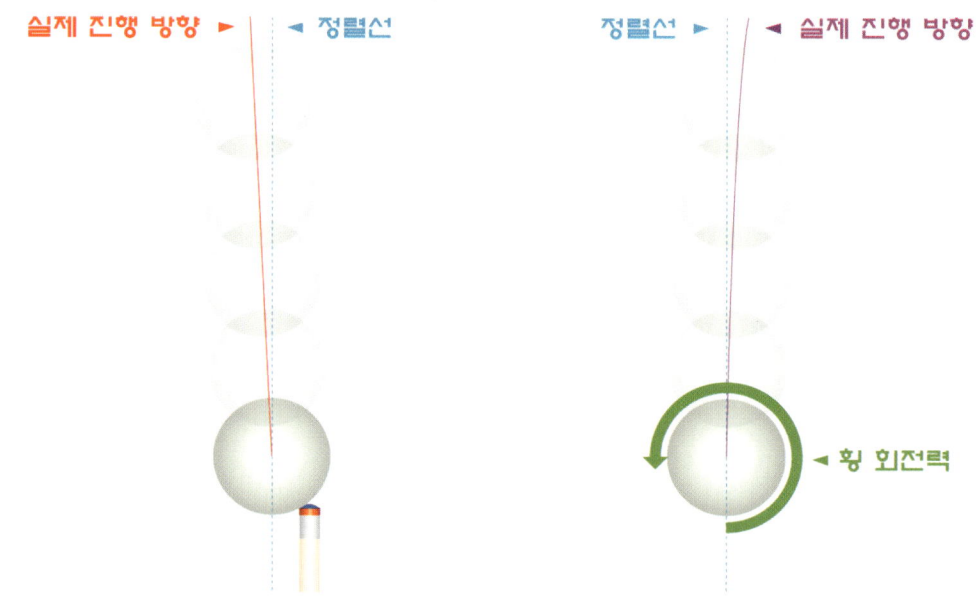

5.5-1 스쿼트와 커브

스쿼트와 커브는 모두 횡 비틀기의 부작용이므로, 별개의 현상이 아니다. 스쿼트가 일어난 뒤엔 언제나 커브가 뒤따르며, 오브젝트볼과의 충돌로 진로가 바뀌었다 해도 커브가 사라지진 않는다. 스쿼트와 커브는 서로 작용하는 방향이 반대여서, 3시 3팁 타점을 사용해 큐볼을 진행시키면 처음엔 정렬선의 왼쪽으로 벗어났다가(스쿼트) 나중엔 오른쪽으로 치우치게 된다(커브). 스쿼트보다 커브가 늦게 작용하는 이유는 큐볼이 큐 팁과 접촉한 직후엔 앞으로 나아가려는 힘이 당구지와의 마찰을 이겨낼 정도로 크기 때문이다.

스쿼트와 커브는 타점이 좌우로 편중되면 편중될수록, 하대를 들면 들수록 심해진다. 또 강한 스트록에서는 스쿼트의 영향력이 오래 지속되고, 약한 스트록에서는 커브의 영향력이 빠르게 작용한다. 5.5-2는 3시 3팁 타점에서 강한 스트록을 구사한 경우와 약한 스트록을 구사한 경우 큐볼의 실제 진로가 어떻게 달라지는지를 보여준다. 강한 스트록(좌)에서는 심한 스쿼트로 인해 큐볼이 정렬선보다 왼쪽으로 진행하고, 약한 스트록(우)에서는 커브가 일찍 발생해 큐볼이 정렬선보다 오른쪽으로 진행한다. 이 차이는 큐볼의 활주거리가 길수록 커지기 때문에, 규격테이블에서는 10cm이상 차이가 나기도 한다.

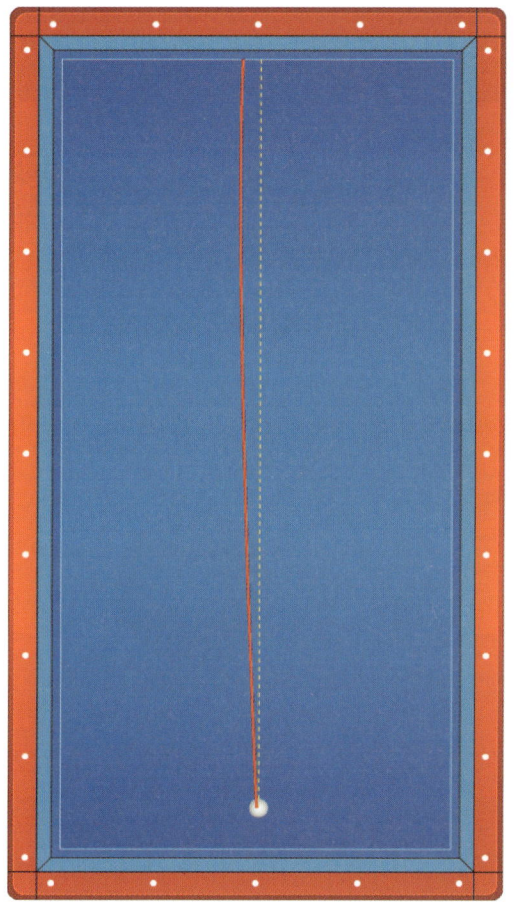 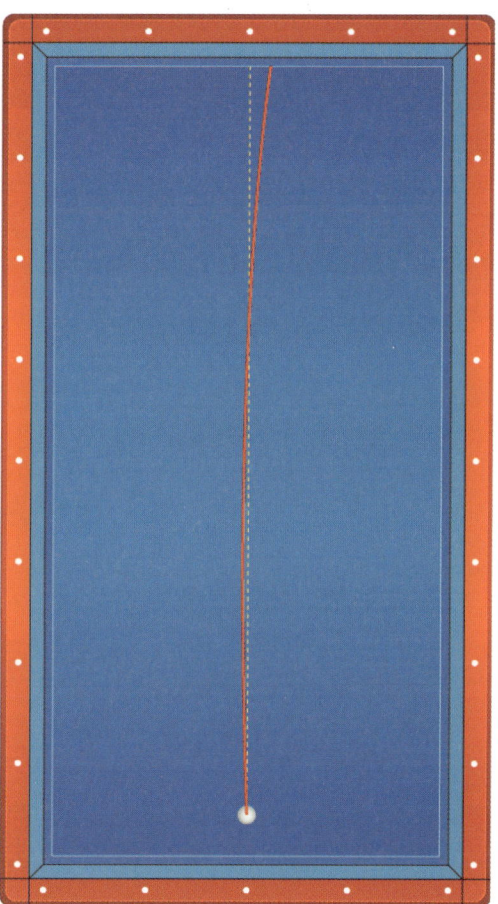

5.5-2 스트록의 강약에 따른 스쿼트와 커브의 차이

좌우 타점을 사용하는 샷에서는 많든 적든 스쿼트와 커브가 발생하므로, 이에 대한 대비를 하지 않으면 많은 득점기회를 놓치게 된다. 스쿼트와 커브는 개인차가 심하고 큐 스틱의 성질에 따라서 달라지기 때문에, 오로지 연습을 통해서만 정복이 가능하다. 자세한 요령은 4부 1.3에서 소상하게 다루기로 한다.

5.6 오차허용치 Error Margin

정확한 두께와 타점의 위치, 스트록의 강약에 따른 스쿼트와 커브 등, 정렬에 고려해야 할 인자들은 하나같이 높은 정밀도를 요구한다. 이런 인자들을 모두 만족시키는 것이 현실적으로 가능할까? 물론 불가능하다. 인간은 기계가 아니므로 아무리 숙달된 플레이어일지라도 어느 정도의 오차는 있기 마련이다.

그렇다고 해도 절망할 필요는 없다. 우리가 다루는 공은 상당한 체적을 지니고 있기에, 모든 샷에는 '에러 마진'이라는 오차허용치가 존재한다. 따라서 샷을 구상하거나 실행하는 과정에서 어느 정도의 편차가 발생해도 에러 마진을 초과하지 않으면 득점에 도달할 수 있다. 접촉이 이루어지기만 하면 득점이 인정된다는 것은, 오브젝트볼2가 레일에서 떨어져있는 까다로운 샷마저도 공 지름의 두 배에 해당하는 에러 마진을 갖는다는 의미이다.

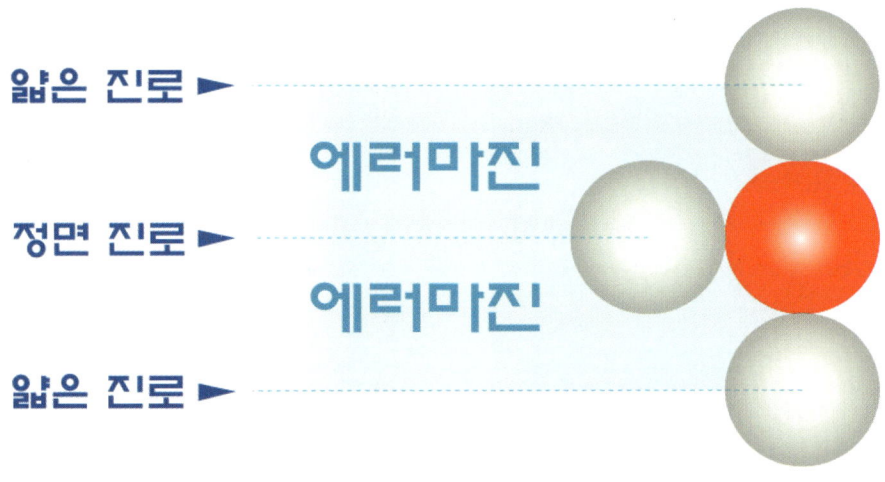

5.6-1 오차 허용치

6 타구
Stroke

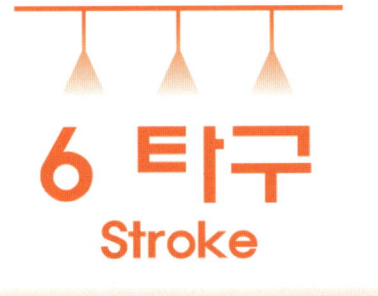

6.1 예비 스트록 Preliminary Stroke

6.2 상박과 하박 Upper Arm & Forearm

6.3 수평각 Horizontal Angle

6.4 시선 Eyesight

6.5 호흡조절 Breath Control

6.6 리듬 Rhythm

6.7 변화 Variations

큐 스틱으로 큐볼을 가격하는 것을 타구, 또는 '스트록'이라 하는데, 시합에서 플레이어가 공을 의지대로 움직일 수 있는 유일한 동작이다. 따라서 플레이어의 기량은 스트록을 통해서만 구현될 수 있으며, 정렬과 자세를 바르게 하는 것이 모두 완벽한 스트록을 만들어내기 위한 밑거름인 것이다. 수많은 구기 중 '치다'의 의미가 담겨있는 명칭을 가진 종목은 오로지 당구(撞:칠 당)밖에 없다. 이는 당구에 있어 스트록이 얼마나 중요한 의미를 갖는지를 단적으로 보여주는 예라 하겠다.

6.1 예비 스트록 Preliminary Stroke

실제로 공을 치는 본 스트록$^{main\ stroke}$에 앞서, 큐 스틱을 4~6회 정도 가볍게 움직여보는 것을 예비 스트록이라 한다. 이것은 단순한 예비동작이 아니다. 예비 스트록을 해줌으로써 본 스트록에 필요한 탄력을 얻을 뿐 아니라, 정렬과 자세의 이상 유무를 점검할 수 있다. 마치 신중한 목수가 못을 내려치기 전에 망치를 두어 번 가늠해보는 것과 같은 이치다.

6.1-1 세마히 사이그네르의 예비 스트록

우수한 플레이어 중에 예비 스트록이 엉성한 이는 없다. 예비 스트록만 봐도 어느 정도의 실력을 가졌는지 짐작할 수 있을 정도다. 이는 예비 스트록과 본 스트록이 서로 맞물려있기 때문이다. 한때 두툼한 목장갑과 엉터리 예비 스트록으로 상대를 현혹시켜 내기에 끌어들이는 소위 '작대기'들이 전국을 누비던 시절이 있었다. 그러나 동호인들의 수준이 상향평준화된 지금은, 예비 스트록과 같이 중요한 부분에서 농간을 부리다간 본전도 못 찾기 십상이다.

예비 스트록은 정렬과 자세를 최종적으로 점검하는 과정이다. 샷의 정확도가 떨어지는 이들은 대개 이 사실을 모르거나 간과하고 있는 것이다. 아무 생각도 없이 큐 스틱을 흔들어대는 것은 정렬이나 자세를 흐트러뜨릴 뿐이다. 예비 스트록에서 무엇을 얻어내야 하는지 정확히 알고, 그대로 실천하는 것만이 높은 정확도를 유지할 수 있는 비결이다.

정렬과 자세의 점검은 순서를 정해놓고 차례차례 진행해나가는 것이 바람직하다. 특히 예비 스트록을 시작하기 전과 후에 점검할 사항들은 분명하게 구분해야 한다. 우선 예비 스트록을 시작하기 전에 점검해야 할 사항을 살펴보자.

- 큐 스틱이 큐볼과 가상 큐볼의 동일한 타점에 정렬돼 있는지
- 머리, 그립을 쥔 팔과 어깨가 큐 스틱의 좌우로 벗어나지 않았는지
- 스탠스의 오른발 앞부분이 큐 스틱에 걸쳐 있는지

다음은 예비 스트록을 진행하면서 점검해야 할 사항이다.

- 브리지 후크의 크기가 적절한지
- 그립의 위치가 적절한지
- 큐 스틱의 동선이 정렬선에서 좌우로 벗어나지 않았는지

예비 스트록에서 정렬과 자세를 점검하는 과정은 기계적으로 이루어질수록 실수할 확률이 적어진다. 따라서 머릿속에 일련의 리스트를 작성해놓고, 그대로 따르는 습관을 길러야 한다. 과정이 체계적이지 못하면 결과도 만족스러울 수 없다.

6.2 상박과 하박 Upper arm & Forearm

라켓^{racket}이나 클럽^{club}을 사용하는 스포츠의 스트록이 대부분 원형의 궤적을 갖는 것에 비해, 큐 스포츠$^{cue\ sports}$인 당구의 스트록은 선형이라 할 수 있다. 사람의 신체는 원운동에 더 적합한 구조를 가진 까닭에, 큐 스틱을 곧게 움직이려면 운동에 관여된 관절들의 움직임을 잘 이해하고 적절하게 조합할 수 있어야 한다.

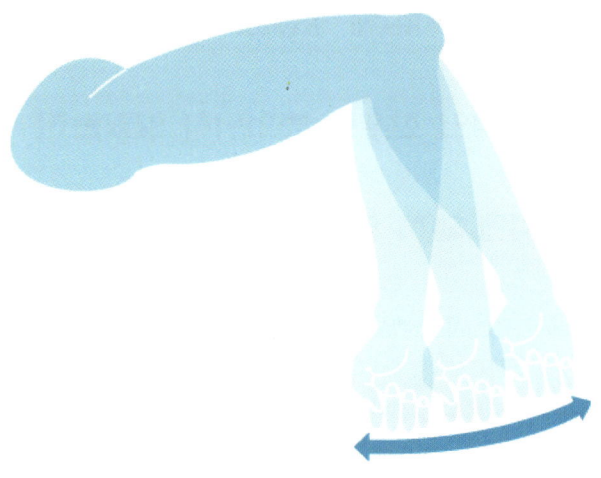

6.2-1 예비 스트록

예비 스트록에서는 상박을 고정시키는 게 원칙이다. 하박운동의 축^{axis}인 팔꿈치가 움직이지 않는다는 뜻으로, 시계추운동$^{pendulum\ motion}$을 반으로 나눈 것과 같다. 그립이나 손목에 과도한 힘이 들어가지 않도록 주의하면서, 하박 전체가 중력에 순응하도록 해 주는 것이 관건이다. 이렇게 하면 큐 스틱의 동선이 좌우로 흔들리는 것을 예방할 수 있다. 높낮이의 변화는 불가피하지만, 큐볼을 가격하기 전이므로 문제가 되지 않는다.

큐볼과 큐 스틱의 접촉이 일어나는 시점에서 본 스트록이 시작되는데, 이때부터는 운동의 축을 이원화시켜야 한다. 상박이 하박을 따라 움직이며 그립의 높낮이를 일정하게 유지하는 것이다. 상박운동의 축은 당연히 어깨가 되고, 하박이 일정한 속도로 움직인다고 가정하면 상박의 움직임은 점차 빨라져야 한다. 팔목의 각도는 그립이 뒤틀리지 않도록 변화시키되, 무리하게 꺾거나 좌우로 어긋나서는 안 된다. 속도가 제각각인 상박과 하박의 운동은 난이도가 매우 높은 동작이기 때문에, 정확하게 구사하기 위해서는 상당한 연습이 필요하다.

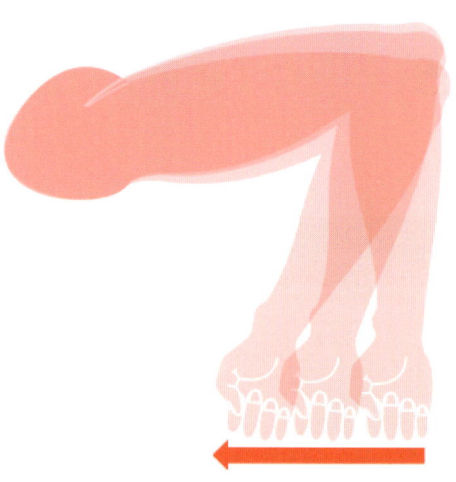

6.2-2 본 스트록

6.2-3에 표현된 것처럼, 예비 스트록과 본 스트록의 연결동작은 원운동과 선운동의 결합이다. 이러한 결합은 물 흐르듯 단절 없이 이어져야 한다. 만일 상박이 큐 스틱과 큐볼이 접촉하기 전에 움직인다든가, 접촉하고 나서도 움직이지 않는 것 같이 서로의 영역이 불분명해지면 문제가 생긴다. 상박을 일찍 움직이면 그립이 아래로 떨어지기 때문에 타점이 높아지고, 늦게 움직이면 그립이 위로 올라가기 때문에 설정한 것보다 낮은 타점을 가격하게 된다.

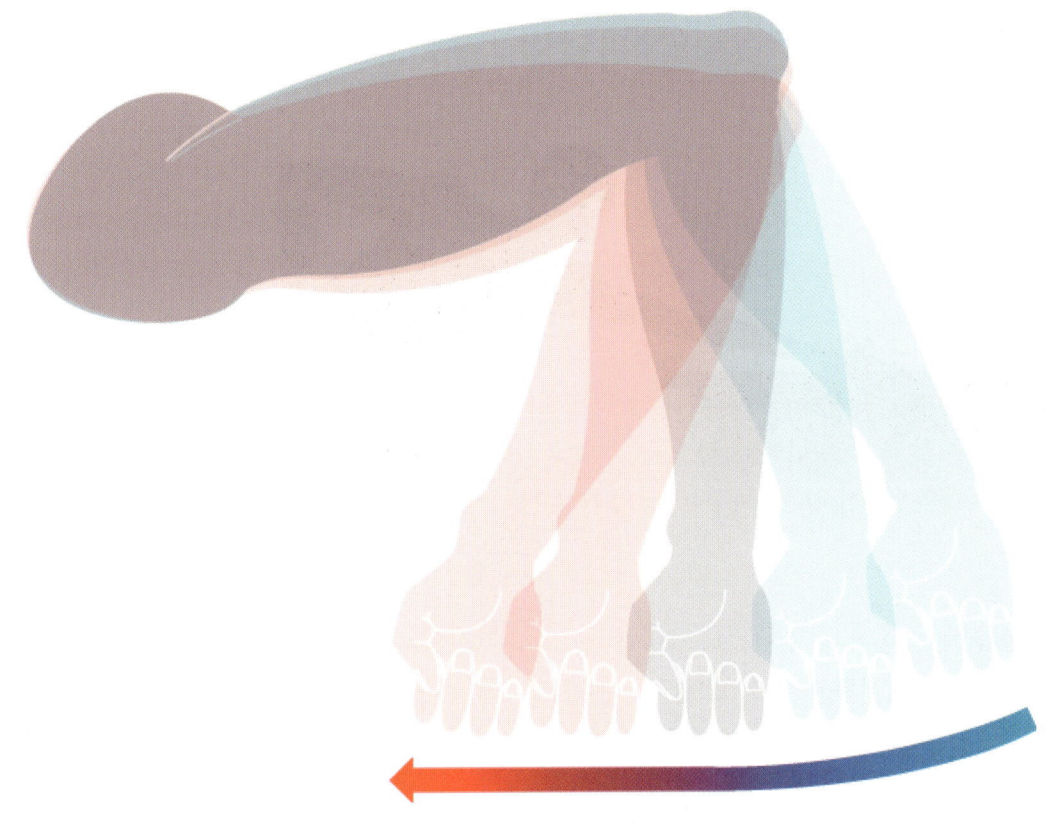

6.2-3 완전한 스트록

오랫동안 당구를 친 플레이어라면 자기만의 스트록을 가지고 있기 마련이고, 그것이 상기 내용의 고전classic적인 스트록과는 차이가 날 수도 있다. 요는 큐 스틱이 큐볼에 접하는 순간에 직선운동을 하고 있어야 한다는 것으로, 공을 치는 데 아무런 문제가 없다면 굳이 본인의 스트록에 트집을 잡을 필요는 없다.

그러나 당구를 배우는 입장이거나, 타점을 빈번하게 놓치는 경우라면, 상박과 하박의 운동을 제대로 알고 원칙대로 단련해야 한다. 프로들이 애버리지에 이상이 생기면 가장 먼저 점검하는 것이 스트록이고, 연습에서 가장 많은 시간을 투자하는 것 또한 스트록이라는 사실에 주목하자.

6.3 수평각 Horizontal Angle

공을 치는 순간 큐 스틱의 수평각이 0°가 되면 이상적이겠지만, 최상단의 일부 타점을 제외하면 충족시킬 수 없는 조건이다. 상틀과 레일이 상판을 둘러싸고 있는데다가 큐 스틱의 직경이 범퍼쪽으로 갈수록 늘어나기 때문이다. 결국 스트록이 사선이 될 수밖에 없다는 결론인데, 상틀과 레일이 사라지지 않는 한 어쩔 도리가 없다.

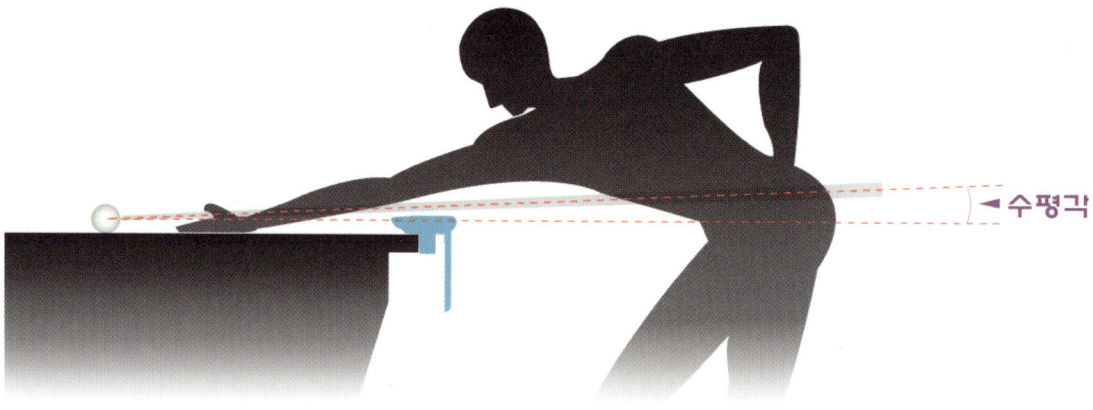

6.3-1 상틀과 레일에 의해 만들어진 4°의 수평각

대부분의 스트록은 수평각이 3~7° 상태에서 이루어지며, 이정도의 기울기에서는 정렬을 심각하게 위협할 만한 변화는 발생하지 않는다. 하지만 수평각이 10°를 넘어가면 변화의 폭이 무시할 수 없을 정도가 되고, 타점이 0팁에서 멀어질수록 문제는 더 심각해진다. 하대가 많이 들린 상태에서 2팁 이상의 타점을 설정하면, 심한 스쿼트와 커브, 중복접촉, 미스큐 내지는 점프볼의 위협과 맞서야 한다.

큐볼이 레일에 붙어있거나 찍어 치기가 필요한 경우는 예외지만, 통상적인 샷에서는 스트록을 하기 전에 큐 스틱의 수평각을 최대한 낮췄는지 점검할 필요가 있다. 여유가 있음에도 불구하고 수평각을 낮추지 않았다간, 반드시 대가를 치르게 된다.

6.4 시선 Eyesight

예비 스트록을 할 때 시선을 한 곳에 고정시키는 것은 피해야 한다. 특히 가상 큐볼을 멀리 설정해야 하는 경우는 공을 치는데 필요한 정보들을 한꺼번에 파악할 수가 없다. 앞장에서 설명한대로 양안융합의 범위에는 한계가 있기 때문이다.

해법은 시야를 '가상 큐볼'과 '큐볼', 그리고 '큐 스틱 상대' 등의 세 구역으로 분할한 다음, 각 구역을 분주하게 옮겨 다니면서 얻어낸 이미지들을 머릿속에서 합성하는 것이다. 이것은 항공사진이나 파노라마사진 panorama photo 의 원리와 비슷한데, 고정된 시선으로는 불가능한 작업이다.

6.4-1 시야의 분할

당연한 얘기지만, 자세가 낮아질수록 시야분할에 대한 부담은 줄어든다. 위 그림의 3분할은 상체의 각도가 30°이상인 플레이어의 경우이고, 20°정도로 낮아지면 상대의 방향과 큐볼의 타점을 한꺼번에 파악할 수 있어 2분할도 가능하다. 두께에서 승패가 갈리는 스누커나 풀 종목의 프로들은 턱 아래 굳은살이 박여있는 경우가 많은데, 큐 스틱과 마찰이 일어날 정도로 자세를 낮춘 결과이다.

본 스트록의 준비가 완료되면 시선을 가상 큐볼에 고정시켜야 한다. 그리고 중복접촉의 위험이 없는 한, 스트록이 완전히 종료될 때까지 시선과 자세를 흐트러뜨려선 안된다. 초보자들이 빈번하게 저지르는 실수 중 하나가 득점여부를 확인한답시고 성급히 몸을 일으키다가 스트록을 망쳐버리는 것이다.

6.5 호흡조절 Breath Control

사격에서 방아쇠를 당길 때 호흡조절이 결정적이듯, 스트록에서의 호흡조절 또한 대단히 중요하다. 숨을 들이마시고 내쉴 때마다 폐의 용적이 달라지고, 이 같은 신체변화는 어깨와 상박의 안정에 직접적인 방해가 되기 때문이다. 그뿐만이 아니다. 편안한 호흡은 긴장을 완화시켜 스트록의 필수조건인 집중력도 무뎌지게 한다.

호흡조절의 요령은 아주 간단하다. 타구자세에서 예비 스트록을 시작하기 직전에 폐활량 vital capacity의 2/3에 해당하는 공기를 들이마시고 나서, 공을 쳐낼 때까지 호흡을 멈추면 된다. 단, 숨을 너무 크게 들이마시거나 너무 적게 들이마시면 역효과가 날 수 있다는 점에 유의해야 한다. 호흡조절을 대수롭지 않게 여기는 플레이어는 완벽한 스트록을 지녔다고 보기 어렵다. 독자들도 공을 칠 때 자신의 호흡을 점검해보기 바란다.

6.6 리듬 Rhythm

예비 스트록의 회수는 4~6회 정도가 무난하고, 속도는 지나치게 빠르거나 느리지만 않으면 된다. 예비 스트록을 너무 오래 끌면 전체 스트록의 리듬이 깨진다. 스트록에 있어 리듬은 생명과 같기 때문에, 리듬이 망가진 스트록을 해 놓고 득점을 기대하는 것은 어리석은 짓이다. 상당수의 동호인들이 예비 스트록을 하는 와중에 두께나 타점을 수정하거나, 심지어 진로자체를 바꿔버리기도 한다. 확신이 없으면 예비 스트록이 늘어질 수밖에 없고, 그런 상태에서 제대로 된 리듬이 나올 리 없다.

타구자세를 취하는 것은 두께와 타점, 스트록의 종류, 뒷공 배치 등, 구상이 완전히 끝난 다음이다. 일단 큐 스틱을 움직이기 시작하면 모든 감각과 신경을 최상의 스트록을 완성하는 데 쏟아야 한다. 그렇게 해도 완벽한 스트록을 해내리란 보장이 없는데, 다른 데 정신이 팔려있다면 결과는 말하나 마나다. 물론 예비 스트록을 하는 도중에 구상한 진로에 문제가 발견될 수 있으며, 그런 상황은 프로들도 종종 겪는다. 그럴 땐 스트록을 멈추고 일어나서 구상을 재검토하거나 다른 진로를 찾는 것이 옳다. 단, 이런 수정을 3차례 이상 반복하지 않는 것이 상대에 대한 예의다.

6.7 변화 Variation

스트록의 변화는 늘 모호한 수식어에 둘러싸여있기 때문에, 그 핵심을 꿰뚫기가 쉽지 않다. 거의 모든 동호인들이 스트록을 묘사할 때 '끊다', '누르다', '잡다', '던지다', '채다', '죽이다' 등의 알 수 없는 용어를 사용한다. 언제, 어떻게 생겨났는지 모르겠으나 정확한 표현이 아니라는 점 하나만은 분명하다. 이런 표현들은 당구를 배우고자하는 초보자들에게는 일종의 장벽과도 같은 것이어서, 스트록의 변화가 감히 범접할 수 없는 영역에 속해 있다는 선입관을 갖게 만든다.

다양한 스트록을 구사하는 상급 플레이어 중에 자신의 기술을 남에게 전수할 수 있는 이는 소수에 불과하다. 숱한 모방과 시행착오를 거쳐 감각적으로 체득한 내용을 논리적으로 설명하기가 쉽지 않은 탓이다. 사정이 이러니, 정작 핵심은 베일에 싸인 채 근거도 없는 가설이나 부정확한 용어들이 난무하는 것이다. 무협지 식의 거품을 걷어내고 스트록의 변화를 제대로 이해하려면 스트록의 성질을 결정짓는 세 가지 요소를 알아야 한다. 그것은 상박의 운동, 스트록의 속도, 그리고 그 속도의 가감이다.

A 상박의 운동 Upper Arm Movement

본 스트록에서 상박을 고정시켜버리면 하박은 완전한 시계추운동을 하게 된다. 그러면 큐 스틱이 전진함에 따라 하대가 위로 올라가고, 브리지 맞은편의 상대는 아래로 내려간다. 반대로 상박을 더 많이 움직이면 큐 스틱이 전진할 때 하대가 내려가고, 상대는 올라가게 된다. 전자를 '다운 스트록 down stroke', 후자를 '업 스트록 up stroke'이라고 한다. 다운 스트록은 하단 타점의 효과를 극대화시킬 때, 업 스트록은 상단 타점의 효과를 극대화시킬 때 사용한다.

원리는 큐볼의 회전방향과 큐 스틱의 진로를 일치시키는 것으로, 직선 스트록에 비해 훨씬 강력한 회전력이 발생한다. 숙달되기까지 많은 노력이 필요하지만, 익숙해지기만 하면 2.5팁으로도 3팁 이상의 효과를 끌어낼 수 있다. 극단적인 회전력이 요구되는 예술구 시합에서는 이런 유형의 스트록이 자주 등장한다. 과거엔 상박을 고정시킨 상태에서 그립의 위치를 앞으로 옮겨 다운 스트록, 뒤로 옮겨 업 스트록을 구사하는 것이 일반적이었다. 그러나 그립을 앞으로 옮기면 힘이 떨어지고, 뒤로 옮기면 예비 스트록이 불안해지기 때문에 지금은 잘 쓰이지 않는다.

6.7-1 다운 스트록과 업 스트록

B 스트록의 속도 Stroke Speed

　스트록의 속도는 큐볼의 진로는 물론, 뒷공의 배치에 막대한 영향을 미친다. 속도가 빠르면 '스트롱 스트록strong stroke', 느리면 '소프트 스트록soft stroke'이라 하는데, 두께나 큐볼의 진행거리에 따라 강약을 조절한다. 속도의 단위는 '레일 스피드rail speed'로 따지는데, 헤드 레일에서 0팁을 가격해 진행시킨 큐볼이 풋 레일에 멈추면 스트록의 속도가 1레일 스피드인 것이다. 헤드 스트링에서 출발한 큐볼이 풋 레일에 맞고 다시 헤드 레일로 돌아오는 래깅의 경우라면, 1.75가 최적의 레일 스피드가 된다. 꾸준한 연습을 통해 항상 자신이 원하는 속도에 맞출 수 있어야 한다.

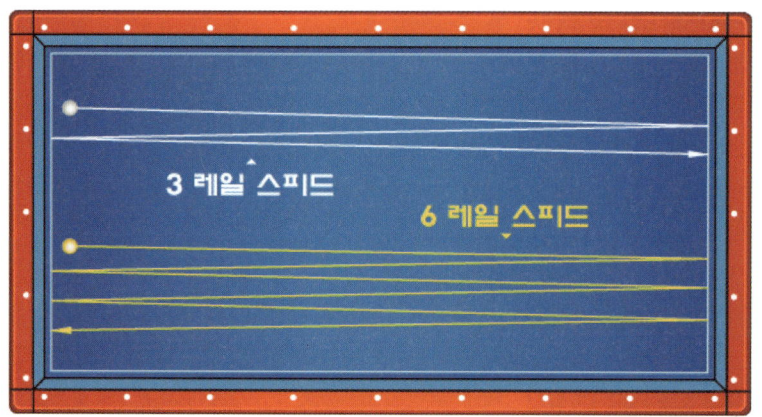

6.7-2 3레일 스피드와 6레일 스피드

C 속도의 가감 Acceleration & Deceleration

스트록의 변화 중 가장 고급이라고 할 수 있는 기술은 스트록의 속도에 가감을 일으키는 것이다. 큐 스틱이 가속하면서 타구가 이루어지는 것을 '롱 스트록$^{long\ stroke}$', 감속하면서 타구가 이루어지는 것을 '숏 스트록$^{short\ stroke}$'이라 하는데, 이런 변화로 인해 큐 스틱과 큐볼이 접촉하는 시간이 달라진다. 롱 스트록을 하면 큐 스틱과 큐볼의 접촉시간이 길어지면서 큐 스틱의 질량이 큐볼에 충실하게 전달된다. 반면, 숏 스트록에서는 접촉시간이 짧기 때문에, 큐 스틱 질량의 일부만 전달될 뿐이다. '충격량^{impulse}'이라는 것은 힘의 크기와 작용한 시간의 곱으로 나타내므로, 같은 힘이라면 접촉시간이 길수록 충격량이 커지는 것이다.

6.7-3 롱 스트록과 숏 스트록

큐 스틱과 큐볼의 접촉은 지극히 순간적이라 육안으로 확인할 수는 없지만, 마치 큐볼 자체의 질량이 변하는 것 같은 결과의 차이는 누구나 인지할 수 있을 정도로 명백하다. 프로들이 친 공이 묵직한 포환처럼 밀리기도 했다가, 가벼운 탁구공처럼 끌리기도 하는 비밀이 바로 여기에 있다.

스트록의 변화는 언제나 필요한 것이 아니다. 많은 경우, 그저 평범한 스트록만 가지고도 큰 문제없이 득점할 수 있다. 그러나 공의 배치 중엔 스트록을 달리해야 득점성공률이 높아지는 것도 있으며, 스트록을 달리하지 않으면 득점 자체가 불가능한 것도 있다. 아주 드물지만 두 개 이상의 변화를 조합해야 할 경우도 있다. 예를 들어, 상단 타점의 효과를 극대화시켜야하고, 큐볼의 이동거리도 긴데다가, 묵직하게 밀려야 하는 진로를 선택할 수밖에 없다면 '업 스트록+스트롱 스트록+롱 스트록'의 세 가지 조합이 필요하다. 이렇게 복잡한 조합은 당연히 각각의 스트록을 자유자재로 구사할 수 있어야 가능한 것이다. 스트록을 연습하는 요령에 대해서는 4부 1.2에서 다루기로 한다.

7 물리법칙
Physical Laws

7.1 분리각 이론 Dividing Angle Theory

7.2 잉글리시 English

7.3 에너지 분배 Energy Distribution

7.4 구름관성 Rolling Inertia

7.5 반사각 Reflection Angle

　학창시절 물리과목에서 좋은 성적을 받은 이들이 대개 당구에 소질이 있다는 사실은 우연이 아니다. 물론 모든 스포츠가 물리법칙의 지배를 벗어날 순 없겠지만, 그에 대해 가장 심오한 이해를 필요로 하는 종목은 역시 당구가 아닐 수 없다. 테이블 위에서 펼쳐지는 다양한 공의 운동은 하나하나가 바로 물리법칙의 예증, 그 자체이기 때문이다. 갈릴레오$^{Galileo\ Galilei}$, 데카르트$^{René\ Descartes}$와 호이겐스$^{Christian\ Huygens}$, 다시 뉴턴$^{Isaac\ Newton}$으로 이어지는 자연과학의 선구자들은 물체의 운동에서 보편타당한 법칙을 이끌어냄으로써 고전역학의 근간을 확립했는데, 그 모델로 으뜸인 것은 당구였다. 체코 펄라키 대학$^{Univerzita\ Palackeho}$, 미국 스미스 여대$^{Smith\ College}$ 등, 오늘날에도 당구는 세계 유수 대학의 물리교재로 활용되고 있으니, 더 이상 무슨 설명이 필요할까.

　당구를 시작한 지 얼마 안 된 초보자들은 결과를 가늠하지 못한 채 전혀 엉뚱한 방향으로 공을 치곤 한다. 물리적 소양이 부족해서라기보다는, 당구가 물리법칙의 스포츠임을 제대로 인식하지 못해서이다. 사실 공의 운동을 이해하는 데 거창한 전문지식이 필요한 게 아니다. 그저 중, 고교 수준의 기초상식이면 충분하다. 다만 어떻게 적용되는지가 문제가 될 뿐이다. 역학의 범주를 벗어난 공의 운동은 존재하지 않는다. 따라서 숨어있는 물리법칙들을 발견하고 이해해 나가다 보면, 모든 샷의 본질에 도달하게 될 것이다.

7-1 자연과학의 선구자들 - 갈릴레오, 데카르트, 호이겐스, 뉴턴

7.1 분리각 이론 Dividing Angle Theory

가상큐볼과 두께에 대한 개념을 익혔으니, 이번엔 어떤 두께를 설정해야 원하는 2차 진로를 얻을 수 있는지 알아보기로 하자. 큐볼이 오브젝트볼과 충돌하면 접점을 통해 전달된 운동에너지가 오브젝트볼의 무게중심 방향으로 작용하기 때문에, 두 공의 무게중심을 연결한 선분이 곧 오브젝트볼의 진로가 된다. 이때 큐볼의 2차 진로는 오브젝트볼의 진로에 대해 최초 90°의 각을 형성하는데, 이를 '분리각 이론'이라 한다. 어째서 직각이 되는지는 '에너지보존법칙'을 이용해 간단히 증명할 수 있다.

질량 m인 물체가 속도 v로 운동할 때 갖는 운동에너지$^{kinetic\ energy}$는 $mv^2/2$으로 표시된다. 충돌이 일어나기 전 큐볼의 운동에너지를 $mv_1^2/2$, 충돌 후 큐볼과 오브젝트볼의 운동에너지를 $mv_2^2/2$, $mv_3^2/2$이라 하면, 에너지보존법칙에 따라 $mv_1^2/2 = mv_2^2/2 + mv_3^2/2$, 즉 $v_1^2 = v_2^2 + v_3^2$의 등식이 성립된다. 각각의 속도 벡터^{vector}를 삼각형의 세 변으로 가정했을 때, 피타고라스의 정리에 의해 변 v_1의 대각$^{opposite\ angle}$, 즉 v_2와 v_3가 이루는 각은 직각이 되는 것이다.

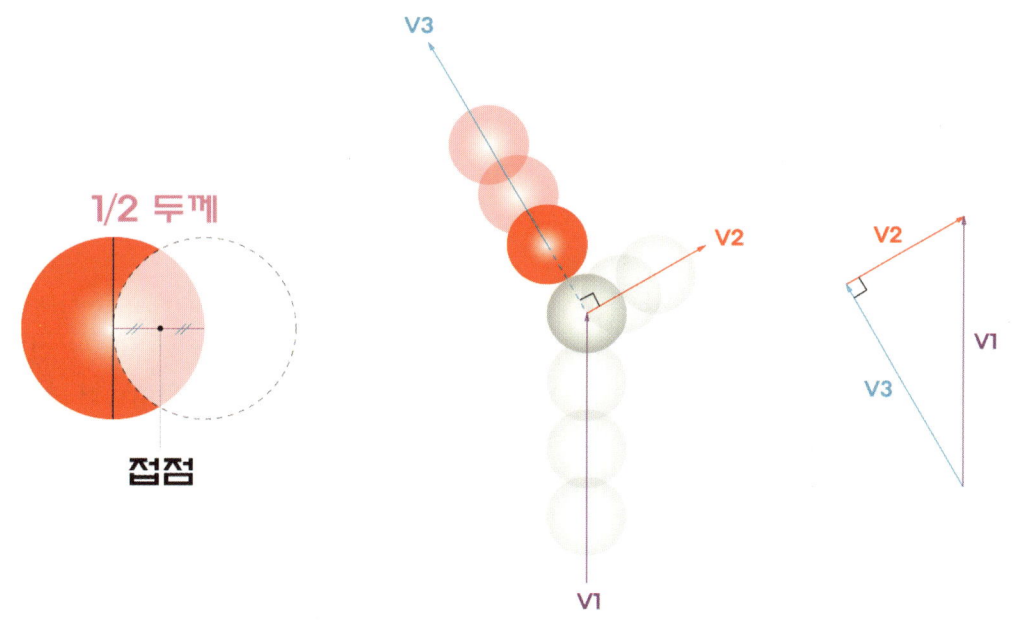

7.1-1 분리각 이론

※ 7.1-1의 왼편에 표현된 것처럼, 두께설정에서 두 공이 포개진 부분의 중심이 가상 큐볼과 오브젝트볼의 접점$^{contact\ point}$이 된다는 것도 놓쳐선 안 된다.

앞의 내용에 2차원적 관점과 공통접선^{common tangent line}의 개념을 도입하면 실전응용이 용이해진다. 7.1-2에 표현된 것처럼, 오브젝트볼의 진로는 원으로 가정한 두 공의 공통외접선^{common circumscribed line}과 평행하며, 큐볼의 2차 진로는 공통내접선^{common inscribed line}에 평행하기 때문이다. 주목할 만 한 점은, 가상 큐볼의 위치가 고정된 상태에서는 오브젝트볼의 진로나 큐볼의 2차 진로가 1차 진로와 상관없이 일정하다는 사실이다. 대신 각 정렬선상에서 바라본 두께가 달라지는 만큼, 에너지 분배(7.3참조)는 달라질 수밖에 없다. 7.1-2처럼 큐볼이 A, B, C의 각각 다른 위치에서 출발하더라도, 동일한 가상큐볼을 공유하면 오브젝트볼과 큐볼이 같은 방향으로 분리되는 것이다.

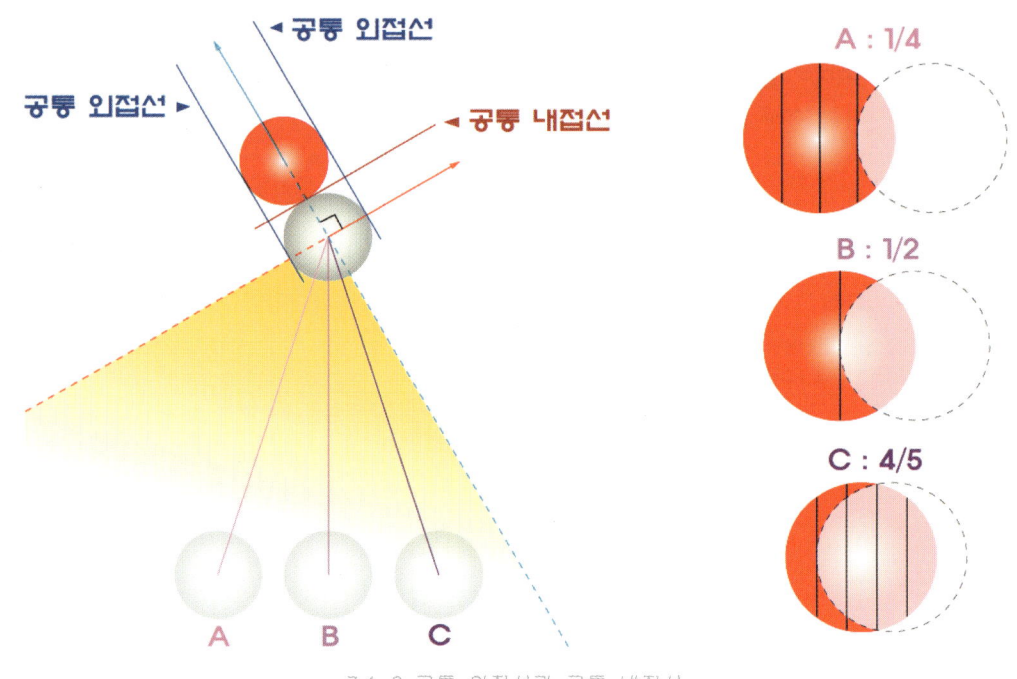

7.1-2 공통 외접선과 공통 내접선

물론 7.1-2와 같은 2차 진로를 얻으려면, 가상 큐볼을 통과한 정렬선이 오브젝트볼의 진로와 큐볼의 2차 진로 사이에 있어야 한다는 단서가 붙는다. 정렬선이 이 영역을 오른쪽으로 벗어나면 가상 큐볼이 오브젝트볼에 가려지고, 왼쪽으로 벗어나면 2차 진로의 방향이 반대가 된다. 정렬선이 영역의 경계선상에 있어도 문제가 된다. 정렬선이 2차 진로와 동일하면 두 공의 접촉을 육안으로 확인할 수 없으며, 오브젝트볼의 진로와 동일하면 충돌 후 큐볼이 제자리에 정지해버리기 때문이다.

분리각의 형성원리를 정확히 이해하는 것이 우선이지만, 몇몇 두께와 그에 따른 분리각을 따로 암기해두면 실전에서 상당히 유용하다. 8분법, 10분법, 12분법의 대표적 두께와 그에 따른 분리각은 7.1-3과 같다. 어느 경우에도 충돌 후 두 공 진로가 이루는 각은 90°가 된다.

두께	1/5	1/4	1/3	1/2	3/5	2/3	3/4	4/5
큐볼	37°	42°	48°	60°	65°	70°	75°	78°
오브젝트볼	53°	48°	42°	30°	25°	20°	15°	12°

7.1-3 대표적인 두께와 분리각

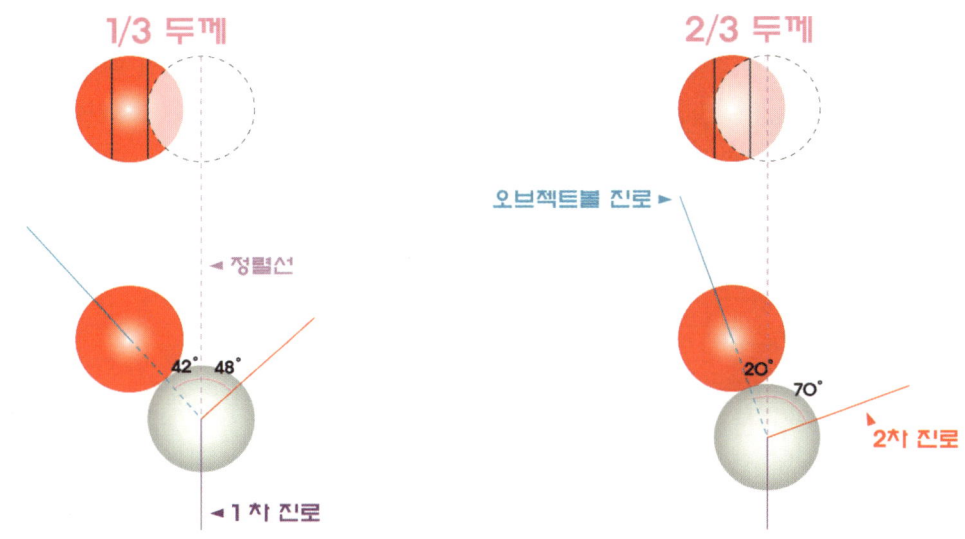

7.1-4 1/3 두께와 2/3 두께의 분리각

아쉽게도 실제 공의 진로는 언제나 분리각 이론과 일치하지는 않는다. 분리각 이론이 신뢰할만한 정렬의 기준인 것은 분명하지만 절대적인 것은 아니라는 의미이다. 그 이유는 분리각 이론이 그대로 실현될 수 있는 조건이 충족될 수 없기 때문이다. 현실적으로 당구지와 당구공의 마찰계수$^{\text{coefficient of friction}}$는 0이 아니며, 당구공의 반발계수$^{\text{coefficient of restitution}}$도 1에 못 미친다. 이런 미달조건들은 외력$^{\text{external force}}$이나 비가역 에너지$^{\text{irreversible energy}}$로 나타나 편차를 유발하는 요인이 된다. 미달조건에 의한 편차는 대개 무시해도 좋을 만큼 미미하지만, 특정 조건이 더해지면 오차허용치를 벗어날 정도로 커져서, 정렬수정이 불가피할 수도 있다. (7.2, 7.4 참조)

> 1/2 두께에서 큐볼과 오브젝트볼이 각각 45°로 분리된다고 착각하는 동호인들이 적지 않다. 아마 1/2이라는 수치를 멋대로 해석한 결과인 듯한데, 실제로 45°의 분리각을 얻으려면 7/24이라는 복잡한 두께를 설정해야 한다.

7.2 잉글리시 English

0팁 이외의 타점을 가격하면 큐볼의 운동은 두 가지 형태로 분산되는데, 하나는 위치가 이동하는 병진운동$^{translational\ motion}$이고, 다른 하나는 무게중심을 기준으로 회전하는 각운동$^{angular\ motion}$이다. 큐볼과 당구지 사이에는 마찰력$^{frictional\ force}$이 작용하기 때문에, 각운동의 크기와 방향은 진로에 큰 영향을 미친다. 그래서 비틀기, 또는 잉글리시라는 특별한 명칭을 사용하며, 병진운동과는 별개로 구분한다. 타점의 좌우이동에 따른 횡 비틀기$^{horizontal\ English}$와 상하이동에 따른 종 비틀기$^{vertical\ English}$가 모두 잉글리시의 일종이지만 횡 비틀기만을 따로 지칭해 잉글리시라 하기도 한다.

A 횡 비틀기

타구 시 3시나 9시 타점을 가격하면, 큐볼은 수직 회전축을 가진 각운동을 일으키며 진행한다. 이때 회전축은 각운동에 의한 원심력$^{centrifugal\ force}$과 병진운동에 대한 마찰력의 영향을 동시에 받게 된다. 마찰력은 접점에 직각으로 작용하는 힘인 수직항력$^{normal\ force}$과 마찰계수의 곱으로 표시하는데, 이 경우엔 수직항력이 중력이 되므로 마찰력이 일정하다. 그러나 원심력은 시간이 지나면서 약해지기 때문에, 회전축은 점차 병진운동 방향으로 기울어질 수밖에 없다. 회전축이 기울면 각운동이 당구지에 작용하게 되고, 결국 진로가 휘어지는 커브가 발생하는 것이다.

횡 비틀기는 1, 2차 진로에서는 약간의 커브를 일으킬 뿐이지만, 큐볼과 레일의 접촉 시엔 큰 영향력을 발휘하며 반사각을 변화시킨다. 큐볼의 질량을 m, 회전속도를 v, 회전축으로부터의 거리를 l이라 가정했을 때, 각운동량$^{angular\ momentum}$은 mvl로 표시되므로, 회전축에서 먼 부분일수록 운동량이 크다는 것을 알 수 있다. 이는 각운동의 회전축이 다소 기울었다 해도, 상판에 닿는 부분보다 레일에 닿는 부분의 각운동량이 훨씬 크다는 걸 시사한다. 따라서 횡 비틀기가 실린 큐볼과 그렇지 않은 큐볼은 레일터치 후 전혀 다른 방향으로 진행하게 되고, 이런 변화를 적절히 활용할 줄 알아야 득점성공률이 높아진다.

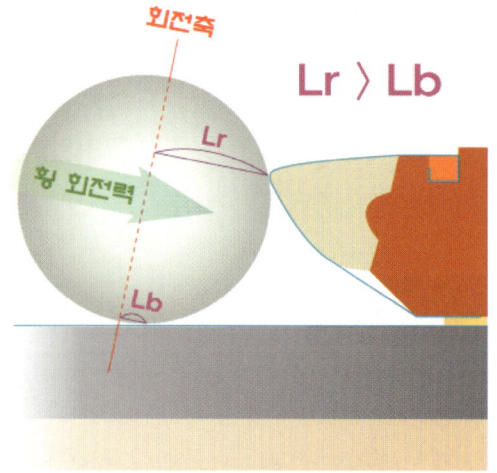

Lr : 회전축과 레일접점과의 거리
Lb : 회전축과 상판접점과의 거리

7.2-1 각운동량

각운동의 방향이 큐볼의 선회진로$^{rotation\ track}$와 일치하면 '순 비틀기$^{natural(plus)\ English}$'라 하고, 상반되면 '역 비틀기$^{reverse(minus)\ English}$'라 한다. 순 비틀기에서는 각운동에 대한 마찰력이 진로와 같은 방향으로 작용하므로 입사각보다 반사각이 작아지고, 역 비틀기는 반대의 이유로 입사각보다 반사각이 커진다. 7.2-2는 1차 진로를 공유하는 큐볼이 횡 비틀기에 따라 레일터치 이후 얼마나 다르게 진행하는지를 표현한 것이다.

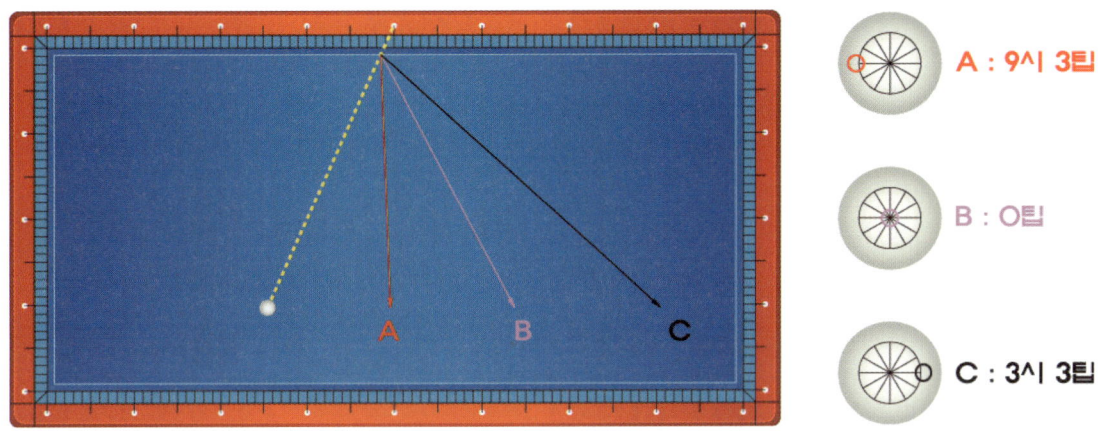

7.2-2 횡 비틀기에 의한 진로의 변화

공의 마찰계수는 당구지보다 훨씬 낮아서, 큐볼이 오브젝트볼과 충돌할 때 나타나는 횡 비틀기의 효과는 큐볼과 레일의 접촉에 비할 수 없을 만큼 약하다. 그러나 그것은 분명히 존재하며, 큐볼뿐 아니라 오브젝트볼의 진로까지도 변화시키므로 무시해서는 안 된다. 횡 비틀기가 실린 큐볼과 충돌한 오브젝트볼이 적으나마 반대방향 비틀기를 갖게 된다는 사실도 공과 공 사이에 마찰력이 작용한다는 증거이며, 정확한 오브젝트볼의 진로예측을 위해서라도 꼭 알아야할 내용이다.

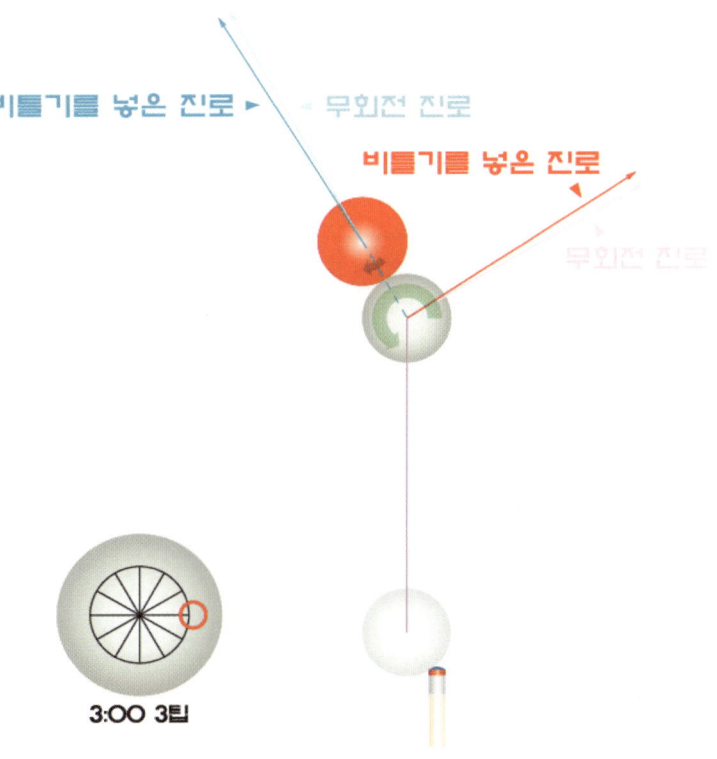

7.2-3 횡 비틀기에 의한 분리각의 변화

기초편-물리법칙 109

큐볼이 지닌 횡 비틀기는 레일과 접할 때마다 반사각을 변화시키는 일을 하면서 약해지지만, 역으로 레일터치로 인해 없던 비틀기가 생겨나기도 한다. 레일과의 마찰에서 비롯된 비틀기를 '레일 잉글리시$^{rail\ English}$'라 하는데, 스트록에 의한 잉글리시에 비할 바가 아니라고 착각했다간 큰 코 다친다. 마름모 형태의 선회진로를 가진 큐볼이 세 번 이상 레일과 접촉하면 약 1.5~2팁의 타점이동에 해당하는 잉글리시가 발생하는데, 그 정도면 큐볼의 진로에 상당한 변화를 초래할 수 있는 수준이다.

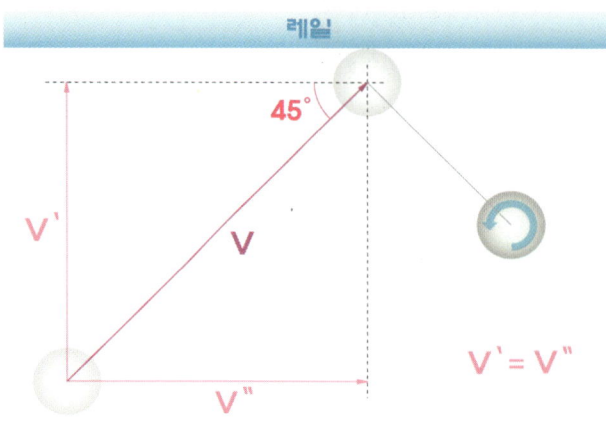

레일 잉글리시는 공이 옆으로 진행하는 힘과 레일의 마찰력이 어우러져 나타나는 현상이기 때문에, 큐볼 병진운동 벡터(v)의 수직성분(v')과 수평성분(v")이 일치하는 각도, 즉 45°에서 가장 강하게 발생한다. 거꾸로, 수직이나 수평성분 중 어느 한쪽이 결여돼있는 극단적인 예각이나 둔각에서는 레일 잉글리시가 거의 발생하지 않는다고 할 수 있다.

7.2-4 가장 강한 레일 잉글리시를 유발하는 각도

0팁의 타점으로 7.2-5처럼 큐볼을 진행시켰을 때, 레일 잉글리시가 발생하지 않는다면 회색 실선대로 진행해야 한다. 그러나 실제 진로는 적색 실선과 같아지는데, 이런 변화는 레일 잉글리시의 영향 때문이다.

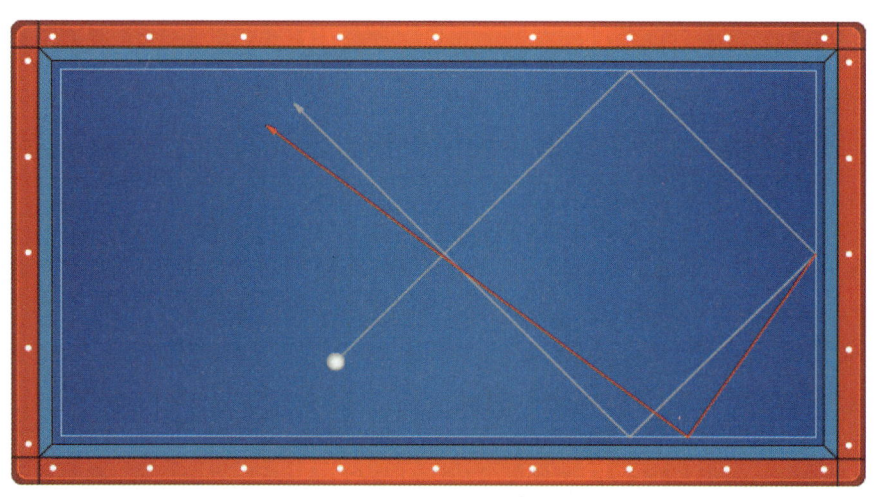

7.2-5 레일 잉글리시에 의한 진로의 변화

B 종 비틀기

횡 비틀기가 진로의 각에 관여하는 것에 비해, 종 비틀기는 2차 진로의 방향을 좌우한다. 12시 타점을 가격하면 큐볼은 순방향 공회전을 일으키며 진행하고, 오브젝트볼과의 충돌 후 공회전이 당구지에 작용하면서 2차 진로가 1차 진로와 같은 방향으로 휘어지게 된다. 반대로 6시 타점을 가격하면 큐볼은 역방향 공회전을 일으키며 진행하고, 2차 진로가 1차 진로의 반대방향으로 휘어지게 된다. 두께가 일정하다면 진로가 그리는 호^{arc}의 크기는 팁의 수가 많을수록, 스트록의 속도가 느릴수록, 그리고 공이나 당구지의 코팅^{coating}처리가 약할수록 작아진다. 12시 방향 타점을 설정한 경우를 밀어 치기, 또는 팔로우 샷$^{follow\ shot}$이라 하고, 6시 방향 타점을 설정한 경우를 끌어 치기, 또는 드로 샷$^{draw\ shot}$이라 한다.

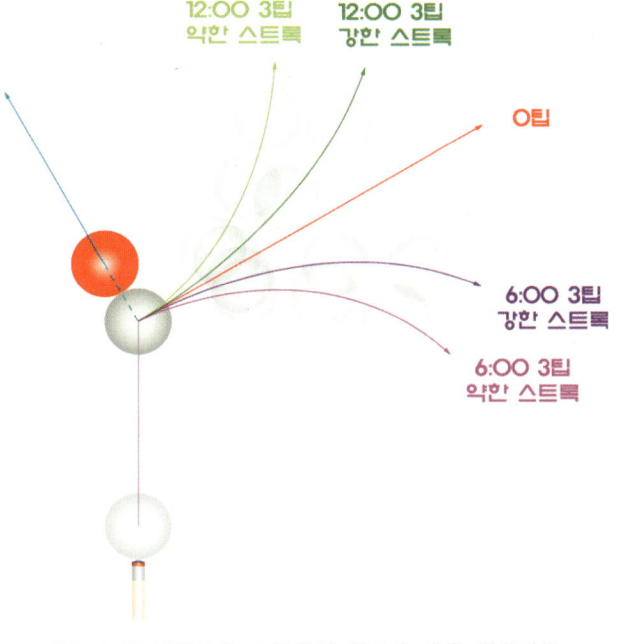

7.2-6 종 비틀기와 스트록의 강약에 따른 진로변화

종 비틀기에 따른 공회전은 상판을 덮고 있는 당구지와 직접적인 마찰을 일으키기 때문에, 횡 비틀기보다 빠르게 소멸된다. 따라서 종 비틀기의 효과가 나타나려면 공회전이 진행 중일 때 오브젝트볼과의 충돌이 일어나야만 한다. 특히 끌어 치기의 경우는 공회전과 병진운동의 방향이 정 반대여서, 큐볼이 긴 거리를 진행한 후 오브젝트볼과 충돌하게 되면 공회전의 효과를 기대하기 어렵다. 큐볼의 진로는 구름운동이 시작되기 전까지를 '미끄러짐 구간$^{slide\ section}$'이라 하며, 구름운동이 시작된 이후부터를 '구름 구간$^{rolling\ section}$'이라 한다. 평균적인 테이블에서 3팁 타점을 적용하면 미끄러짐 구간과 구름 구간의 비율은 밀어 치기일 때 1:3, 끌어 치기일 때 1:5 정도가 된다.

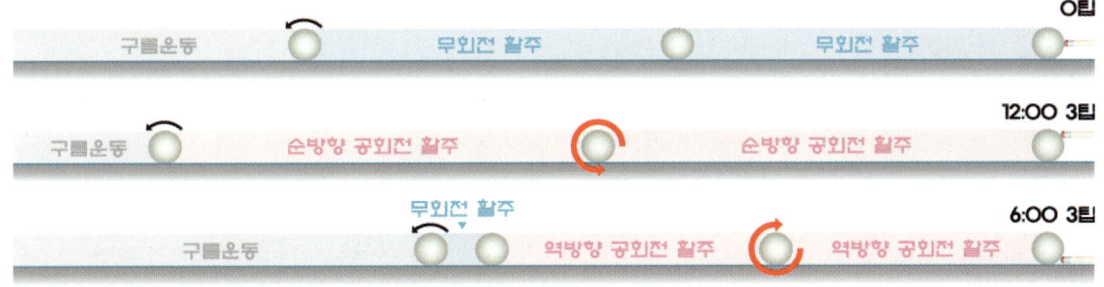

7.2-7 종 비틀기에 따른 큐볼의 회전변화

타점의 상하이동은 2차 진로에 변화를 일으키는 데에서 멈추지 않고, 레일터치 이후의 진로를 변화시키기도 한다. 스트록이 강할수록 전진이나 후진회전력의 영향력이 늦게 작용하는데, 이것은 커브의 경우처럼 처음엔 큐볼이 당구지와의 마찰을 이기고 공회전하며 진행하기 때문이다. 큐볼의 진로변화가 일찍 일어나느냐 늦게 일어나느냐에 따라 득점성공률도 달라지므로, 종 비틀기에서 스트록의 강약은 샷의 성공에 중요한 변수로 작용한다.

횡 비틀기와 종 비틀기는 서로 구분되는 것이 아니다. 12시, 3시, 6시, 9시 타점을 설정해야 하는 경우는 둘 중 하나만 사용한다고 할 수 있지만, 그 외의 샷은 종 비틀기와 횡 비틀기를 함께 사용하게 된다. 가령 1시 30분 타점을 설정했다면, 큐볼은 12시와 3시 타점의 성격이 절반씩 절충된 진로를 나타내게 된다.

10:88

많은 동호인들이 종 비틀기로 인해 분리각이 달라진다고 알고 있는데, 잘못된 인식이다. 일례로, 6시 3팁을 설정해 1/2두께를 맞히면 분리각이 90°보다 커지는 것처럼 보인다. 그러나 그런 현상은 큐볼이 지닌 공회전이 당구지에 작용한 결과일 뿐, 분리각과는 무관하다. 새로 교환했거나 코팅이 양호한 당구지에서 같은 샷을 해 보면, 정상적인 분리각이 형성되고 나서 큐볼의 진로가 휘어지는 과정을 눈으로 확인할 수 있다.

횡 비틀기 외에 분리각을 변화시킬 수 있는 요소는 스트록의 속도뿐이다. 스트록이 5~5.5레일 스피드를 넘어가면 강한 충돌로 인한 반작용이 더해져, 분리각의 합이 90°보다 커지게 된다. (3부 5.2 참조)

7.3 에너지 분배 Energy Distribution

큐 스틱을 통해 큐볼에 전달된 운동에너지는 약간의 공기저항, 레일과 상판을 덮고 있는 당구지와의 마찰로 인해 지속적으로 줄어들다가 결국엔 소진된다. 그 과정에서 종종 극적인 변화가 연출되는데, 그것은 바로 큐볼과 오브젝트볼의 충돌이다.

반발계수는 두 개의 물체가 서로 충돌할 때 충돌 전후 운동에너지의 양을 비율로 나타낸 것으로, 충돌 후 운동에너지의 합이 그대로 보존되면 반발계수가 1이고, 운동에너지가 소멸되면 0이다. 반발계수가 1인 경우를 '완전탄성충돌perfectly elastic collision', 0인 경우를 '완전비탄성충돌perfectly inelastic collision'이라 하는데, 단단한 압축수지로 만들어진 당구공의 경우는 반발계수가 0.95이상으로 완전탄성충돌에 가깝다. 따라서 큐볼의 운동에너지는 오브젝트볼과의 충돌이후에도 거의 보존된다고 봐도 무방하다. 다만 양방향으로 분배될 뿐인데, 이 분배의 비율은 분배의 방향(분리각) 못지않게 중요하다. 에너지 분배율에 따라 두 공의 속도와 이동거리가 정해지고, 속도와 이동거리를 정확히 알아야 겹치는 진로의 시간차나 뒷공의 배치를 판단하는 것이 가능하기 때문이다.

많은 이들이 이 문제를 풀어내지 못하고 포기해버리는데, 의외로 간단하면서도 효율적인 해법이 있다. 머릿속에 커다란 두께의 이미지를 상상하여 두 공이 겹치는 부분의 최대 너비와 겹치지 않는 오브젝트볼의 최대 너비를 비교하는 것이다. 이때 겹치는 부분의 최대 너비가 오브젝트볼의 벡터, 겹치지 않는 오브젝트볼의 최대 너비가 충돌 후 큐볼의 벡터이다. 충돌 전 큐볼의 벡터는 당연히 두 벡터를 더한 것이다. 7.3-1에 표현된 것처럼, 1/2 두께에서는 두 벡터의 분배율이 1:1, 2/3 두께에서는 1:2, 1/4 두께에서는 3:1이 된다.

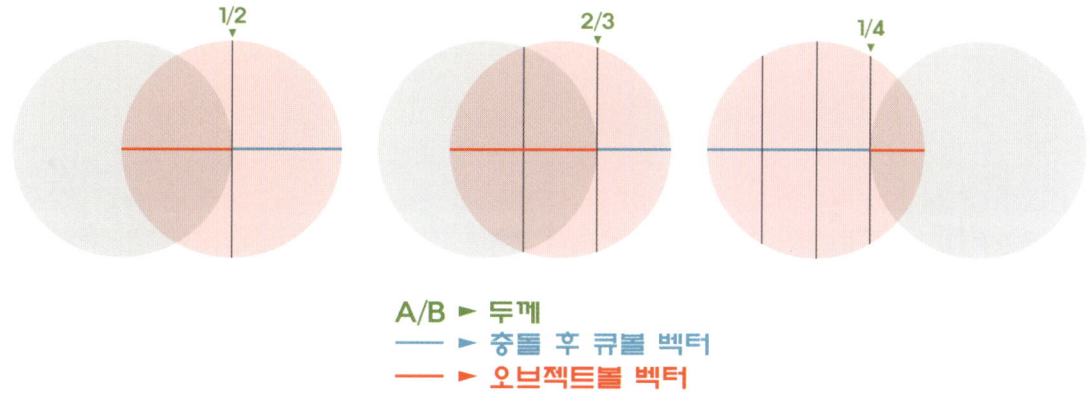

7.3-1 두께에 따른 큐볼과 오브젝트볼의 벡터량

앞의 내용을 도표로 정리하면 7.3-2와 같다.

두께	1/5	1/4	1/3	1/2	3/5	2/3	3/4	4/5
분배율	4:1	3:1	2:1	1:1	2:3	1:2	1:3	1:4

7.3-2 두께에 따른 에너지 분배율

1/5 두께를 설정하면 분배율이 4:1이므로 오브젝트볼의 속도와 진행거리는 큐볼의 1/4이 되고, 4/5 두께를 설정하면 분배율이 1:4이므로 오브젝트볼의 속도와 진행거리는 큐볼의 네 배가 되는 것이다.

그러나 실제로 공을 쳐보면 큐볼의 진행거리가 7.3-2보다 길어진다는 사실을 깨닫게 되는데, 그 원인은 에너지의 분배가 병진운동에만 국한되기 때문이다. 충돌 후에도 큐볼의 각운동은 큰 변화가 없어서 레일과의 접촉 시 별도의 추진력으로 작용한다. 따라서 순 비틀기를 사용하는 일반적인 샷에서 큐볼은 자신이 오브젝트볼을 이동시킬 수 있는 에너지보다 5%~30% 정도 긴 거리를 진행한다고 보면 된다. 앞에서 설명한 것처럼 큐볼의 각운동이 오브젝트볼에 약간의 회전을 발생시키지만, 오브젝트볼의 이동거리에 영향을 줄 정도는 아니다.

오랜 구력에도 불구하고 키스를 빈번히 일으키거나, 뒷공의 배치를 제대로 예상하지 못하는 플레이어는 두께에 따른 분리각과 에너지 분배에 대해 진지하게 연구할 필요가 있다. 큐볼과 오브젝트볼의 운동을 통제하지 못하면, 시합의 흐름을 주도할 수 없다. 확실한 득점기회에서 또 하나의 득점기회를 만들어내고, 득점가능성이 희박한 공의 배치에서 상대방에게 더 까다로운 배치를 넘겨주는 것은 경기운영에 있어 가장 기본적인 전술이기 때문이다.

7.4 구름관성 Rolling Inertia

큐볼의 2차 진로가 종 비틀기에 의해 그 형태를 달리한다는 것은 이미 설명한 내용이다. 그런데 진로의 형태를 변화시키는 요인이 또 하나 있는데, 바로 구름관성이다. 관성은 물체가 자신이 지닌 고유의 운동량을 유지하려는 성질로, 움직이는 공이나 멈춰있는 공이나 모두 관성을 가진다고 할 수 있다. 그러나 진로의 형태에 영향을 미치는 관성은 그보다 한결 복잡한 과정을 통해 형성된 것이다.

약간의 공기저항을 배제한다면, 이동하는 공에 지속적으로 가해지는 유일한 외력은 중력에 의한 마찰이다. 당구지의 마찰력은 공이 바닥에서 떨어지지 않는 한 어느 순간에나 작용한다. 이런 마찰력으로 인해 큐볼에 가해진 종, 횡의 비틀기는 점차 무력해지고, 결국엔 가장 자연스러운 공의 이동형태인 구름운동$^{natural\ roll}$만 남는다.

구름운동이란 각운동의 크기와 방향이 병진운동과 일치하는 것으로, 공이 한 바퀴 회전할 때 이동한 거리는 공의 둘레와 일치하며 공과 당구지의 접점에서는 정지마찰력이 작용한다. 이런 구름운동을 유지하려는 관성이 마치 밀어 치기와 비슷한 효과로 나타나는 것이 바로 구름관성이다.

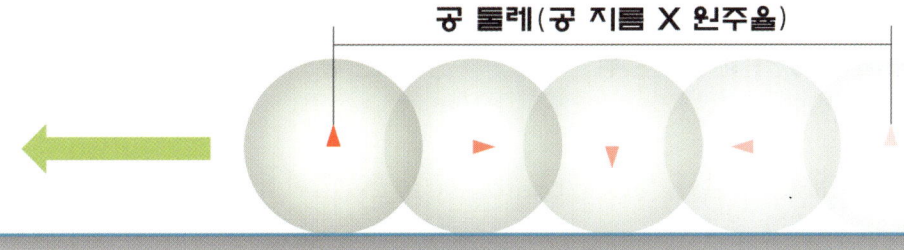

7.4-1 구름운동

큐볼의 진로를 오브젝트볼의 중심에 일치시키고 비틀기를 사용하지 않은 상태에서 부드러운 스트록을 하면, 오브젝트볼과 충돌한 큐볼이 그 자리에 멈추지 않고 오브젝트볼을 따라 진행한다. 이런 현상은 큐볼과 오브젝트볼의 거리가 멀수록, 다시 말해 구름운동이 길어질수록 두드러진다. 만약 가까운 거리에서 강하게 스트록을 하면 구름을 형성하지 못한 큐볼은 오브젝트볼과의 충돌 후 제자리에 멎게 된다. 그러나 스트록이 아무리 강해도 큐볼과 오브젝트볼의 거리가 멀면 마찰력을 완전히 극복할 수 없기 때문에 미약하나마 구름관성의 효과가 나타난다.

문제는 자연스러운 스트록이 요구되는 샷은 예외 없이 구름관성이 발생하고, 그로 인해 큐볼의 2차 진로가 1차 진로와 같은 방향으로 편향된다는 것이다. 세심하게 관찰하지 않으면 큐볼의 분리각이 줄어든다고 착각하기 쉬운데, 이를 '자연 분리각$^{natural\ dividing\ angle}$'이라 한다. 자연 분리각은 두께와 완전한 반비례관계여서 구름관성을 최대로 가정했을 때 1/5 두께에선 원래 분리각의 80%, 2/3 두께에선 원래 분리각의 33.3%가 된다. 7.4-2는 1/2 두께를 설정했을 때 구름관성의 유무에 따른 2차 진로의 차이를 표현한 것으로, 두 가지 모두 최초 분리각의 합은 90°이지만 최종 진로는 무려 50%정도의 차이를 나타낸다는 것을 알 수 있다. 물론 오브젝트볼의 진로는 편향이 일어나지 않는다.

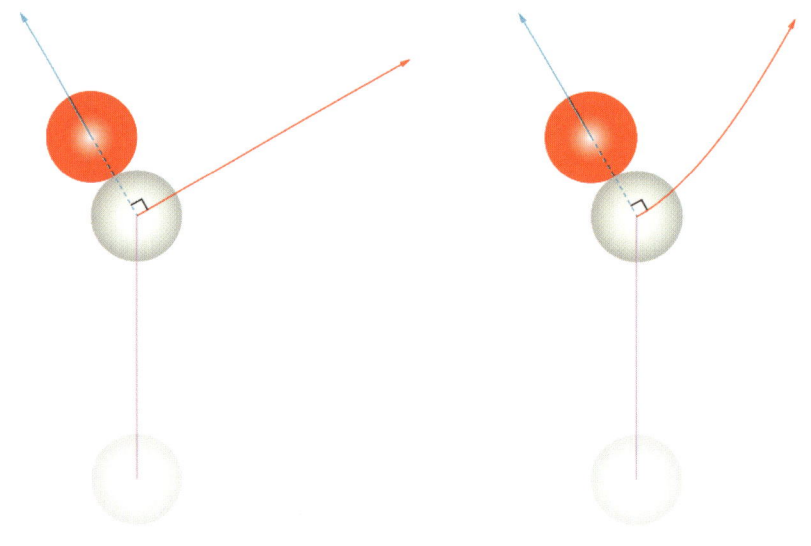

구름관성이 없는 경우   구름관성이 최대인 경우

7.4-2 구름관성에 따른 2차 진로의 변화

중단 이상의 타점에서는 많든 적든 구름관성이 발생하므로 2차 진로의 편향이 일어날 수밖에 없다. 따라서 하단 타점과 강한 스트록이 요구되는 경우를 제외하면 반드시 최소 자연 분리각을 염두에 둔 상태에서 정렬이 이루어져야 한다. 편향의 정도는 스트록의 변화, 타점의 높이에 따라 달라지므로 다각적인 연습을 통해 체계를 다져놓도록 하자.

※ 구름에 의한 관성이 형성되려면 그때까지 공을 움직일 수 있는 운동에너지가 남아있어야만 한다. 충분히 강한 스트록을 해도 두께가 두꺼워서 대부분의 병진운동이 분배되고 나면, 큐볼은 각운동이 무력화되기 전에 진행을 멈출 것이다.

7.5 반사각 Reflection Angle

큐볼이 레일과 접촉할 때, 접촉이전의 진로와 레일이 이루는 각을 입사각$^{incidence\ angle}$이라 하고, 접촉이후의 진로와 레일이 이루는 각을 반사각이라 한다. 비틀기를 빼면 입사각과 반사각이 서로 일치하며, 비틀기를 넣으면 비틀기의 강도에 따라 반사각이 변한다. 이런 변화의 요인은 큐볼의 각운동에 대한 레일의 마찰력이므로, 수직항력이 가장 클 때, 즉 큐볼이 레일에 대해 직각으로 입사할 때 반사각의 변화가 가장 심하다. 평균적인 테이블에서 3팁의 횡 비틀기를 사용한 경우 입사각이 90°라면 반사각은 65°정도, 입사각이 45°라면 반사각은 32.5°정도가 된다. 입사각의 크기가 반으로 줄어든 것에 비례해 반사각의 변화량도 반으로 줄어드는 것이다.

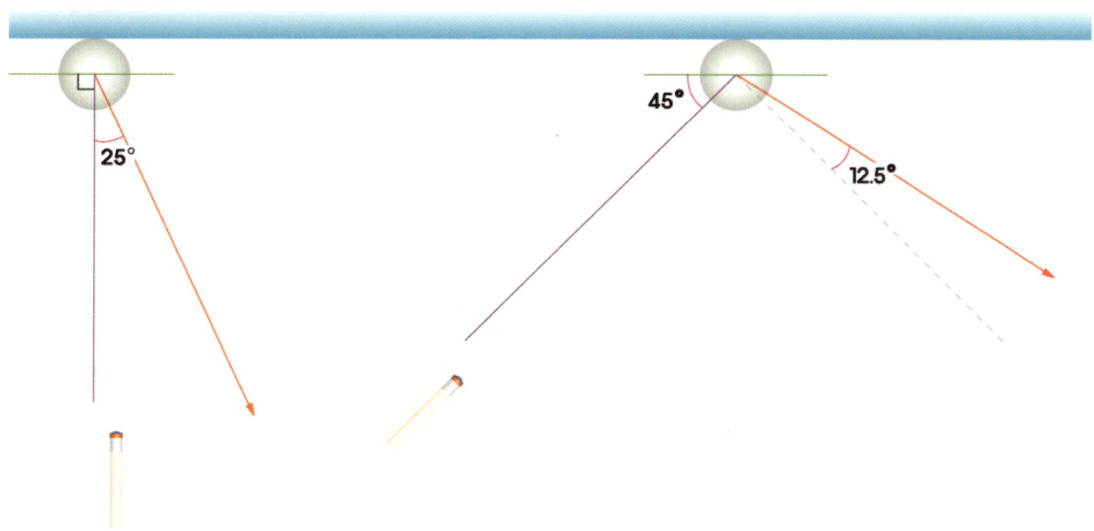

7.5-1 3:00 3팁 타점에 의한 반사각의 변화

3시나 9시 3팁 타점을 설정한 상태로 두께를 2/3이상 맞히면 병진운동은 크게 줄어드는 반면, 각운동은 거의 보존된다. 이처럼 큐볼이 강한 각운동을 간직한 채 느리게 진행하는 이례적인 경우엔 레일의 반발력이 제대로 작용할 수 없기 때문에, 입사각과 반사각이 현저한 차이를 드러낸다. 입사각과 반사각의 격차는 큐볼이 느리게 진행할수록 더 벌어지며, 심하면 반사각의 크기가 입사각의 절반 이하로 줄어들기도 한다. 프로들은 오브젝트볼2가 레일에 가깝게 붙어있을 때 득점성공률을 높이기 위해 일부러 이런 타점과 두께를 구사하는데, 이를 '스핀 샷$^{spin\ shot}$'이라 한다. 실전에서 무척 요긴하게 쓰이는 기술로, 평소 연습을 통해 숙달시켜 둘 필요가 있다. (4부 2.3 참조)

입사각과 반사각을 논할 때 빼놓으면 안 되는 것이 종 비틀기이다. 큐볼이 지닌 종 방향 각운동은 레일과의 접촉 후 그대로 유지되기도 하지만 경우에 따라선 완전히 뒤바뀌기도 한다. 종 비틀기의 역전여부는 입사각에 따라 결정되는데, 입사각이 45°보다 작으면 그대로 유지되고, 45°보다 커지면 역전이 일어난다. 이는 실질적인 역전이라기 보다 병진운동의 방향이 바뀜으로써 나타나는 '역전효과'로 표현하는 것이 옳다. 횡 비틀기가 함께 사용된 경우는 45°보다 약간 큰 입사각에서도 종 비틀기가 유지될 수도 있다. 입사각에 따른 종 비틀기의 역전은 레일을 먼저 맞히는 레일-퍼스트 샷을 구상할 때 반드시 점검해야 할 사항이다.

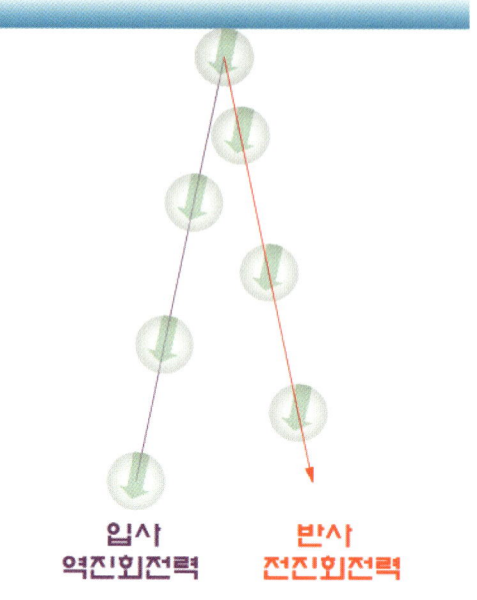

7.5-2 종 비틀기의 역전효과

비틀기가 없는 큐볼은 입사각과 반사각이 일치하지만, 항상 그런 것은 아니다. 부드러운 스트록에서는 반사각이 작아질 수 있고, 강한 스트록에서는 반사각이 커질 수도 있다. 이런 차이의 근본적 원인은 예의 구름관성, 그리고 고무가 주성분인 레일의 재질이다. 부드러운 스트록의 경우는 구름관성이 발생하고, 구름관성은 레일터치 직후 역방향 회전력으로 작용하며 반사각을 줄어들게 한다. 강한 스트록의 경우는 큐볼과 맞닿은 레일에 순간적인 형태변화가 일어나고, 오목하게 변형된 레일이 큐볼의 횡 방향 진로를 가로막아 반사각을 커지게 하는 것이다. 관성에 의한 변화는 횡 비틀기에 비하면 아무것도 아니지만, 레일의 변형에 의한 변화는 그냥 지나치기엔 너무 크다.

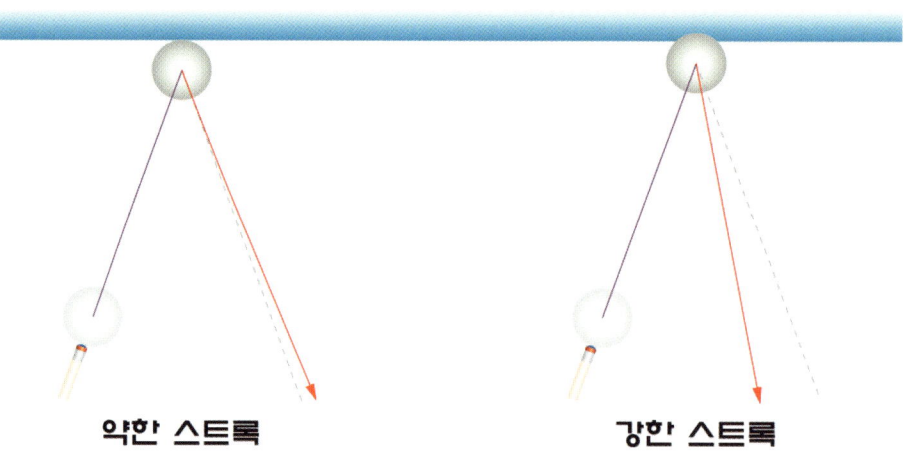

7.5-3 스트록의 속도에 따른 반사각의 변화

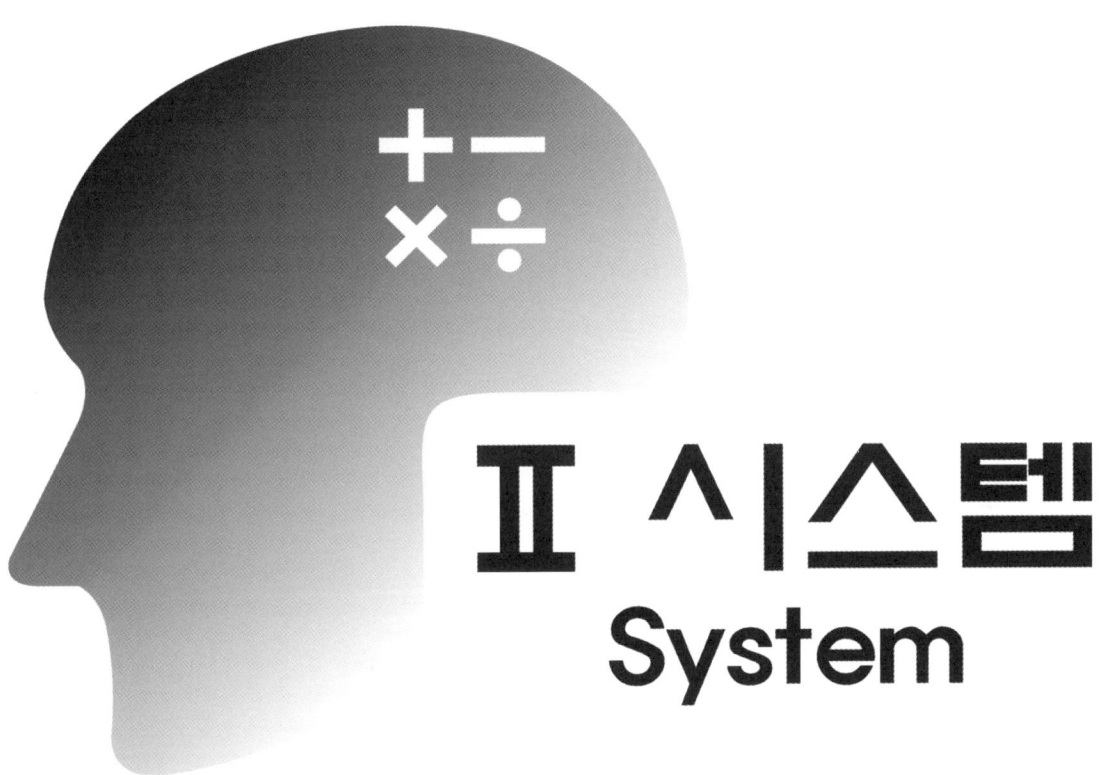

- 결과를 예측할 수 있을 때 목표가 명확해진다. -

1 개요와 기본기
Outline & Basic Skills

1.1 숙련 Expertness

1.2 시스템 구성 System Lineup

1.3 입사점 Incident Point

1.4 큐볼의 지름 Diameter of Cue Ball

1.5 나침반 측정법 Compass Method

1.6 소실점 Vanishing point

1.7 테이블 값 Table Value

완벽한 샷을 구사하기 위해서는 반드시 거쳐야 할 두 가지 과정이 있다. 먼저 큐볼과 오브젝트볼1의 진로를 오차허용치의 범위 내에서 설계해야하고, 다음으로 큐볼이 적절한 회전력과 속도로 첫 번째 레일의 입사점에 도달할 수 있도록 제어해야 한다. 한마디로 '구상'과 '실행'인 셈인데, 둘 중 어느 하나라도 결함이 있다면 득점과는 멀어지게 된다. 큐볼의 제어요령에 대해서는 1부에서 다루었으니, 이번 장에서는 진로의 설계에 대해 알아보기로 하자.

사전구상 없이 큐 스틱을 내지르다 보면, 샷의 성공여부를 운에 기댈 수밖에 없다. 그런 무성의한 플레이를 반복해봤자 실력향상에 별 도움이 되지 않는다. 물론 경험이 쌓일수록 보다 안정적인 진로를 선별해내는 것은 가능하다. 그러나 진로를 제대로 선택했다고 해서 득점하리란 보장은 어디에도 없다. 공의 배치는 매번 다르고, 그에 따라 큐볼의 진로 또한 달라져야하기 때문이다. 이런 다양성은 진로를 설계할 줄 아는 이에겐 흥미로운 도전이지만, 그렇지 못한 이에겐 감당키 어려운 재난이다.

과거 위대한 플레이어들은 큐볼의 진로가 예측 가능한 범주에 속해있음을 깨닫고, 이를 반영하는 계산체계를 창안해내기 시작했다. 오랜 숙성을 통해 정밀도를 높여온 방정식들이 모이고 또 모인 결과, 오늘날에는 충분한 영역을 포괄하게 되었다. '3쿠션 시스템^{3cushion system}'이라 불리는 이 소중한 유산은 큐볼을 어디에, 그리고 어떻게 입사시켜야 의도한 최종 목적지에 도달할 수 있는지를 알게 해준다. 간단한 사칙연산의 해답만 구해내면 기계적인 정렬만 남게 되는 것이다. 정확한 정보를 손에 쥔 플레이어와 어림짐작으로 공을 치는 플레이어가 질적으로 다르다는 것은 두말하면 잔소리다.

시스템을 익히고 운용함으로써 감에 의존한 플레이에서 해방될 수 있으며, 뒷공의 배치와 같은 전략적인 부분에 보다 신경을 집중하는 것이 가능해진다. 녹화방송에서 그래픽으로 처리된 진로를 실전에서 스스로 구축하고 검증해 보는 것은 상상이상으로 짜릿한 일이다. 이 책에 소개된 40여종의 시스템들을 빠짐없이 익힌 다음 세계정상급 플레이어들의 시합을 관전해보라. 그들이 이 놀라운 계산체계를 얼마나 빈번하게, 그리고 철저하게 이용하는지 깨닫고 적잖이 놀라게 될 것이다.

1.1 숙련 Expertness

시스템을 배우기 전에 명심해야할 사항이 하나 있다. 그것은 시스템을 '아는' 것과 '운용하는' 것은 큰 차이가 있다는 사실이다. 지면으로 이해하고 요령을 숙지했다 해서 실전에 바로 써먹을 수 있다고 생각한다면 오산이다. 하나의 시스템을 제대로 운용할 수 있게 되려면 짧게는 몇 시간, 길게는 몇 주씩 연습해야만 한다. 게다가 40여개의 시스템을 한꺼번에 소화한다는 것은 어떤 천재에게도 불가능한 일이다. 연습 중인 시스템을 완성하기도 전에 다른 시스템에 욕심을 부리다간 정보들이 뒤섞여 죽도 밥도 안 된다. 여유를 갖고 한 걸음씩 나아간다는 마음가짐이 중요하다.

시합에서 온전치 못한 시스템을 운용하다 보면 인터벌이 길어질 수밖에 없다. 불확실한 계산에서 바른 답이 나오기도 어렵지만, 더 큰 문제는 대기 중인 상대에게 결례가 된다는 사실이다. 간단한 덧셈 뺄셈을 놓고 한참을 고민하는 모습을 지켜보고 있노라면, 누구라도 화가 치밀게 돼 있다. 진로를 선택한 순간 곧바로 방정식이 떠오르지 않으면, 그 시스템을 운용할 준비가 덜 된 것임을 스스로 인정해야 한다.

1.1-1 진로를 구상중인 딕 야스퍼스

승리를 원치 않는 플레이어는 없다. 그러나 정작 중요한 것은 시합의 결과가 아닌 과정이다. 진정한 승리는 공정한 승부를 통해서만 쟁취할 수 있기 때문이다. 평등하게 나누어야 할 시간을 독점하는 행위는 어떤 동기를 들이대도 정당화되지 않는다. 상대의 심기를 어지럽혀 얻어낸 승리에 무슨 의미가 있겠는가.

진로를 구상할 때 시스템을 동원하는 것은 숙련된 플레이어만이 누릴 수 있는 특권이다. 제대로 다져진 시스템은 단 몇 초면 운용이 가능하다. 암산이 아무리 느려도, 또 시스템이 아무리 복잡해도 연습만 충분하다면 예외가 있을 수 없다. 비록 완전치는 못해도 꼭 시스템을 운용해야 할 상황이라면, 사전에 충분한 양해를 구하는 것이 최소한의 도리다. 인터벌의 연장이 전술의 일종이라는 주장도 있는데, 일고의 가치도 없는 약자들의 궤변일 뿐이다.

1.2 시스템 구성 System Lineup

※ 시스템을 논할 때 잉글리시라 하면 좁은 의미의 잉글리시, 즉 횡 비틀기를 의미한다.

3쿠션 시스템은 횡 비틀기의 사용여부에 따라 '잉글리시 시스템$^{English\ system}$'과 '노 잉글리시 시스템$^{no\ English(dead\ ball)\ system}$'으로 나뉜다. 잉글리시 시스템은 다시 상황에 따라 타점을 옮겨주어야 하는 '가변 잉글리시 시스템$^{variable\ English\ system}$'과 항상 일정한 타점을 설정하는 '고정 잉글리시 시스템$^{fixed\ English\ system}$'으로, 노 잉글리시 시스템은 구름관성(12시 2팁)을 이용하는 '스프레드 시스템$^{spread\ system}$'과 구름관성을 배제한(0팁, 혹은 6시 1~2팁) '등각 시스템$^{equal\ angle\ system}$'으로 세분할 수 있다.

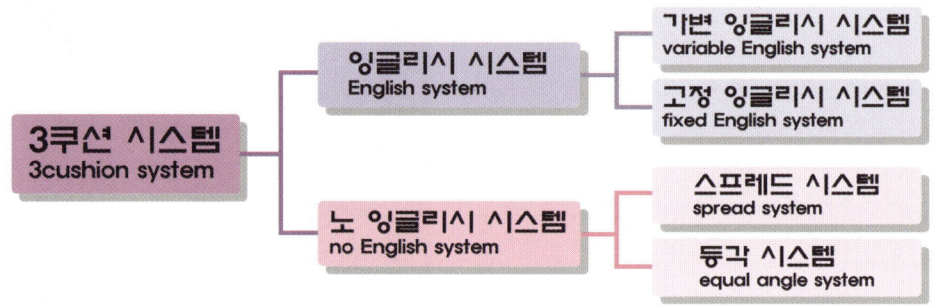

1.2-1 시스템 구성

오브젝트볼을 먼저 맞히는 볼-퍼스트 샷에 적용되는 시스템인지, 레일을 먼저 맞히는 레일-퍼스트 샷에 적용되는 시스템인지, 아니면 두 가지 모두 적용 가능한 시스템인지에 따라 '볼-퍼스트 시스템$^{ball\text{-}first\ system}$', '레일-퍼스트 시스템$^{rail\text{-}first\ system}$', '듀얼 시스템$^{dual\ system}$'으로 구분하기도 한다.

지금껏 알려진 시스템은 팔십여 개에 이르지만, 중복된 활용범위에서 실효성이 떨어지는 것들을 제외하고 나면 절반으로 압축된다. 이 책에는 13개의 가변 잉글리시 시스템, 13개의 고정 잉글리시 시스템, 9개의 스프레드 시스템, 9개의 등각 시스템 등 총 44개의 시스템이 수록되어 있다. 대다수의 프로들이 운용할 수 있는 시스템이 20개 미만이라는 점을 감안하면, 충분한 수치라고 단정할 수 있다. 물론 모든 공의 배치가 시스템의 범주에 속해있는 것은 아니어서, 감각적인 샷이 필요한 경우도 있다. 그러나 그런 상황은 드물게 찾아오기 때문에, 몇 가지 유형과 요령만 익혀두면 걱정거리가 되지 않는다. (3부 4장 참조)

1.3 입사점 Incident Point

테이블 상틀에는 여러 개의 점이 일정 간격으로 박혀있다. 그 형태는 원이나 마름모, 소재는 자개나 수지가 주를 이루며, 식별하기 편하도록 전구가 내장된 것도 있다. '포인트 point', 내지 '다이아몬드 diamond'로 불리는 이 점들은 경기면적을 32개의 정사각형으로 분할(3부 3장 참조)하는 경계이자, 모든 시스템운용의 기준점 역할을 한다. 과거엔 롱 프레임에 7개, 숏 프레임에 3개씩 총 20개의 포인트를 집어넣었으나, 최근엔 코너에 2개씩을 추가해 총 28개의 포인트를 갖춘 테이블이 대세다.

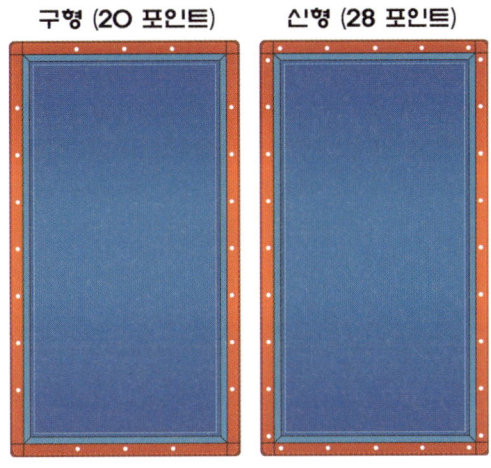

1.3-1 테이블 포인트

시스템에 사용되는 입사점의 포인트는 두 종류다. 하나는 상틀에 박혀있는 '프레임 포인트 frame point'이고, 다른 하나는 프레임 포인트를 레일의 날선 blade line으로 옮긴 '레일 포인트 rail point'이다. 멀리서도 확인이 가능한 프레임 포인트와는 달리, 가상의 개념인 레일 포인트는 가까이에서 위치를 파악해야만 실수를 막을 수 있다.

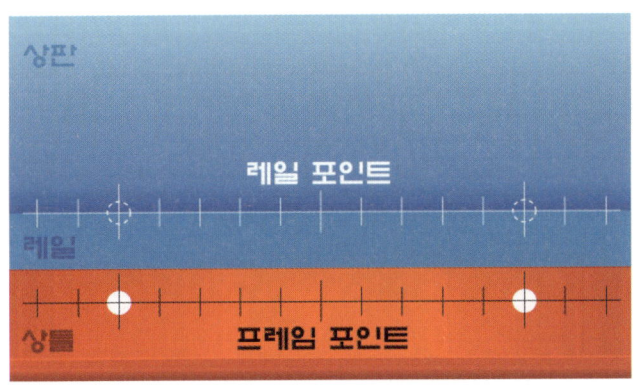

1.3-2 프레임 포인트와 레일 포인트

레일 포인트는 프레임 포인트를 테이블 안쪽으로 평행 이동시킨 것이기 때문에, 큐볼의 입사각이 직각인 경우를 제외하면 프레임 포인트와 일치하지 않는다. 그리고 그 격차는 입사각이 예각일수록 커진다. 따라서 프레임 포인트를 사용하는 시스템, 레일 포인트를 사용하는 시스템, 그리고 두 가지를 한꺼번에 사용하는 시스템을 확실하게 구분하지 않으면 큰 혼란이 온다. 널리 알려진 '5와 1/2 시스템[5 & half system]'은 큐볼의 출발점과 첫 번째 입사점은 프레임 포인트, 세 번째 입사점은 레일 포인트로 계산하는데, 포인트를 거꾸로 적용하면 최종 진로가 30cm이상 차이 나게 된다.

1.4 큐볼의 지름 Diameter of Cue Ball

시스템 방정식의 상수^{constant}는 언제나 최종 입사점이다. 시스템의 목적이 큐볼을 최종 입사점으로 보내는 것이니, 당연한 얘기다. 그러나 그 말은 최종 입사점을 잘못 파악할 경우, 방정식 자체가 무의미해진다는 뜻으로도 해석이 가능하다. 엉뚱한 상수를 대입해 놓은 방정식을 열심히 풀어봤자 얻어지는 건 없다. 모든 시스템은 최종 입사점을 정확하게 파악하는 데에서 시작되는 것이다.

사실 입사점을 파악하는 것은 전혀 어렵지 않다. 다만 반드시 고려해야 할 인자가 있다는 사실만 숙지하면 되는데, 그것은 바로 큐볼의 지름이다. 많은 이들이 큐볼의 지름을 무시한 채 입사점을 결정했다가 낭패를 본다. 그런 상황이 몇 차례 반복되면, 시스템에 대해 의구심이 생길 수밖에 없다. 이 같은 오판의 원인은 이론서에 삽입된 그림들이 완성도가 모자라거나, 아예 엉터리기 때문이다. 수많은 국내외 관련서적 중에 큐볼의 지름을 제대로 다룬 것은 고작 한 손에 꼽을 정도다.

1.4-1은 4구와 유사한 스트레이트 레일 종목에서 레일-퍼스트 샷의 입사점을 표현한 것인데, 언뜻 보기엔 별 문제가 없는 것 같다. 횡 비틀기를 고려해 45°의 입사각과 32.5°의 반사각을 산정한 점이나, 최종 진로를 두 오브젝트볼의 한가운데에 맞춘 점 등이 오히려 체계적인 설정이라 여기는 독자들도 있을 법하다. 이론서의 그림들이 대개 이런 식이므로 거부감을 못 느끼는 것이다.

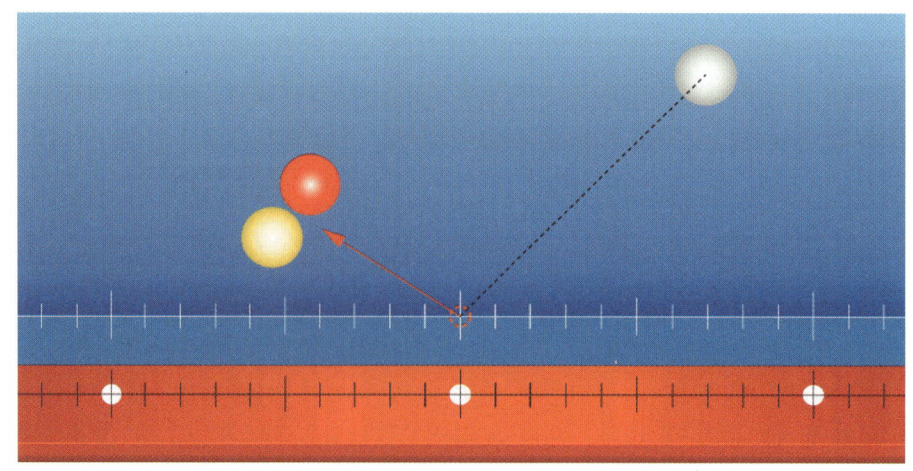

1.4-1 큐볼 지름을 무시한 입사점 설정

하지만 1.4-2를 보면 알 수 있듯이, 정렬선을 따라 진행한 큐볼은 정해놓은 입사점에서 벗어난 곳에서 레일터치를 하게 되고, 적색 실선으로 표현된 것처럼 오브젝트볼1의 오른쪽 면에 충돌한 뒤 오브젝트볼2와는 반대방향으로 진행한다. 즉, 득점에 실패하는 것이다.

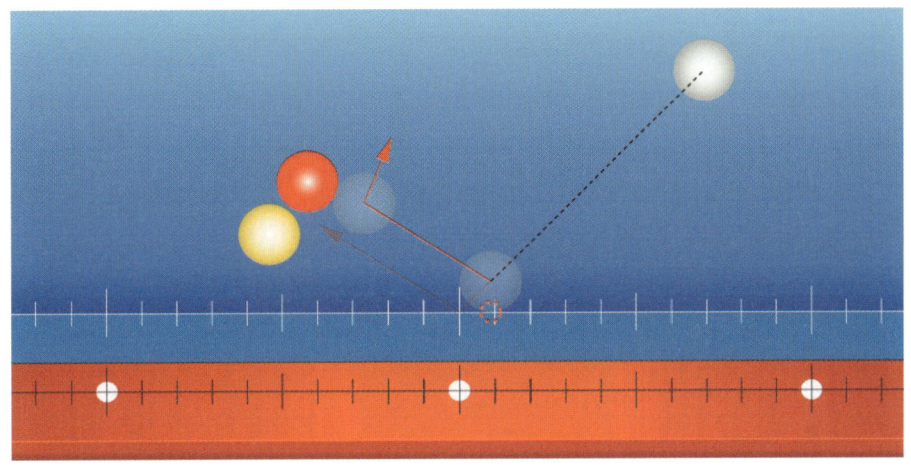

1.4-2 실제 입사점과 진로

진로가 공의 무게중심을 연결한 선이라는 것을 이해하면, 레일로부터 공의 반지름만큼 떨어진 지점에서 진로변경이 일어난다는 사실도 알 수 있다. 따라서 입사점을 설정할 때 1.4-3처럼 진로변경선을 적용해야 하며, 정렬도 레일의 날선이 아니라 진로변경선에 맞춰주어야 하는 것이다. 다행히 이 선은 공과 레일이 접촉할 때 일어나는 마찰로 인해 당구지에 꽤 선명하게 표시되어 있다. 당구지를 뒤집거나 교환하더라도 일주일만 사용하고 나면 육안으로 식별할 수 있게 된다. 입사점 설정에 있어 매우 귀중한 정보이니 적극적으로 활용하자.

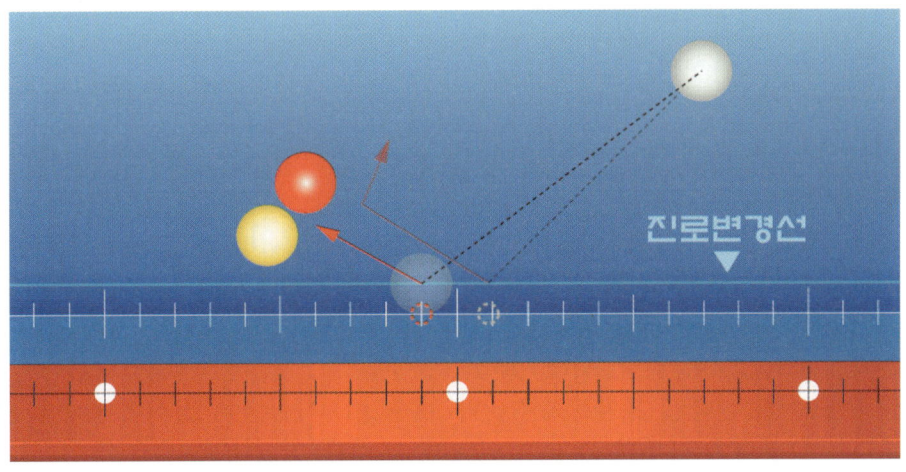

1.4-3 진로 변경선과 바른 입사점의 설정

1.5 나침반 측정법 Compass Method

대부분의 시스템은 상수인 최종 입사점의 포인트에서 미지수인 큐볼 출발점과 첫 번째 입사점의 포인트를 산출하는 과정이다. '어디서 출발해 어디로 향하느냐', 즉 정렬의 문제인 것이다. 정렬을 어떻게 하느냐에 따라 큐볼 출발점과 첫 번째 입사점의 위치는 달라진다. 이런 포인트의 변화에는 '동시성^{simultaneity}'과 '반비례성$^{inverse\ proportionality}$', 혹은 '비례성^{proportionality}'이라는 특징이 공존하는데, 그로 인해 정렬선을 하나로 압축시키는 작업이 가능하다. 이때 등장하는 것이 바로 나침반 측정법이다.

큐볼의 중심을 기준으로 정렬선을 나침반의 바늘처럼 회전시키면, 큐볼 출발점의 포인트는 줄어드는 반면 첫 번째 입사점의 포인트는 늘어나거나, 아니면 그 반대 현상이 나타난다. 수치가 역순으로 부여된 일부 시스템에선 큐볼 출발점과 첫 번째 입사점의 포인트가 함께 줄거나 늘기도 한다. 나침반의 바늘 한쪽이 정북을 가리키면 반대쪽은 정남을 향할 수밖에 없는 것처럼, 하나의 출발점에 대한 입사점은 둘이 될 수 없다. 이처럼 특정비율로 가감한다는 조건이 부가됨으로써 하나뿐인 이원일차방정식에서 두 개의 근을 구할 수가 있는 것이다. 따라서 나침반 측정법은 시스템운용원리의 핵심이자, 가장 중요한 기본기라 할 수 있다.

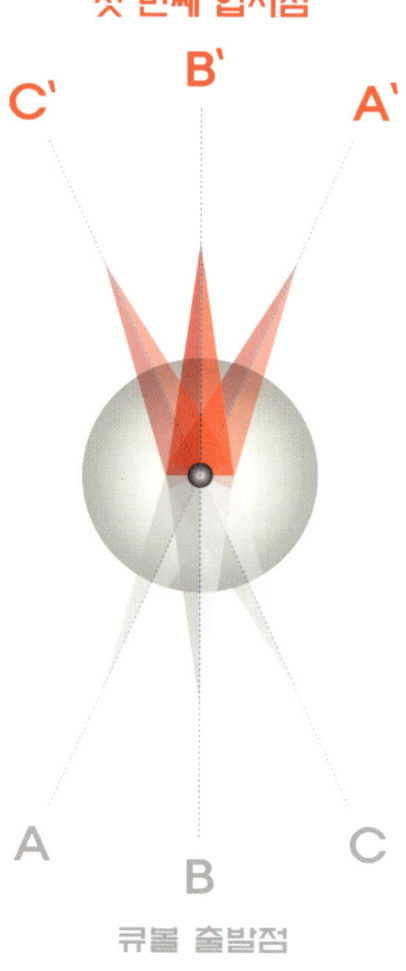

1.5-1 나침반 측정법

이해를 돕기 위해 다음 장에 소개될 5와 1/2 시스템을 이용한 3뱅크 레일-퍼스트 샷의 예를 들어보자. 1.5-2의 공의 배치에서 상수, 즉 세 번째 입사점의 레일 포인트가 20이라는 것을 알 수 있다. 큐볼 출발점을 'CO$^{cue\ ball\ origin}$' 각 입사점을 '1,2,3...', 프레임 포인트를 'fp', 레일 포인트를 'rp'라 했을 때, 시스템 방정식은 'COfp − 1fp = 3rp'가 된다. 세 번째 입사점의 레일 포인트가 20이므로, COfp − 1fp = 20에서 COfp와 1fp를 구하는 것이다.

※ 회색 수치들은 큐볼 출발점의 프레임 포인트, 적색 수치들은 첫 입사점의 프레임 포인트, 청색 수치들은 최종 입사점의 레일 포인트를 나타낸다.

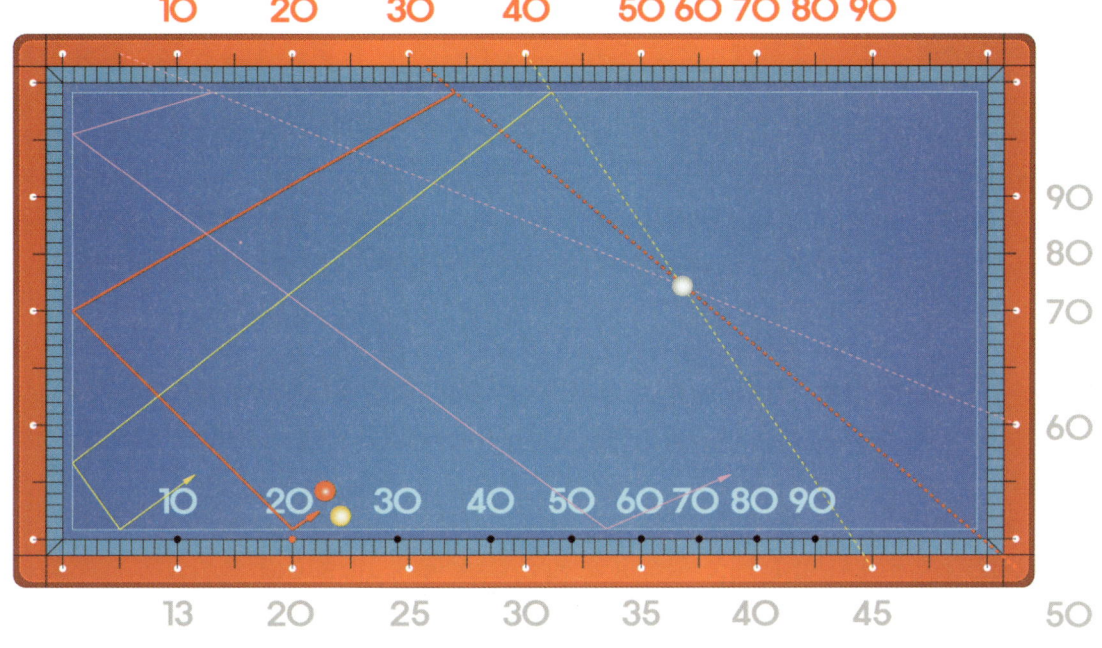

1.5-2 나침반 측정법을 이용한 5와 1/2 시스템의 3뱅크 레일-퍼스트 샷

진로를 황색 점선과 같이 정렬하면, 큐볼 출발점의 프레임 포인트는 45, 첫 번째 입사점의 프레임 포인트는 40이 된다. 방정식에서 COfp에 45, 1fp에 40을 대입하면, 45 - 40이 되어 20이라는 상수에 못 미친다. 이런 경우는 '짧다'고 표현하며, 정렬선을 시계반대방향으로 회전시켜 큐볼 출발점의 포인트를 늘리는 동시에, 첫 번째 입사점의 포인트를 줄여야 한다.

진로를 분홍색 점선과 같이 정렬하면, 큐볼 출발점의 프레임 포인트는 60, 첫 레일 입사점의 프레임 포인트는 5가 된다. 방정식을 치환하면 60 - 5가 되어 상수 20을 훌쩍 넘어버린다. 이런 경우는 '길다'고 표현하며, 정렬선을 시계방향으로 회전시켜 큐볼 출발점의 포인트는 줄이는 동시에 첫 번째 입사점의 포인트를 늘려야 한다.

위와 같은 과정을 반복하면서 진로의 범위를 좁혀나가다 보면, 자신이 원하는 최종 입사점에 도달할 수 있는 정렬선을 발견하게 된다. 적색 점선과 같이 큐볼 출발점의 프레임 포인트 50, 첫 번째 입사점의 프레임 포인트 30으로 방정식이 충족됐을 때, 비로소 최종 입사점의 레일 포인트 20에 도달할 수 있는 것이다. 처음에는 원하는 정렬선을 찾아내기까지 상당한 시간이 필요하지만, 나침반 측정법이 완전히 익숙해진 다음엔 한두 번의 암산이면 족하다.

1.6 소실점 vanishing point

'스팟 온 더 월 spot on the wall'이라고도 불리며, 큐볼의 위치가 시스템이 제시하는 기준 정렬선에서 벗어난 경우에 경기면적 밖에서 정렬의 기준점을 찾아내는 방법이다. 나침반 측정법처럼 빈번하게 사용되지는 않지만, 일부 시스템의 운용에 있어선 필수적인 기본기이다. 시합 중 측정도구의 사용은 금지되기 때문에, 요령을 제대로 숙지하지 않으면 신뢰도가 떨어지게 된다.

소실점의 핵심은 '경기면적 밖으로 얼마나 벗어나느냐', 즉 '거리'인데, 유감스럽게도 시스템마다 기준이 달라서 모두 암기해야만 한다. 더구나 '어떤 선분이 기준이 되느냐' 또한 제각각이다. 그러나 소실점을 사용하는 시스템이 서너 개에 불과하므로 크게 걱정할 일은 없다. 1.6-1은 다음 장에 소개될 30 대칭 시스템으로, 소실점의 거리는 기준정렬선의 큐볼 출발점에서 첫 입사점을 연결한 선분의 1.5배가 된다.

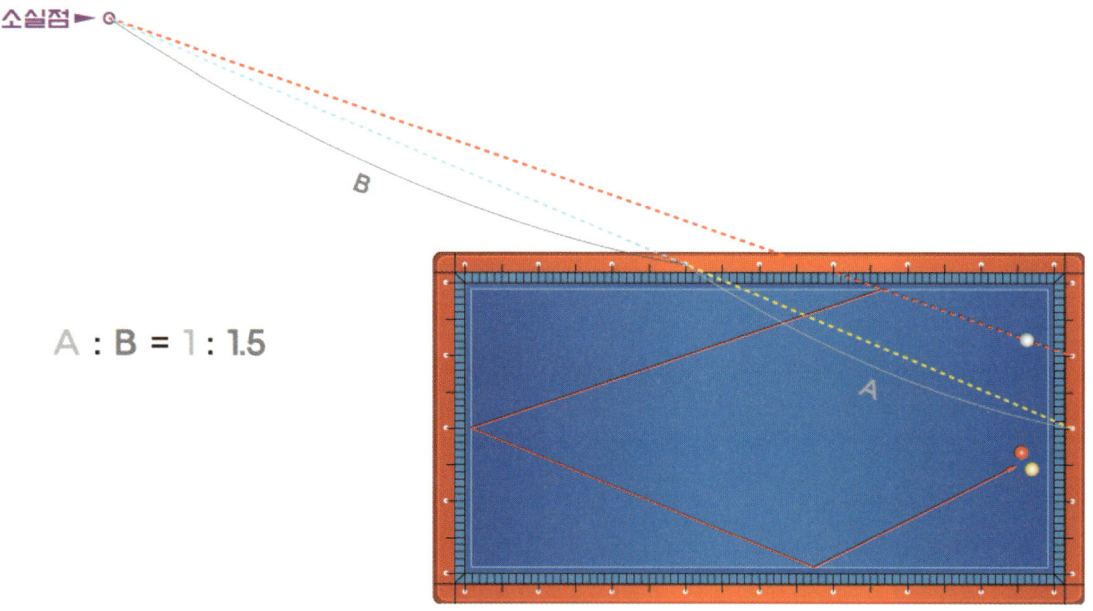

1.6-1 소실점의 위치

소실점은 옆 테이블 위에 있을 수도 있고, 벽 위의 있을 수도 있으며, 운이 없으면 허공 위의 한 점이 될 수도 있다. 따라서 최종진로가 에러마진을 벗어나지 않도록 하려면 눈대중을 단련하는 수밖에 없다. 이에 대한 요령은 4부 1.3에서 자세하게 소개하기로 한다.

1.7 테이블 값 Table Value

모든 테이블이 한결같은 상태라면, 시스템운용은 아무런 어려움이 없을 것이다. 그러나 현실은 그렇지가 못하다. 공의 진로에 막대한 영향을 미치는 테이블의 상태는 테이블마다 다르며, 동일한 테이블일지라도 어떻게 설치하고 관리하고 사용하느냐에 따라 다르다. 1.7-1은 테이블의 상태를 좌우하는 대표적인 조건들인데, 이처럼 많은 변수들을 전부 극복하고 일률적인 테이블 상태를 만드는 것은 불가능하다.

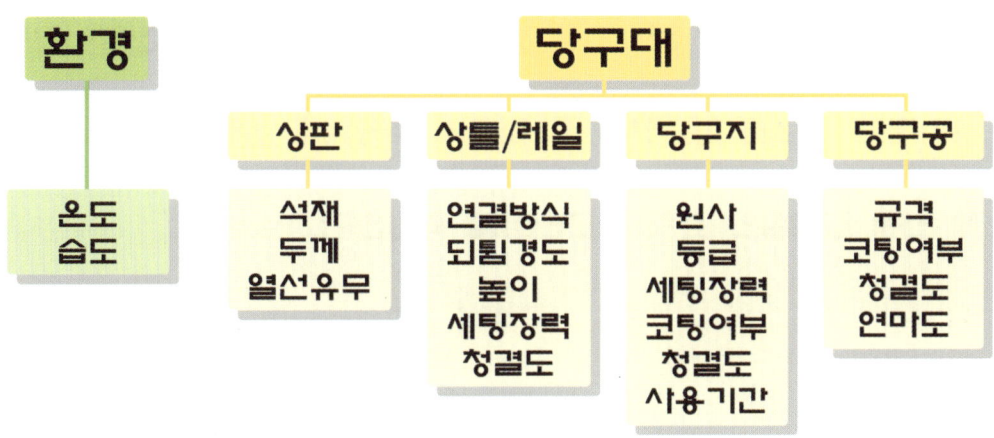

1.7-1 테이블 상태를 좌우하는 조건들

가변적인 테이블 상태로 인해 동일한 타점과 스트록으로 동일한 지점에 입사시킨 큐볼의 진로에 차이가 생긴다. 심하면 최종 입사점이 한 뼘 이상 벌어지기도 한다. 그렇다면 시스템은 무용지물에 불과한 걸까? 물론 아니다. 테이블 상태를 측정하는 방법이 존재하고, 거기서 얻어진 수치인 '테이블 값'을 시스템에 적용해 보정[adjust]해주기만 하면 문제는 해결된다.

테이블 값은 '잉글리시 값[English value]', '역 잉글리시 값[reverse English value]', '미끄러짐 값[slide value]', '퍼짐 값[spread value]'의 네 가지를 측정해야 하며, 측정은 서로 다른 방향에서 각각 두 번 이상 반복해서 같은 결과를 얻어야만 의미가 있다. 측정할 때마다 테이블 값이 달라진다면, 정렬이나 스트록에 문제가 있는 것이다.

이번 장에서는 우선 테이블 값을 측정하는 요령만 소개하고, 구체적인 적용법에 대해서는 시스템을 공부하면서 개별적으로 다루기로 한다.

A 잉글리시 값

주로 입사각이 크고 순 비틀기를 사용하는 시스템에 적용한다. 레일의 되튐경도나 세팅장력에 좌우되는 수치로, 비틀기에 따른 반사각의 변화를 가늠할 수 있다. 측정법은 다음과 같다.

🎱 큐볼을 헤드 레일에서 적당히(40~45cm) 떨어진 롱 스트링 상에 놓는다.

🎱 타점은 3시(혹은 9시) 3팁의 순 비틀기를 사용한다.

🎱 2.5레일 스피드의 자연스러운 스트록을 구사해 큐볼을 진행시킨다.

🎱 스쿼트와 커브를 최소화할 수 있도록 수평각을 낮춘다.

🎱 세 번째 입사점의 프레임 포인트를 측정한다.

출발점에서 양옆으로 한 포인트를 3등분하여 차례로 -5, 0, +5의 수치를 부여한다. 평균적인 테이블이라면 측정값은 0이 나오며, 비틀기의 효과가 약하게 나타나는 테이블은 0보다 크게, 강하게 나타나는 테이블은 0보다 작게 나온다. 0과 -5는 가상의 포인트이며 수치 하나의 간격이 실제 레일 포인트 0.66에 불과하기 때문에, 매우 신중하고 정교하게 측정해야만 한다.

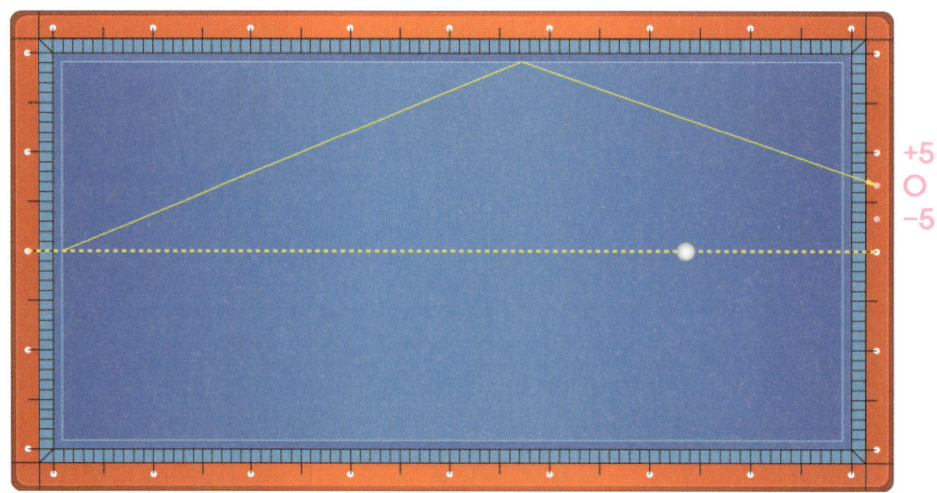

1.7-2 잉글리시 값의 측정

B 역 잉글리시 값

역 비틀기를 사용하는 시스템에 적용되는 값이다. 적용을 받는 시스템이 몇 안 되지만, 의외로 빈번하게 쓰이므로 잘 알아두어야만 한다. 측정법은 다음과 같다.

🎱 큐볼을 한쪽 사이드프레임side frame의 마지막 포인트와 그 맞은편 사이드프레임의 가운데 포인트를 연결한 선상에 놓는다. 큐볼은 출발점의 사이드 레일에서 적당한(40~45cm) 거리를 확보해야 한다.

🎱 타점은 3시(혹은 9시) 3팁의 역 비틀기를 사용한다.

🎱 4레일 스피드의 스트록으로 큐볼을 진행시킨다.

🎱 스쿼트와 커브를 최소화할 수 있도록 수평각을 낮춘다.

🎱 두 번째 입사점의 프레임 포인트를 측정한다.

1.7-3과 같이, 두 번째 입사점의 프레임 포인트가 0이 되면 평균적인 테이블이라 할 수 있다. 간혹 당구지를 새로 간 테이블에서는 5이상의 수치가 나오기도 하는데, 이는 새 당구지의 마찰계수가 너무 낮기 때문이다. 부득이한 경우가 아니라면, 그런 테이블에서는 플레이를 자제하는 것이 좋다. 진로를 설계하는 감각에 혼돈이 올 수 있기 때문이다. 대개 한 주나 열흘정도 지나면 정상적인 상태로 돌아온다.

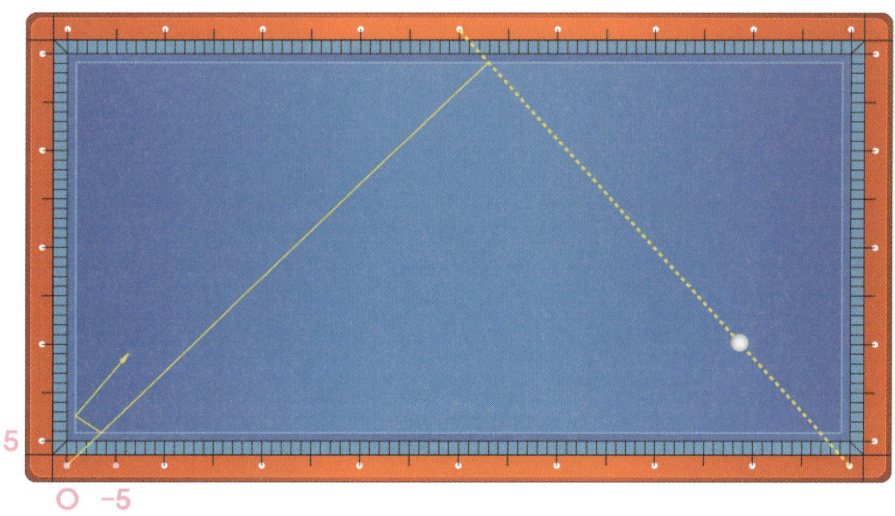

1.7-3 역 잉글리시 값의 측정

C 미끄러짐 값

순 비틀기의 선회진로를 사용하는 시스템에 적용되는 값이다. 잉글리시 값이 주로 레일의 특성을 반영하는 것에 비해, 미끄러짐 값은 당구지나 공의 상태를 반영한다. 측정법은 다음과 같다.

🎱 큐볼을 한쪽 코너와 맞은 편 사이드 레일의 세 번째 프레임 포인트를 연결한 선상에 놓는다. 역시 코너로부터 적당한 거리를 유지한다.

🎱 타점은 11시30분(혹은 1시30분) 3팁의 순 비틀기를 사용한다.

🎱 브리지와 그립은 중립을 유지한다.

🎱 4레일 스피드의 스트록으로 큐볼을 진행시킨다.

🎱 스쿼트와 커브를 최소화할 수 있도록 수평각을 낮춘다.

🎱 세 번째 입사점의 레일 포인트와 네 번째 입사점의 프레임 포인트를 측정한다.

테이블에 이상이 없다면 두 수치는 일치하게 되어 있다.(4부 2장 참조) 규격테이블에서는 미끄러짐 값이 0, 소형테이블은 -2~-3정도를 평균으로 본다.

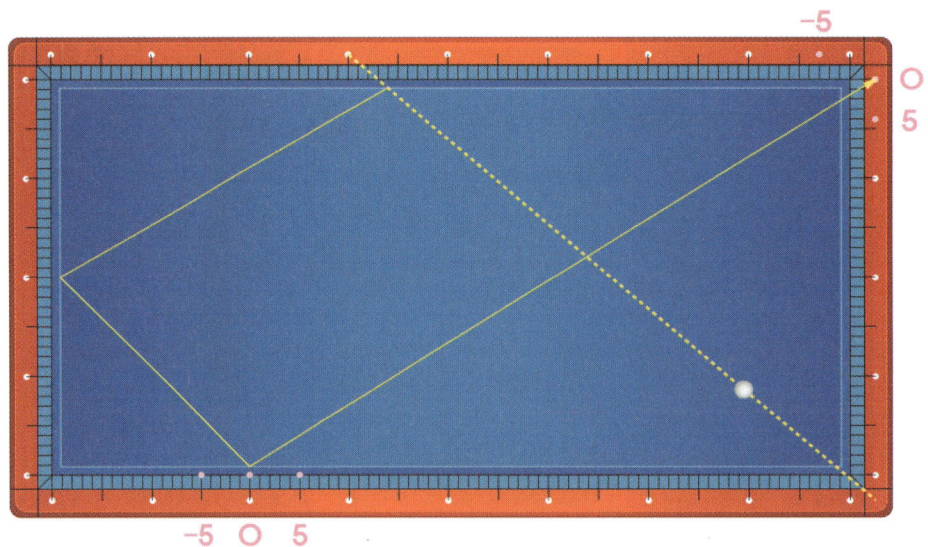

1.7-4 미끄러짐 값의 측정

D 퍼짐 값

구름관성에 따른 반사각의 편차를 반영하지만 시스템과 직접 연관이 있다기보다 테이블 수평에 이상이 없는지 알아보기 위해 측정하는 값이다. 당연히 네 방향 모두 측정해야 의미가 있으며, 실전에 적용하는 방법은 4부 2.2에서 다루기로 한다.

🎱 큐볼을 헤드 레일의 마지막 프레임 포인트와 풋 레일의 가운데 프레임 포인트를 연결한 선상에 놓는다.

🎱 타점은 12시 2팁의 종 비틀기를 사용한다.

🎱 브리지와 그립은 중립을 유지한다.

🎱 2레일 스피드의 약한 스트록으로 큐볼을 진행시킨다.

🎱 헤드레일로 되돌아온 큐볼 입사점의 프레임 포인트를 측정한다.

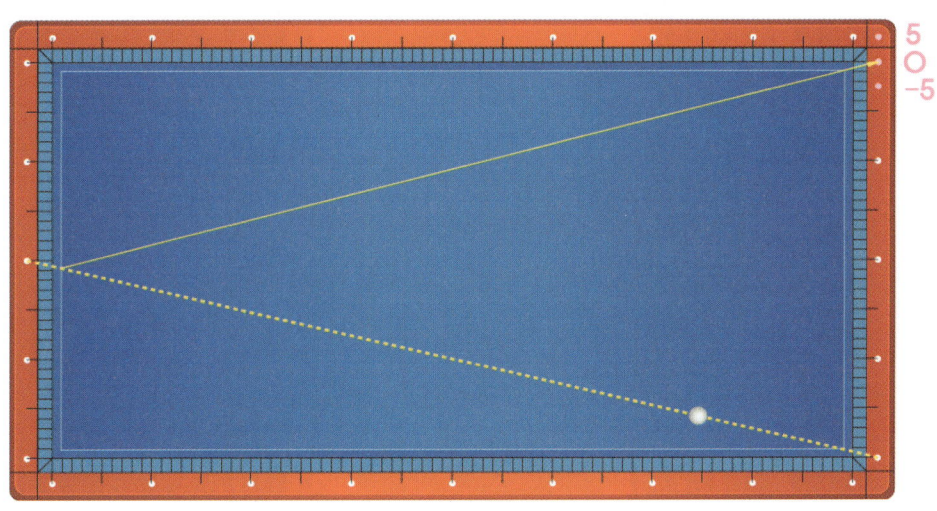

1.7-5 퍼짐 값의 측정

이상 네 가지 측정방법은 시스템에 본격적으로 입문하기 전에 꼭 알아두어야 한다. 테이블 값이 배제된 시스템을 운용하는 플레이어는 생소한 테이블을 만나면 여지없이 무너지고 만다. 편차를 극복하려고 타점이나 스트록을 임의로 변경하는 것은 감에 의존한 플레이와 다를 바 없다.

2 가변 잉글리시 시스템
Variable English System

2.1 5와 1/2 5 & Half

2.2 연장된 5와 1/2 Extended 5 & Half

2.3 30 대칭 30 Symmetry

2.4 리버스-엔드 Reverse-end

2.5 마이너스 10 Minus 10

2.6 2/3 2/3

2.7 거미줄 Spider Web

2.8 로드리게즈 Rodriguez

2.9 일출 일몰 Sunrise Sunset

2.10 페루 Peruvian

2.11 뒤쪽 우산 Backside Umbrella

2.12 더블 레일 Double Rail

2.13 볼 Ball

실전에 매우 빈번하게 등장하는 가변 잉글리시 시스템은 상황에 따라 타점을 옮겨주어야 하므로, 네 가지 시스템 중 운용과정이 가장 복잡하다. 정확한 정렬은 물론, 고도로 안정된 스트록을 갖추었을 때 비로소 만족할만한 결과를 얻게 된다. 타점이동의 범위와 기준은 시스템에 따라 다르다.

2.1 5와 1/2 5 & Half

가장 오래된 시스템 중 하나로, 보정이 까다롭지만 최고수준의 신뢰도를 자랑한다. 시스템운용의 모든 노하우가 요구되기 때문에, 완전히 익히는데 엄청난 시간과 노력이 필요하다. 대신 이 시스템 하나만 '제대로' 운용할 수 있어도 고수의 반열에 오를 만큼 활용범위가 넓다. 파생시스템이 네 개나 된다는 사실 하나만으로도 5와 1/2 시스템의 위력을 실감할 수 있다.

'5와 1/2'이란 명칭은 큐볼 출발점의 포인트가 50이상이면 간격이 1/2로 줄어드는 특성에 기인한 것으로 추정된다. 큐볼의 진로가 마름모 형태인 까닭에 '다이아몬드 시스템 diamond system'이라 하기도 한다.

A 포인트

시스템 운용의 첫걸음은 포인트에 부여된 수치를 완전히 암기하는 것에서 출발한다. 수치가 헷갈리면 방정식을 알아봤자 아무 소용이 없기 때문이다. 포인트별 수치는 서로 연관성을 가진 일부 시스템을 제외하면 각기 다르며, 때론 일정한 간격이 아닐 수도 있다.

5와 1/2 시스템은 프레임 포인트와 레일 포인트를 함께 사용하며, 각 포인트별 수치는 2.1-1과 같다. 회색 수치는 큐볼 출발점의 프레임 포인트, 적색은 첫 번째 입사점의 프레임 포인트, 청색은 세 번째 입사점의 레일 포인트를 나타낸다.

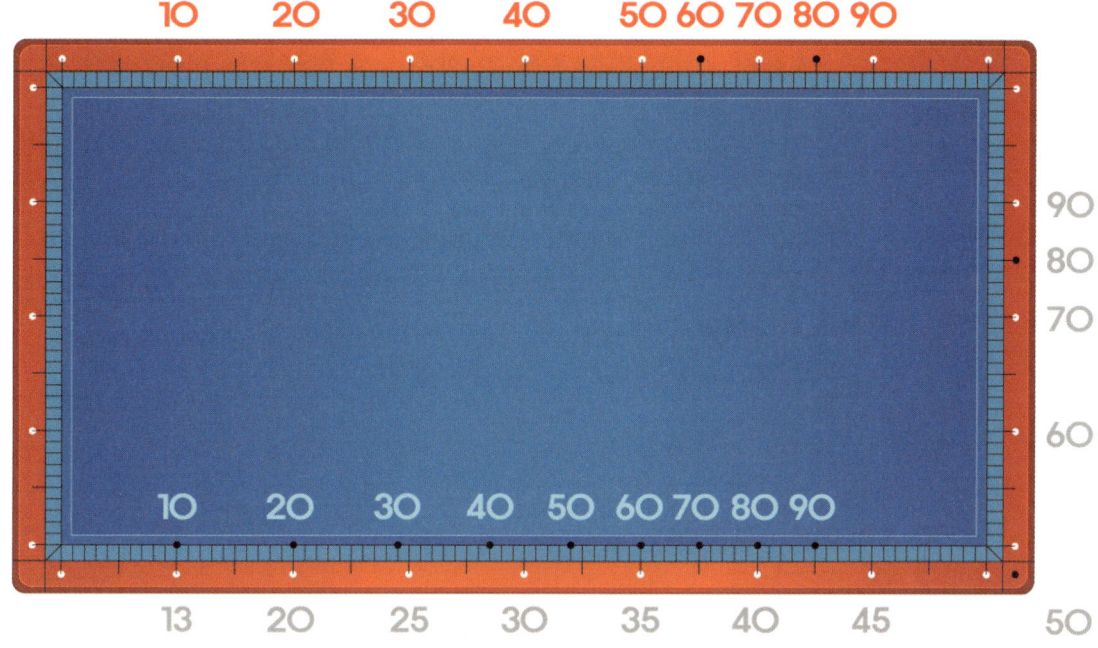

2.1-1 5와 1/2 시스템의 포인트별 수치

   첫 번째 입사점의 프레임 포인트가 50이후 절반으로 줄어드는 반면, 세 번째 입사점의 레일 포인트는 40을 지나면서 반으로 줄어든다. 또한 세 번째 입사점의 간격은 점진적으로 줄어들어, 30은 실제로 29, 40은 실제로 37, 50은 실제로 44라는 점에도 유의해야 한다. 물론 이 수치는 큐볼이 '위쪽 롱 레일 → 왼쪽 숏 레일 → 아래쪽 롱 레일'의 순서로 진행하는 경우에 한한 것이며, 진로의 방향이 바뀌면 전체 수치의 방향도 바뀌어야 한다.

B 방정식

   ※ 편의를 위해 추후 모든 방정식의 큐볼 출발점은 'CO(cue ball origin)', 각 입사점들은 '1,2,3...', 프레임 포인트는 'fp', 레일 포인트는 'rp'로 표기한다.

   앞장에서 소개된 것처럼, 방정식은 'COfp - 1fp = 3rp'이다. 3rp는 상수이므로 나침반 측정법을 이용해 COfp와 1fp를 찾아내는 것이다. 물론 COf의 값이 3rp의 값보다 작으면 1fp가 음수가 되기 때문에, 방정식은 성립되지 않는다. 그런 공의 배치는 시스템의 운용한계를 벗어난 것이며, 각각의 시스템은 저마다의 운용한계를 갖는다. 때문에 그토록 다양한 시스템이 존재하는 것이고, 보다 많은 시스템을 익힐수록 감각적인 플레이에 대한 의존도는 낮아지게 된다.

C 타점

타점의 이동범위는 9시에서 10시 30분(혹은 3시에서 1시 30분)까지이며, 팁의 수는 변함없이 3팁이다. 타점을 결정하는 것은 입사각으로, 40°에서는 10시 30분(혹은 1시 30분), 50°보다 크거나 30°보다 작으면 9시(혹은 3시)가 된다. 사실 요령은 전혀 어렵지 않다. 다만 자신이 설정한 정렬선의 입사각을 어떻게 파악하느냐가 문제다. 눈대중만으로 가상선분의 각도를 오차 없이 측정한다는 것은 베테랑 측량기술자에게도 버거운 일이다. 그렇다고 핵심에 해당하는 부분을 대충 넘어갈 수도 없는 노릇이다. 필자도 이 문제를 놓고 한동안 고민했던 적이 있는데, 의외로 간단한 해법이 있다.

모든 테이블은 훌륭한 분도기protractor를 갖추고 있는데, 바로 포인트이다. 포인트를 분도기로 활용하는 방법은 첫 번째 입사점을 롱 스트링을 기준으로 대칭이동 한 다음 큐볼 출발점과의 거리를 헤아리는 것이다. 한 포인트의 간격을 10이라 가정했을 때, 이 거리가 78이면 입사각은 30°가 되며, 거리가 54(정확히는 53.7)와 38(정확히는 37.8)이면 입사각이 각각 40°와 30°가 되는 것이다.

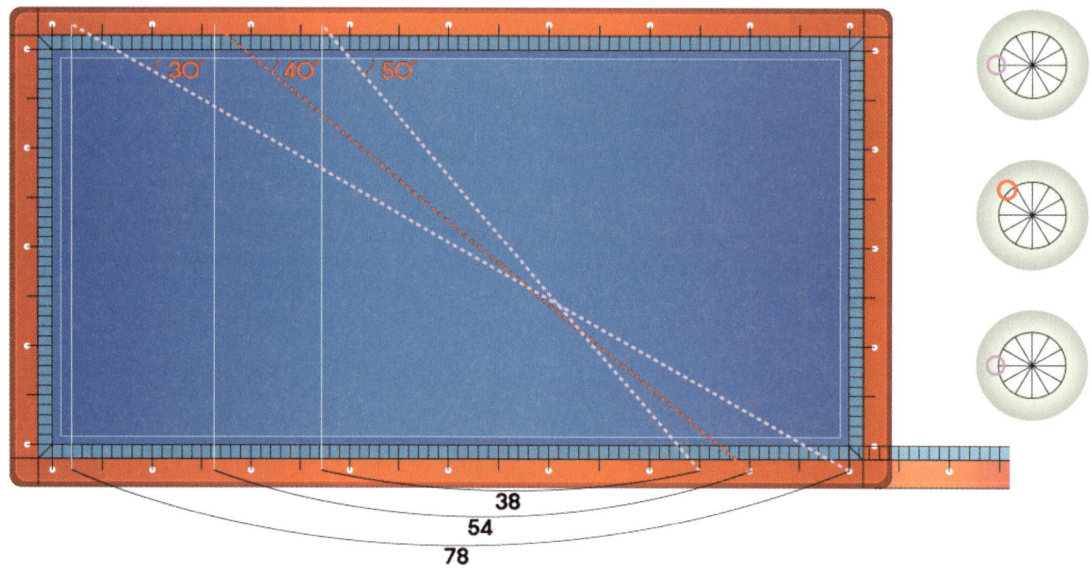

2.1-2 입사각의 측정

위 세 가지 수치에 입사각이 45°인 거리 45, 그리고 35°인 64.5를 보태 총 다섯 개의 기준수치는 암기가 요구된다. 이 수치들을 암기하고 나서 입사각이 작아질수록 수치의 격차가 커진다는 정도만 이해하고 있으면 어떤 상황에서도 1°전후의 오차범위 내에서 각도산출이 가능하다. 큐볼 출발점이 50이상인 경우는 2.1-2의 오른쪽 하단에 표현된 것처럼 한 포인트 반 정도 연장된 가상 프레임을 이용하면 된다. 큐볼 출발점이 60을 넘어가면 타점은 입사각에 상관없이 9시(혹은 3시)로 고정되기 때문에, 한 포인트 반 이상의 연장은 필요치 않다.

입사각이 40°와 50°, 혹은 40°와 30°사이라면, 타점도 9시와 10시 30분(혹은 3시와 1시 30분)의 사이가 된다. 예를 들어, 입사각이 35°나 45°인 경우엔 9시 45분(혹은 1시 15분) 타점을 설정해야한다.

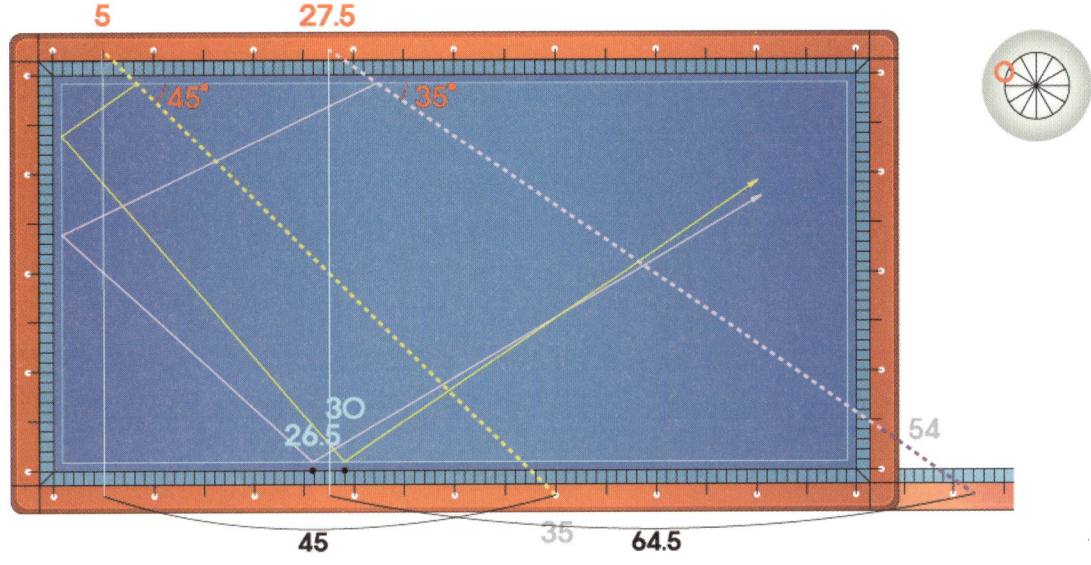

2.1-3 입사각 35°와 45°에서의 타점설정

큐볼 출발점이 13이상, 30이하이고 첫 입사점이 10미만이면, 타점은 입사각에 상관없이 10시 30분(혹은 1시 30분)이 된다. 이미 밝힌 바와 같이 큐볼 출발점이 60이상이면 무조건 9시(혹은 3시) 타점이 된다.

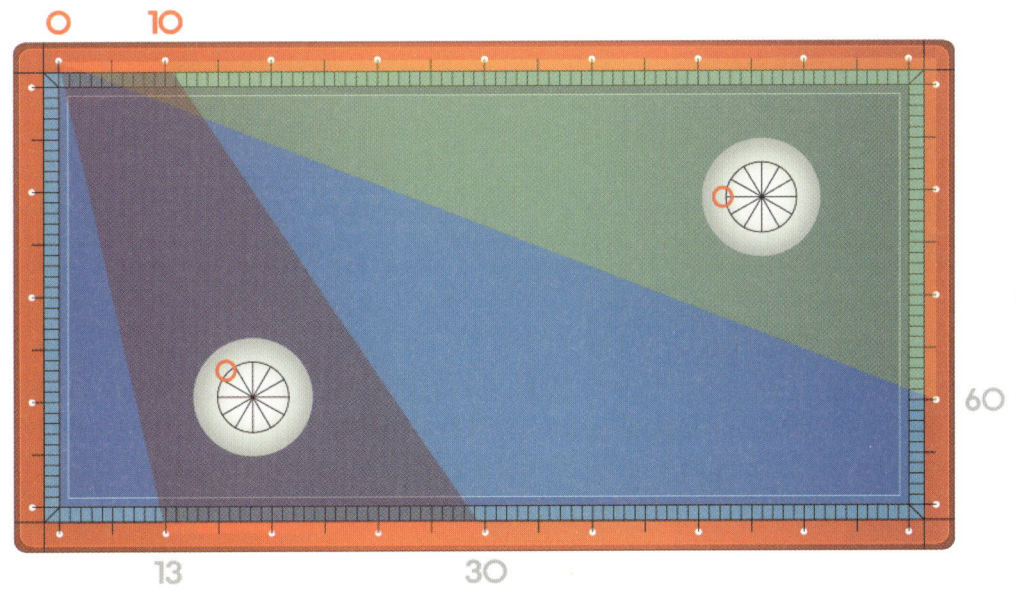

2.1-4 고정타점을 사용하는 영역

D 스트록

일정한 스트록은 모든 시스템의 필수조건이다. 스트록의 속도에 따라 입사각과 반사각이 달라지기 때문이다. 그러나 '일정한'이라는 표현을 무조건 같은 힘으로 공을 친다는 뜻으로 해석하면 곤란하다. 큐볼이 첫 번째 입사점에 도달했을 때 병진운동량의 크기가 일정해야 한다는 의미로, 큐볼의 위치가 첫 입사점에서 먼 경우엔 보다 강한 스트록을, 가까운 경우엔 보다 약한 스트록을 구사해야 하는 것이다. 실제로 큐볼의 위치가 출발점 근처라면, 출발점 50에서 입사점 0을 겨냥하는 것과 출발점 90에서 입사점 90을 겨냥하는 것은 1레일 스피드 이상 차이가 난다.

5와 1/2 시스템에서 첫 입사점에 도달한 큐볼의 속도는 3레일 스피드를 기준으로 하며, 오브젝트볼의 배치에 따라 2.5레일 스피드나 3.5레일 스피드까지는 별다른 보정 없이 변화가 가능하다. 하지만 극단적인 둔각이나 큐볼의 위치가 첫 입사점에 아주 가까운 경우는 2레일 스피드나 그보다 약한 스트록을 사용해야만 한다. 어느 경우에나 큐 스틱의 수평각을 낮춰 스쿼트와 커브를 억제하는 것도 중요하다. 스쿼트가 심하면 첫 입사점의 수치가 늘어나 최종 진로가 짧아지고, 커브가 심하면 첫 입사점의 수치가 줄어들어 최종 진로가 길어지기 때문이다.

5와 1/2 시스템을 공을 먼저 맞히는 볼-퍼스트 샷에 적용하는 경우엔 두께에 따른 병진운동량의 변화가 불가피하므로, 타점이나 스트록에 별도의 조건이 추가된다. 이 부분은 글 몇 줄이나 그림 한두 개로는 설명할 수 없으니, 4부 1.3에서 자세히 다루기로 한다.

E 보정

테이블 값의 적용만으로 마무리되는 여타 시스템들과는 달리, 5와 1/2 시스템은 '자체보정$^{self-adjust}$'이 필요한 경우가 많다. 보정이 이중인데다가 각각의 과정도 복잡하기 때문에, 요령을 이해하는 것만으로 두통이 생길지도 모른다. 그러나 일단 익숙해지기만 하면 어떤 테이블, 어떤 공의 배치에서도 프로선수 못지않은 득점성공률을 이끌어낼 수 있다.

오브젝트볼의 위치가 세 번째 입사점에 가까우면 자체보정은 필요치 않다. 하지만 오브젝트볼이 세 번째 입사점에서 떨어져 있거나 네 번째 입사점에 가까우면 세 번째 입사점만 아는 것만으로는 해결이 안 된다. 세 번째 입사점이 같아도 큐볼이 어디서 출발하느냐에 따라 네 번째 입사점의 위치가 달라지기 때문이다. 이것은 결국 입사각과 반사각의 문제로, 큐볼의 진로인 다이아몬드의 폭이 늘어나거나 줄어든다고 생각하면 쉽게 이해가 갈 것이다.

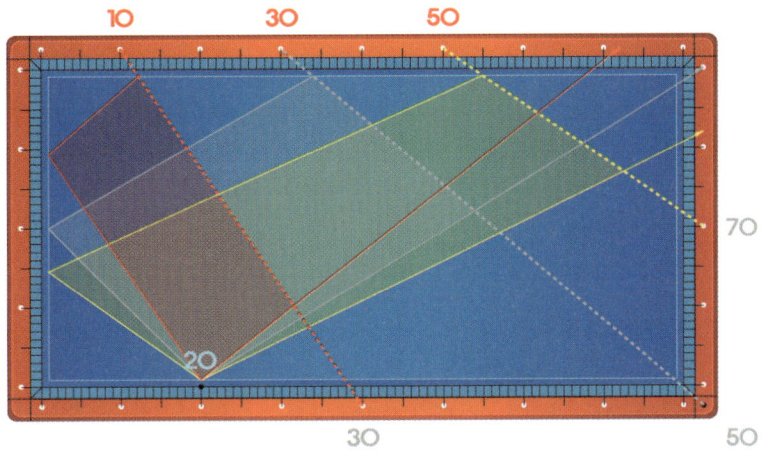

2.1-5 큐볼 위치에 따른 네 번째 입사점의 변화

　평균적인 테이블에서 큐볼 출발점이 50이고 첫 번째 입사점이 30이라면, 최종 진로는 2.1-5의 회색 실선과 같다는 것은 앞장에서 설명된 내용이다. 큐볼의 진로가 출발점 30에서 입사점 10을 향하거나(적색 점선), 출발점 70에서 입사점 50을 향해도(황색 점선) 세 번째 입사점이 20이 되는 것은 마찬가지다. 다만 그 입사각과 반사각의 크기가 다르기 때문에 네 번째 입사점이 짧거나 길어지는 것이다.

　자체보정의 목적은 큐볼 출발점에 따른 네 번째 입사점의 변화를 반영함으로써 완전한 진로를 설계하는 데 있다. 세 번째 입사점과 네 번째 입사점을 알고 있으면 오브젝트볼의 위치 따위는 문제될 것 없기 때문이다. 자체보정의 요령을 익히기 위해서는 우선 2.1-6에 표시된 네 번째 입사점의 기준수치를 알아야 한다.

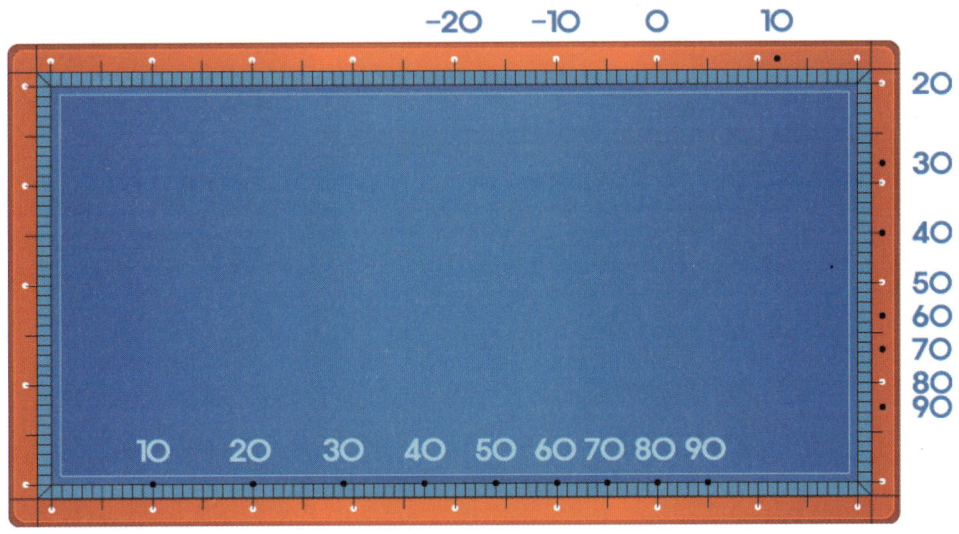

2.1-6 네 번째 입사점의 기준수치

해설을 덧붙이자면, -20, -10, 0은 각각 코너에서 네 번째, 세 번째, 두 번째 포인트, 10은 첫 번째 포인트보다 1/5만큼 코너 쪽, 20은 코너의 두 포인트 중 숏 프레임 쪽, 30은 첫 번째 포인트보다 1/5만큼 코너 쪽, 40은 첫 번째와 두 번째 포인트의 중간, 50은 두 번째 포인트, 60과 70은 두 번째 포인트와 세 번째 포인트의 1/3과 2/3, 80은 세 번째 포인트, 90은 80에서 1/4 포인트만큼 이동한 위치다. 네 번째 입사점은 프레임 포인트로 표기하는데, 그러는 편이 위치를 기억하기 편하다.

큐볼 출발점 50에서는 세 번째 입사점의 레일 포인트와 네 번째 입사점의 프레임 포인트가 일치한다. 그러나 큐볼 출발점이 50보다 작으면 네 번째 입사점이 기준수치보다 짧아지고, 50보다 크면 네 번째 입사점이 기준수치보다 길어진다. 문제는 '얼마나 짧아지고 길어지느냐'인데, 지금부터 그 상관관계를 알아보기로 하자.

2.1-7은 큐볼의 출발점이 '중립기준'이라 할 수 있는 50이며, 세 번째 입사점과 네 번째 입사점이 일치한다. 이런 경우는 같은 수치의 입사점들을 서로 연결해주기만 하면 오브젝트볼의 위치에 상관없이 득점할 수 있으므로, 자체보정의 적용을 받지 않는다.

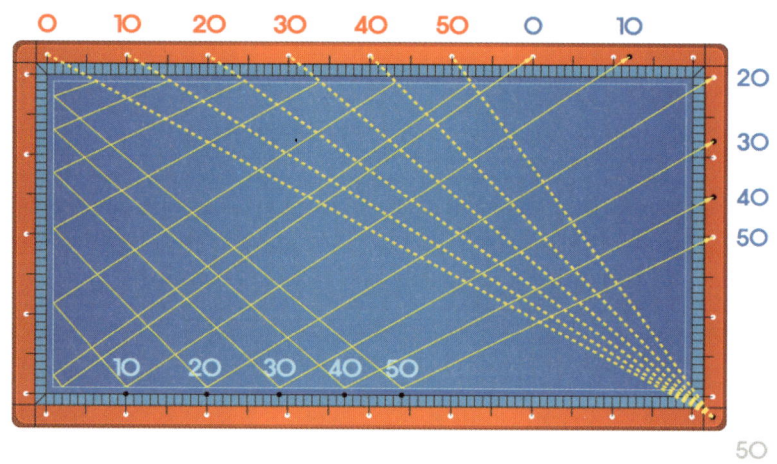

2.1-7 큐볼 출발점 50의 진로

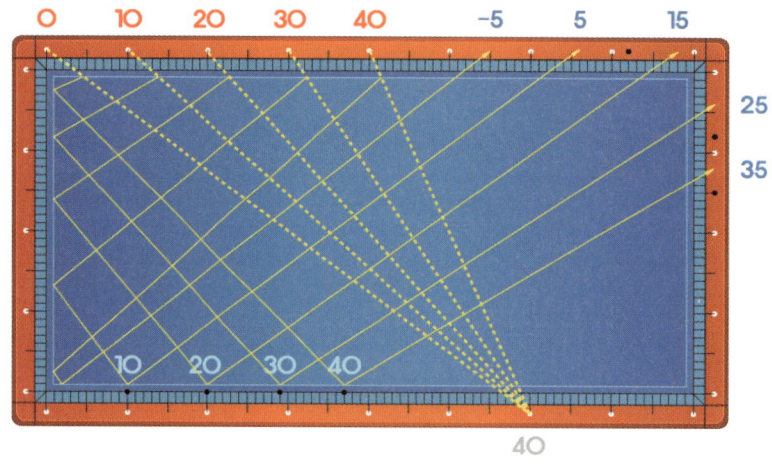

2.1-8 큐볼 출발점 40의 진로

2.1-8은 큐볼 출발점이 40인데, 네 번째 입사점의 프레임 포인트가 세 번째 입사점의 레일 포인트에 비해 각각 5씩 짧다는 것을 알 수 있다. 이것은 큐볼 출발점이 중립기준 50에서 10이 빠지면, 네 번째 입사점은 기준수치보다 5만큼 짧아진다는 것을 의미한다.

이해가 빠른 독자들이라면 큐볼 출발점이 35인 경우엔 네 번째 입사점이 어떻게 바뀔지 이미 짐작했을 것이다. 그렇다. 큐볼 출발점이 중립기준 50에서 15가 빠지면 네 번째 입사점은 기준수치보다 7.5씩 짧아지게 되고, 2.1-9에서 이를 확인할 수 있다.

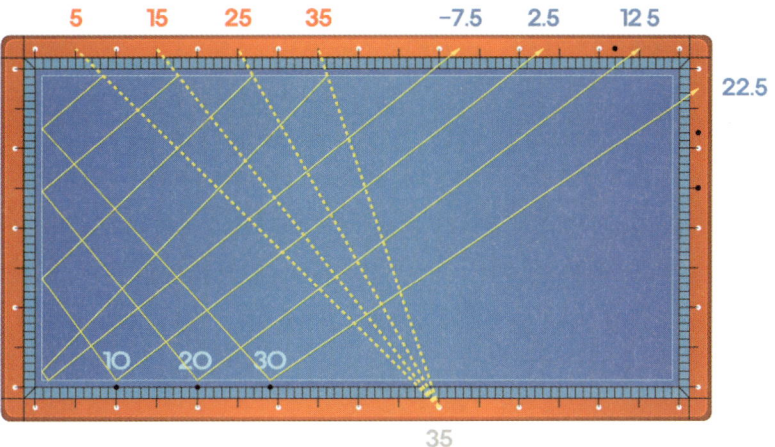

2.1-9 큐볼 출발점 35의 진로

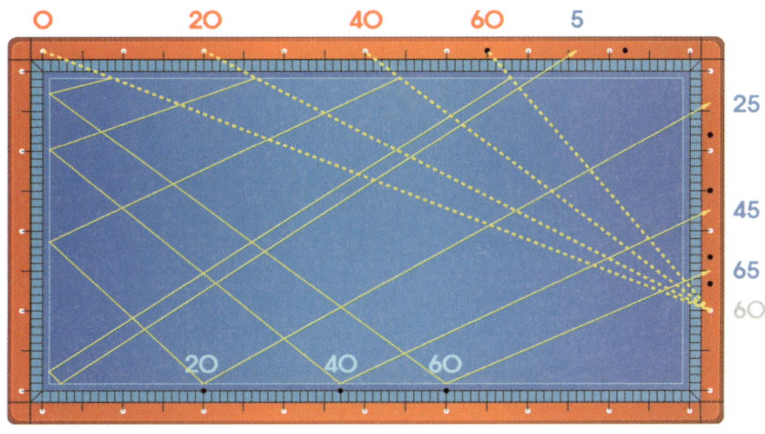

2.1-10 큐볼 출발점 60의 진로

큐볼 출발점이 50보다 크면 어떻게 될까. 2.1-10과 2.1-11은 큐볼 출발점이 60과 70인 경우인데, 50에서 10이 초과될 때마다 네 번째 입사점이 기준수치에서 5씩 벗어난다는 것을 보여준다. 앞의 경우와 다른 점은 길어진다는 것뿐이다.

지금까지의 계산대로라면 80과 90은 네 번째 입사점이 기준수치보다 15, 그리고 20이 길어야 옳다. 그러나 실제로는 각각 12.5와 15만큼만 길어질 뿐인데, 이유는 큐볼 출발점 80과 90이 원래 하나의 포인트를 둘로 나눈 것이기 때문이다.

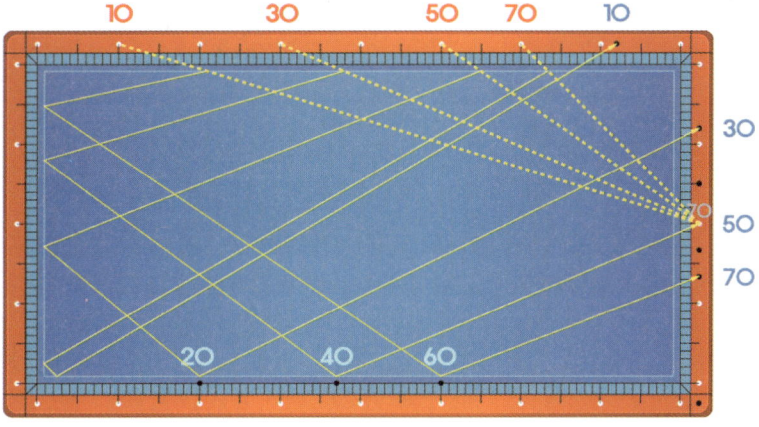

2.1-11 큐볼 출발점 70의 진로

결론적으로, 큐볼 출발점이 중립기준인 50에서 한 포인트 줄어들 때마다 네 번째 입사점의 수치는 2.5씩 짧아지고, 한 포인트 늘어날 때마다 5씩 길어진다고 할 수 있다. 큐볼 출발점과 네 번째 입사점의 이 같은 상관관계는 자체보정의 핵심원리가 되므로 완전히 숙지해야만 한다.

오브젝트볼의 위치가 네 번째 입사점에 가까운 경우엔, 큐볼 출발점에 따른 네 번째 입사점의 변화를 정렬에 반영함으로써 자체보정이 마무리된다. 그러나 나침반 측정법의 특성상 정렬이 달라지면 큐볼 출발점도 바뀐다는 사실을 놓쳐선 안 된다. 큐볼 위치가 출발점에 가까우면 정렬을 변경해도 출발점이 크게 달라지지 않지만, 입사점에 가까우면 정렬변경에 따른 출발점의 변화도 심해진다. 따라서 2.1-12와 같이 1차 진로를 분할해 차등적인 비율로 보정을 해 주어야 한다. 이는 입사각의 측정처럼 높은 정밀도를 요구하지는 않으므로 눈대중을 이용해도 무방하다.

2.1-12 큐볼 위치에 따른 보정비율

2.1-13은 득점할 수 있는 네 번째 입사점의 기준수치가 20이고, 큐볼의 위치상 90%의 보정이 필요한 경우다. 우선 세 번째 입사점 20에 도달할 수 있는 정렬선(출발점30 / 입사점10)을 찾아낸 다음, 원래 보정치(네 번째 입사점과 기준수치의 격차)의 90%만큼 길게 보정해주면 되는 것이다.

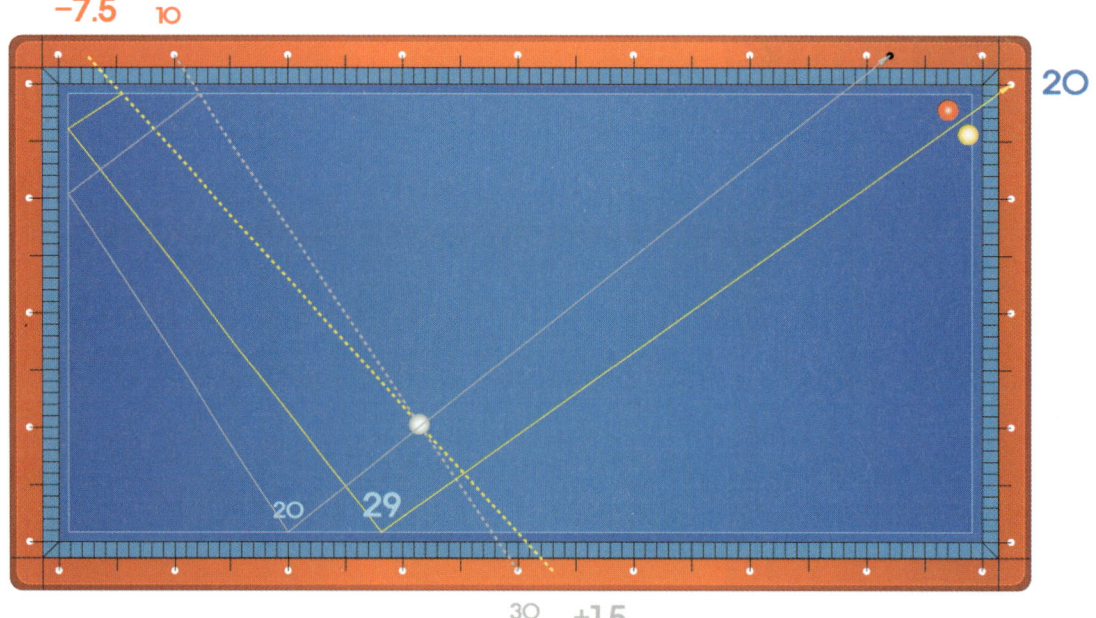

2.1-13 짧은 진로의 보정

2.1-14는 득점할 수 있는 네 번째 입사점의 기준수치가 30이고, 큐볼의 위치상 80%의 보정이 필요한 경우다. 2.1-13과 마찬가지로 세 번째 입사점 30에 도달할 수 있는 정렬선(출발점70 / 입사점40)을 찾아낸 다음, 원래 보정치의 80%만큼 짧게 보정해주면 된다.

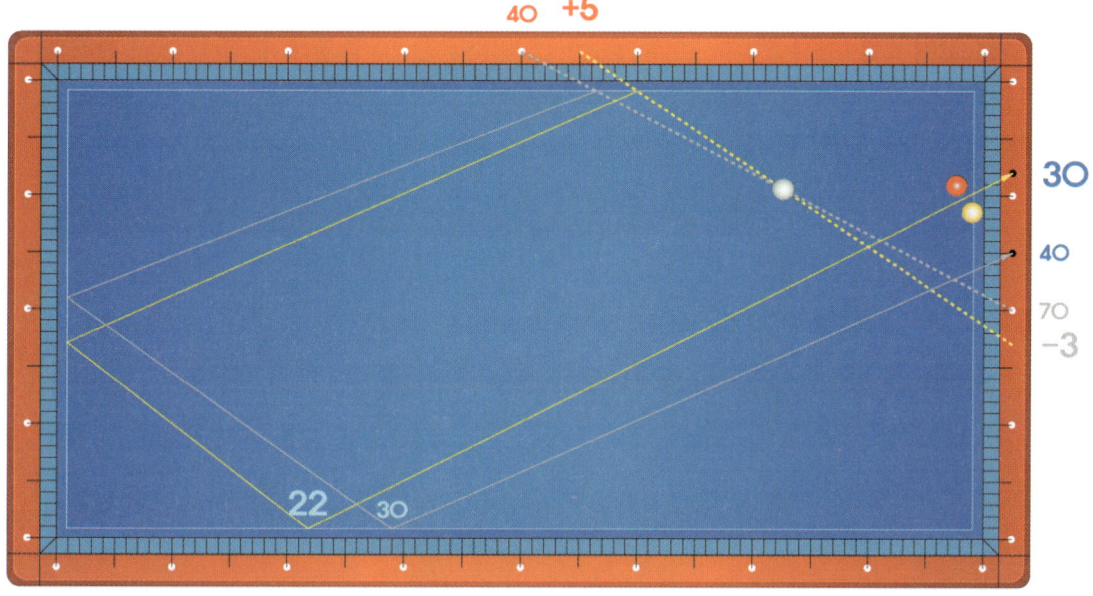

2.1-14 긴 진로의 보정

오브젝트볼의 위치가 세 번째 입사점과 네 번째 입사점의 중간에 있는 경우엔 자체 보정이 훨씬 까다롭다. 게다가 뒷공의 배치 등을 고려할 때, 볼-퍼스트 샷을 우선적으로 검토하는 것이 옳다. 프로들의 시합에서 중간에 서있는 오브젝트볼에 대한 3뱅크 레일-퍼스트 샷이 좀처럼 나오지 않는 것도 그런 이유 때문이다. 그러나 볼-퍼스트 샷이 너무 어렵거나 아예 불가능한 경우도 없지 않으므로, 요령을 알아 둘 필요는 있다.

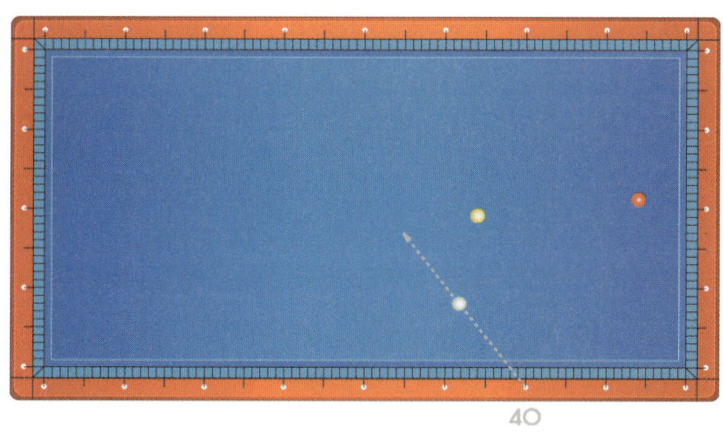

2.1-15 임시 큐볼 출발점의 결정

가장 먼저 해야 할 일은 대략적인 큐볼 출발점을 정하는 것이다. 편의를 위해 끝자리가 0이나 5로 떨어지는 지점을 선택하는 것이 바람직하다. 2.1-15는 큐볼 출발점을 40으로 정한 것인데, 이런 타입의 진로를 몇 번만 연습해보면 초보자라도 쉽게 출발점을 정할 수 있다.

다음엔, 임시로 정한 큐볼 출발점에 입각해 세 번째 입사점과 네 번째 입사점을 연결해준다. 출발점을 40으로 정했으므로, 네 번째 입사점이 기준수치에서 5씩 짧아지게 된다. 2.1-16을 보면 30과 25를 연결한 진로가 정답임을 알 수 있다.

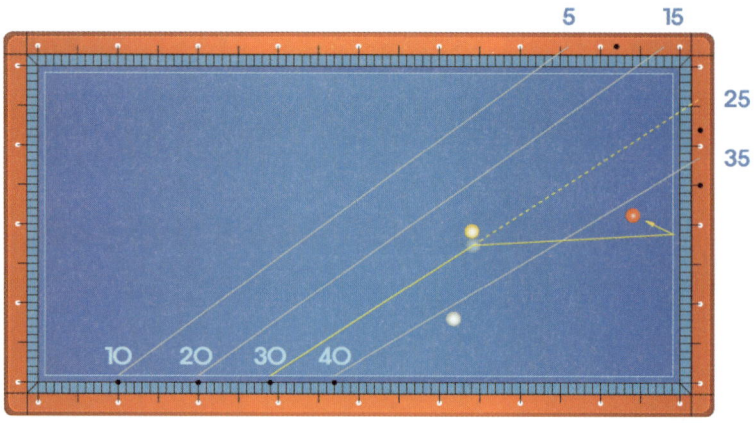

2.1-16 입사점 연결

원하는 진로를 찾았으면, 세 번째 입사점(30)에 도달할 수 있도록 정렬을 수정한다. 여기서 주의할 점은 출발점이 40에서 42로 변경됨에 따라 네 번째 입사점도 25가 아닌 26이 된다는 것이다. 근소한 변화에 불과하지만 2.1-17처럼 오브젝트볼1을 아예 못 맞힐 수도 있다.

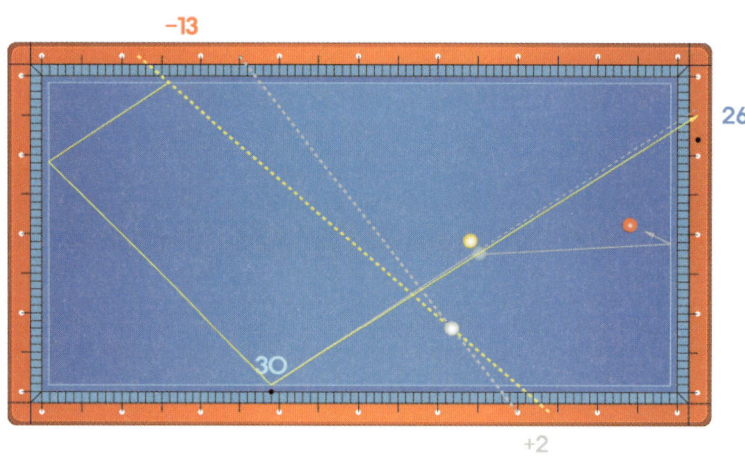

2.1-17 정렬선 찾기

큐볼 출발점이 변경됨으로써 발생한 진로의 편차를 극복하려면 다시 한 번 정렬을 수정해야 한다. 출발점이 늘어나면서 네 번째 입사점이 1 길어졌으므로, 그만큼 짧게 정렬하는 것이다. 그러면 세 번째 입사점은 29, 네 번째 입사점은 25가 되어 득점에 성공하게 된다.

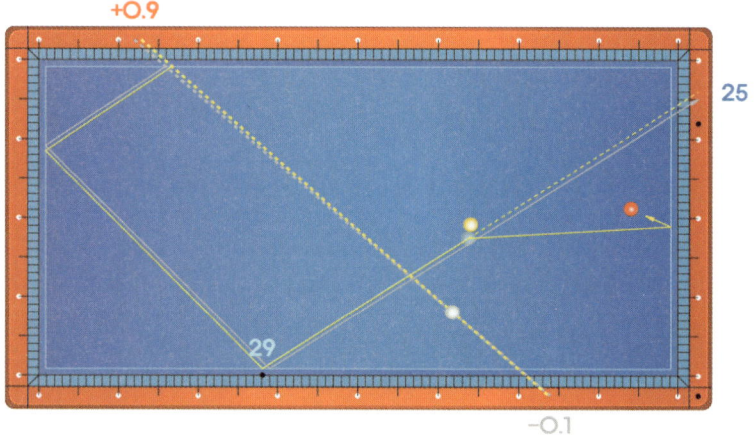

2.1-18 최종 보정

지금까지의 내용만으로도 머릿속이 충분히 혼란스럽겠지만, 보정이 전부 끝난 것이 아니다. 자체보정은 자체보정이고, 테이블 값에 따른 보정은 별개의 문제다. 물론 테이블 값이 0이 나오는 테이블에서는 자체보정만 신경 쓰면 된다. 그러나 아쉽게도 그런 테이블은 그리 흔한 편이 아니다. 당구지나 공의 상태는 늘 유동적이기 때문이다. 테이블 값이 0이 아닌 대다수의 테이블에서 득점에 성공하려면 반드시 테이블 값에 따른 보정을 거쳐야 한다.

5와 1/2 시스템의 보정은 네 개의 테이블 값 중 미끄러짐 값을 이용하는데, 보정방법에 앞서 '각비$^{\text{angle ratio}}$'의 개념부터 이해해야한다. 각비란 첫 입사점에서 큐볼의 지름을 무시한 상태에서 프레임 포인트와 레일 포인트의 격차를 측정한 것으로, 입사각이 예각이면 커지고 둔각이면 작아진다. 미끄러짐 값의 측정에 사용되는 진로(큐볼 출발점 50, 첫 번째 입사점 30)에서는 각비가 3이 되는데, 이를 '기준각비'라 한다.

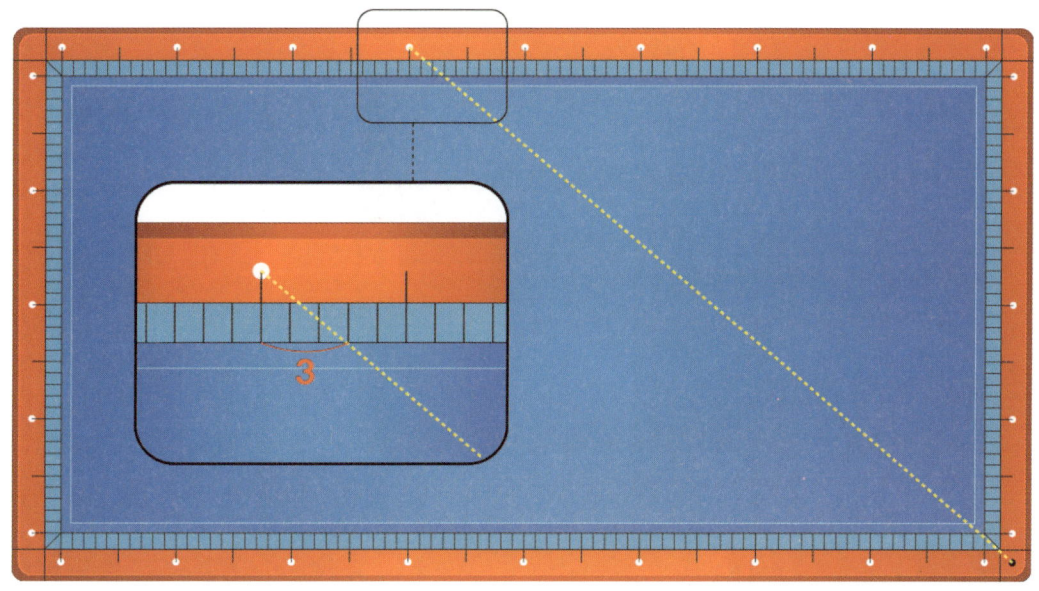

2.1-19 기준각비

5와 1/2 시스템에서 각비가 중요한 이유는 테이블 값에 따른 진로의 편차가 입사각과 밀접한 관계가 있기 때문이다. 이해하기 쉽게 설명하자면, 미끄러짐 값이 0이 아닌 테이블에서는 입사각이 줄어들수록, 즉 각비가 커질수록 진로가 더 길어지거나, 더 짧아진다는 의미이다.

예를 들어, 미끄러짐 값이 2인 테이블에서는 각비가 3일 때 세 번째와 네 번째 입사점이 각각 2씩 길어지지만, 각비가 6이 되면 입사점들이 4씩 길어지게 된다. 반대로 미끄러짐 값이 -2인 테이블에서는 각비가 3일 때 세 번째와 네 번째 입사점이 각각 2씩 짧아지고, 각비가 9가 되면 입사점들이 6씩 짧아지는 것이다.

프레임은 포인트가 박혀 있지만 레일에는 아무런 표시가 없기 때문에, 큐볼 출발점 쪽에서는 정확한 각비를 파악하기 어렵다. 번거롭더라도 반드시 첫 번째 입사점으로 자리를 옮겨 자세를 충분히 낮춘 상태에서 측정하는 습관을 길러야 한다. 자신이 설정한 진로의 각비를 구했으면 기준각비(3)와 비율을 따져보고, 그에 상응하는 미끄러짐 값만큼 정렬을 수정해주면 테이블 값에 따른 보정이 완료된다. 정렬의 수정은 자체보정과 마찬가지로 나침반 측정법을 이용한다.

이로써 5와 1/2 시스템에 대한 설명은 모두 끝났다. 스스로 미흡하다고 판단되는 부분이 있으면 다시 한 번 정독하고, 포인트별 수치는 손수 그려볼 것을 권한다. 자유자재로 운용할 수 있도록 숙련하는 것은 개개인의 몫이다. 끝으로 이제까지 배운 내용을 다시 한 번 정리해보는 의미에서, 5와 1/2 시스템이 실전에서 어떻게 사용되는지 살펴보기로 하자.

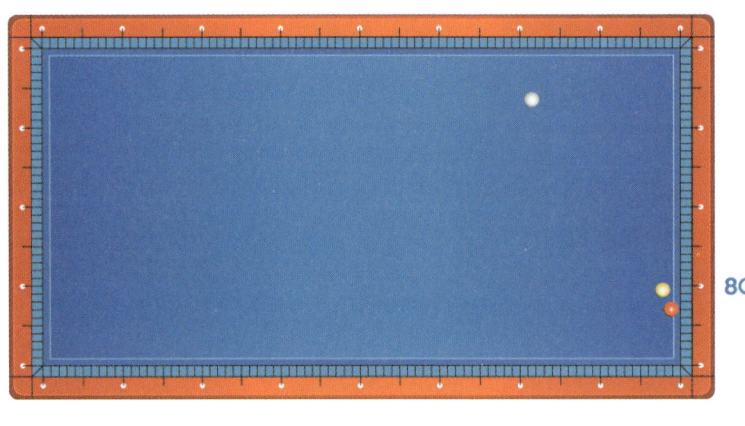

2.1-20 실전응용 1

당구지를 새로 교체해 미끄러짐 값이 5인 테이블에서 플레이한다고 가정하자. 공의 배치가 2.1-20과 같다면, '위쪽 롱 레일 → 왼쪽 숏 레일 → 아래쪽 롱 레일'의 진로가 득점확률이 가장 높다. 이 경우 득점 가능한 네 번째 입사점은 80이다.

나침반 측정법을 이용하면 세 번째 입사점 80에 도달할 수 있는 출발점은 90, 첫 입사점은 10이라는 것을 알 수 있다. 그러나 아무런 보정도 이루어지지 않은 상태이므로, 그대로 공을 치면 2.1-21의 황색 실선처럼 터무니없이 길어진다.

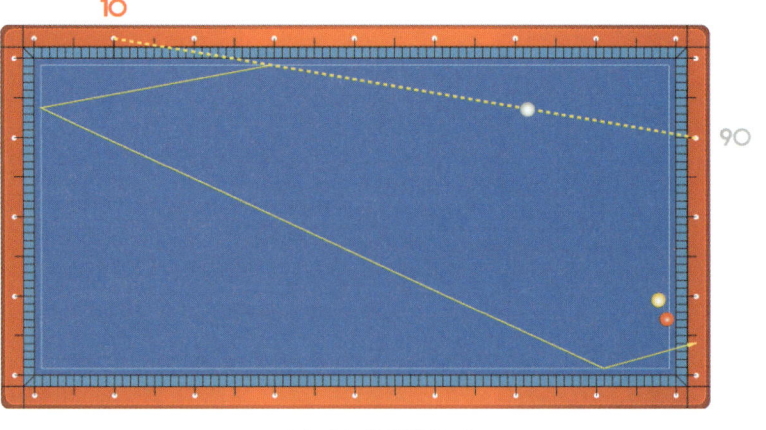

2.1-21 실전응용 2

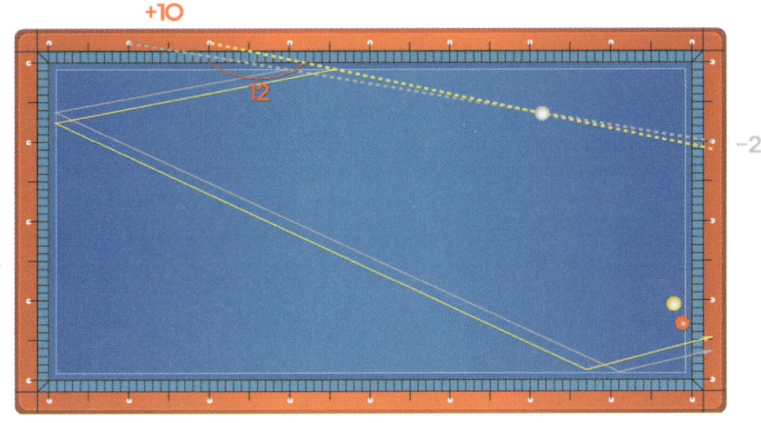

2.1-22 실전응용 3

큐볼 출발점이 90이면 네 번째 입사점은 기준 수치보다 15가 길어지고, 큐볼 위치로 미루어 보정비율은 대략 80%이므로, 12만큼 짧게 정렬을 수정해준다. 자체보정이 끝났으면 변경된 진로의 각비를 측정해야 하며, 2.1-22에서 보듯 각비는 12이다.

미끄러짐 값이 5라는 얘기는 기준각비 3에서 세 번째 입사점과 네 번째 입사점이 각각 5씩 길어진다는 의미로, 각비가 12가 되면 보정치는 20이라는 계산이 나온다. 이제 나침반 측정법으로 정렬을 20만큼 짧게 수정해주면 모든 과정이 끝난다.

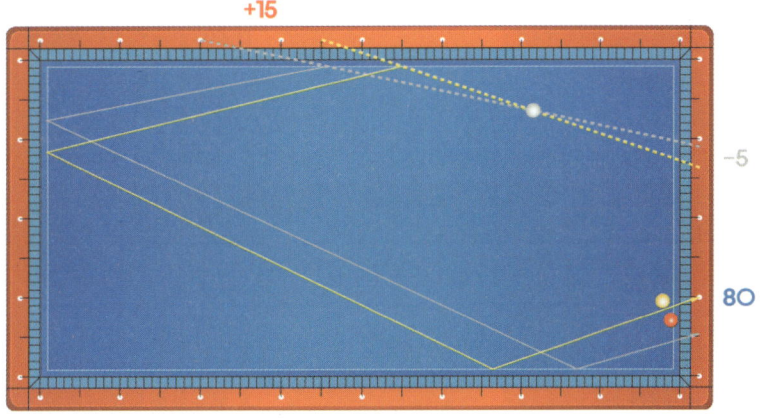

2.1-23 실전응용 4

5와 1/2 시스템을 완전히 습득했다면 한시름 놓아도 좋다. 이보다 더 복잡한 시스템은 없기 때문이다.

> 테이블 값이 -5보다 작거나 5보다 큰 테이블, 또는 각기 다른 방향에서 측정한 테이블 값이 서로 편차를 나타내는 테이블에서는 플레이를 자제하는 것이 바람직하다. 그런 비정상적인 테이블은 진로를 설계하는 감각에 혼선을 일으킬 가능성이 높다.

2.2 연장된 5와 1/2 Extended 5 & Half

대표적인 5와 1/2의 파생시스템으로, 네 번째 입사점 이후의 진로를 예측하는 데 사용된다. 파생시스템이 으레 그렇듯 독자적인 운용의 묘미는 없으며, 5와 1/2 시스템의 범위를 확대한다는 개념정도로 접근하는 것이 무난하다. 방정식이 따로 없고, 타점은 5와 1/2 시스템과 같기 때문에 포인트만 암기하면 바로 운용이 가능하다. 횡 비틀기의 효과가 극대화되는 네 번째 레일에서 입사각과 반사각의 격차가 유난히 크다는 사실을 알고 있으면 도움이 된다.

A 포인트

프레임 포인트와 레일 포인트를 함께 사용하며, 각 포인트별 수치는 2.2-1과 같다.

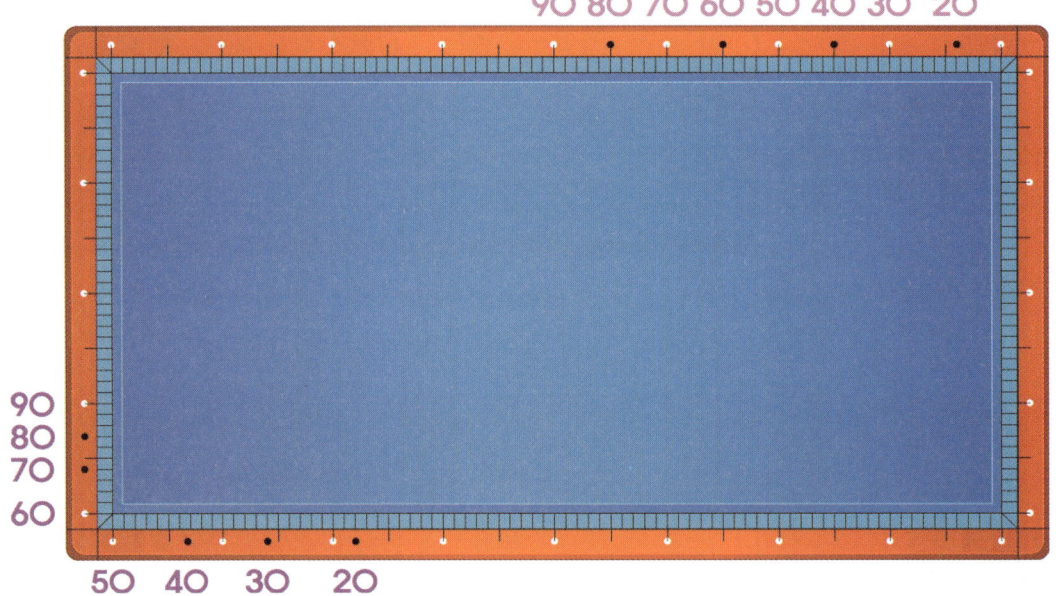

2.2-1 연장된 5와 1/2 시스템의 포인트별 수치

20과 30을 제외한 다섯 번째 입사점(분홍색)은 간격이 일정하기 때문에 간단히 암기할 수 있다. 여섯 번째 입사점(자색)에 대해서는, 20은 롱 레일의 세 번째 포인트에서 1/5만큼 바깥쪽, 30은 두 번째와 세 번째 포인트의 2/5위치, 40은 두 번째 포인트보다 1/3만큼 안쪽, 70은 숏 레일의 첫 번째와 두 번째 포인트의 2/5위치, 80은 70과 90의 중간이라는 정도만 기억하면 된다.

연장된 5와 1/2 시스템에서 추가되는 작업은 입사점들을 연결해 득점할 수 있는 진로를 찾는 것뿐이다. 다음엔 5와 1/2 시스템을 운용, 찾아낸 진로에 맞는 네 번째 입사점으로 큐볼을 보내주기만 하면 나머지는 저절로 해결된다. 큐볼 출발점에 따라 네 번째 입사각이 다소 차이난다 해도, 다섯 번째 입사점은 일일이 신경 쓸 만큼 달라지지는 않는다.

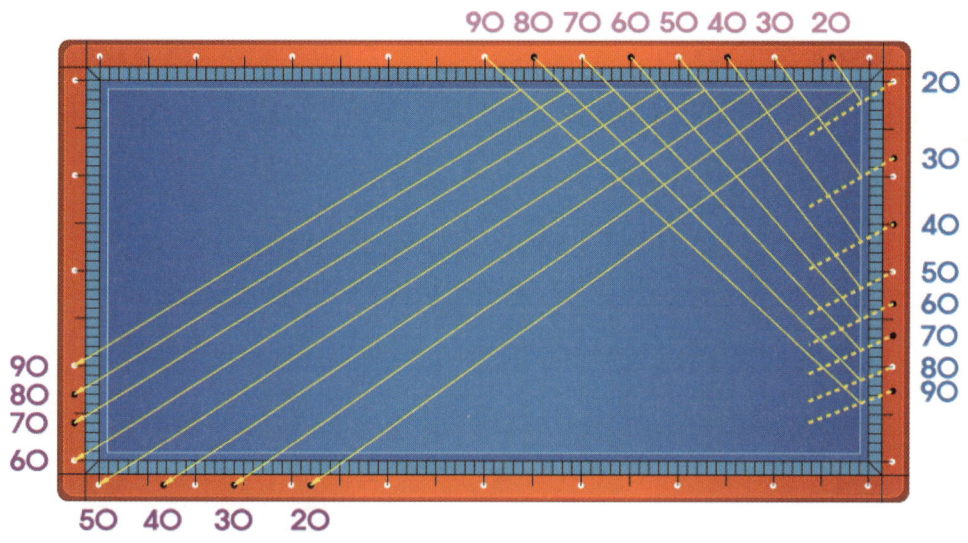

2.2-2 포인트의 연결

※ 프레임 포인트에서 다시 프레임 포인트로 이어지는 진로를 설계할 땐 세심한 주의가 필요하다. 포인트에서 레일까지의 간격, 레일 자체의 폭, 거기에 큐볼의 지름까지 감안해야 하기 때문이다. 따라서 완전히 숙련되기 전까진 네 번째와 다섯 번째 입사점을 연결하려면 네 번째 입사점에서, 다섯 번째와 여섯 번째 입사점을 연결하려면 다섯 번째 입사점에서 실제 진로변경이 일어나는 지점을 확인해야 한다. 처음부터 여섯 번째 입사점에서 다섯 번째 입사점을 가늠하려 들면 정확도가 떨어질 수밖에 없다.

B 스트록

절제된 스트록은 연장된 5와 1/2 시스템의 운용에서 가장 중요한 부분이다. 진로가 길다고 해서 무턱대고 힘을 더했다간 네 번째는 물론, 세 번째 입사점조차 놓치기 십상이다. 요는 스트록의 속도를 5와 1/2 시스템과 동일하게 유지하되, 롱 스트록을 사용해 큐볼에 묵직한 에너지를 전달하는 것이다. 정상급의 프로들은 5회 이상의 레일터치가 요구되는 '대회전 샷$^{\text{grand rotation shot}}$'에서 놀랄 만큼 부드러운 스트록을 구사하지만, 큐볼이 중도에서 멈춰버리는 촌극은 연출되지 않는다. 두께설정도 무리가 없는데다가, 스트록의 가속이 확실하게 이루어지기 때문이다.

C 보정

5와 1/2 시스템과 마찬가지로 미끄러짐 값을 사용하는데, 그 과정은 맥이 풀릴 정도로 간단하다. 다섯 번째 입사점은 미끄러짐 값 그대로, 여섯 번째 입사점은 미끄러짐 값의 두 배만큼 옮겨주기만 하면 보정이 끝나는 것이다. 원래 포인트의 위치만 정확히 알고 있으면 누구나 쉽게 보정할 수 있다. 2.2-3은 미끄러짐 값이 -2인 테이블에서 입사점의 위치가 어떻게 바뀌는지를 표현한 것이다.

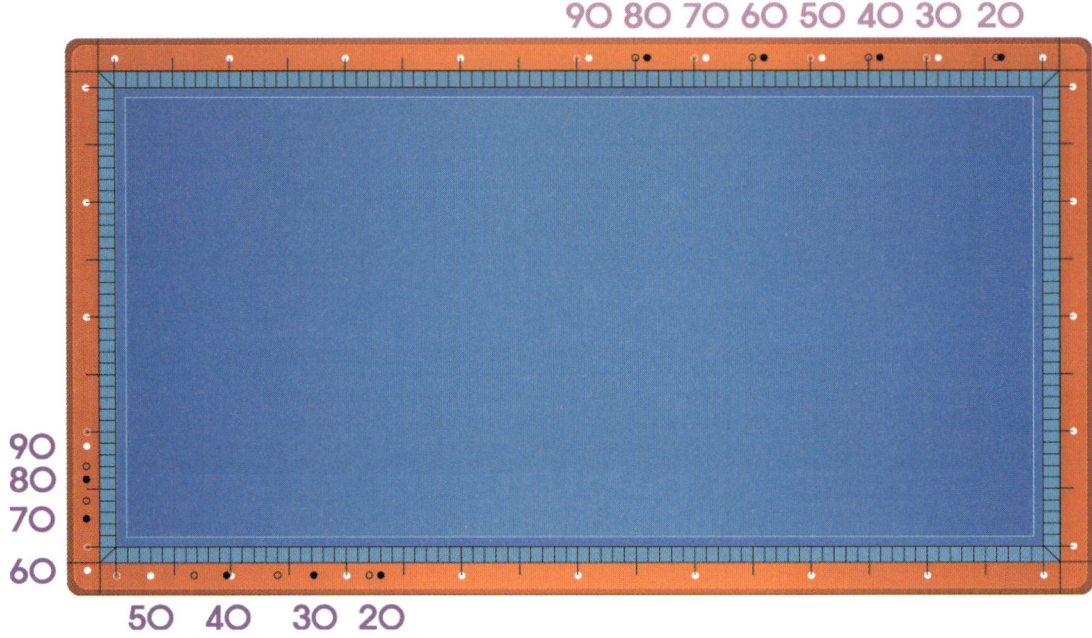

2.2-3 연장된 5와 1/2 시스템의 보정

다섯 번째 입사점 20은 미끄러짐 값의 1/4만큼 이동하고, 같은 수치의 여섯 번째 입사점은 미끄러짐 값의 1/2만큼 이동하면 된다. 나머지 입사점들은 하나의 입사점에서 다음 입사점까지의 간격을 10으로 계산해 미끄러짐 값, 혹은 그 두 배만큼 이동하는 것이다.

동호인들이 흔히 접하는 소형테이블은 미끄러짐 값이 대개 -2정도이므로, 2.2-3에 맞춰 진로를 설계하면 된다. 물론 그렇게 하려면 미끄러짐 값이 실제로 -2가 나오는지 확인해야만 한다. 두꺼운 상판이나 최고급 당구지, 고경도 레일이 장착된 일부 모델은 대형테이블과 엇비슷한 테이블 값을 나타내므로, 지레짐작은 금물이다.

※ 다섯 번째와 여섯 번째 입사점이 이동하는 것은 네 번째 입사점과는 무관하다. 다섯 번째 입사점이 짧다고 해도 네 번째 입사점의 위치는 변하지 않으므로, 5와 1/2 시스템의 보정과정은 빠짐없이 거쳐야 한다.

2.3 30 대칭 30 Symmetry

역시 5와 1/2에서 파생된 시스템이며, 흥미롭긴 하지만 신뢰도나 활용범위를 강조할 정도는 아니다. 새로운 내용이 거의 없기 때문에 독립된 시스템으로 보기 어렵다는 견해도 있다. 그러나 유사 진로를 설계할 때 참조할 가치는 충분하며, 에러 마진이 큰 특정 공의 배치에서는 복잡한 계산 없이 편하게 운용할 수 있다.

A 포인트

시스템의 구조는 단순하다. 첫 번째 입사점을 세 번째 포인트(30)로 고정시키면 롱 스트링에 대해 큐볼 출발점의 대칭인 지점이 네 번째 입사점이 된다는 것이다.

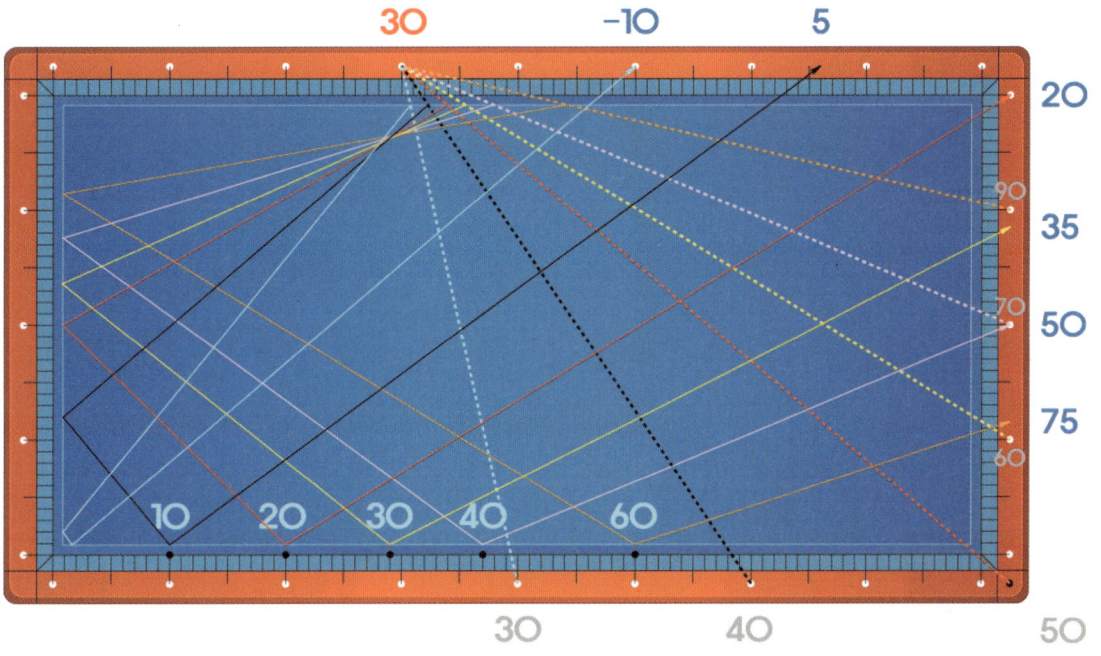

2.3-1 30 대칭 시스템의 진로구성

큐볼 출발점이 50을 넘어가면 거의 완전한 대칭이 성립되지만, 출발점이 50보다 작으면 네 번째 입사점이 점차 길어진다는 점에 유의하자. 2.3-1에서 확인할 수 있듯이, 큐볼 출발점 40에서는 5만큼, 30에서는 10만큼 네 번째 입사점이 길게 형성된다. 즉, 롱 레일에서 큐볼 출발점이 한 포인트 줄어들 때, 네 번째 입사점은 약 3/4포인트만 줄어드는 것이다.

B 보정

이 시스템에서 추가되는 내용은 소실점을 이용한 진로설정이다. 큐볼 출발점이 언제나 자신이 원하는 최종 입사점에 대해 대칭이 될 수는 없으므로, 상황에 따라 첫 번째 입사점을 조정해야 하는 것이다. 나름으로 자체보정인 셈이다.

2.3-2에서 득점 가능한 최종 입사점의 대칭이 되는 큐볼 출발점은 오른쪽 하단의 코너가 된다. 앞서 설명한대로 30 대칭 시스템의 소실점은 기준정렬선(선분A)의 1.5배 지점에 위치하기 때문에, 머릿속에서 가상의 연장선(선분B)을 이어 붙여야 한다. 이제 남은 것은 소실점과 연결된 새로운 진로에 맞춰 큐볼을 진행시키는 것뿐이다.

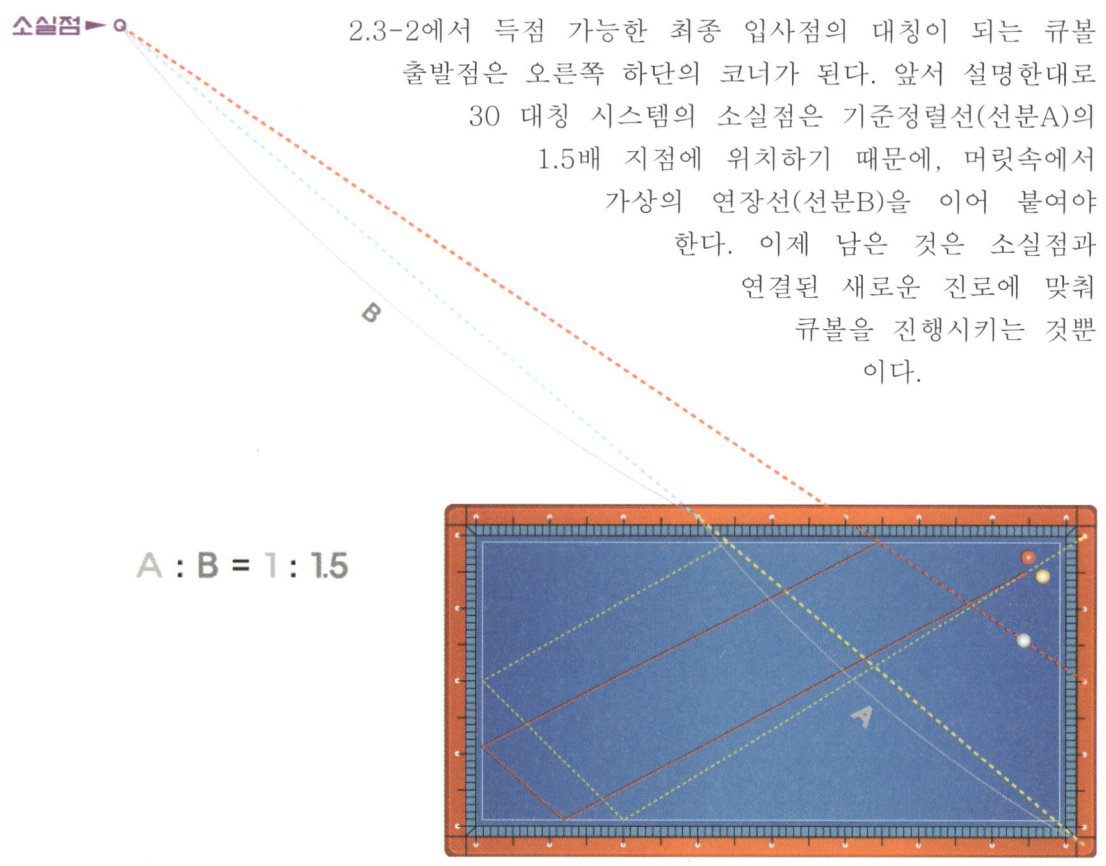

2.3-2 소실점을 이용한 30 대칭 시스템의 응용

앞장에서도 언급했다시피 소실점은 보통 경기면적을 크게 벗어난 곳에 존재하기 때문에, 위치파악이 까다롭다. 운이 좋으면 소실점 근처에 벽이나 테이블이 있을 수도 있지만, 운이 없다면 허공이 될 수도 있고, 최악의 경우엔 벽면 너머에 소실점이 형성될 수도 있다. 그러나 꾸준한 연습을 통해 공간지각 space perception을 다져놓으면, 어떤 상황에서도 정확한 소실점을 잡아낼 수 있게 된다.

C 스트록

파생시스템에서 스트록에 별도의 조건이 부과되는 경우는 없는데, 30 대칭 시스템은 예외다. 5와 1/2시스템에서는 입사각이 커지거나 첫 입사점이 가까워질수록 약한 스트록을 구사하는 반면, 30 대칭 시스템은 입사각에 상관없이 첫 번째 입사점에 도달한 큐볼의 속도를 3.5레일 스피드로 유지해야 한다.

2.3-2의 보정된 진로에 5와 1/2 시스템을 적용한다고 가정해보자. 큐볼의 위치가 첫 입사점에 가깝기 때문에 2~2.5레일 스피드의 스트록을 구사해야 하는데, 그렇게 하면 2.3-3의 진로 Y(적색 실선)와 같이 길어지게 된다. 그러나 첫 입사점에 도달한 큐볼의 속도를 3.5레일 스피드로 유지하면 진로 X(황색 실선)와 같이 득점할 수 있다. 물론 큐볼이 첫 입사점에서 한 뼘도 안 되는 짧은 거리에 있다면, 어떤 시스템이나 1레일 스피드 정도의 감속은 불가피하다.

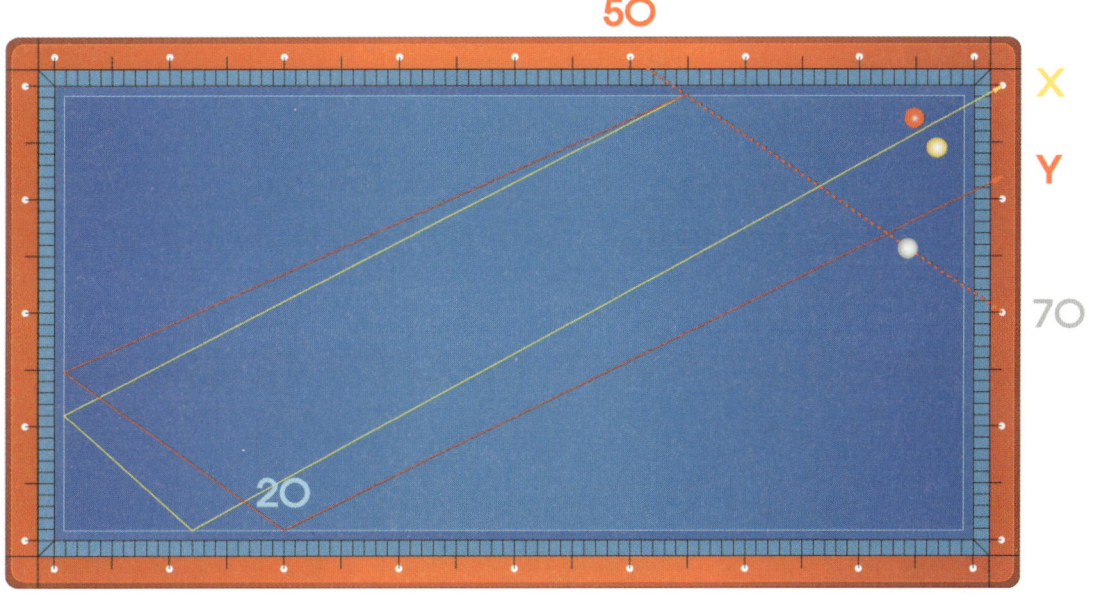

2.3-3 스트록에 따른 진로의 변화

※ 30 대칭 시스템은 미끄러짐 값이 -2이하, 또는 +2이상인 테이블에서는 큰 의미가 없다. 그런 테이블에서 확실하게 득점하려면 정확한 보정체계를 갖춘 5와 1/2 시스템을 운용해야 한다.

2.4 리버스-엔드 Reverse-end

　5와 1/2계열 시스템들은 큐볼이 세 번째 입사점까지 롱 레일과 숏 레일을 번갈아 경유하는 선회진로를 갖는다. 그러나 유독 리버스-엔드 시스템만은 큐볼이 롱 레일에서 맞은편 롱 레일로 진행하는 '횡단진로$^{crossing\ track}$'를 갖는다. 오브젝트볼이 5와 1/2 시스템의 운용범위에서 벗어나 있거나, 연장된 5와 1/2 시스템으로는 뒷공의 배치를 유리하게 만들기 어려울 때 요긴하게 쓰인다.

　타점과 스트록에 대한 조건은 5와 1/2 시스템과 동일하다. 그러나 모든 진로의 입사각이 50° 이상이므로, 타점은 항상 3시 3팁(혹은 9시 3팁)이고, 스트록은 2레일 스피드를 초과하지 말아야 한다.

A 포인트

　포인트 암기는 두 단계로 나뉜다. 우선 방정식과 연관된 두 번째 입사점의 레일 포인트를 외우고, 다음은 큐볼 출발점에 따른 세 번째 입사점을 외워야 한다. 2.4-1은 큐볼 출발점이 45이하인 경우로 두 번째 입사점의 한 포인트는 5가 된다.

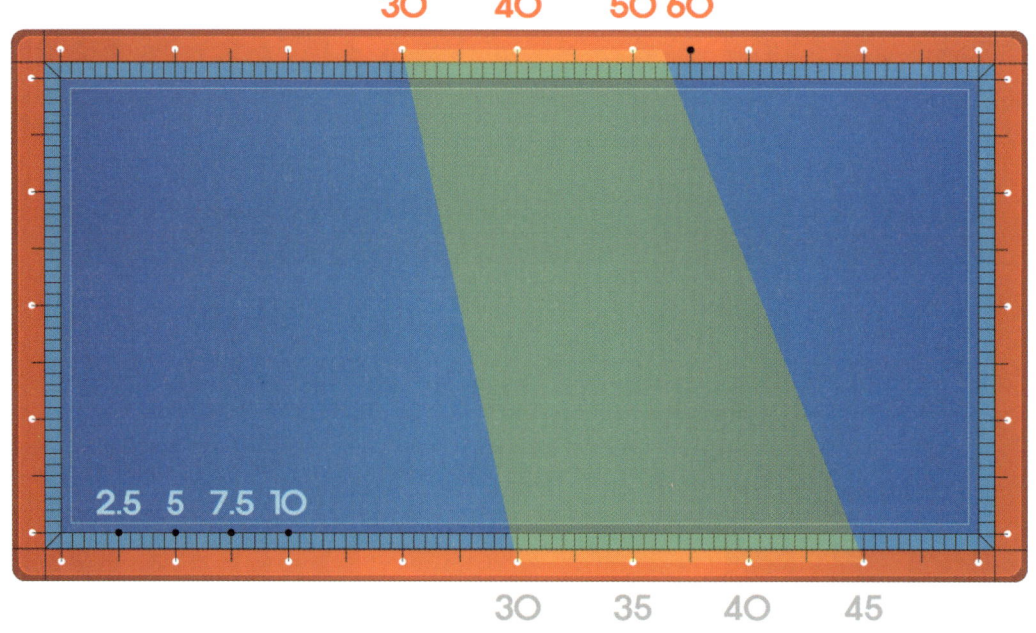

2.4-1 리버스-엔드 시스템의 포인트별 수치 (출발점 30~45)

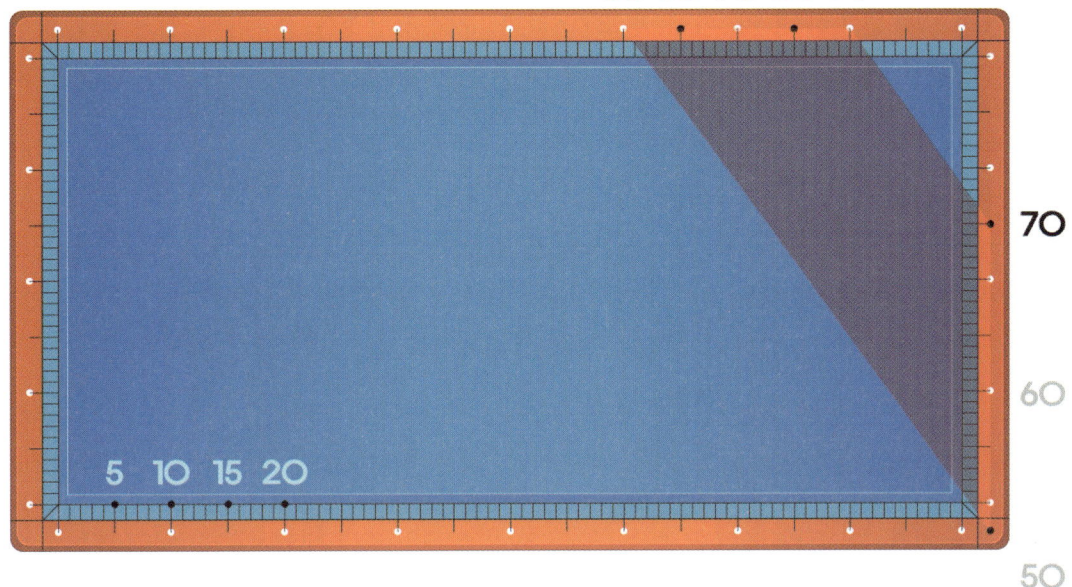

2.4-2 리버스-엔드 시스템의 포인트별 수치 (출발점 50~70)

2.4-2는 큐볼 출발점이 50이상인 경우로 두 번째 입사점의 한 포인트는 10이 된다. 주의할 점은 큐볼 출발점 70의 위치가 5와 1/2 시스템보다 반 포인트가 길다(5와 1/2 시스템에서 80의 위치)는 것이다.

큐볼 출발점이 45와 50의 사이에 위치하면 두 번째 입사점의 한 포인트는 5와 10의 사이에서 가변한다. 예를 들어, 큐볼 출발점이 45와 50의 중간인 47.5이면 두 번째 입사점의 한 포인트는 5와 10의 중간인 7.5가 되는 것이다.

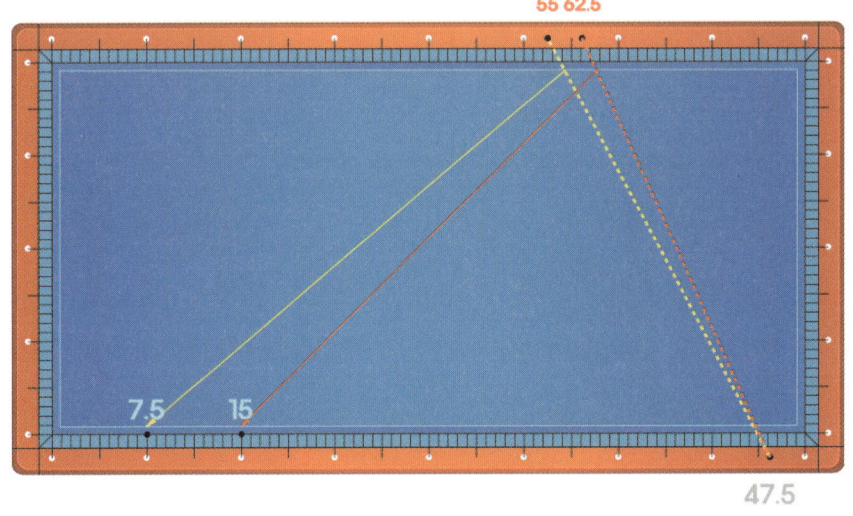

2.4-3 리버스-엔드 시스템의 포인트별 수치 (출발점 47.5)

세 번째 입사점의 위치는 다소 복잡해서, 각 출발점별로 두 개씩의 기준정렬선을 정해 개별적으로 암기하는 것 외엔 방도가 없다. 기준정렬선은 두 번째 입사점의 첫 번째와 두 번째 레일 포인트에 도달하도록 설정된 것이다. 세 번째 입사점 위치선정의 이론적 기반은 역비틀기에 따른 큐볼의 반사각이 된다. 큐볼이 역회전으로 입사할 땐 그 각도에 따라 변화무쌍한 반사각이 형성되는데, 평균적인 규격테이블에서는 2.4-4와 같이 나온다.

입사각	66°	61°	56°	53°	50°	47°	44°	41°	38°	35°	32°	29°
반사각	89°	74°	62°	53°	47°	44°	40°	36°	33°	30°	27°	23°

2.4-4 역비틀기의 반사각

상기 표는 일일이 암기할 필요까지는 없다. 그러나 많은 역회전 진로의 기초가 되는 개념이므로, 입사각이 53°보다 크면 반사각은 점점 더 커지고 입사각이 53°보다 작으면 반사각은 1°~7° 작아진다는 정도는 알아두어야 한다. 입사각과 반사각이 일치하는 53°라는 수치가 큐 팁의 유효한계각(1부 5.3 참조)과 동일하다는 점이 재미있다.

이제 본론으로 들어가서 2.4-4에 입각해 세 번째 입사점이 어떻게 형성되는지 알아보기로 하자. 앞서 설명한대로 우선 두 번째 입사점의 기준 포인트로 이어지는 두개의 진로를 설정해 암기해야 한다. 2.4-5부터 2.4-11까지는 세 번째 입사점과 이후의 반사각을 토대로 그려낸 기준정렬선을 출발점별로 정리한 것이다.

※ 리버스-엔드 시스템이 고급으로 치부되는 이유는 포인트 암기도 암기지만 실전배치에 맞는 정렬선을 유추하기가 까다롭기 때문이다. 2.4-5의 경우 두 번째 입사점 7.5를 경유하는 진로는 좌측 상단의 코너부근으로 향한다는 것을 바로 유추할 수 있어야 한다.

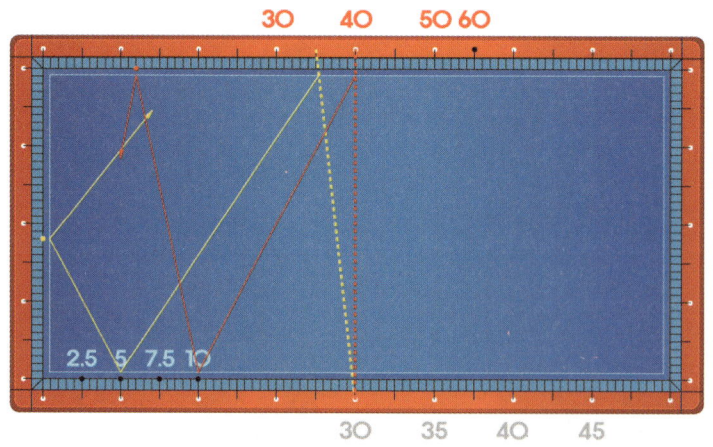

2.4-5 큐볼 출발점 30에서의 기준정렬선

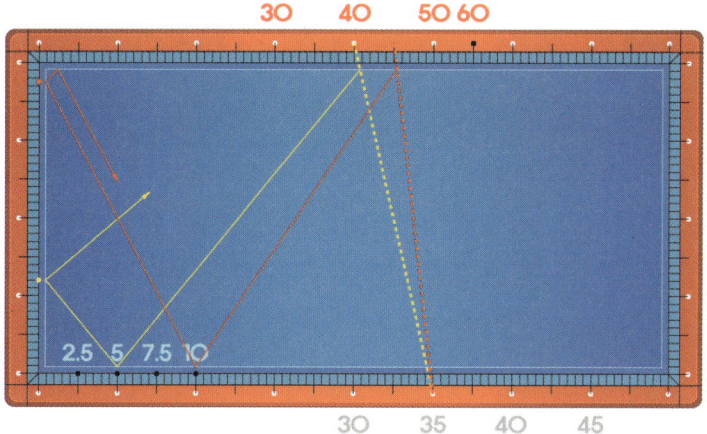

2.4-6 큐볼 출발점 35에서의 기준정렬선

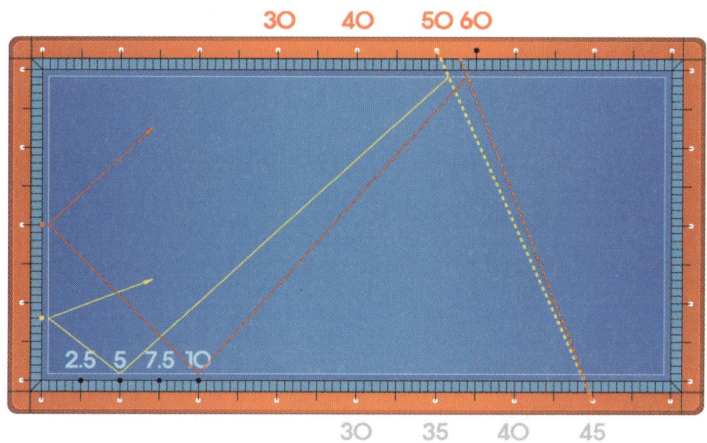

2.4-7 큐볼 출발점 45에서의 기준정렬선

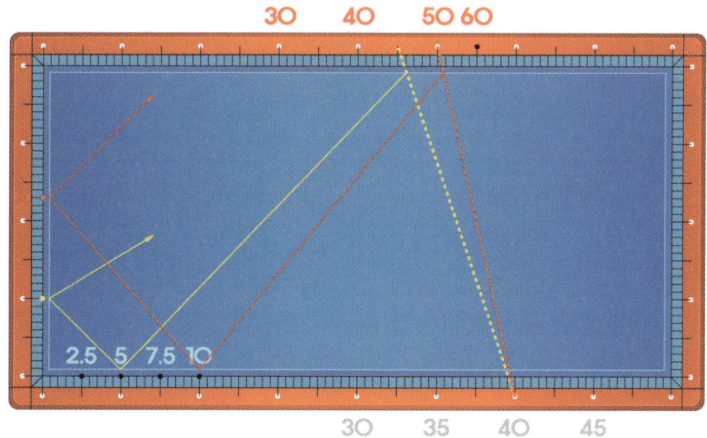

2.4-8 큐볼 출발점 40에서의 기준정렬선

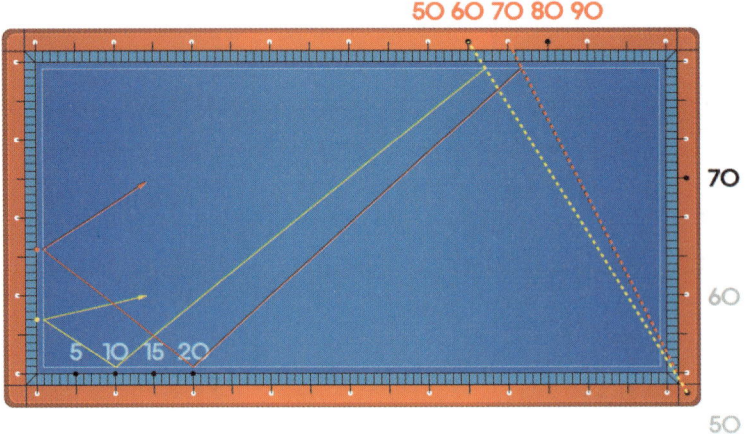

2.4-9 큐볼 출발점 50에서의 기준정렬선

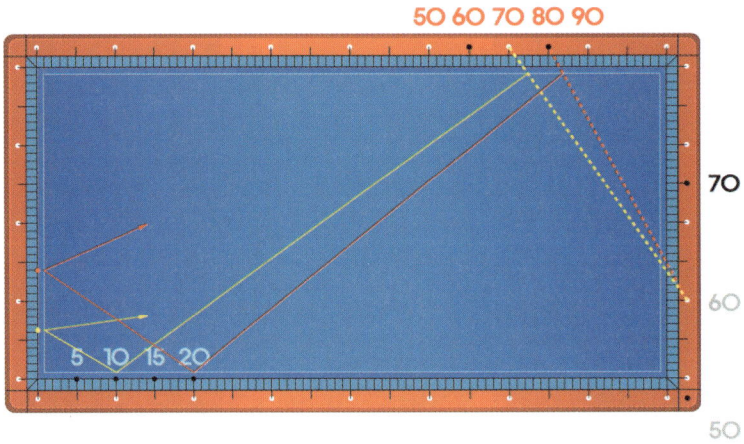

2.4-10 큐볼 출발점 60에서의 기준정렬선

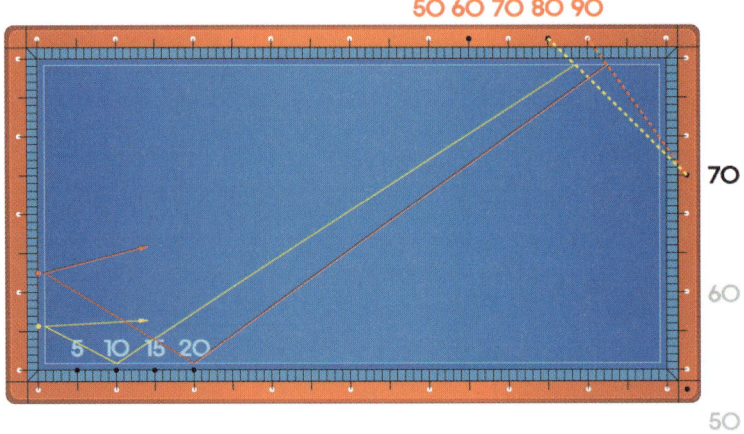

2.4-11 큐볼 출발점 70에서의 기준정렬선

2.4-12와 2.4-13은 실전응용을 위해 앞의 내용을 한꺼번에 정리한 것으로, 적색과 황색의 원으로 표기된 세 번째 입사점들의 위치를 정확히 암기해야 한다.

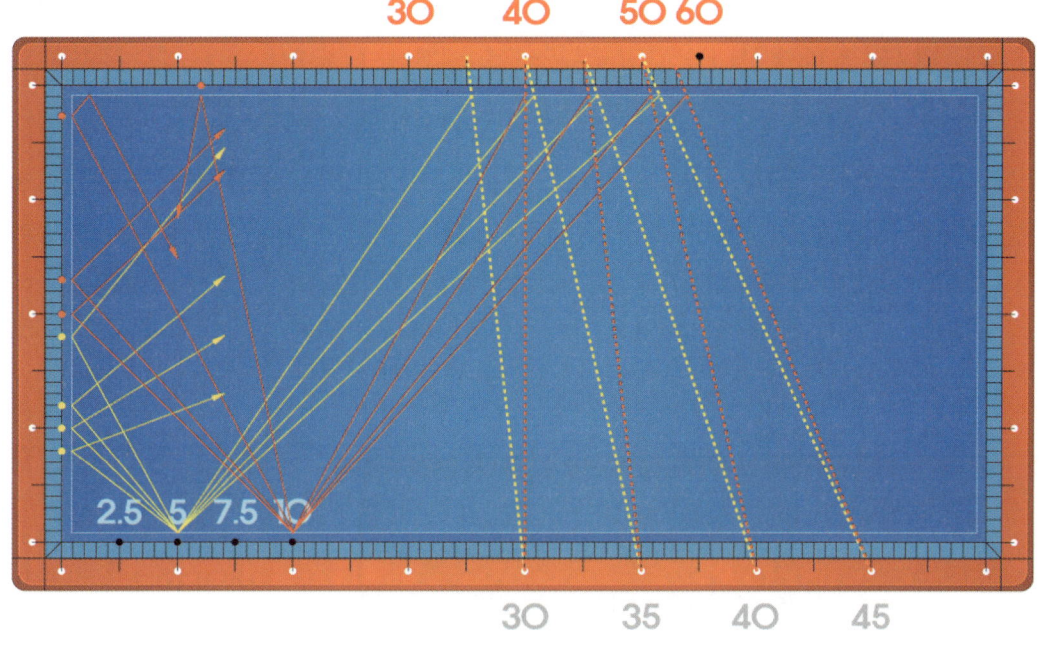

2.4-12 큐볼 출발점이 롱 프레임일 때 기준정렬선

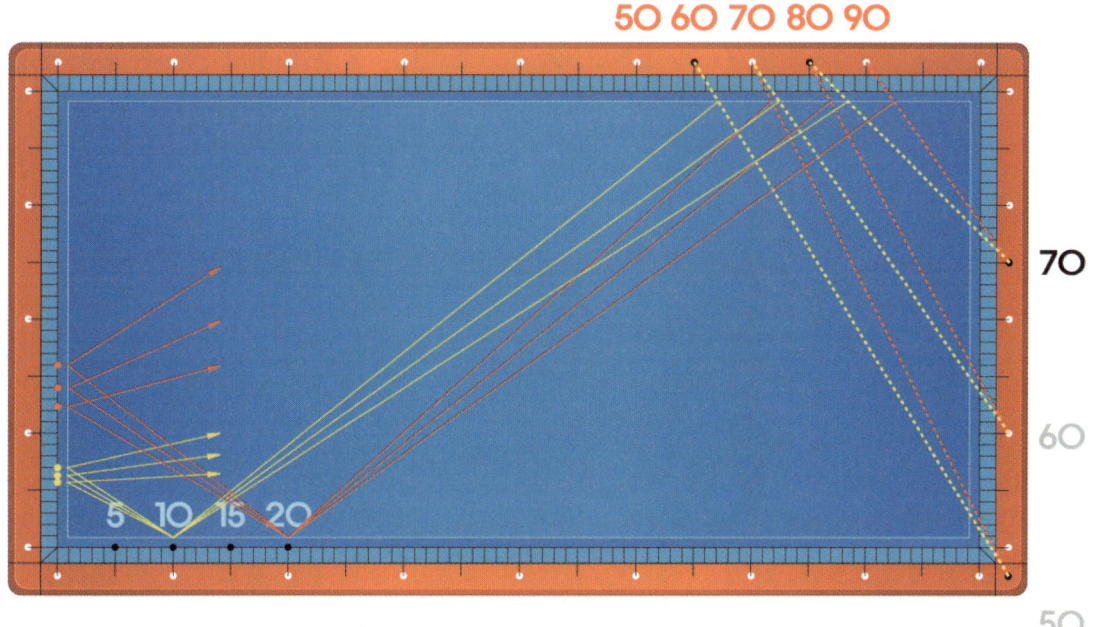

2.4-13 큐볼 출발점이 숏 프레임일 때 기준정렬선

B 방정식

선회진로가 아닌 까닭에 5와 1/2의 방정식을 그대로 사용하면 상수인 두 번째 입사점의 레일 포인트가 음수가 되어 방정식이 성립되지 않는다. 따라서 큐볼 출발점과 첫 입사점의 위치를 맞바꿔 '1fp − COfp = 2rp'로 계산해야 한다.

C 보정

지금까지의 과정을 생각하면 테이블 값에 따른 보정이 퍽이나 까다로울 것 같지만 실은 의외일 정도로 간단하다. 5와 1/2과 마찬가지로 미끄러짐 값을 이용하는데, 나침반 측정법에 그대로 반영하면 끝이다. 단, 미끄러짐 값에 따라 세 번째 반사각도 달라지므로, 오브젝트볼과 세 번째 입사점의 거리를 염두에 두어야 한다.

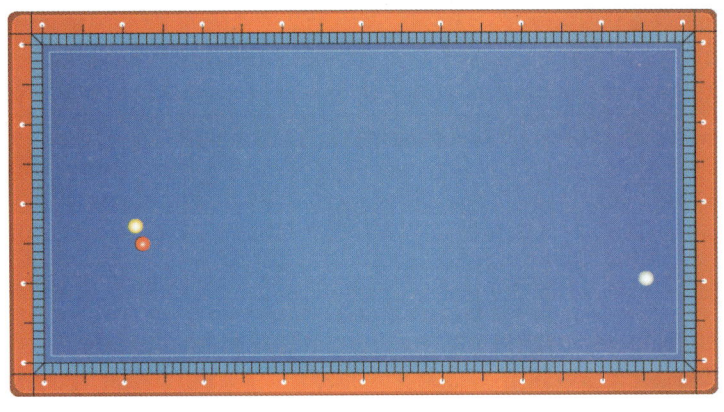

2.4-14 리버스-엔드의 보정 1

실전에서 2.4-14와 같은 공을 만났을 때 리버스-엔드를 알고 있는 플레이어는 당황하지 않는다. 물론 뒤에 소개될 '리버스'나 타점을 조절한 대회전도 생각할 수 있겠지만, 득점확률이나 뒷공의 배치를 고려할 때 가장 현명한 선택은 역시 리버스-엔드가 아닐 수 없다.

미끄러짐 값이 0인 테이블이라면 기준정렬선을 참조해 답을 찾으면 된다. 2.4-15에 표현된 것처럼 정렬선 10 (60-50)과 정렬선 20 (70-50)의 진로를 확실하게 알고 있으면 그 중간에 해당하는 15가 득점 가능한 진로라는 것 정도는 누구나 쉽게 알 수 있다.

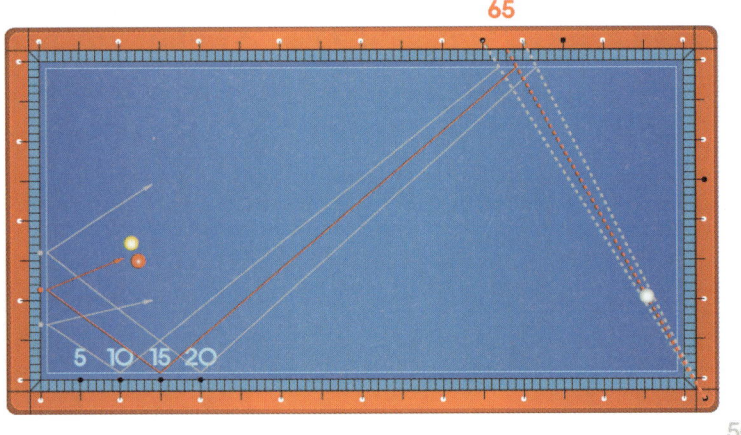

2.4-15 리버스-엔드의 보정 2

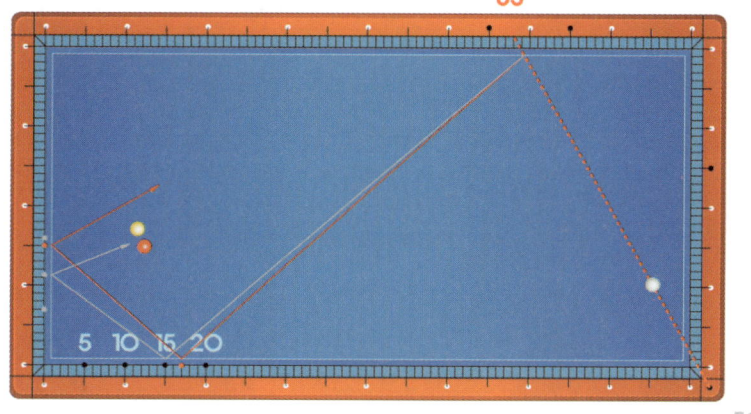

2.4-16 리버스-엔드의 보정 3

그러나 미끄러짐 값이 -4인 테이블에서 같은 샷을 해 보면, 실제 진로는 2.4-16의 적색 실선과 같이 상당한 편차가 생겨 득점은 고사하고 오브젝트 볼을 건드리지도 못하게 된다. 이는 미끄러짐 값이 작을수록 역 비틀기에 대한 반발력이 커지기 때문이다.

이 경우엔 나침반 측정법에 -4라는 미끄러짐 값을 적용, 진로를 수정해주어야 한다. 그렇게 하면 2.4-17에서 보듯 두 번째 입사점은 기준정렬선보다 작아지지만 역 비틀기에 대한 반발력이 커서 원하는 지점으로 큐볼을 진행시킬 수 있게 된다.

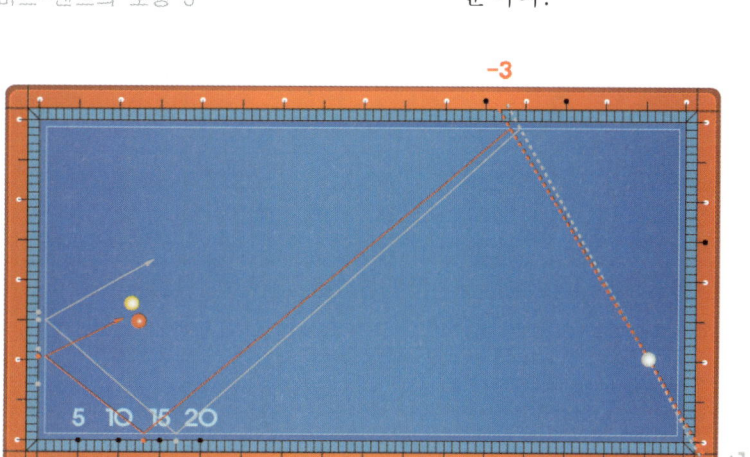

2.4-17 리버스-엔드의 보정 4

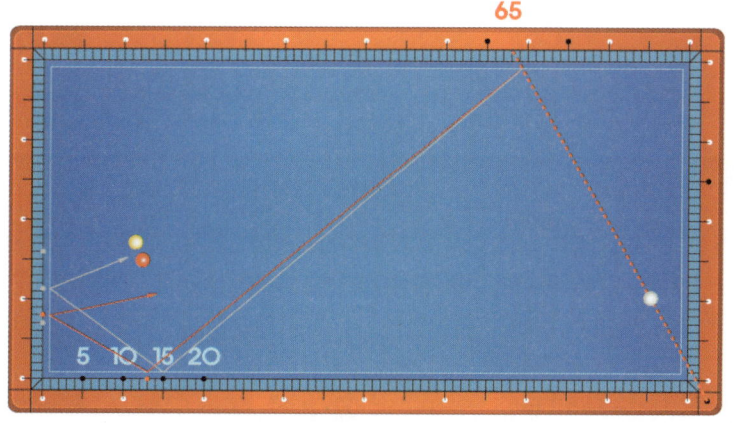

2.4-18 리버스-엔드의 보정 5

반대로 미끄러짐 값이 +4인 테이블에서 같은 샷을 해 보면, 실제 진로는 2.4-18의 적색 실선처럼 오브젝트볼을 못 맞힐 정도로 길게 빠져버린다. 이는 미끄러짐 값이 클수록 역 비틀기에 대한 반발력이 작아지기 때문으로, 새 테이블에서 흔히 나타나는 현상이다.

이 경우도 역시 나침반 측정법으로 +4라는 미끄러짐 값을 적용시켜주기만 하면 손쉽게 해결된다. 2.4-18의 적색 실선과 같이 두 번째와 세 번째 입사점은 기준정렬선에 비해 커지지만 역 비틀기에 대한 반발력이 작기 때문에 자신이 원하는 지점으로 큐볼을 진행시킬 수 있게 된다.

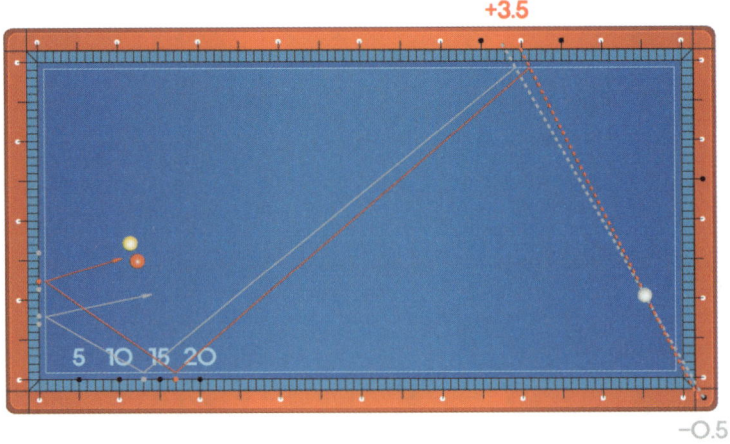

2.4-19 리버스-엔드의 보정 6

이런 보정방법은 오브젝트볼의 위치가 세 번째 입사점에서 약 한 포인트 가량 떨어져있는 경우에 한한다. 만일 오브젝트볼이 세 번째 입사점에 한 포인트보다 가깝거나 먼 경우라면 반사각의 차이로 인해 보정치를 약간 조절해주어야 한다. 그다지 까다롭지 않은 요령이니 각자 실습을 통해 알아보기 바란다.

리버스-엔드의 진로, 즉 두 번째와 세 번째 입사점에서 역비틀기가 작용하는 진로는 스트록이나 테이블 상태에 무척 민감하기 때문에, 정렬이나 타구과정의 미세한 결함이 엄청난 편차를 유발하게 된다. 따라서 스스로 판단하기에 스트록이 아직 불완전하거나, 오브젝트볼이 세 번째 입사점에서 너무 멀리 떨어진 경우엔 다른 진로를 찾는 것이 현명하다.

2.5 마이너스 10 Minus 10

또 다른 5와 1/2의 파생시스템으로, 오로지 '빗겨 치기'라는 볼-퍼스트 샷에만 적용된다. 빗겨 치기는 레일에 붙거나 근접한 오브젝트볼의 바깥쪽 면을 맞힌 큐볼이 동일한 레일을 시발로 하는 선회진로를 갖는 샷인데, 5와 1/2 시스템에 몇 가지 조건만 추가하면 바로 운용이 가능하다. 입사각에 따라 두께를 조절해야 한다는 점이 이 시스템의 핵심이라 할 수 있다.

A 포인트

5와 1/2과 동일하지만, 입사각이 극단적인 예각이나 둔각인 경우는 적용이 불가하다. 시스템을 운용할 수 있는 입사각의 범위는 대략 20°~70°이다.

B 방정식

오브젝트볼과의 충돌로 인해 최종진로가 짧아지기 때문에, 상수를 일정부분 감해주어야 한다. 따라서 방정식은 'COfp - 1fp - 10 = 3rp'가 된다. 2.5-1에서 보듯 큐볼 출발점 50, 첫 번째 입사점 20인 경우는 세 번째 입사점이 20이 되는 것이다.

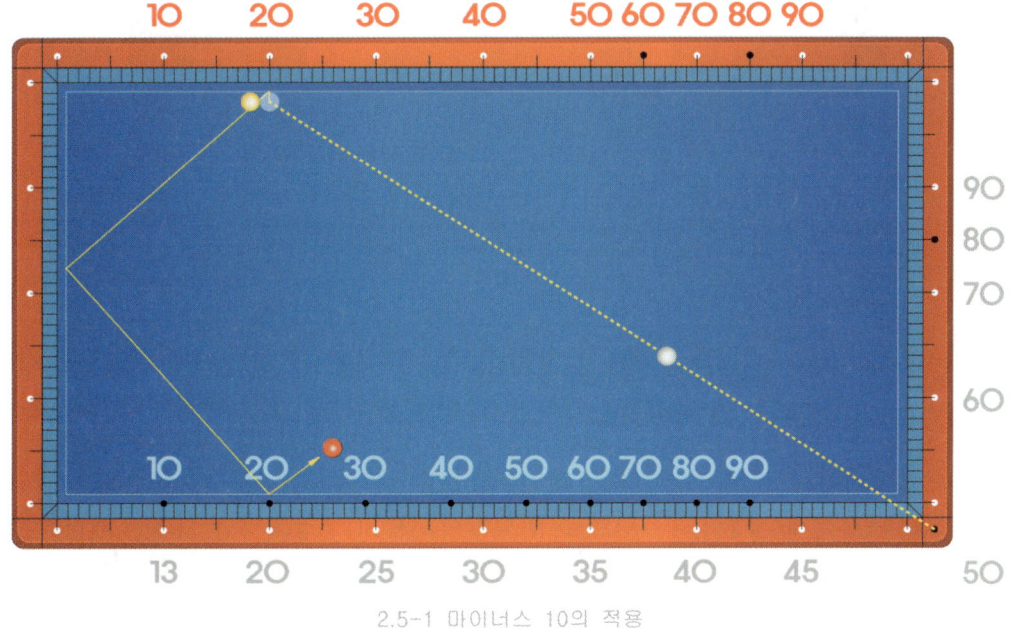

2.5-1 마이너스 10의 적용

주의할 점은 두 가지인데, 하나는 두께이고, 또 하나는 첫 입사점의 수치를 읽는 방식이다. 큐볼이 1차 진로에 상관없이 10만큼 짧은 최종진로를 갖게 하려면 오브젝트볼과 충돌한 뒤 큐볼의 입사각이 90°가 되는 두께를 설정해야 한다. 두께가 맞으면 큐볼과 충돌한 오브젝트볼은 레일과 거의 평행으로 진행하게 되어있다. '거의'란 표현이 사용된 이유는 큐볼에 실린 횡 비틀기로 인해 오브젝트볼의 진로가 레일방향으로 약간 편향되는 성질이 있기 때문이다. (1부 7.2 참조)

입사점은 큐볼의 2차 진로를 그대로 반영하는 것으로, 5와 1/2의 입사점과는 상당한 차이가 있다. 입사각이 작아질수록 이 차이는 커지게 된다. 2.5-2은 2.5-1의 입사점을 확대한 것인데, 5와 1/2에서는 14정도 되는 입사점이 마이너스 10에서는 20이 된다는 것을 알 수 있다.

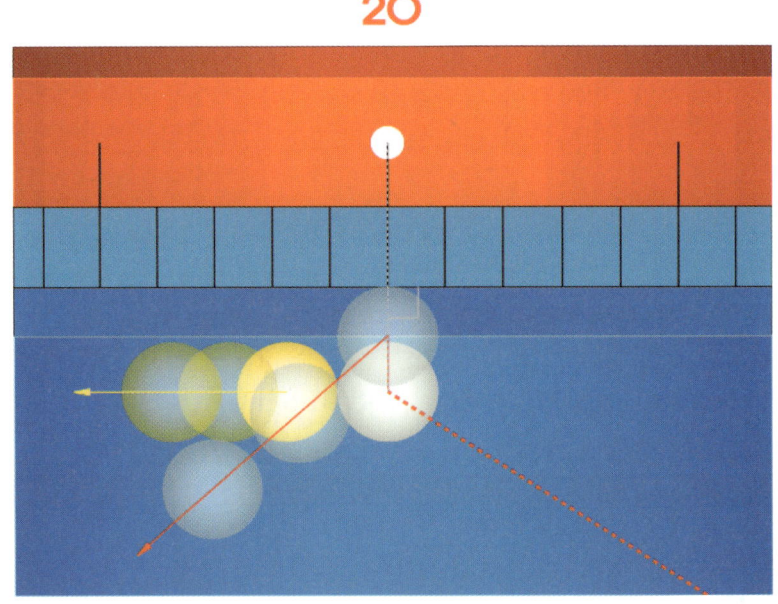

2.5-2 마이너스 10의 두께설정과 입사점의 파악

C 타점

타점에 대한 조건은 기본적으로 5와 1/2 시스템과 같다. 그러나 정렬선의 각도를 측정할 때 큐볼 출발점에서 10을 빼야 한다는 점이 중요하다. 다음 페이지의 2.5-3을 보면 실제 큐볼 출발점은 50으로 입사각이 약 40° 정도지만, 10을 제한 출발점 40에서는 입사각 50°이상이 된다. 결국 타점은 10시 30분이 아니라 9시가 된다는 결론이다. 반대로 2.5-4는 실제 출발점이 60으로 입사각이 약 30° 정도지만, 10을 제한 출발점 50에서는 입사각이 약 40°가 된다. 이런 경우 타점은 9시가 아닌 10시 30분이 되어야 한다.

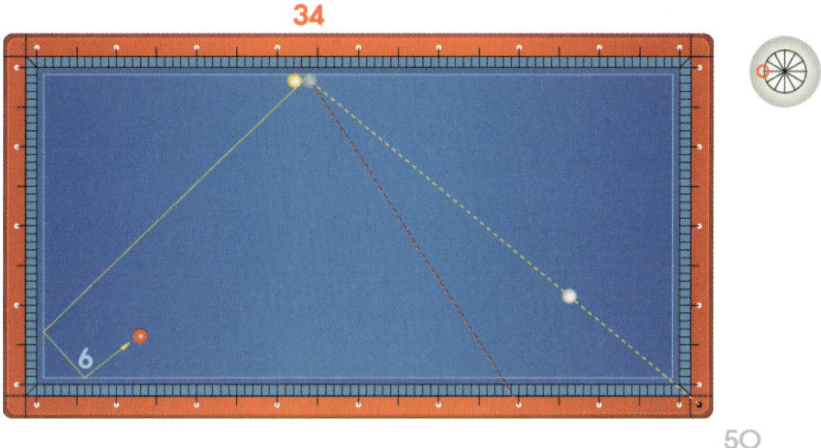

2.5-3 마이너스 10의 타점설정 1

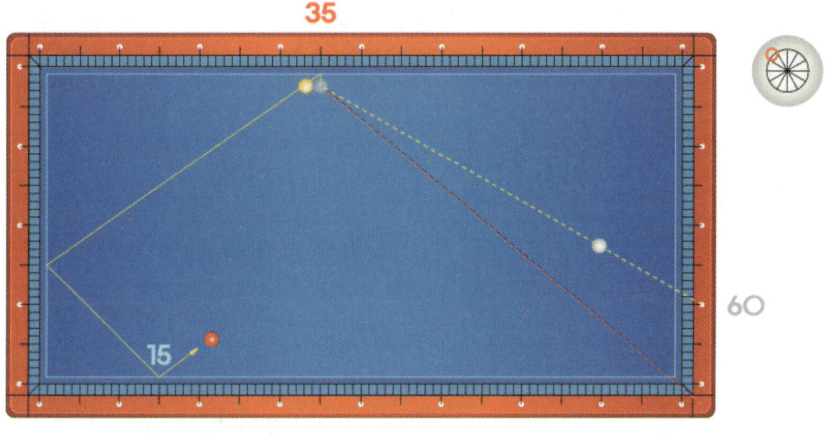

2.5-4 마이너스 10의 타점설정 2

※ 입사각의 측정은 2.1을 참조하되, 입사점은 5와 1/2과는 다른 요령으로 구해주어야 한다. 마이너스 10과 5와 1/2의 입사점을 읽는 방식이 다르기 때문이다.

D 보정

마이너스 10 시스템은 볼-퍼스트 샷에만 적용되는 시스템이기 때문에, 실질적인 운용범위는 상당히 제한적이다. 큐볼 출발점과 첫 번째 입사점이 이미 정해진 상황에서 나침반 측정법에 의한 진로변화를 기대할 수도 없다. 그러나 타점이동을 통해 한정적인 범위 내에서의 보정은 가능하다. 이 부분은 뒤에 나올 일출 일몰 시스템을 참조하기 바란다.

2.6 2/3 $^{2/3}$

반사각의 구조를 이해하는데 중요한 한 몫을 담당하는 시스템이다. 특히 짧은 각을 자신 없어 하는 플레이어들에겐 보석과도 같은 가치를 지닌다.

이 시스템의 기본원리는 큐볼의 선회진로 중 두 번째 레일터치로 만들어진 진로가 해당 레일이 없다고 가정한 것에 비해 2/3의 비율로 짧아진다는 것이다. 2.6-1에 표현된 것처럼 두 번째 레일의 날선을 기준으로 세 번째 가상 입사점까지의 거리를 A, 세 번째 실입사점까지의 거리를 B라 하면, A : B는 1 : 2/3가 된다.

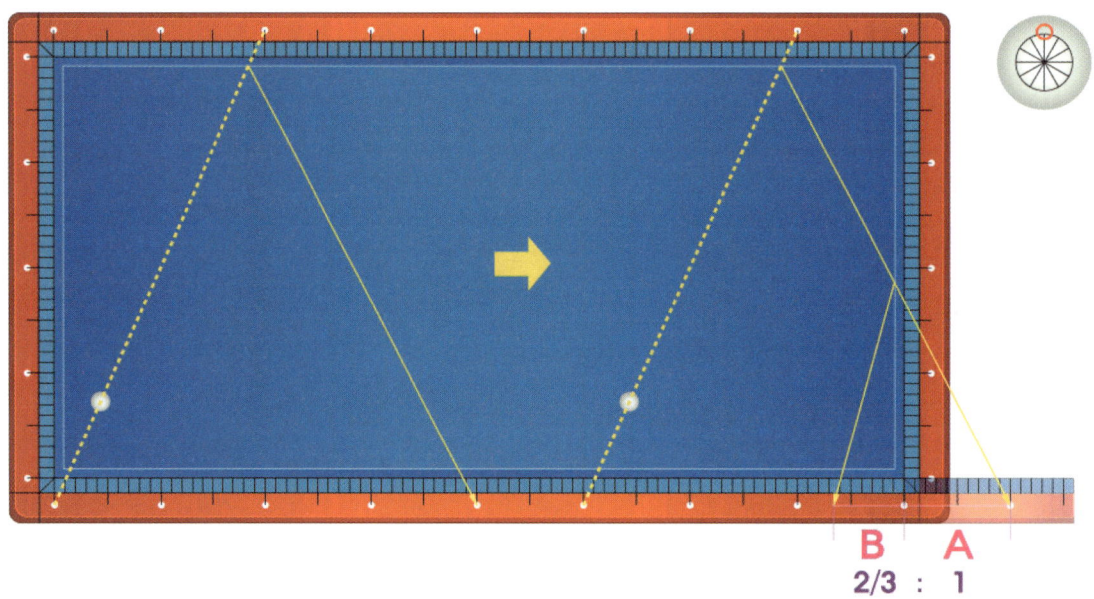

2.6-1 2/3 시스템의 기본구조

이 같은 진로의 변화는 완전탄성충돌이 아닌 레일터치, 마찰로 인한 구름관성과 레일 잉글리시 등에 기인하며, 상당수 노 잉글리시 시스템의 골격과도 일맥상통한다.

A 포인트

출발점과 입사점 모두 프레임 포인트만 사용한다. 두 번째 레일(숏 레일)로부터 따지며, 하나의 포인트는 10이 된다. 큐볼 출발점과 세 번째 입사점은 같은 포인트를 공유한다.

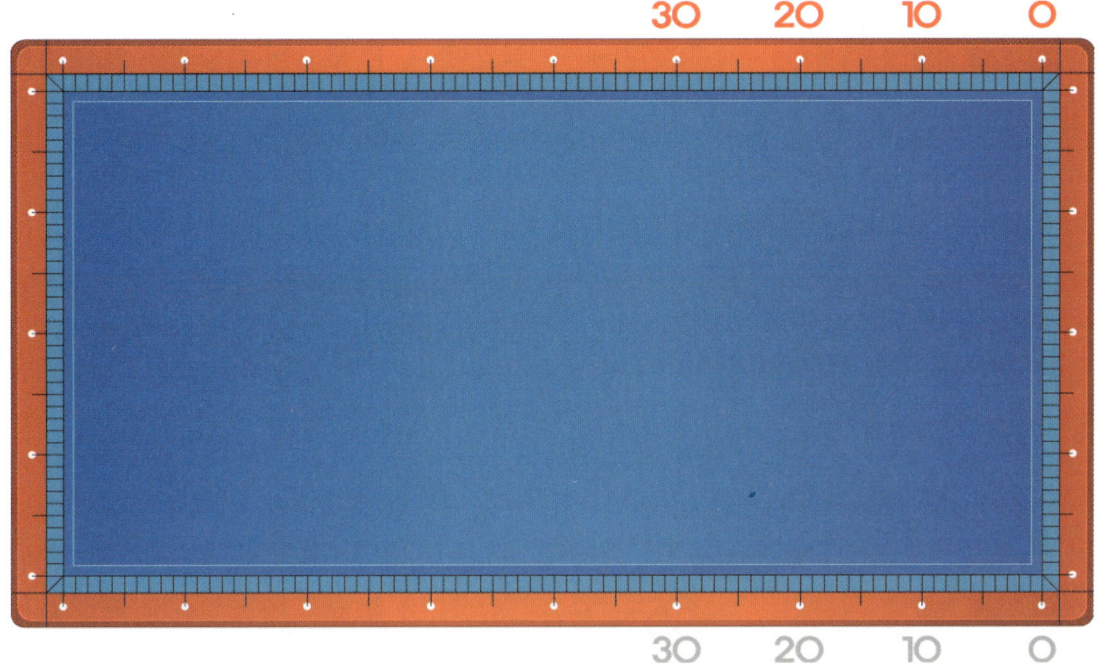

2.6-2 2/3 시스템의 포인트별 수치

B 방정식

횡 비틀기가 없다고 가정했을 때 '(COfp - (3fp × 1.5)) ÷ 2 = 1fp'이 된다.

C 타점

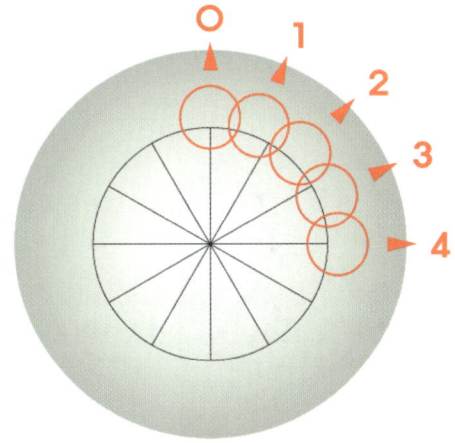

2.6-3 16분법에 따른 타점이동

체계적인 진로설정을 위해서 '16분법'을 사용한다. 16분법이란 하나의 방위를 45분으로 나누는 것으로, 선상이동은 3팁으로 한정된다. 반사각에 극단적인 변화를 일으키는 하단타점의 사용은 금하며, 12시 3팁인 0을 기준으로 순 비틀기 방향으로는 1, 2, 3, 4, 역 비틀기 방향으로는 -1, -2, -3, -4의 수치를 부여한다. 입사각 90°~60°의 유사진로에서는 수치가 하나씩 늘거나 줄어들 때마다 반사각이 약 반 포인트 길어지거나 짧아지는 효과가 있다. 2/3 에서는 순 비틀기만 사용하지만, 뒤에 소개될 일출 일몰이나 페루 시스템의 경우는 역 비틀기도 사용한다.

16분법에 따른 짧은 각의 진로는 2.6-4의 오른쪽에 표현된 것처럼 각 타점별로 반 포인트, 즉 5가량씩 차이 나는데, 여기에 숏 레일이 더해지면 타점별 포인트의 간격은 5의 2/3, 즉 3.333이 되는 것이다. 이 이론은 완벽하다고 보기는 어려워서 입사각에 따른 약간의 편차는 각오해야 하지만, 큐볼의 동선이 길지 않기 때문에 오차허용치를 벗어날 확률은 낮다. 물론 오브젝트볼의 위치가 세 번째 입사점에서 멀리 떨어진 경우는 5와 1/2 시스템을 적용하는 것이 안전하다.

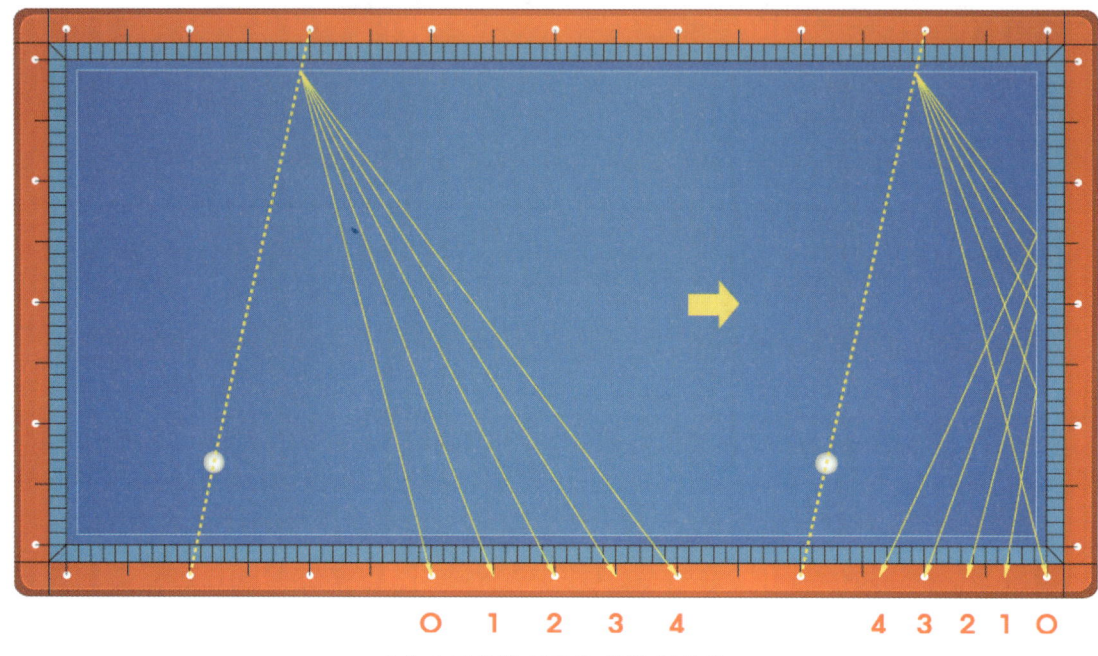

2.6-4 타점의 변화에 따른 입사점

실전에서 어떤 타점을 설정하느냐는 오브젝트볼의 배치에 따라 결정된다. 오브젝트볼이 롱 레일과 평행에 가까운 형태로 서 있으면 최종반사각이 클수록 득점확률이 높아지므로 0타점, 숏 레일과 평행에 가까운 형태로 서 있으면 최종반사각이 작을수록 득점확률이 높아지므로 4타점이 유리하다.

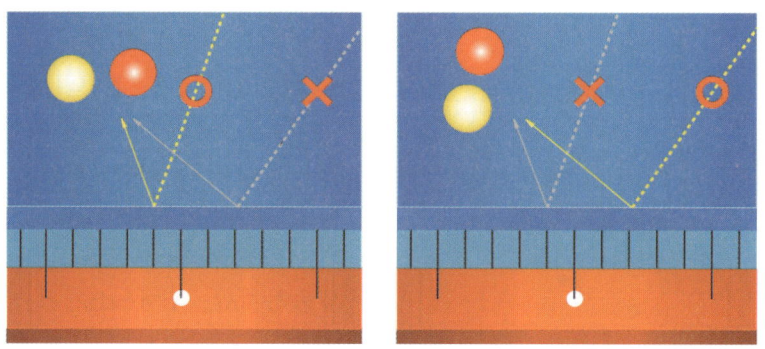

2.6-5 오브젝트볼의 배치에 적합한 타점설정

타점에 따른 진로변화를 숙지했으면, 이젠 운용에 필요한 입사점 산출요령을 알아보도록 하자. 0타점의 경우는 방정식대로만 하면 된다. 2.6-6와 같이 세 번째 입사점의 수치를 파악해 1.5를 곱한 다음 큐볼출발점에서 감하고, 다시 절반으로 나누면 첫 번째 입사점이 나온다.

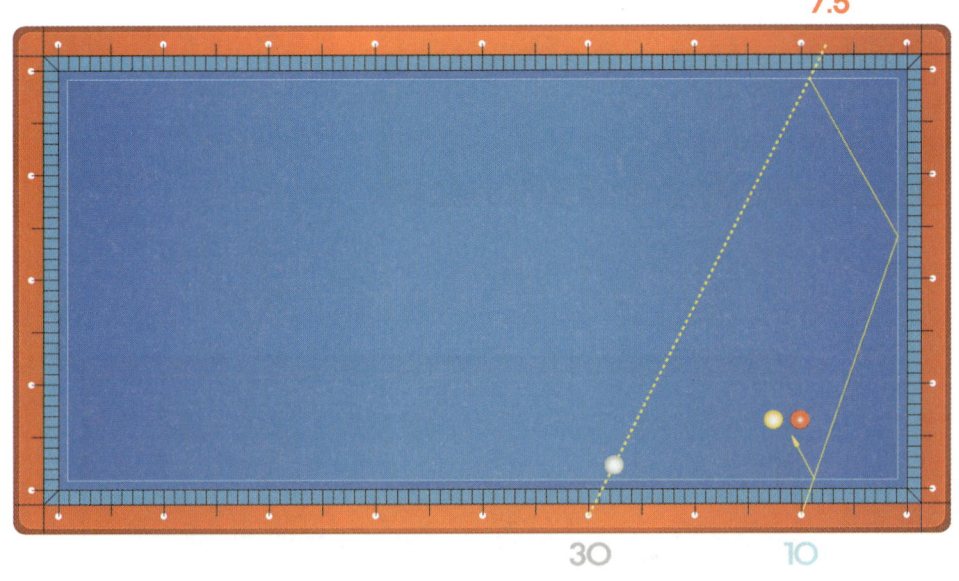

2.6-6 0타점에서 입사점 찾기

횡 비틀기를 사용해야 한다면 입사점 찾기는 다소 복잡해진다. 세 번째 입사점을 0타점에 맞는 위치로 수정하는 과정을 거쳐야하기 때문이다. 요령은 큐볼 출발점 반대방향으로 한 타점에 3.33씩 이동하는 것인데, 결과가 0에 못 미치면 그대로 방정식에 대입하면 된다. 만약 0을 지나게 되면 다시 큐볼 출발점 방향으로 전환하되, 한 타점에 5씩 옮겨주어야 한다. 대신 첫 번째 입사점 찾기는 한결 수월해진다.

2.6-7은 2.6-6과 매우 닮은꼴의 배치이지만 오브젝트볼의 형태상 4타점을 설정해야 득점확률이 높아지는 경우이다. 횡 비틀기로 인해 반사각이 커진다는 점을 고려할 때, 득점에 도달할 수 있는 세 번째 입사점이 10이 된다는 정도는 예측할 수 있어야 한다.

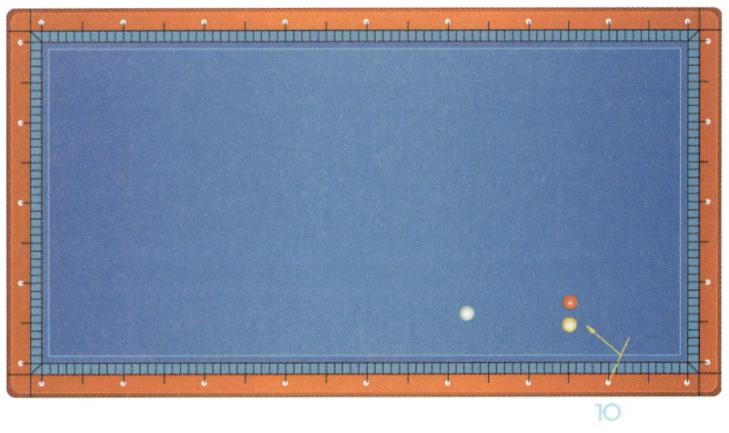

2.6-7 4타점에서 입사점 찾기 1

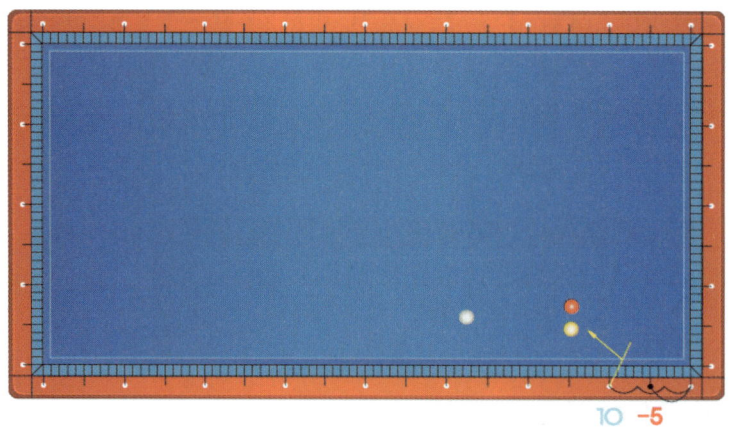

2.6-8 4타점에서 입사점 찾기 2

다음은 세 번째 입사점을 0타점에 맞도록 수정하는 과정이다. 앞서 설명한 대로 한 타점에 3.33씩 감하다가 0에 이르면 반대방향으로 5만큼 옮겨주는 것이다. 4타점을 설정해야 하므로 네 차례 이동하고 나면 2.6-8에 표현된 것과 같이 -5가 새로운 최종 입사점이 된다.

0타점에 대한 최종 입사점이 음수라는 것은 큐볼의 진로가 숏 레일을 거치지 않고 출발점이 있는 롱 레일로 직접 되돌아온다는 의미이기 때문에, 출발점과 새로운 최종 입사점의 중간지점이 곧 첫 번째 입사점이 된다.

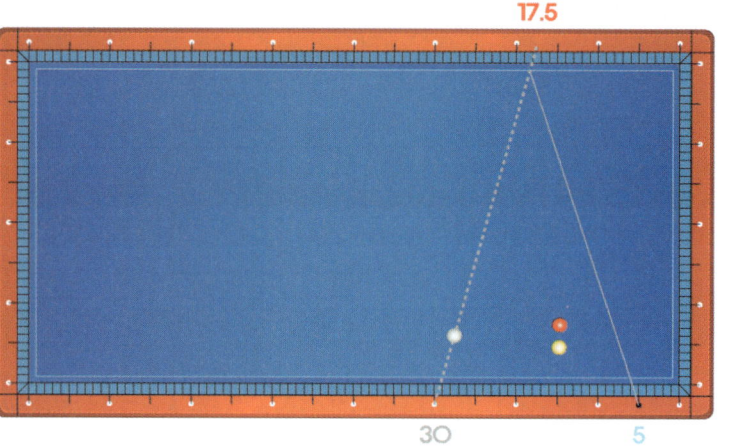

2.6-9 4타점에서 입사점 찾기 3

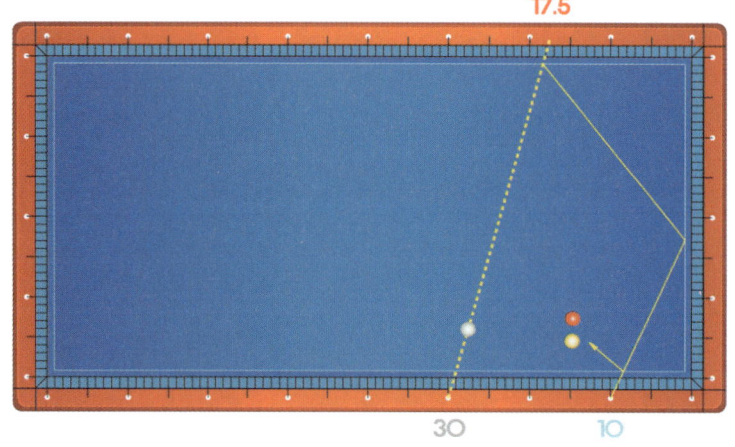

2.6-10 4타점에서 입사점 찾기 4

이제 첫 입사점을 찾아냈으니 애초에 계획했던 타점을 설정해 큐볼을 진행시키기만 하면 끝이다. 5와 1/2 시스템을 적용해도 마찬가지지만 스트록의 속도차로 인해 0.5 정도 짧은 결과가 나온다.

D 스트록

자연스러운 반사각을 유도하고 구름관성을 극대화하려면 부드러울수록 좋겠지만, 3이나 4의 타점을 설정할 경우 과도한 커브가 발생할 위험이 있다. 따라서 첫 입사점에서 큐볼의 속도는 1~1.5레일 스피드가 적당하며, 특별한 경우가 아니면 다른 변화는 주지 않는 것이 바람직하다. 수평각의 점검도 대단히 중요하다.

E 보정

동선이 워낙 짧은 시스템이다 보니, 테이블 값이 웬만하면 보정 없이도 오차허용치를 벗어나지 않는다. 그러나 잉글리시 값이 4이상이거나 -4이하인 경우엔 나침반 측정법을 동원해 잉글리시 값의 절반만큼 정렬을 수정해주어야 안전하다. 요령은 바로 다음에 소개될 거미줄 시스템의 보정을 참조하기 바란다.

2.7 거미줄 Spider Web

'숏 레일 → 롱 레일 → 숏 레일'로 진행하는 각종 진로의 초석이 되는 시스템이다. 이런 형태의 진로는 보기엔 단순해도 동선이 길기 때문에, 정렬이나 타점이 조금만 어긋나도 최종진로가 오차허용치를 훌쩍 벗어나버린다. 감에 의존하기 힘든 전형적인 샷이라 할 수 있다.

이 영역에서 흔히 사용되는 '롱 플러스 시스템$^{\text{long plus system}}$'이나 터키 무랏 뛰쥘$^{\text{Murat Tüzül}}$ 선수의 '뛰쥘 시스템$^{\text{Tüzül system}}$'에 비해 한 차원 높은 범용성을 자랑하며, 신뢰도면에서도 더 높은 점수가 주어진다. 기본원리는 2/3 시스템과 같으며, 특히 각종 볼-퍼스트 샷에 적용할 때 무리 없는 두께설정을 가능케 해주는 것이 특징이다.

'거미줄'이라는 명칭은 타점을 조정함으로써 하나의 정렬선으로 최대 다섯 개의 최종 입사점을 커버하는 시스템 특유의 유연성에 기인한 것이다.

A 포인트

출발점과 입사점 모두 프레임 포인트만 사용하며, 최종 입사점이 양수일 땐 한 포인트의 간격이 15가 된다.

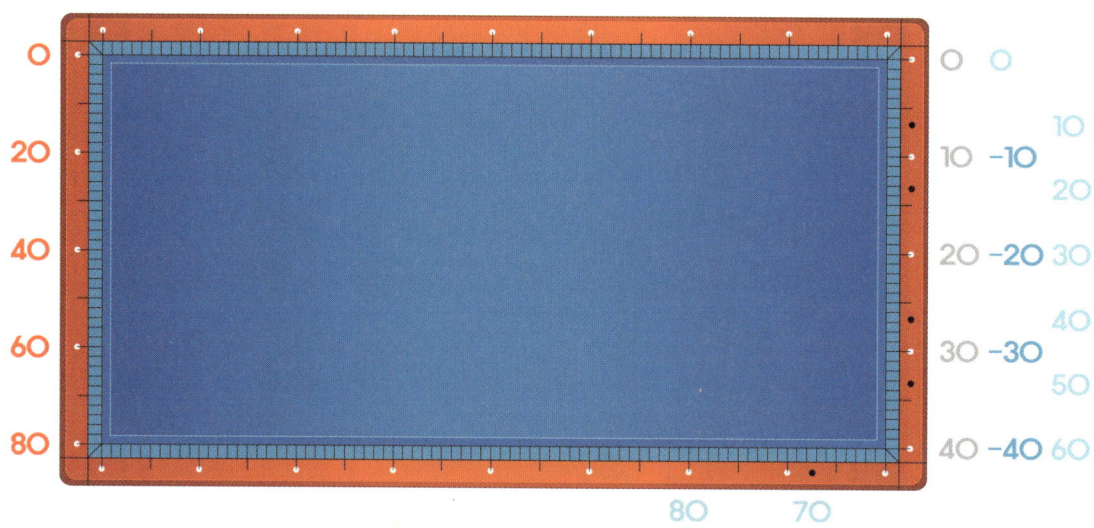

2.7-1 거미줄 시스템의 포인트별 수치

B 타점과 방정식

2/3 시스템과 마찬가지로 16분법을 따르며, 역시 하단 타점이나 역 비틀기는 사용하지 않는다. 타점별 수치는 2.7-2와 같은데, 이 수치는 방정식에 그대로 적용되므로 편의상 'HPn'으로 표기한다.

시스템 방정식은 'COfp - 1fp + HPn = 3fp'가 된다. COfp - 1fp + HPn이 음수가 되면 큐볼의 진로가 롱 레일을 거치지 않고 출발점이 있는 숏 레일로 직접 되돌아온다는 의미로, 아주 특별한 몇몇 경우를 제외하면 사용할 일이 없다.

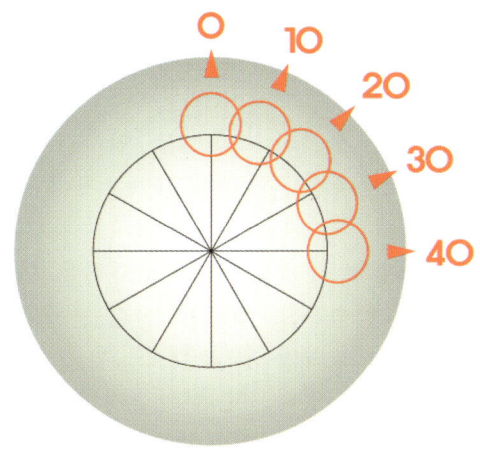

2.7-2 거미줄 시스템의 타점별 수치

거미줄 시스템의 가장 큰 장점은 하나의 정렬선에서 다양한 최종 입사점이 나온다는 것이다. 이로 인해 볼-퍼스트 샷에서는 키스의 위험이 있거나 병진운동과 각운동의 비율이 크게 달라지는 두께를 피할 수 있으며(3부 1.4 참조), 레일-퍼스트 샷에서는 오브젝트볼의 형태에 적합한 최종 반사각을 선택하는 것이 가능하다.

2.7-3은 출발점 30에서 첫 입사점 20으로 정렬한 것으로, 타점에 따라 다섯 개의 최종 입사점이 형성된다는 것을 알 수 있다. 물론 고도의 정확성을 얻기 위해선 상당한 연습이 뒷받침되어야 한다. 정렬이나 스트록이 불안정한 상태에서는 신뢰할만한 결과를 기대할 수 없다.

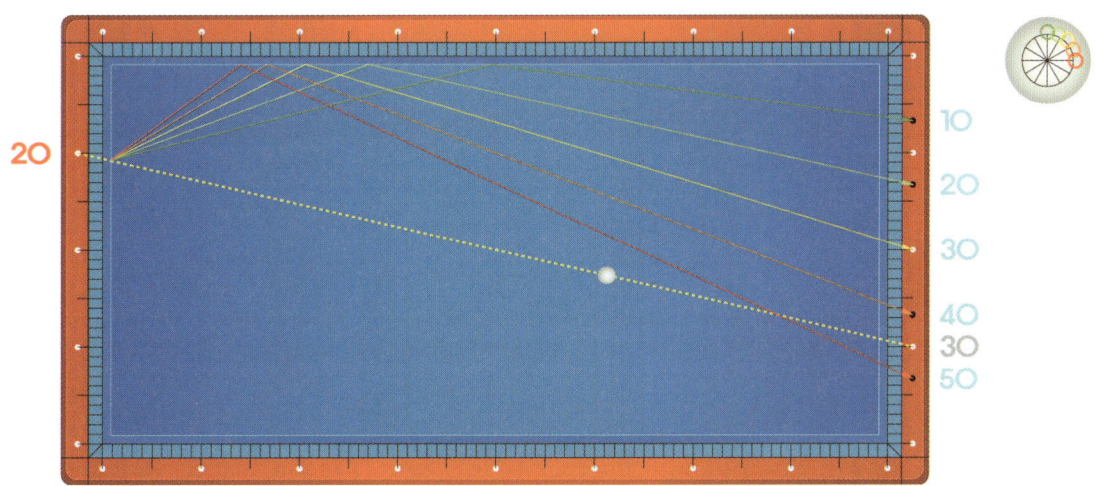

2.7-3 큐볼 출발점 30 첫 입사점 20의 진로

C 스트록

스트록의 속도는 거미줄 시스템의 성패를 좌우하는 열쇠가 된다. 구름관성으로 인해 입사각보다 반사각이 작아지는 것을 '퍼짐현상'이라 하는데, 이 현상은 같은 속도의 스트록에서는 입사각이 작을수록 심해진다. 거미줄 시스템은 퍼짐현상이 일정비율이라는 전제하에 고안된 것이므로 입사각이 크면 보다 약한 스트록을, 입사각이 작으면 보다 강한 스트록을 구사해야 하는 것이다.

시스템의 구조상 최대 입사각은 90°로 제한되며, 출발점과 첫 입사점이 모두 숏 레일에 위치하므로 최소 입사각은 65°이다. 입사각의 측정은 5와 1/2 시스템에서 배운 방법을 이용하면 된다. 2.7-4를 보면 알 수 있듯, 한 포인트마다 입사각은 약 6°씩 줄어들게 되어있다. 첫 입사점에서 큐볼의 속도는 최대입사각(정렬선 E)에서 1.5레일 스피드, 최소입사각(정렬선 A)에서 2.5레일 스피드가 되도록 조절해주어야 하며, 그 사이에서는 차등적으로 조절하면 된다.

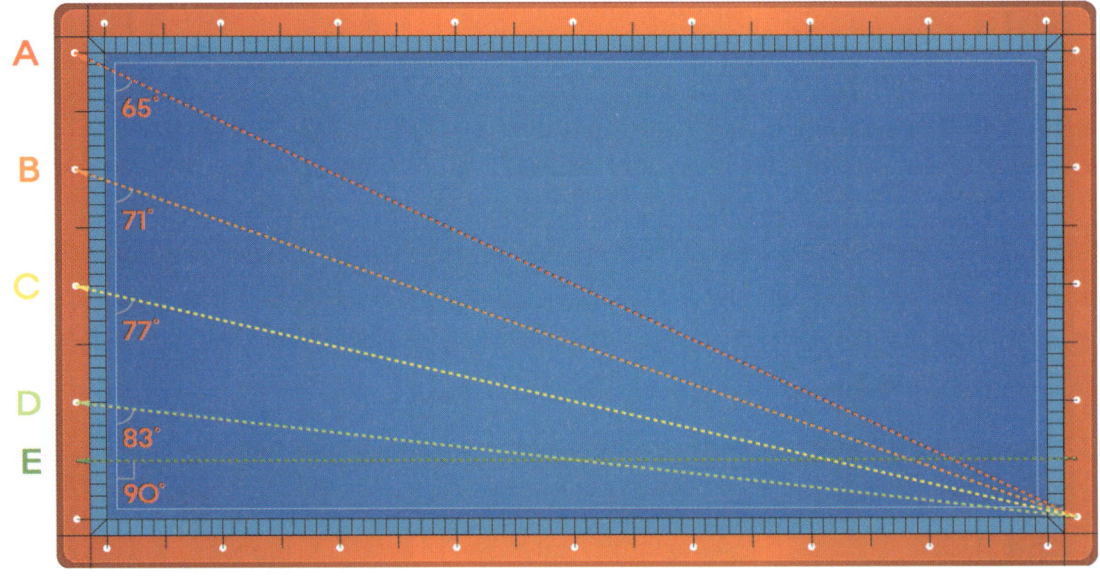

2.7-4 거미줄 시스템의 입사각 측정

스트록의 변화는 머리로 기억한다기보다는 몸으로 기억한다고 해야 옳은 표현이다. 큐볼의 위치를 다양하게 변화시켜가며 연습을 반복하다보면 어느 순간부터는 의식하지 않아도 최적의 스트록을 구사할 수 있게 된다.

D 보정

눈썰미가 있는 독자들이라면 거미줄 시스템에서 큐볼 출발점 20과 첫 번째 입사점 40을 연결하는 진로가 잉글리시 값의 측정과 동일하다는 사실을 알아차렸을 것이다. 당연히 보정은 잉글리시 값과 나침반 측정법을 사용한다. 잉글리시 값이 0보다 크면 그만큼 짧게, 0보다 작으면 그만큼 길게 보정해주면 해결된다.

한 가지 주의할 점은 타점에 따라 보정치가 달라진다는 사실이다. 이는 타점을 어떻게 설정하느냐에 따라 반사각에 대한 횡 비틀기의 영향력도 달라지기 때문이다. 오브젝트볼의 형태상 40타점을 설정해야 하는 경우라면 잉글리시 값 그대로, 30타점은 잉글리시 값의 75%, 20타점은 50%, 10타점은 25%만큼만 보정해주어야 한다. 0타점을 설정하는 경우는 횡 비틀기와 무관한 탓에, 퍼짐 값에 이상이 없는 한 따로 보정하지 않는다.

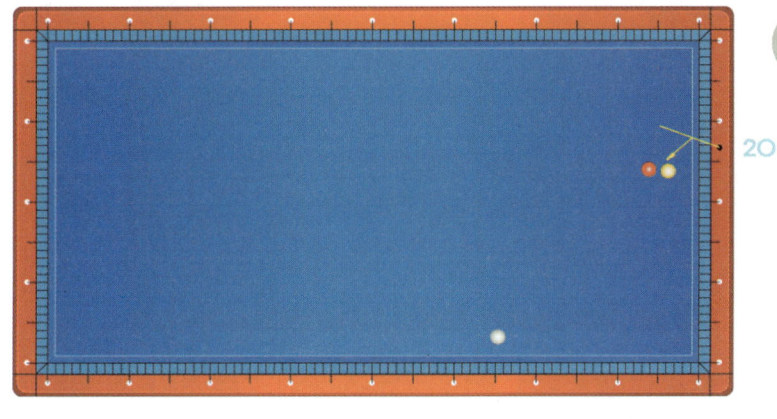

2.7-5 거미줄 시스템의 보정 1

이해를 돕기 위해 예를 한 가지 들어보자. 2.7-5와 같은 공의 배치에서 거미줄 시스템을 운용한다면, 가장 득점확률이 높은 타점설정은 40, 그에 따른 최종 입사점은 20이 된다.

결국 COfp - 1fp + 40 = 20, 즉 COfp - 1fp = -20이 되는 정렬선을 찾는 것이다. 이 경우엔 큐볼 출발점은 40, 첫 입사점은 60이 된다.

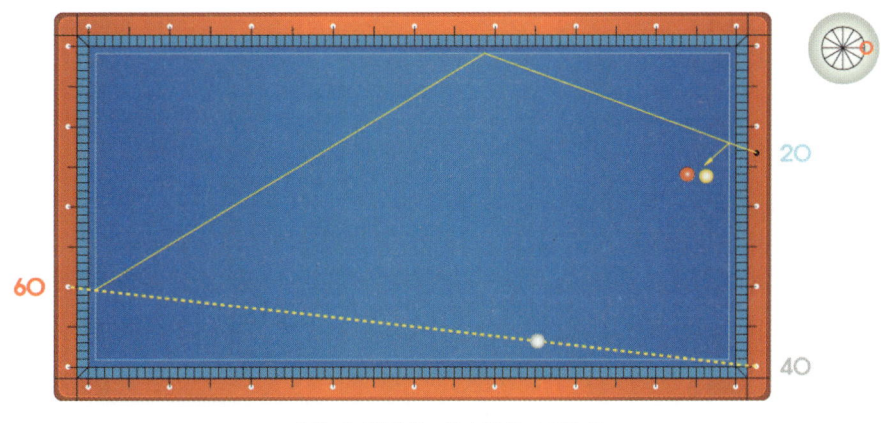

2.7-6 거미줄 시스템의 보정 2

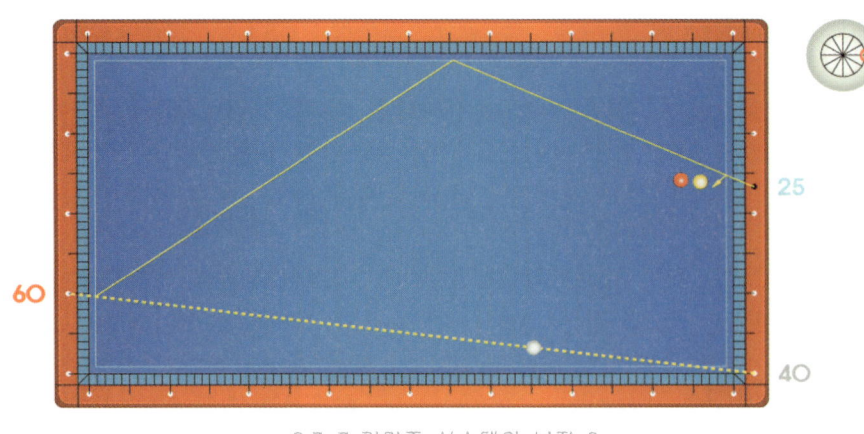

2.7-7 거미줄 시스템의 보정 3

그러나 잉글리시 값이 -5가 나오는 낡은 테이블에서 플레이한다면 2.7-7에 표현된 것처럼, 세 번째 입사점이 5만큼 짧아져 득점에 실패하게 된다.

문제를 해결하려면 나침반 측정법을 동원해 정렬선을 5만큼 길게 조정해주어야 한다. 2.7-8에서 보듯, 출발점 1을 감하고 첫 입사점 4를 더해주면 된다.

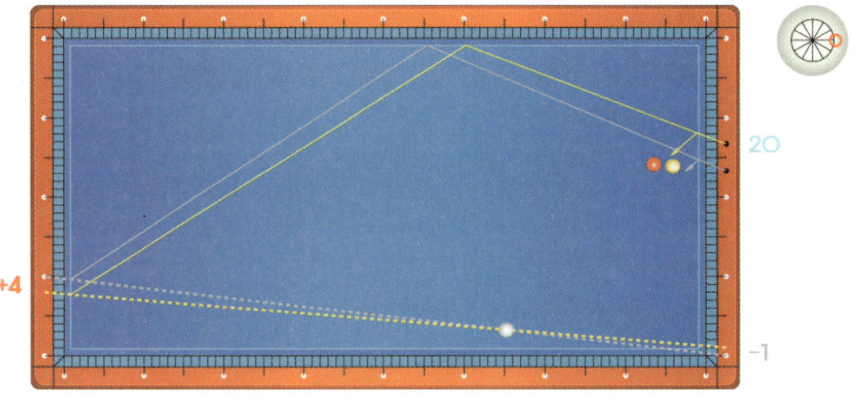

2.7-8 거미줄 시스템의 보정 4

※ 2/3 시스템의 보정도 같은 맥락인데, 큐볼의 동선이 약 절반에 불과하기 때문에 편차도 절반, 보정치도 절반이 되는 것이다.

2.8 로드리게즈 Rodriguez

오브젝트볼1의 안쪽 면을 맞힌 큐볼이 '롱 레일 → 숏 레일 → 롱 레일'의 선회진로를 갖는 샷을 '옆으로 돌리기$^{side\ angle\ shot}$'라 한다. '제각 돌리기'로도 불리는 옆으로 돌리기는 대체로 난이도가 낮아 초보자들도 쉽게 득점할 수 있지만, 두 오브젝트볼의 위치가 같은 레일에 붙거나 근접한 경우만큼은 선회진로를 위한 각종 시스템들을 운용할 수 없을뿐더러 오차허용치마저 작다.

오래 전에 작고한 어떤 무명 플레이어가 이 까다로운 샷에 대한 해법을 제시했는데, '로드리게즈'란 명칭은 그의 성을 딴 것이다. 시스템의 구조가 간결하고 평이해서 구력이 어느 정도 되는 플레이어라면 누구라도 쉽게 운용이 가능하다는 것이 장점이다.

A 포인트

포인트별 수치는 2.8-1과 같다. 시스템의 원형은 두 번째 입사점을 프레임 포인트로 따지지만 되튐경도가 우수한 신형 테이블에선 레일 포인트가 적합하다.

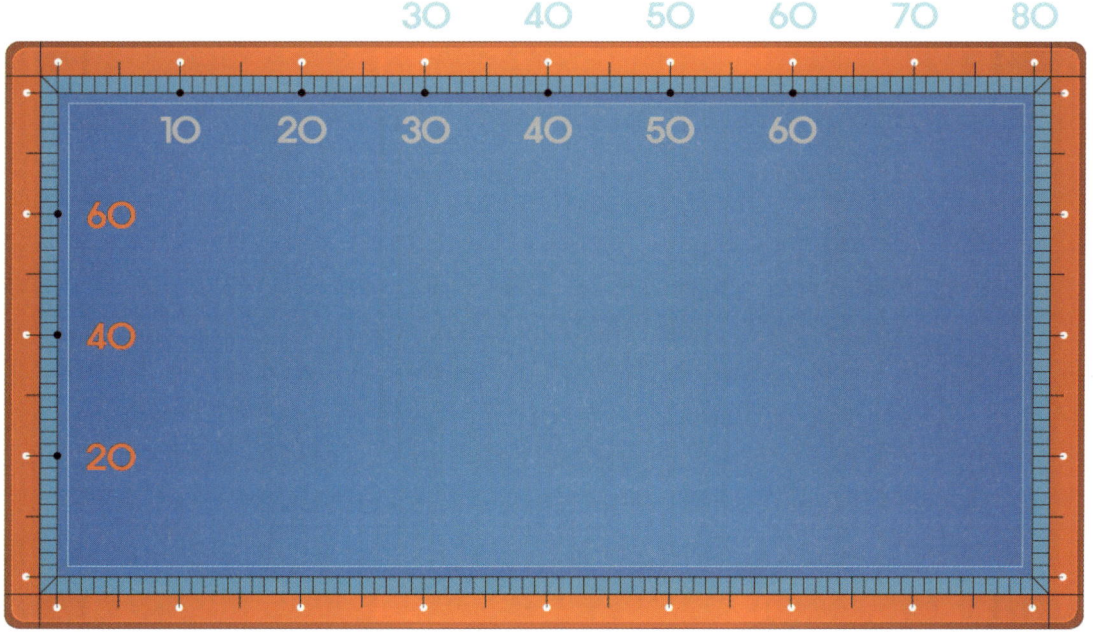

2.8-1 로드리게즈 시스템의 포인트별 수치

B 방정식

방정식은 'COrp + 2rp = 3fp'인데, 2rp를 구하는 것이 목적이므로 3fp - COrp로 계산하면 편리하다. 2.8-2는 두 번째 입사점 40을 공략하는 것으로, 큐볼 출발점을 산출하는 요령을 눈여겨 볼 필요가 있다.

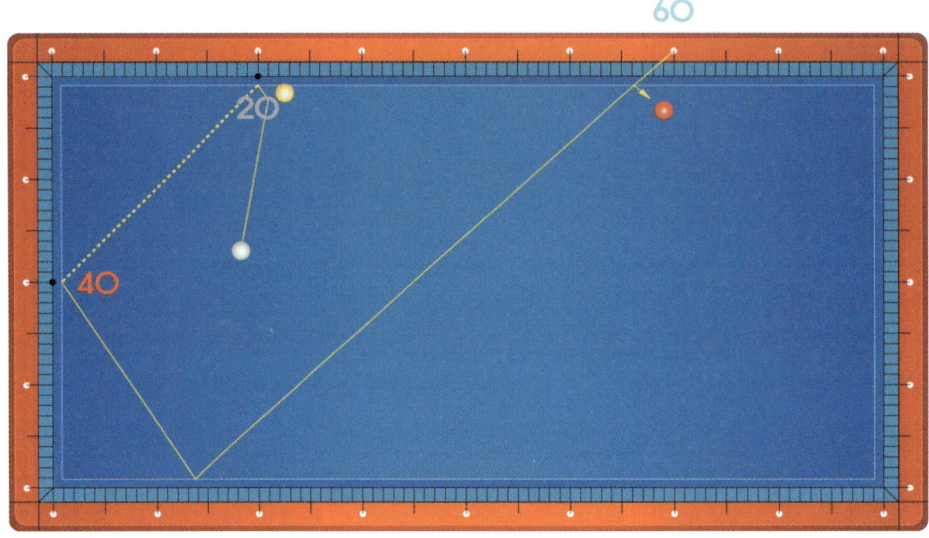

2.8-2 출발점 20에서 두 번째 입사점 40의 진로

※ 로드리게즈 시스템의 운용은 두 가지 조건이 충족되어야 한다. 우선 오브젝트볼1과 오브젝트볼2의 간격이 2포인트 이상이어야 하며, 큐볼이 오브젝트볼1보다 두 번째 입사점이 있는 숏 레일에 가까이 있어야 한다. 이 두 조건을 충족하지 못하는 공의 배치에서는 시스템을 적용하기 어렵다.

C 두께 및 타점

큐볼과 오브젝트볼의 위치가 유동적이므로, 두께나 타점에 대한 기준은 없다. 목적은 병진운동과 각운동의 비율을 적절히 유지하되, 키스도 피하고 뒷공의 배치도 유리하게 만드는 것이다. 두께와 타점을 조절하는 기술은 방대한 지식을 요구하는 부분으로, 3, 4부에서 차근차근 다루기로 한다.

D 스트록

두 번째 입사점에 도달한 큐볼의 속도가 2~2.5레일 스피드일 때 가장 안정적인 진로가 확보된다. 따라서 자신이 설정한 두께에 맞춰 스트록의 속도를 조절하는 연습이 필요하다.

E 보정

자체보정과 테이블 값에 따른 보정이 있다. 자체보정은 타점이 얼마나 내려갔느냐에 따라 이루어지며, 테이블 값에 따른 보정은 미끄러짐 값을 사용한다.

우선 자체보정에 대해 알아보자. 이런 종류의 샷에서 하단 타점의 용도는 두 가지인데, 2.8-2에서처럼 구름관성으로 인한 커브를 방지하기 위해, 혹은 횡 비틀기만으로는 원하는 두 번째 입사점에 미치지 못할 때 분리각을 확대하기 위해 사용된다. 후자의 경우는 하단 타점으로 인해 두 번째 입사점의 반사각이 줄어들게 되고, 결국은 최종진로가 짧아지는 현상이 일어난다. 이를 보정하려면 타점이 한 팁 내려갈 때마다 두 번째 입사점을 3씩 늘려주어야 한다.

2.8-3은 출발점 20에서 두 번째 입사점 40을 공략하는 것인데, 분리각을 확대하기 위해 하단 두 팁의 타점을 설정했기 때문에 두 번째 입사점은 40이 아니라 46이 되는 것이다.

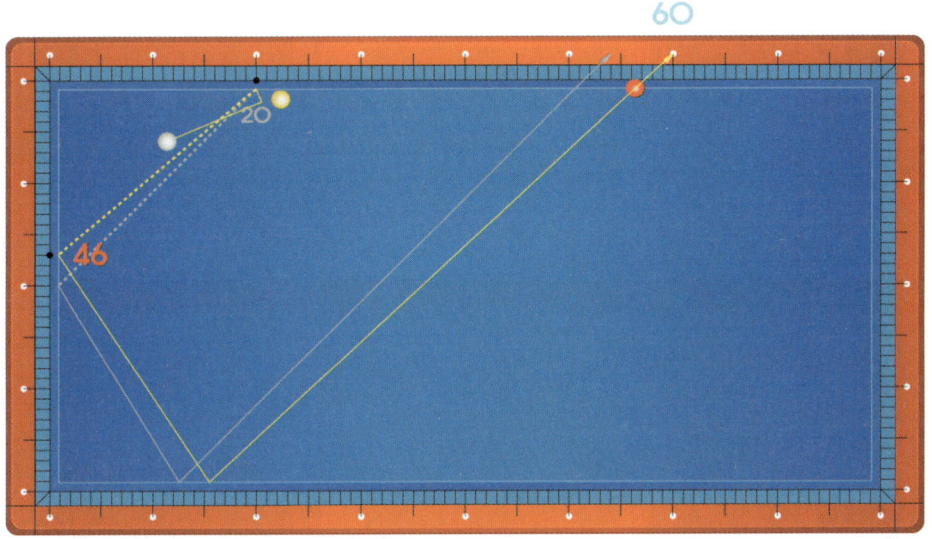

2.8-3 로드리게즈 시스템의 자체보정

테이블 값에 따른 보정은 매우 간단해서, 두 번째 입사점을 미끄러짐 값에 따라 옮겨주면 된다. 예를 들어, 미끄러짐 값이 -3인 테이블에서는 두 번째 입사점을 3만큼 늘려주고, 미끄러짐 값이 4인 테이블이라면 두 번째 입사점을 4만큼 줄여주기만 하면 보정이 완료되는 것이다.

2.9 일출 일몰 Sunrise Sunset

빗겨 치기를 위한 또 하나의 시스템으로, 폭넓은 운용범위와 우수한 신뢰도를 자랑한다. 그러나 어떤 위치에서도 동일한 입사각을 만들어야 하고, 특히 첫 입사점에서 큐볼의 구름관성을 조건에 맞도록 조절해야 하기 때문에, 프로수준의 정렬과 스트록이 요구된다. 대신 지속적인 연습을 통해 만족스러운 득점성공률을 달성한 플레이어에겐 엄청난 기량향상이라는 보상이 뒤따른다.

'일출 일몰'이라는 명칭은 16분법에 따라 -와 +를 이동하는 타점의 형태가 마치 태양이 뜨고 지는 것과 유사하기 때문에 붙여진 것이다.

A 포인트

프레임 포인트와 레일 포인트를 함께 사용하며, 한 포인트는 1내지 2가 된다. 각 포인트의 수치는 타점이동과 직결되어 있으며, 암기의 편의상 위치를 한꺼번에 기억하는 것이 바람직하다.

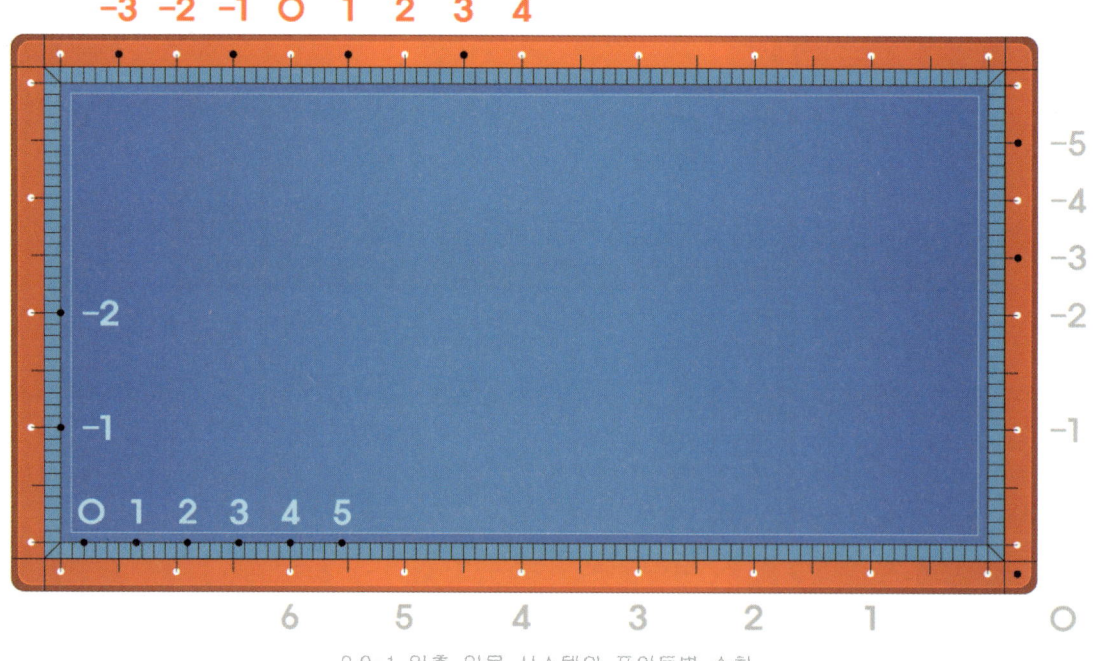

2.9-1 일출 일몰 시스템의 포인트별 수치

B 타점과 방정식

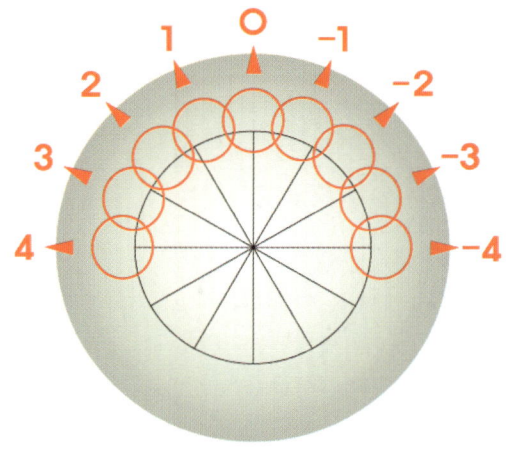

2.9-2 일출 일몰 시스템의 타점별 수치

하단 타점이 배제된 16분법을 사용하는 것은 2/3, 거미줄 시스템과 같지만, 역 비틀기가 포함된 9개의 방위를 사용한다는 점이 다르다. 1타점별 수치는 12시 0을 기준으로 순 비틀기 쪽은 1, 2, 3, 4, 역 비틀기 쪽은 -1, -2, -3, -4의 수치를 부여한다.

시스템의 구조는 큐볼 출발점과 첫 입사점, 그리고 세 번째 입사점의 합을 타점마다 부여된 수치에 일치시키는 것으로, 타점별 수치를 'HPn'이라 하면 'COfp + 1fp + 3rp = HPn'이 된다.

그렇다면 실전에서 시스템 방정식이 어떻게 사용되는지 알아보도록 하자. 2.9-3은 큐볼 출발점과 첫 번째 입사점이 모두 0으로 고정된 경우다. COfp와 1fp가 모두 0이므로 HPn이 바로 3rp가 된다.

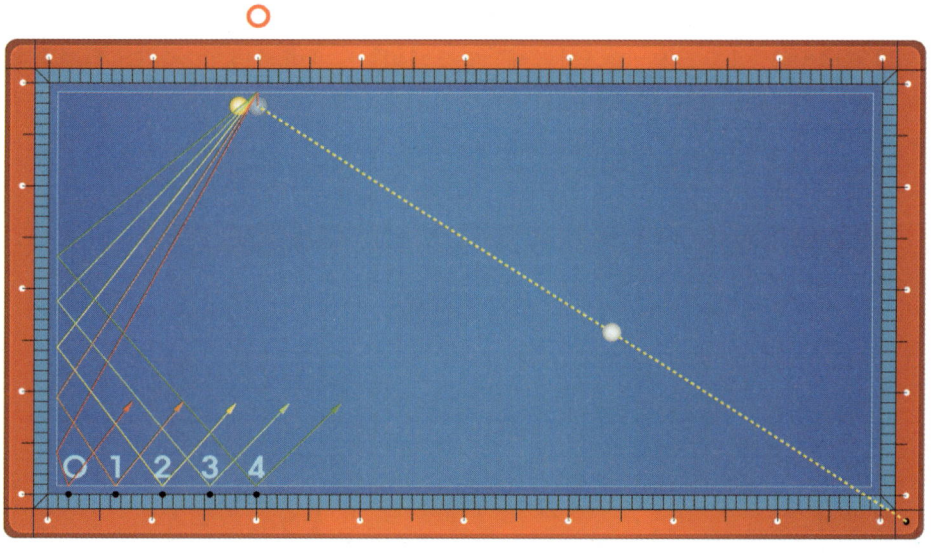

2.9-3 큐볼 출발점 0, 첫 입사점 0에서의 타점별 진로변화

※ 2.9-3을 자세히 살펴보면 녹색 실선으로 표현된 4타점의 진로가 -10 시스템의 출발점 50, 첫 입사점 20의 진로와 일치한다는 것을 알 수 있다. 이것은 -10 시스템을 운용할 때 일출 일몰 시스템의 타점이동을 이용하면 짧은 쪽으로의 보정이 가능하다는 것을 의미한다.

2.9-4는 1fp 와 3rp 가 0으로 고정된 상태로, 큐볼 출발점에 맞춰 각각의 타점을 설정하면 되는 경우다.

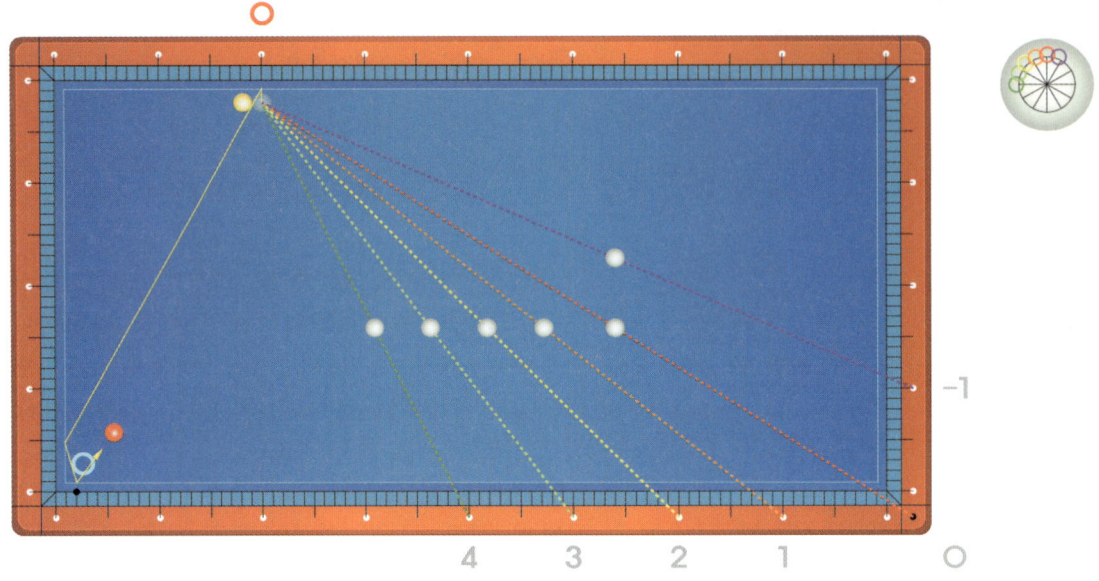

2.9-4 첫 입사점 0, 세 번째 입사점 0에서의 정렬선별 타점변화

최종 입사점이 음수라는 것은 리버스-엔드 시스템의 진로와 마찬가지로 두 번째 입사점은 롱 레일, 세 번째 입사점은 숏 레일에 형성된다는 의미이다. 2.9-5의 경우엔 COfp + 1fp + 3rp = 0.5가 되므로, 타점의 방위도 0과 1의 절반, 즉 0.5로 설정해주어야 한다.

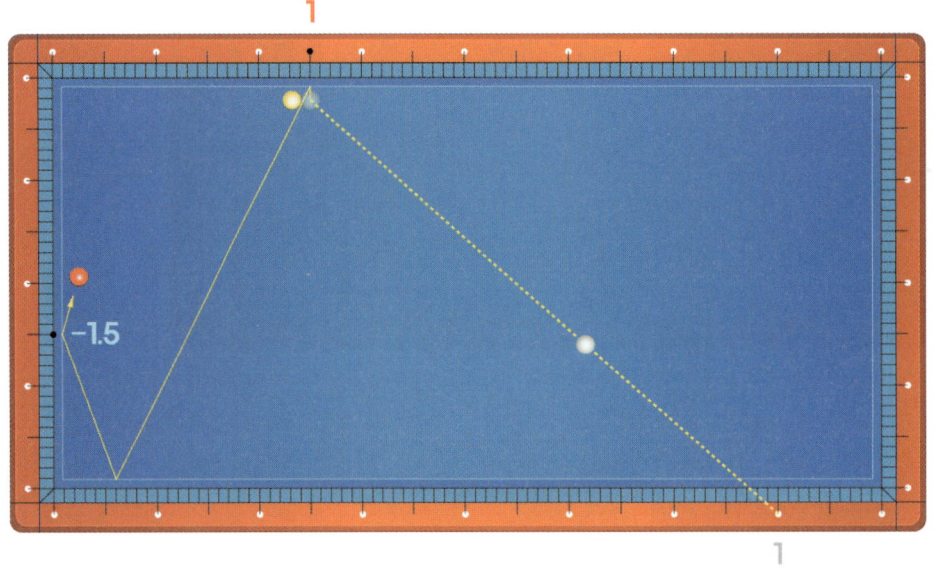

2.9-5 리버스-엔드 형태의 진로

오브젝트볼1의 위치가 롱 레일에서 떨어진 경우엔 한 포인트마다 타점을 1씩 감해주어야 한다. 오브젝트볼이 롱레일에서 멀어질수록 정렬선이 길어지고 첫 입사점에서의 반사각도 줄어들기 때문이다.

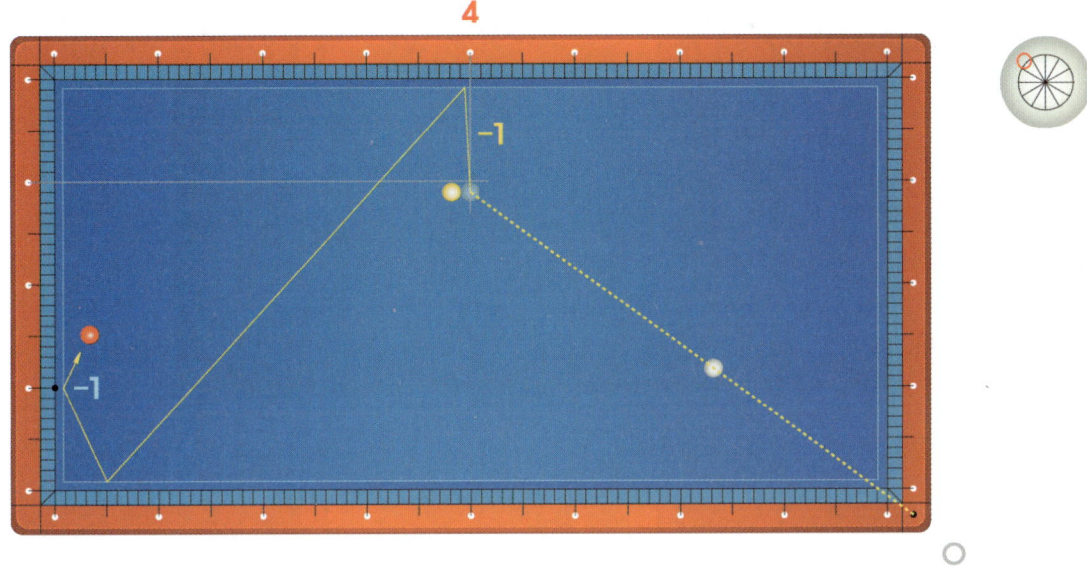

2.9-6 오브젝트볼1의 위치에 따른 수정

C 스트록

잉글리시 시스템은 보통 스트록에 있어 얼마간의 편차가 용인되지만, 일출 일몰 시스템만큼은 노 잉글리시 시스템보다도 엄격하다. 첫 입사점에서 큐볼이 최적의 구름관성을 갖도록 제어하는 것이 시스템의 기본전제이기 때문이다. 이는 큐볼과 입사점까지의 거리와 두께에 따라 매번 다른 스트록을 구사해야 한다는 뜻으로 풀이된다.

원칙은 거리가 멀수록 스트롱 스트록, 가까울수록 소프트 스트록, 두께가 두꺼울수록 숏 스트록, 얇을수록 롱 스트록을 구사해야 한다는 것이다. 이것은 거미줄 시스템과 마찬가지로 반복적인 연습을 통해 체득하는 수밖에 없다.

D 보정

자체보정과 테이블 값에 따른 보정이 있다. 자체보정은 정렬선의 입사각이 15°미만이거나, 첫 번째 입사점이 -3이하인 경우 의도하지 않은 밀림이나 미끄러짐에 의해 최종진로가 길어지는 것을 막기 위한 과정이다. 상기 두 가지 상황에서는 타점을 옮겨주어야 하는데, 동일한 방위에서 팁만 하나씩 줄여주면 된다.

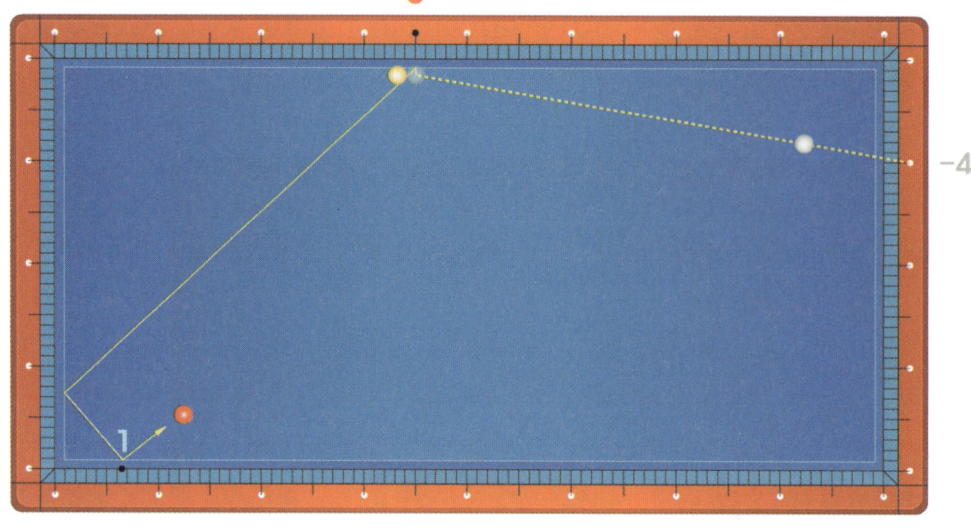

2.9-7 입사각 15° 이하에서의 타점변경

테이블 값에 따른 보정은 미끄러짐 값에 비례해 타점을 옮기는 독특한 방법을 사용한다. 이때 미끄러짐 값과 타점이동의 비율은 5:1이 된다. 일례로, 원래 1타점을 설정해야 하는 진로를 공략할 때 미끄러짐 값이 -5라면 1타점을 더해 2타점으로 보정하고, 미끄러짐 값이 +3이라면 3/5타점을 빼서 2/5타점으로 보정하는 것이다. 이 방법은 -10 시스템의 보정에도 그대로 활용할 수 있다.

16분법에서 정확한 타점을 설정하기도 만만치가 않은데, 하나의 타점을 다시 5등분하는 것이 과연 가능할지 의구심을 갖는 독자들이 많을 것이다. 큐 팁의 직경이 10mm이상이고 곡률마저 일정치 않다는 점을 감안하면, 1mm정도에 불과한 타점이동을 완벽하게 해낸다는 것은 누가 봐도 불가능하다. 그러나 오차허용치라는 것이 존재하기 때문에, 두께만 정확하면 1, 2mm정도의 편차는 문제되지 않는다. 정작 주의할 부분은 브리지와 큐볼의 간격을 최소로 유지하고, 훅을 단단히 조여 스트록에서 발생할 수 있는 실수를 미연에 방지하는 것이다.

2.10 페루 Peruvian

독자적인 하나의 시스템이라기보다는 일출 일몰 시스템을 롱 레일방향에 맞춰 수정한 파생시스템으로 보는 것이 정확하다. 동선이 긴만큼 편차도 커지기 때문에, 일출 일몰 시스템에 어느 정도 익숙해진 다음에 익히는 것이 좋다.

'페루'라는 명칭은 이 시스템을 제창한 이가 페루출신이어서 붙여진 명칭인데, 그의 이름은 알려져 있지 않다.

A 포인트

페루 시스템의 포인트별 수치는 2.10-1과 같다. 찬찬히 뜯어보면 기본적인 골격이 일출 일몰 시스템과 동일하다는 것을 알 수 있다.

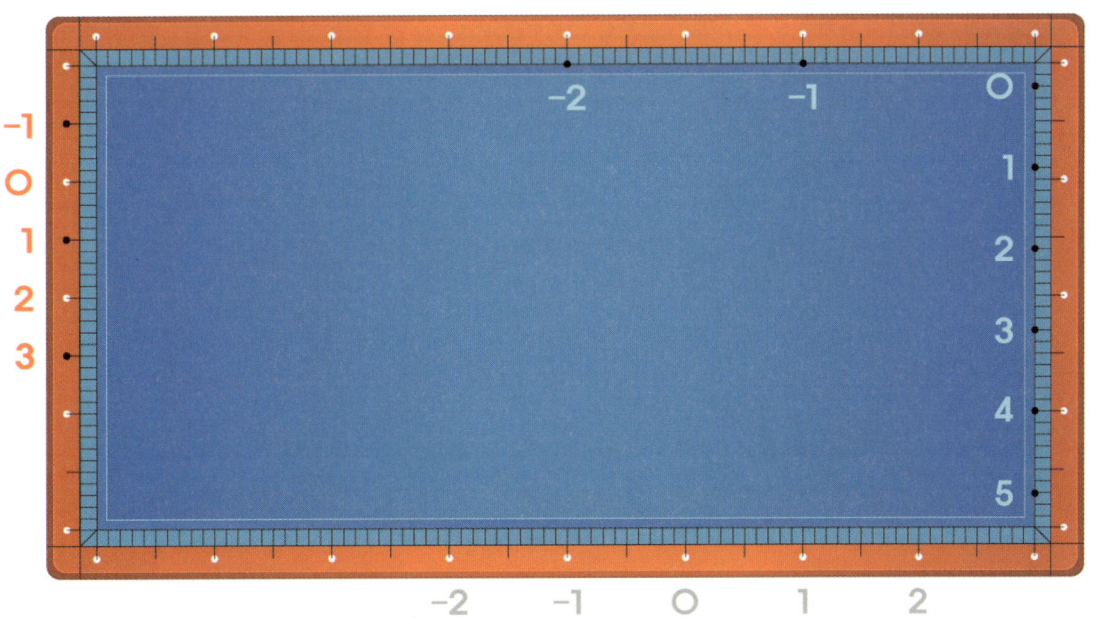

2.10-1 페루 시스템의 포인트별 수치

※ 참고로 암기에 신경 써야 할 부분은 숏 레일에 위치한 세 번째 입사점으로, 0은 실제 레일 포인트 2, 다음부터는 각각 7씩 늘어나 실제 레일 포인트 37이 5가 되는 것이다.

B 타점과 방정식

일출 일몰 시스템과 공통되는 부분이므로 2.10-2와 2.10-3, 두 가지 예를 제시함으로써 설명을 대신한다.

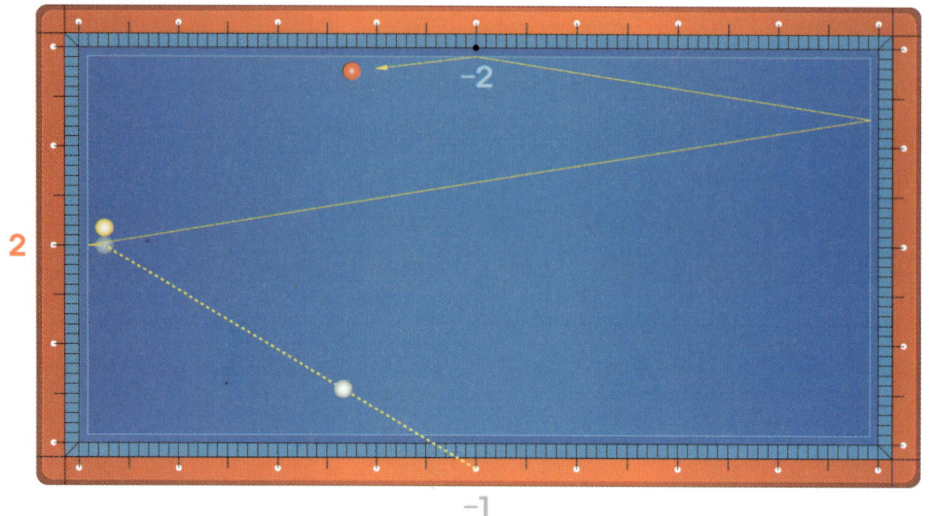

2.10-2 -1타점의 진로

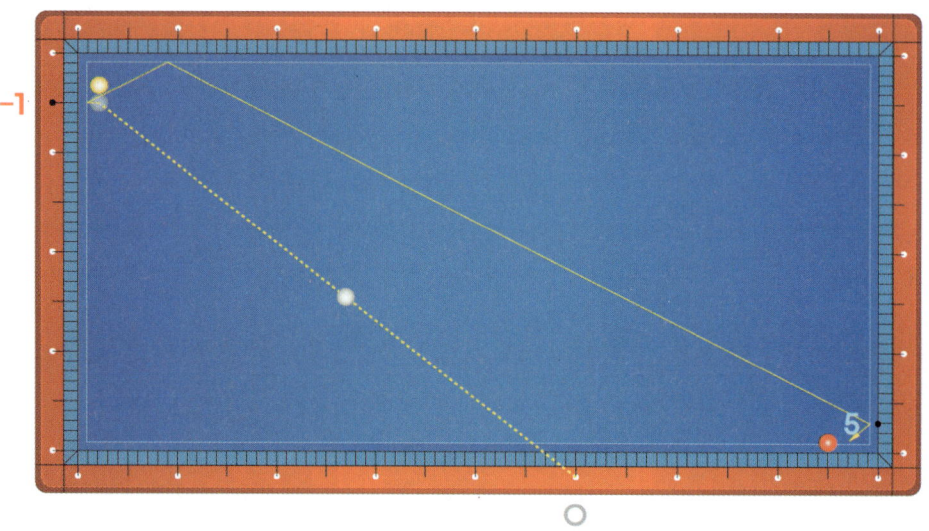

2.10-3 4타점의 진로

C 스트록

운용에 있어 차이점은 동선이 긴만큼 강한 스트록이 요구된다는 것뿐이다. 일출 일몰 시스템을 습득한 플레이어라면 몇 번의 연습만으로 적절한 스트록을 갖출 수 있다.

2.11 뒤쪽 우산 Backside Umbrella

일반적인 플레이어들이 가장 까다롭게 생각하는 샷 중 하나인 '2뱅크 뒤로 걸어 치기'를 위한 시스템이며, 완전히 숙련되면 오브젝트볼1의 두께까지 조절할 수 있을 정도로 뛰어난 정밀도를 갖추고 있다. 그러나 큐볼 출발점이 50을 넘어가는 경우엔 소실점이 멀어 정확도가 떨어지므로 5와 1/2, 그리고 다음 장에 소개될 '도쿄 연결 시스템 Tokyo connection system'을 병용해야 한다.

'우산'이라는 명칭은 2뱅크 뒤로 걸어 치기의 진로가 펼친 우산을 연상시킨다는 데에서 비롯된 것이다. 포인트와 방정식, 타점이나 보정은 모두 5와 1/2 시스템과 같지만 두 번째와 세 번째 입사점을 연결하는 진로를 찾기 위해 소실점을 이용한다는 점이 새롭다.

이제 시스템 운용에 대해 알아보기로 하자. 실전에서 2.11-1과 같은 공을 만났다고 가정하면, 가장 현명한 선택은 2뱅크 뒤로 걸어 치기일 것이다. 물론 적색 공의 오른쪽 면을 맞혀 숏 레일 → 롱 레일 → 숏 레일을 따라 돌아오는 '길게 치기 long angle shot'도 생각할 수 있지만, 오브젝트볼2의 위치상 오차허용치가 크지 않은데다가 득점에 실패할 경우 상대방에게 쉬운 공의 배치를 허용할 가능성이 높다.

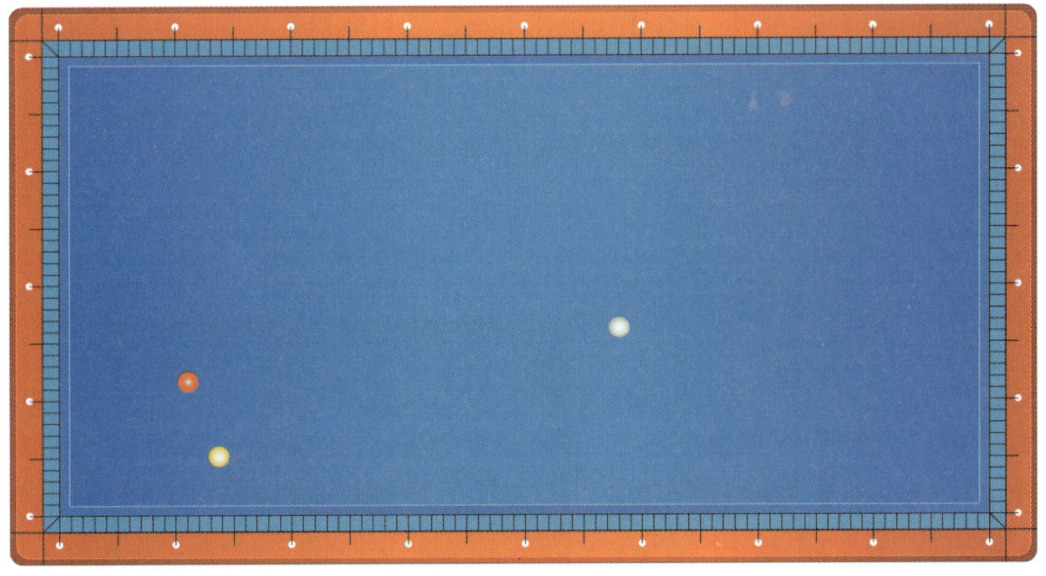

2.11-1 뒤쪽 우산 시스템의 운용 1

가장 먼저 해야 할 일은 5와 1/2 시스템에 입각해 현재 큐볼의 위치에서 최대한 길게 도달할 수 있는 진로를 찾는 것이다. 2.11-2를 보면 알 수 있듯, 첫 번째 입사점을 0으로 설정하면 세 번째 입사점은 50이 된다.

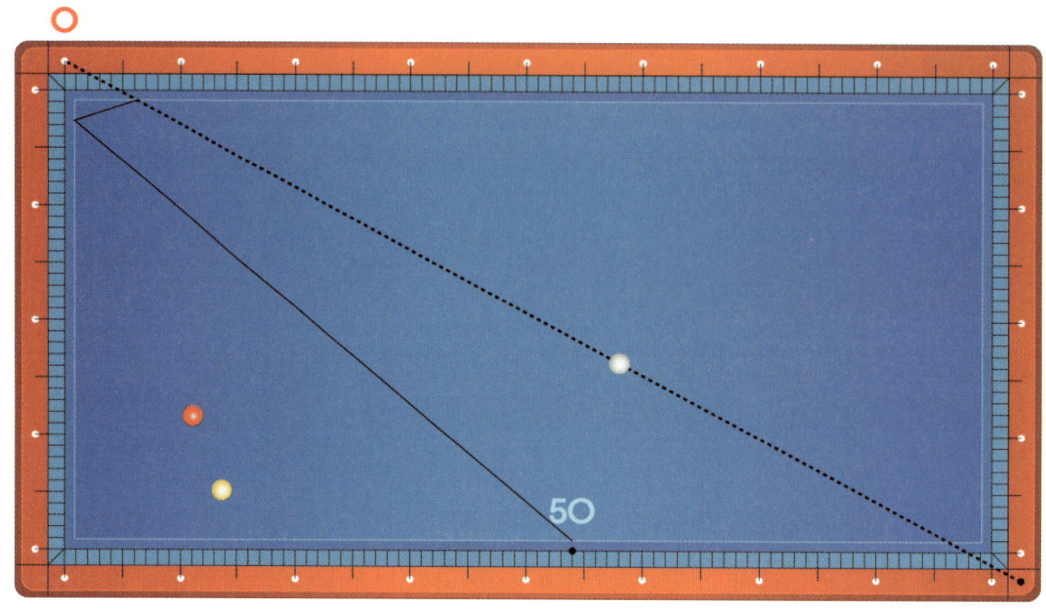

2.11-2 뒤쪽 우산 시스템의 운용 2

다음은 찾아낸 최장진로에서 세 번째 입사점과 두 번째 입사점을 연결하는 선분A를 추출해낸다. 그러면 선분 A를 세 배로 연장한 지점이 소실점이 되는 것이다.

※ 첫 입사점을 0으로 설정하면 두 번째 입사점의 위치는 큐볼 출발점에 상관없이 코너에서 2.5~3 레일 포인트 떨어진 지점에서 형성된다는 것을 알아두자.

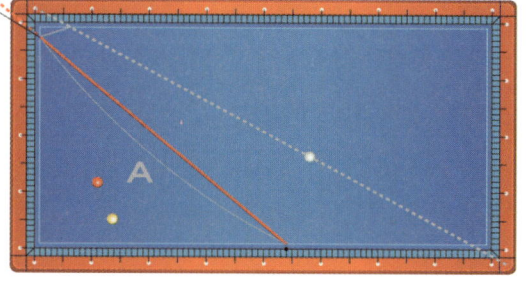

2.11-3 뒤쪽 우산 시스템의 운용 3

소실점이 정해졌으면, 소실점과 세 번째 레일을 연결하는 선분 중에서 자신이 원하는 진로와 부합되는 것을 찾아내 롱 레일과 접하는 입사점(레일 포인트)의 수치를 파악해야 한다. 이 경우엔 2.11-4와 같이, 20이 된다. 이때 명심할 점은 소실점을 찾아내는 공간지각이 완전하게 다듬어지기 전까지는 오브젝트볼1의 두께는 손대지 말아야 한다는 것이다. 따라서 처음엔 안전한 두께, 즉 1/2에서 득점할 수 있는 경우에만 운용하는 것이 바람직하다.

※ 두께를 1/2, 또는 1/3로 설정하면 소실점의 위치가 부정확해 오브젝트볼이 조금 두텁게 맞더라도 구름관성에 의한 밀림현상이 발생하므로 대개 득점에 성공하게 된다.

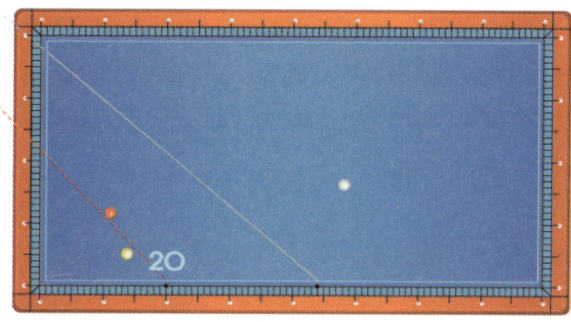

2.11-4 뒤쪽 우산 시스템의 운용 4

이제 남은 일은 세 번째 입사점 20에 도달할 수 있는 정렬선을 찾는 것뿐이다. 큐볼의 위치상 출발점은 43, 첫 입사점은 23이며, 타점은 9시 30분이 된다.

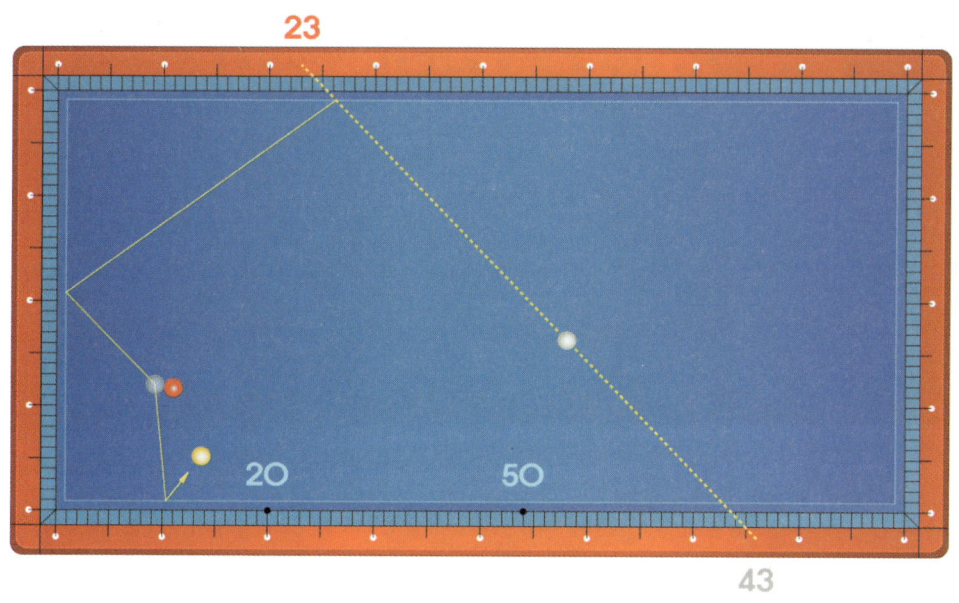

2.11-5 뒤쪽 우산 시스템의 운용 5

2.12 더블 레일 Double Rail

큐볼에 역 비틀기를 가해 첫 번째와 세 번째 입사점이 동일한 레일에 형성되도록 하는 샷을 '되돌리기', 또는 '되돌려 치기'라 하는데, 그 성격에 따라 '더블 레일double rail', '접시plate', '뱀snake' 등으로 세분한다. 이 중 뱀 샷을 제외한 두 가지는 전용 시스템이 준비되어 있다.

'더블 레일'이라는 명칭은 하나의 레일에서 두 번의 레일터치를 얻어낸다는 의미로, 첫 입사점은 코너부근으로 한정시킨 상태에서 타점을 이동시켜 세 번째 입사점을 조절하게 된다.

A 포인트

프레임 포인트만 사용하며, 포인트별 수치는 2.12-1과 같다.

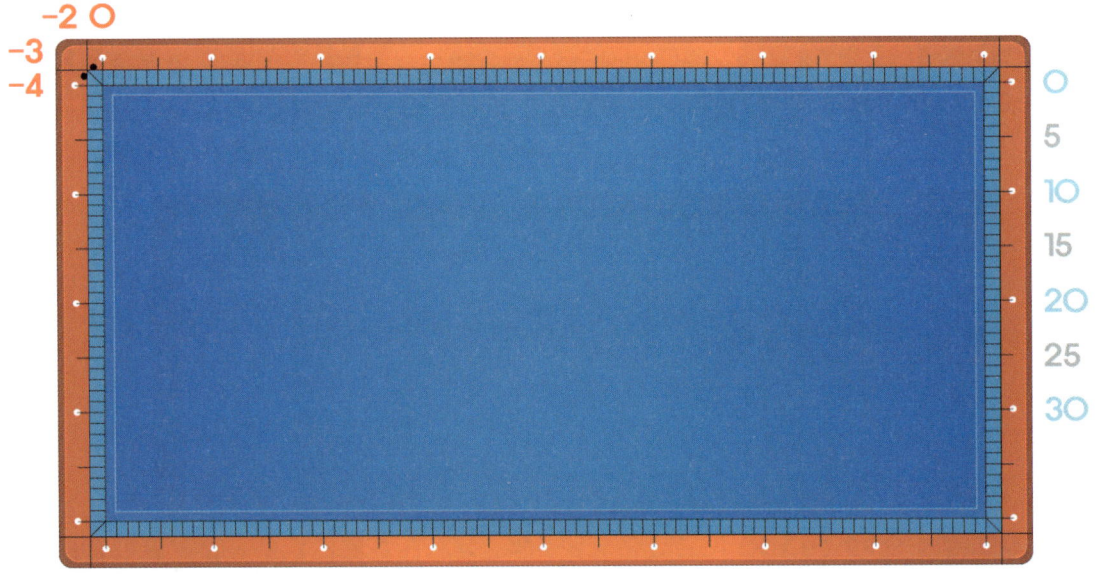

2.12-1 더블 레일 시스템의 포인트별 수치

시스템의 특성상 큐볼 출발점과 세 번째 입사점은 같은 포인트를 공유한다. 첫 번째 입사점은 코너의 두 포인트를 연결한 선분에 동일한 간격으로 두 개를 추가해 총 네 개의 포인트를 사용한다.

B 타점과 방정식

기존 12방위에 30분이 추가된 '24분법'을 사용하며, 12시 30분(혹은 11시 30분)을 시발로 방위 하나당 수치 5를 가감한다. 모든 타점은 3팁이고, 순 비틀기나 하단 타점은 배제한다.

더블 레일 시스템의 각도조절은 전적으로 타점이동에 의존하기 때문에, 다른 어떤 시스템보다도 정확한 타점이 요구된다. 특히 오차허용치가 작거나 큐볼의 동선이 긴 경우엔 타점이 흔들리지 않도록 브리지와 큐볼의 간격을 좁히고 혹을 단단히 조이는 등, 각별한 주의를 기울여야 한다.

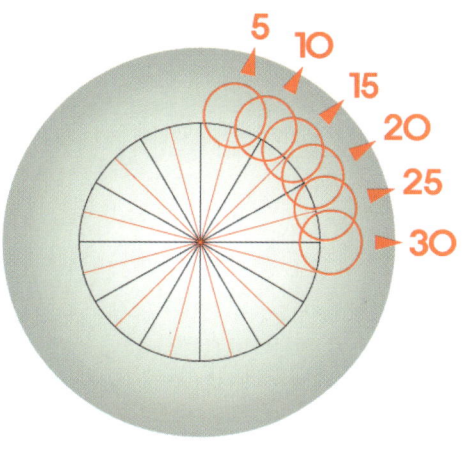

2.12-2 더블 레일 시스템의 타점별 수치

방정식은 'COfp + 3fp = HPn'이 된다. 큐볼 출발점과 최종 입사점을 더한 수치에 맞춰 타점을 설정한다는 뜻이다. 2.12-3은 큐볼 출발점 5, 최종 입사점은 10이므로 15타점(1시 30분 3팁)을 설정하면 된다.

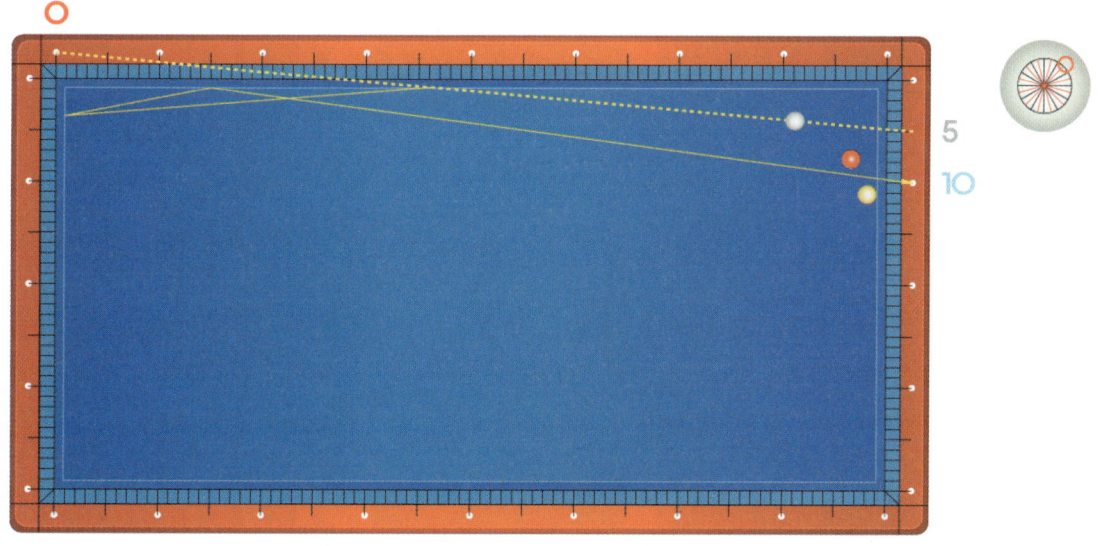

2.12-3 큐볼 출발점 5, 최종 입사점 10의 진로

첫 번째 입사점은 보통 0으로 고정되지만 큐볼 출발점이 5이하가 되면 첫 입사점을 출발점의 수치에 맞게 이동해야 한다. 쉽게 말해, 큐볼 출발점이 4면 첫 입사점은 -4, 3이면 -3, 2면 -2가 되는 것이다. 이는 큐볼과 레일의 실질접점이 너무 일찍 형성되어 진로에 혼선이 발생하는 것을 방지하기 위함이다. 2.12-4는 큐볼 출발점이 4인 경우를 표현한 것이다.

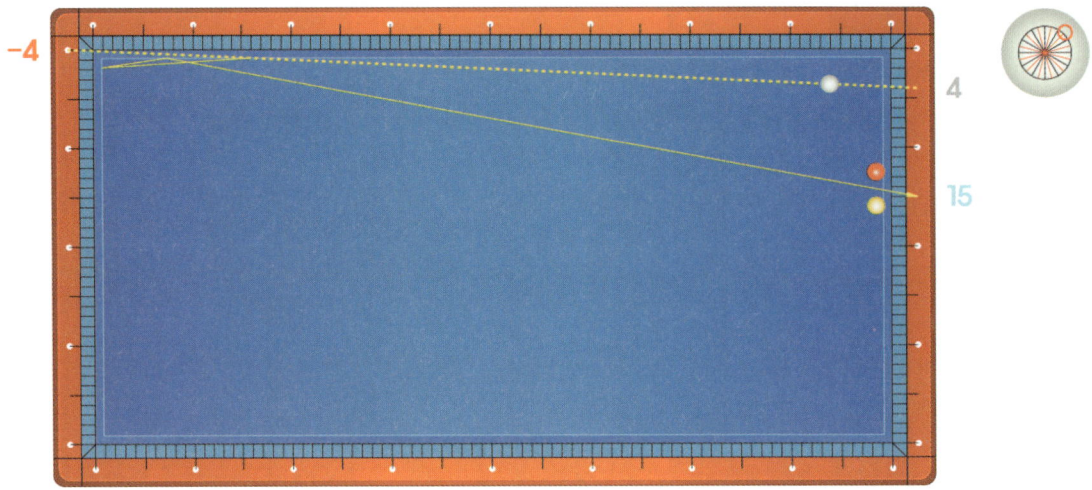

2.12-4 큐볼 출발점 4, 최종 입사점 15의 진로

첫 입사점이 0이 아닌 -4이므로 타점도 19가 아닌 15가 된다.

C 스트록

더블레일 시스템에서 스트록은 타점 다음으로 중요한 부분이다. 타점이 아무리 정확해도 스트록의 속도가 일정치 않으면 소용이 없다. 기준은 두 번째 입사점에 도달한 큐볼의 속도가 1.5레일 스피드가 되도록 조절하는 것이다. 수평각을 최대한 낮추는 것도 잊지 말아야 한다.

D 보정

잉글리시 값을 이용하며, 방정식에 그대로 반영해주면 된다. 예를 들어, 잉글리시 값이 -3이 나오는 테이블에서는 방정식이 COfp + 3fp -3 = HPn, 잉글리시 값이 +5가 나오는 테이블에서는 방정식이 COfp + 3fp +5 = HPn이 되는 것이다.

2.13 볼 Ball

옆으로 돌리기에 운용할 수 있는 시스템은 여러 가지가 있는데, 개중 편의성이 가장 뛰어난 것이 바로 볼 시스템이다.

시스템의 구조는 오브젝트볼1의 위치에 따른 기준선, 최종 입사점과 정렬선의 입사각에 부여된 수치를 합산하여 타점과 두께를 맞추는 방식이다.

테이블 값에 따른 보정이 간편하며, 정렬과 스트록이 안정돼 있는 플레이어에겐 기계적인 득점과 폭넓은 뒷공의 선택이 보장된다.

A 포인트

우선 7개의 기준선부터 암기해야 하는데, 이는 오브젝트볼1의 위치에 부여된 수치를 의미한다. 기준선은 롱 프레임의 포인트를 1:2의 비율로 연결한 것이다. 5, 6, 7번 기준선은 숏 프레임으로 연결되는데 정확한 위치는 각각 1.25, 2.5, 3.5가 된다. 주의할 점은 라인이 오브젝트볼1과 겹치지 않고 공 반지름만큼 벗어나 있다는 것이다.

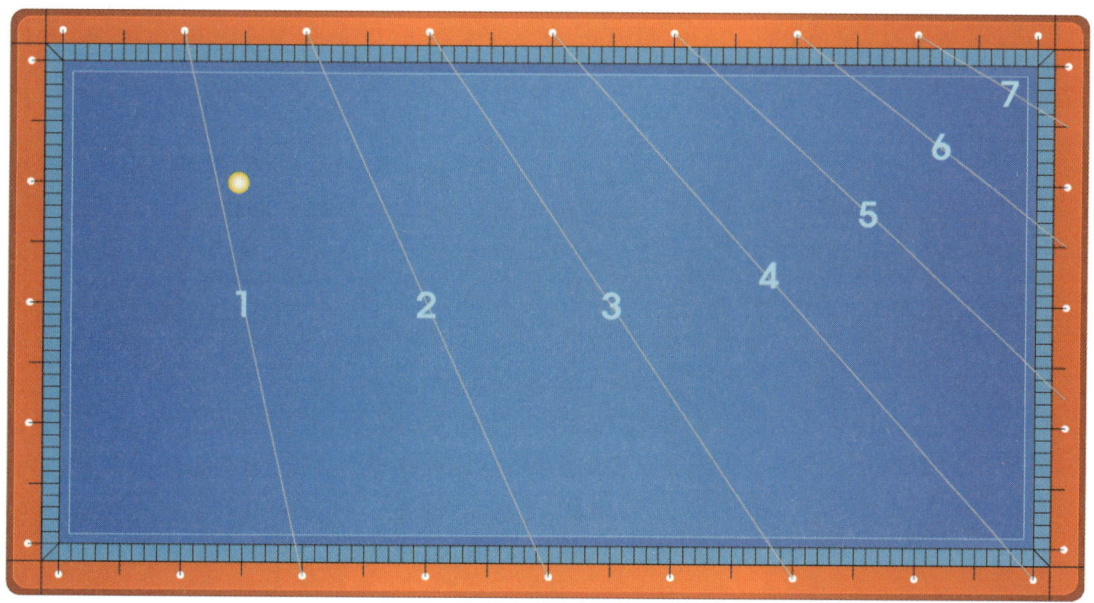

2.13-1 볼 시스템의 기준선별 수치

다음은 최종 입사점에 부여된 수치이다. 레일 포인트를 사용하며, 한 포인트는 2가 된다.

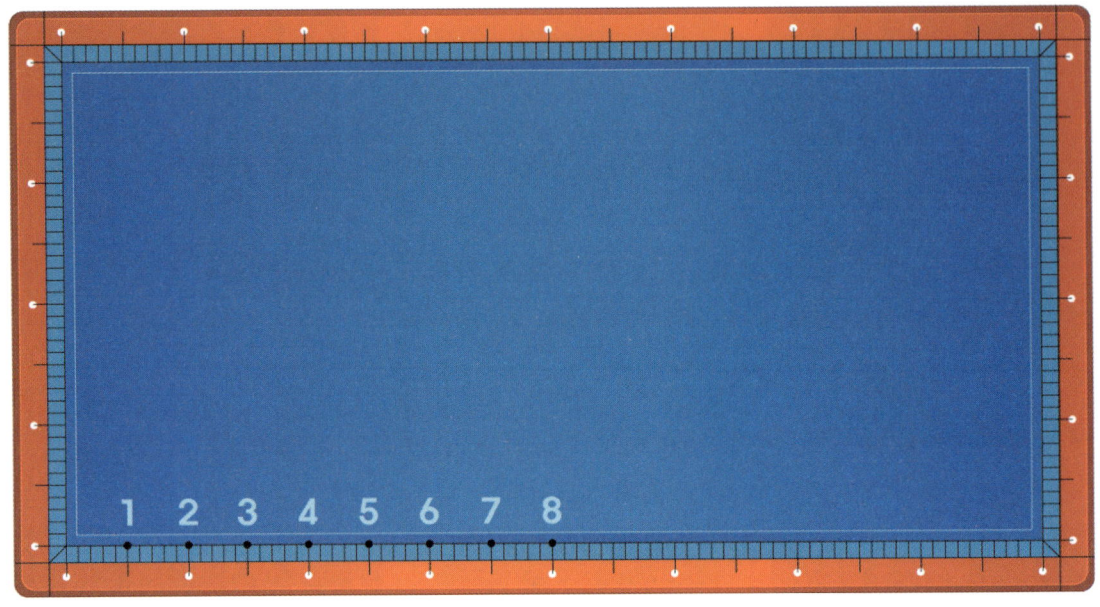

2.13-2 볼 시스템의 최종 입사점별 수치

B 정렬과 방정식

앞서 언급한대로, 볼 시스템의 운용은 공의 배치에 대한 수치의 총합을 찾아내 타점과 두께를 맞추는 과정이다. 이는 타점은 물론, 두께 역시 수리적으로 정의할 수 있다는 걸 의미한다.

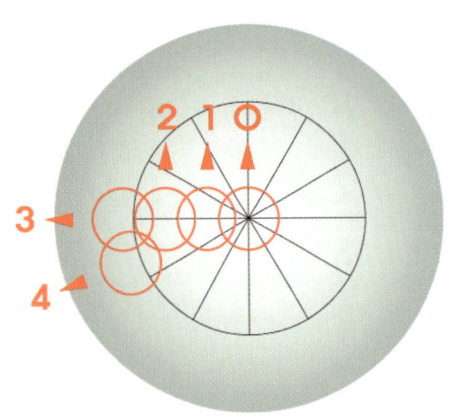

타점별 수치는 2.13-3과 같아서, 0팁에 0, 9시(혹은 3시) 1, 2, 3팁이 각각 1, 2, 3, 그리고 8시 20분(혹은 3시 40분) 3팁에 4가 부여된다. 물론 각 타점 사이사이에 반 팁을 설정하기도 하지만, 방위가 두 개에 불과하므로 부담이 그리 큰 편은 아니다.

※ 언뜻 보기엔 4타점의 횡 비틀기가 3타점에 비해 약할 것처럼 느껴지지만, 분리각이 더해지는 하단타점의 특성으로 인해 합당한 효과를 볼 수 있다.

2.13-3 볼 시스템의 타점별 수치

두께는 1부 5.1에서 소개된 '8분법'에 따라 1/8두께는 1, 2/8은 2, 3/8은 3...과 같은 식으로 7까지 수치가 부여된다.

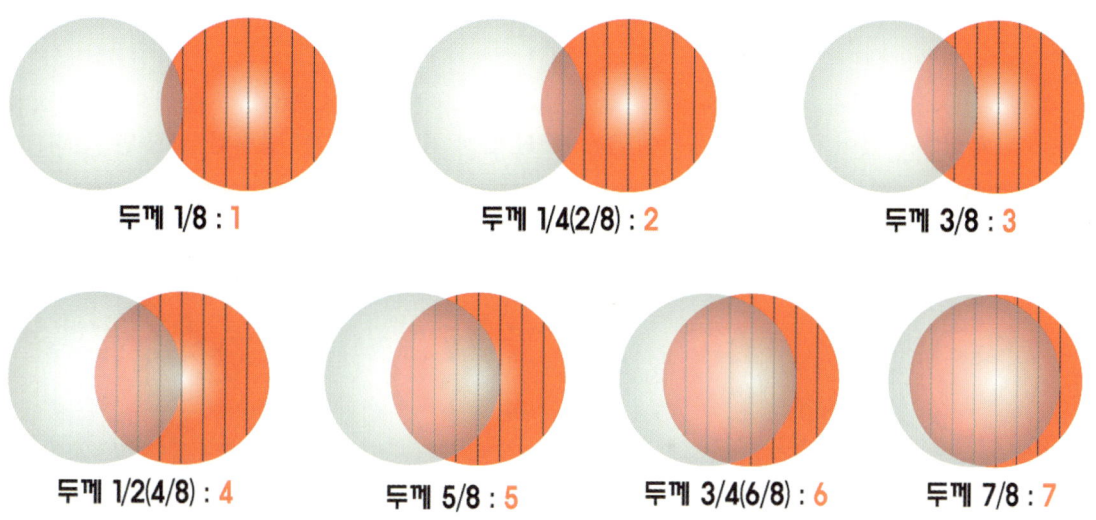

2.13-4 볼 시스템의 두께별 수치

※ 두께와 타점을 과도하게 설정하면 정확도가 떨어지기 쉽다. 두께가 1/2 이상이면 관성에 의한 밀림현상을, 타점이 3이상이면 과도한 스쿼트나 커브를 주의해야 한다.

남은 것은 정렬선에 따른 수치이다. 2.13-5와 같이, 정렬선의 입사각이 90°이면 0, 두 번째 레일방향으로 반 포인트 기울 때마다 1씩 더하고, 반대 방향은 1씩 감한다.

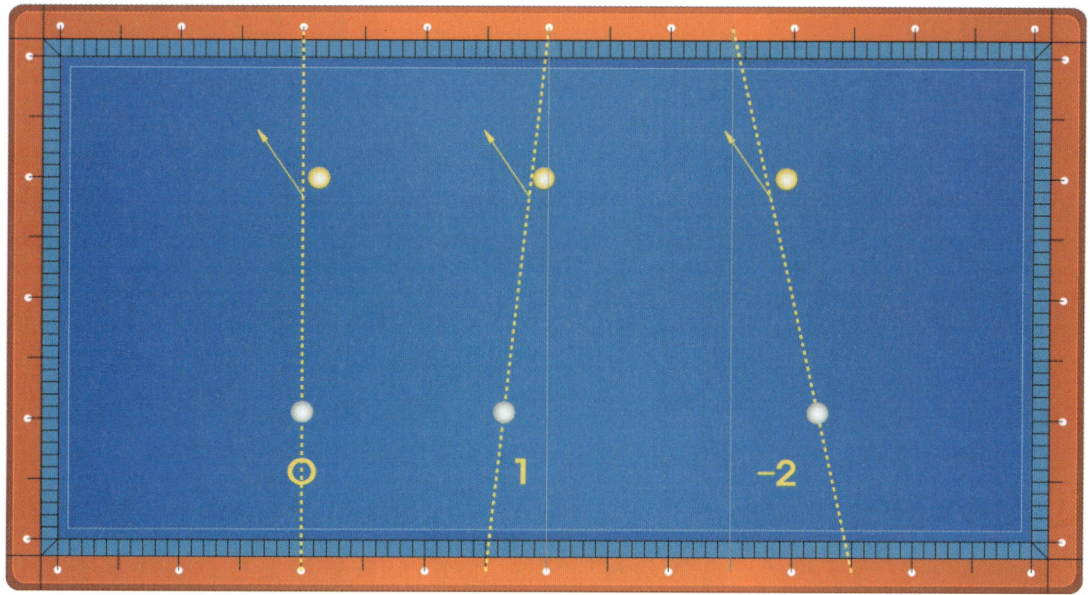

2.13-5 볼 시스템의 정렬선별 수치

오브젝트볼1의 기준선 수치를 'OTn', 큐볼의 정렬선 수치를 'CAn', 원하는 최종 입사점의 수치를 '3rp', 타점에 부여된 수치를 'HPn', 두께에 부여된 수치를 'Tn'이라 하면, 방정식은 'OTn + CAn + 3rp = Tn + HPn'이 된다.

실전에서 2.13-6과 같은 공의 배치를 만났을 때, OTn 3, CAn 2, 3rp 1이라는 것을 바로 파악할 수 있어야 한다. 다음엔 Tn + HPn = 6이 되도록 정렬만 해주면 된다.

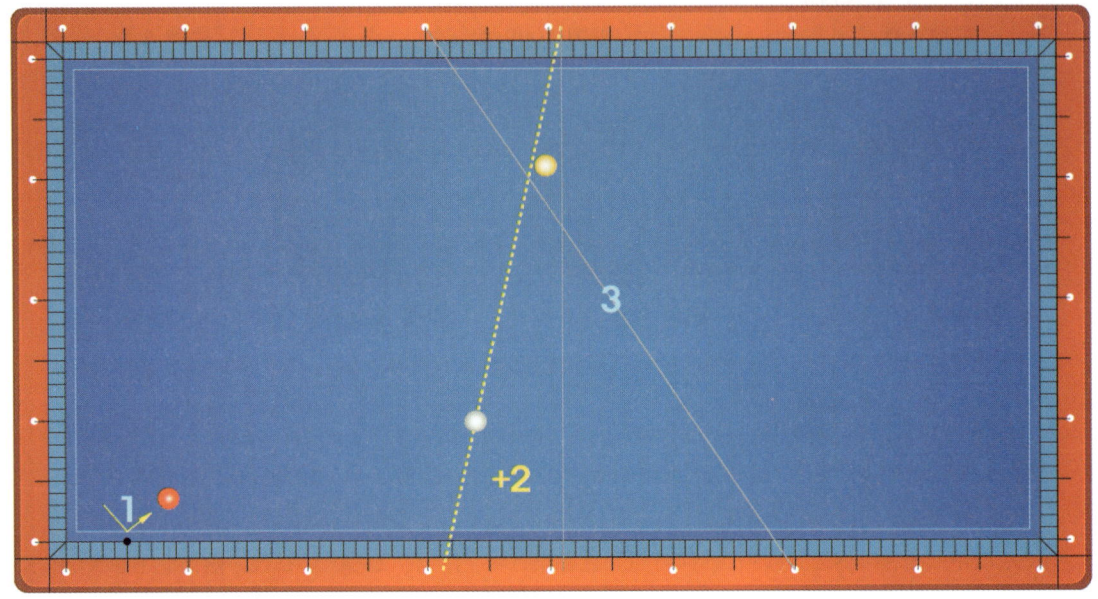

2.13-6 볼 시스템의 운용

C 스트록

입사각의 수치가 음이면 분리각을 최소화하기 위해 약한 스트록, 양이면 분리각이 줄어드는 것을 막기 위해 강한 스트록을 구사해야 한다. 입사각의 수치가 0이면 중간 정도의 자연 분리각이 형성될 수 있는 롱 스트록이 적합하다. 역시 다양한 배치의 연습을 통해 몸으로 익혀야 한다.

D 보정

잉글리시 값을 이용하며, 두께나 타점을 조절하는 방식을 사용한다. 보정비율은 잉글리시 값의 1/5이 된다. 예를 들어, 잉글리시 값이 +2.5면 두께나 타점에서 0.5를 감하고, -5면 두께나 타점에 1을 더해주어야 한다.

※ 시스템 방정식의 수치는 언제나 정수가 될 수는 없기 때문에 소수가 포함된 암산에 익숙해질 필요가 있다. 소수 암산이 자신 없다면 인접한 정수로 구성된 두 개의 진로를 산출해 그 사이에서 정렬선을 찾으면 되지만, 두 번의 암산을 수행해야 하는 번거로움이 있다.

볼 시스템의 안정성에는 두 가지 조건이 따라다닌다. 첫째, 입사각의 수치가 -2보다 크고 5보다 작아야 한다. 이는 시스템의 한계와도 같은 것이어서, 충족되지 않을 시엔 운용을 포기해야 한다. 둘째, 오브젝트볼1과 첫 번째 입사점의 거리가 반 포인트 이상, 한 포인트 이내여야 한다. 이 범위를 약간 벗어나면 오차허용치 내에 들 수도 있지만, 크게 벗어나버리면 역시 다른 진로나 시스템을 찾아야 한다. 특히 오브젝트볼이 첫 번째 레일에 완전히 붙은 상태에서는 키스나 곡구 등으로 인해 진로가 엉망이 되는데, 그 해법에 대해서는 4부 1.6에서 다루기로 한다.

3 고정 잉글리시 시스템
Fixed English System

3.1 플러스 Plus

3.2 플러스 2 Plus 2

3.3 3팁 플러스 3tip Plus

3.4 35와 1/2 35 & Half

3.5 도쿄 연결 Tokyo Connection

3.6 역회전 Reverse

3.7 3O 퍼짐 3O Spread

3.8 아코디언 Accordion

3.9 3팁 횡단 3tip Across

3.10 접시 Plate

3.11 셰이퍼 Schaefer

3.12 등비 Even Ratio

3.13 분열 Split

> 고정 잉글리시 시스템은 일정한 타점을 설정하기 때문에 한결 손쉬운 운용이 가능하다. 구조도 전반적으로 간결해서 익히기에도 수월한 편이다. 물론 볼-퍼스트 샷에 적용하려면 두께에 따라 얼마간의 타점이동은 불가피하지만, 가변 잉글리시 시스템에 비할 바는 아니다.

3.1 플러스 Plus

대표적인 고정 잉글리시 시스템의 하나이며, 우수한 신뢰도와 범용성을 지니고 있다. 특히 5와 1/2 시스템의 사각에서 그 진가가 드러난다.

'플러스'라는 명칭은 큐볼 출발점과 첫 입사점의 수치를 더해 세 번째 입사점을 산출하는 특성에서 유래된 것으로, 나침반 측정법에 대해 비례성을 나타내는 몇 안 되는 시스템이다. 유사한 진로를 커버하는 '플러스 2 시스템 plus 2 system', '3팁 플러스 시스템 3tip plus system'과 한 세트를 이룬다.

※ 나침반 측정법에서의 비례성은 정렬선을 변경할 때 큐볼 출발점의 수치와 첫 입사점의 수치가 함께 늘어나거나 줄어드는 것을 의미한다.

A 포인트

프레임 포인트만 사용하며, 큐볼 출발점을 기준으로 두 개의 영역으로 나누어 암기해야 한다.

첫 번째 영역은 큐볼 출발점 20에서부터 50까지이며, 첫 입사점은 코너에서부터 반 포인트 간격으로 C, 20, 30, 40, 50의 수치가 부여된다. 입사점 C의 수치는 큐볼 출발점에 따라 가변해서, 출발점 20에서는 17, 30에서는 15, 40에서는 10, 50에서는 5가 된다.

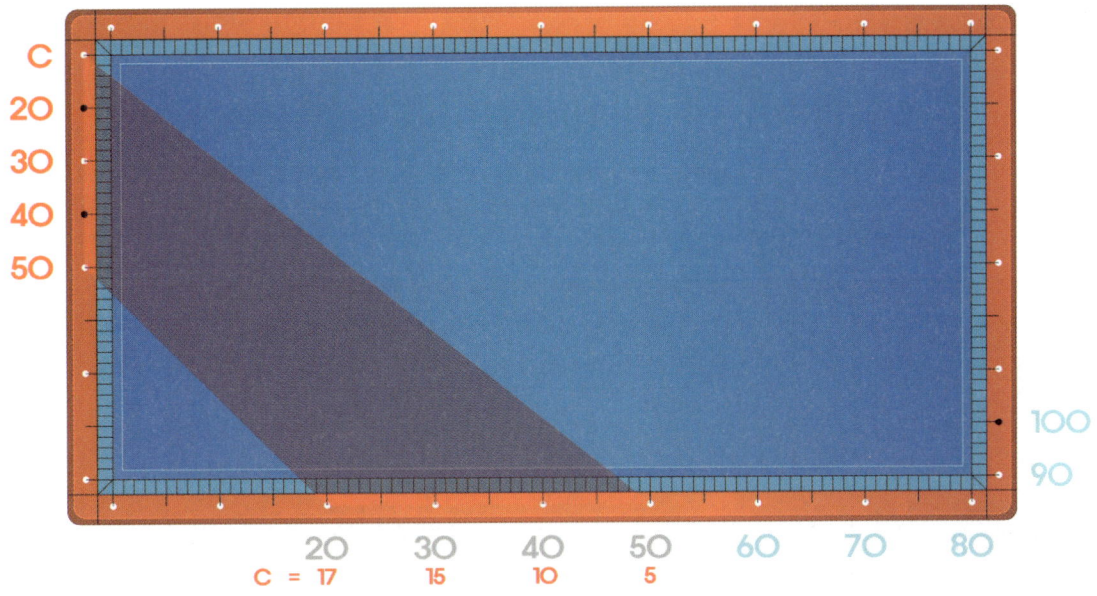

3.1-1 플러스 시스템의 포인트별 수치(출발점 20에서 50까지)

두 번째 영역은 큐볼 출발점 60에서부터 110까지이며, 첫 입사점은 코너에서부터 반 포인트 간격으로 0, 10, 20, 35, 50의 수치가 부여된다.

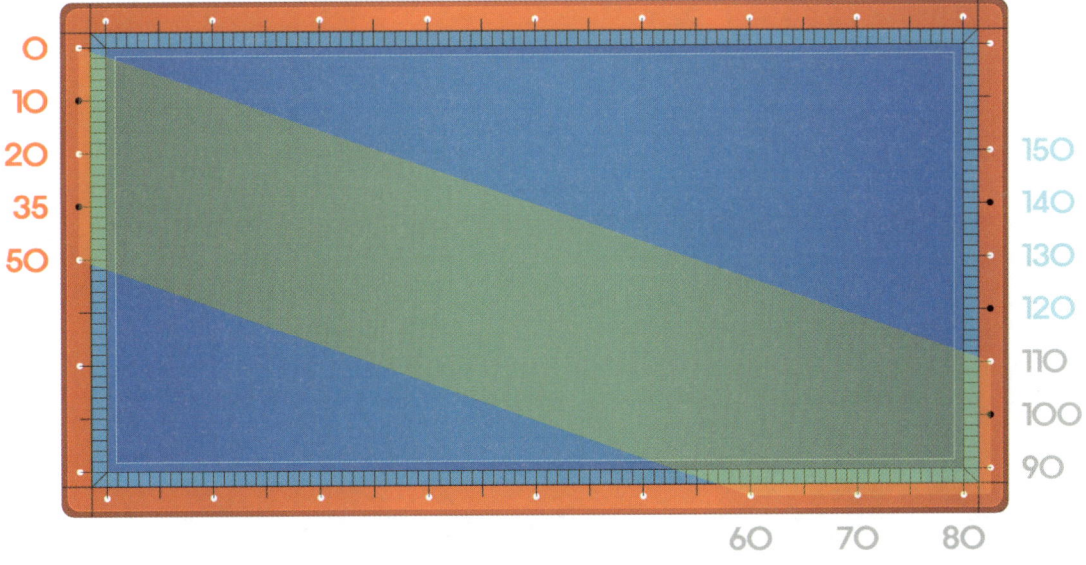

3.1-2 플러스 시스템의 포인트별 수치(출발점 60에서 110까지)

※ 3.1-1과 3.1-2에는 편의상 색이 구분되어 있지만, 원래 큐볼 출발점과 세 번째 입사점은 같은 수치를 공유한다.

B 타점 및 방정식

타점은 1시 30분(혹은 10시 30분) 3팁으로 고정되며, 방정식은 'COfp + 1fp = 3fp'이다. 단, 큐볼 출발점에 따른 영역을 확실하게 구분해서 적용해야 한다.

3.1-3은 첫 번째 영역에서 최종 입사점이 60인 경우로, 나침반 측정법을 사용해 COfp + 1fp = 60인 지점을 찾으면 된다.

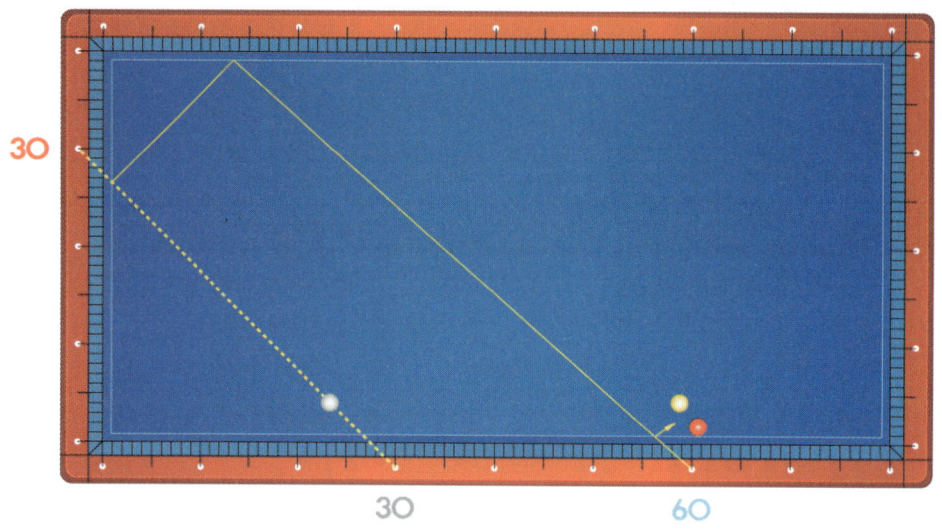

3.1-3 큐볼 출발점 30, 첫 입사점 30의 진로

3.1-4는 첫 번째 영역에서 최종 입사점이 37인 경우이며, 큐볼 출발점 20에서 C는 17이 된다.

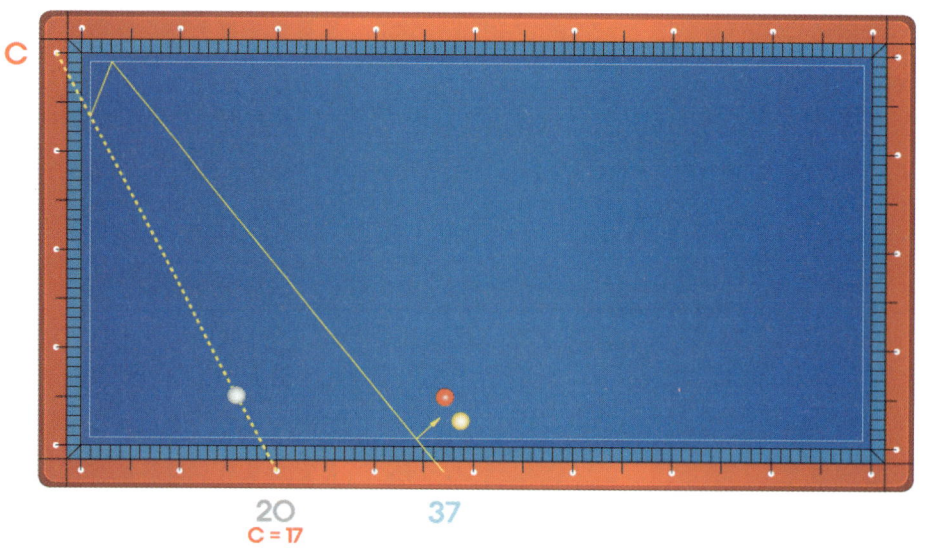

3.1-4 큐볼 출발점 20, 첫 입사점 C(17)의 진로

3.1-5는 두 번째 영역에서 최종 입사점이 110인 경우이다. 정렬선을 찾아내는 과정은 3.1-3이나 3.1-4와 다를 바 없지만, 첫 번째 입사점의 포인트별 수치가 0, 10, 20, 35, 50이라는 점이 다르다.

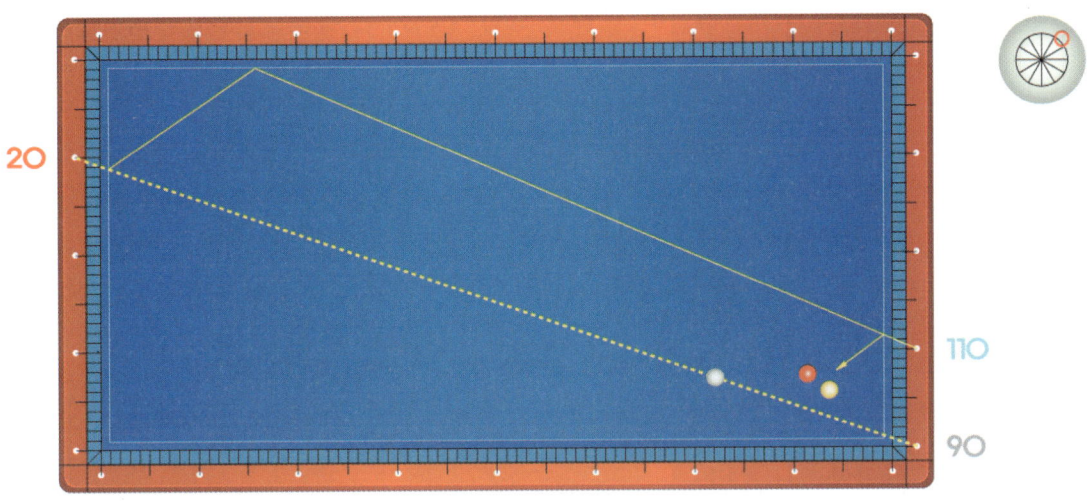

3.1-5 큐볼 출발점 90, 첫 입사점 20의 진로

큐 볼 출발점이 두 영역의 사이, 즉 50과 60사이에 있으면 첫 입사점도 두 기준치의 중간이 된다. 3.1-6에서 보듯, 큐볼 출발점이 55이면 첫 입사점의 포인트별 수치는 0, 15, 25, 37.5, 50이 되는 것이다.

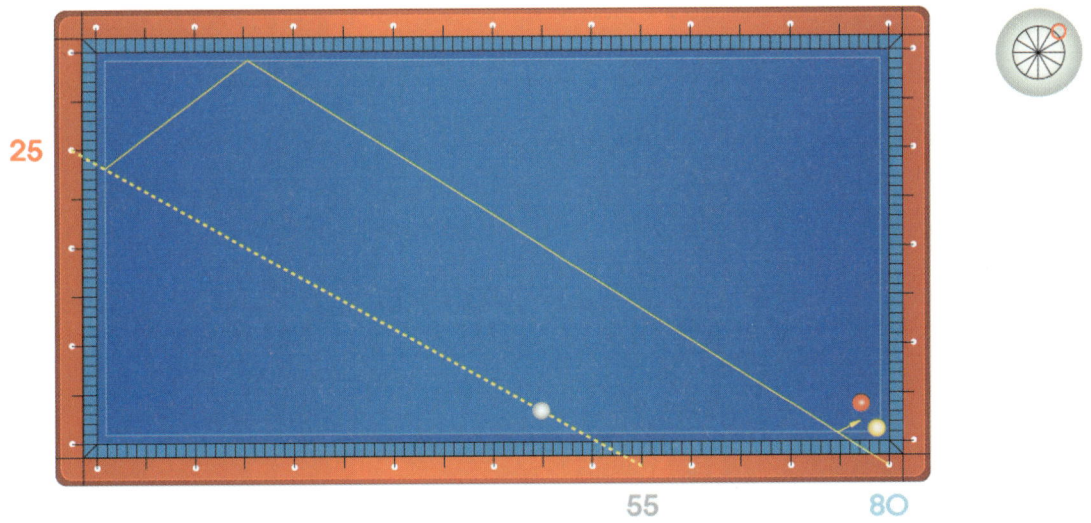

3.1-6 경계영역에서 첫 입사점의 수치변화

※ 처음에는 첫 입사점의 수치가 유동적인 경계영역에서 나침반 측정법을 사용하는 것이 조금 버거울지 모르나, 숙련된 후엔 불과 몇 초가 더 필요할 뿐이다.

C 스트록

첫 입사점에 도달한 큐볼의 속도가 1.5~2.5레일 스피드가 되도록 조절한다. 일반적으로 고정 잉글리시 시스템은 가변 잉글리시 시스템에 비해 스트록에 관한 제약이 덜한 편이어서, 스쿼트나 커브, 레일의 변형에 의한 반사각의 축소 정도만 주의하면 오차 허용치를 벗어나지 않는다.

D 보정

미끄러짐 값과 나침반 측정법을 이용한다. 보정비율은 미끄러짐 값의 1/2이다. 예를 들어, 미끄러짐 값이 -2인 테이블에서는 1만큼 길게, +4인 테이블에서는 2만큼 짧게 보정하면 되는 것이다.

3.2 플러스 2 Plus 2

플러스 시스템의 동생과 같은 시스템으로, 큐볼 출발점 20미만의 영역을 담당한다. 스트록이나 보정요령은 플러스 시스템과 같다.

'플러스 2'의 2는 '속편'의 의미가 아니라, 큐볼 출발점에 20을 더하는 특성을 반영한 것이다.

A 포인트

역시 프레임 포인트만 사용하는데, 큐볼 출발점에 따라 첫 입사점의 수치가 달라진다는 점에 유의해야 한다. 그러나 코너의 입사점만큼은 언제나 0이 된다.

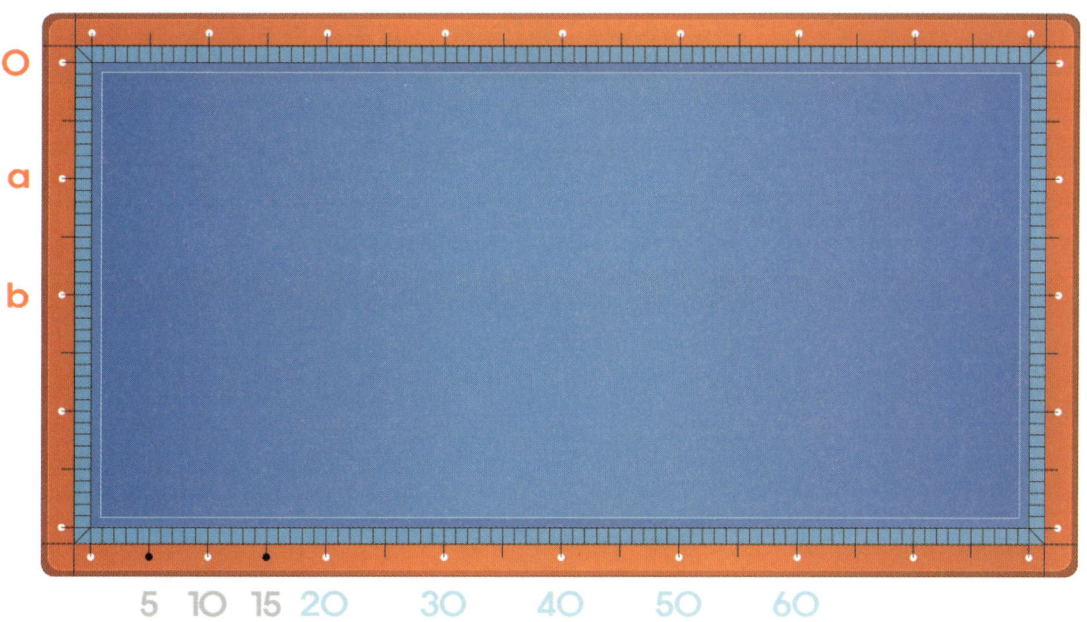

3.2-1 플러스 2 시스템의 포인트별 수치

입사점 a와 b의 수치는 큐볼 출발점에 비례해 단계적으로 늘어난다. 출발점 5에서는 a와 b가 각각 5와 10이 되며, 출발점 10에서는 7.5와 15, 출발점 15에서는 10과 20이 된다. 큐볼 출발점 5에서는 b에서 반 포인트 떨어진 곳에 입사점 15를 더함으로써 운용범위를 확대한다.

B 타점 및 방정식

타점은 플러스 시스템과 마찬가지로 1시 30분(혹은 10시 30분) 3팁이며, 방정식은 'COfp + 1fp + 20 = 3fp'가 된다.

3.2-2는 큐볼 출발점 5의 진로인데, 첫 번째 입사점 10에서 반 포인트 떨어진 곳에 15가 추가된 것을 알 수 있다.

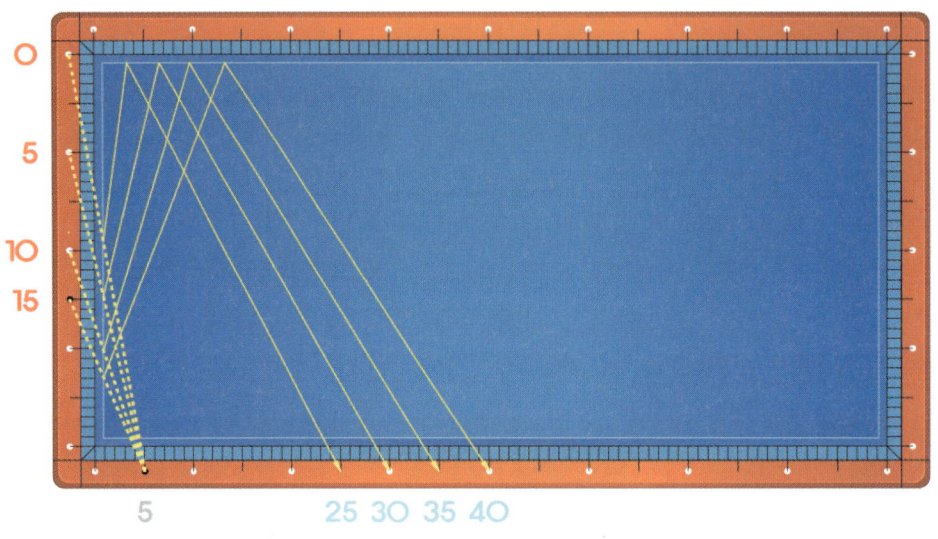

3.2-2 큐볼 출발점 5의 진로

3.2-3은 큐볼 출발점 10의 진로이다.

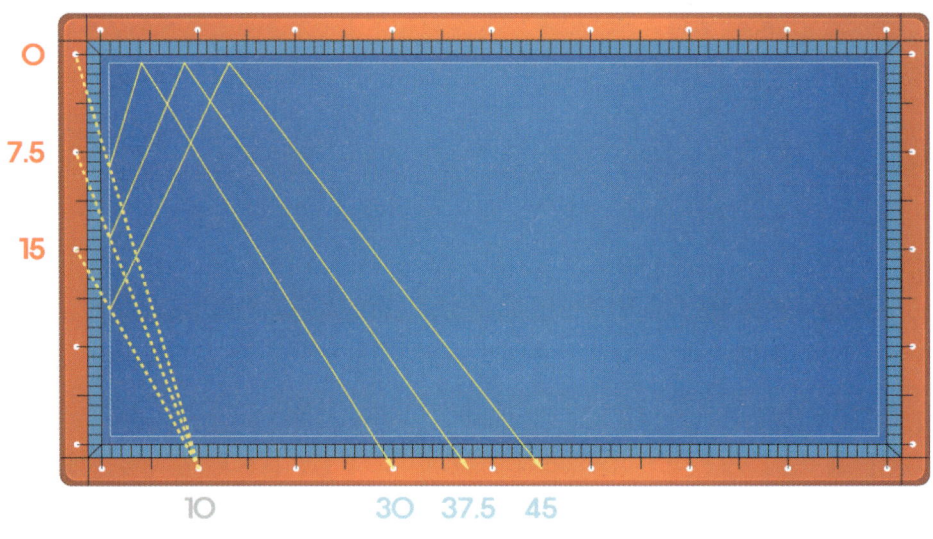

3.2-3 큐볼 출발점 10의 진로

3.2-4는 큐볼 출발점 15의 진로이다.

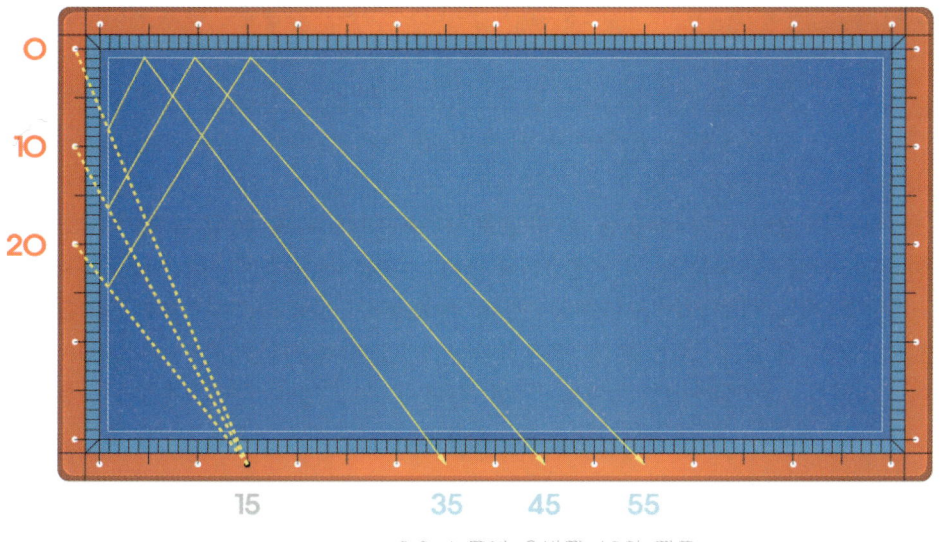

3.2-4 큐볼 출발점 15의 진로

※ 큐볼 출발점이 5와 10의 사이거나, 10과 15의 사이인 경우라면 첫 번째 입사점도 마찬가지가 된다. 예를 들어, 큐볼 출발점이 7.5라면 a는 6.25, b는 12.5가 되는 것이다.

플러스 2 시스템에서 추가로 알아야 할 부분은 네 번째 입사점의 위치이다. 물론 입사각이나 스트록의 속도 등 조건에 따라 조금씩 틀리지만, 3.2-5에 있는 기본진로만 알아두면 실전에서 상당한 도움이 된다.

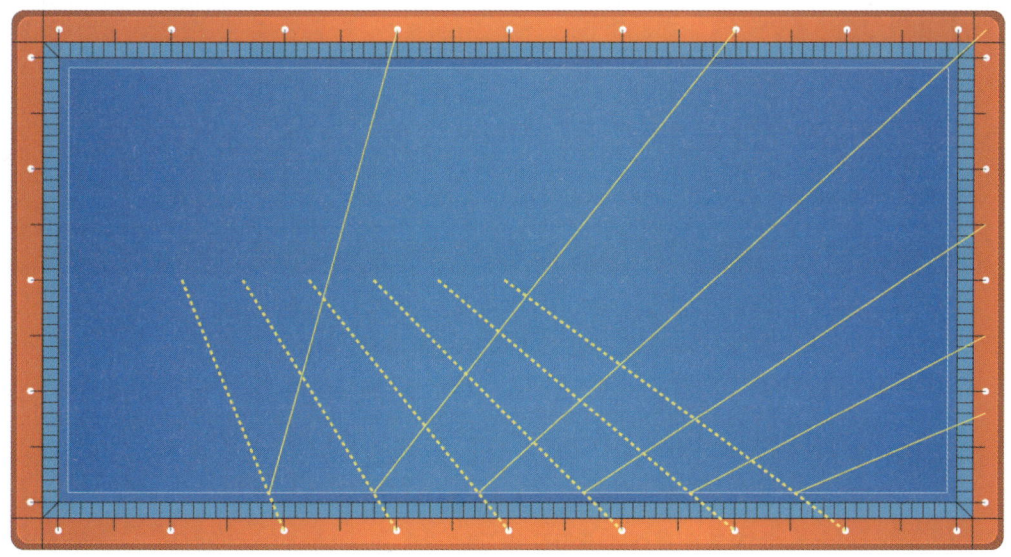

3.2-5 네 번째 입사점의 대략적인 위치

3.3 3팁 플러스 3tip Plus

플러스 2 시스템이 플러스 시스템의 동생이라면 3팁 플러스는 '사촌'쯤 된다. 담당영역은 플러스 시스템과 겹치지만 운용요령이 완전히 달라서, 공의 배치를 보고 적합한 쪽을 택하면 된다.

플러스나 플러스 2도 3팁의 타점을 설정하지만, 3팁 플러스는 방위가 순수 횡 비틀기인 3시나 9시라는 점에서 '3팁'이란 명칭이 붙은 것이다.

A 포인트

프레임 포인트와 레일 포인트를 함께 사용한다.

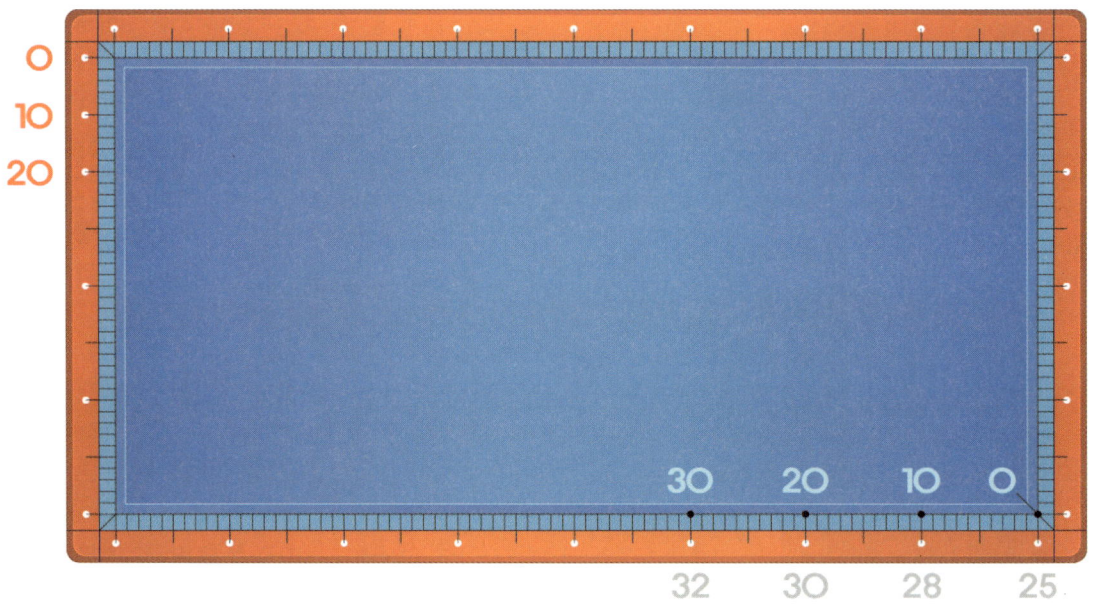

3.3-1 3팁 플러스 시스템의 포인트별 수치

B 타점 및 방정식

플러스 시스템과 같은 진로를 공유하기 때문에 '플러스'라고 할 뿐, 운용 시 연산은 플러스가 아닌 마이너스다. 방정식은 'COfp - 1fp = 3rp'이다.

운용에서 특별히 주의할 점은 없으므로, 3.3-2와 3.3-3으로 설명을 대신한다.

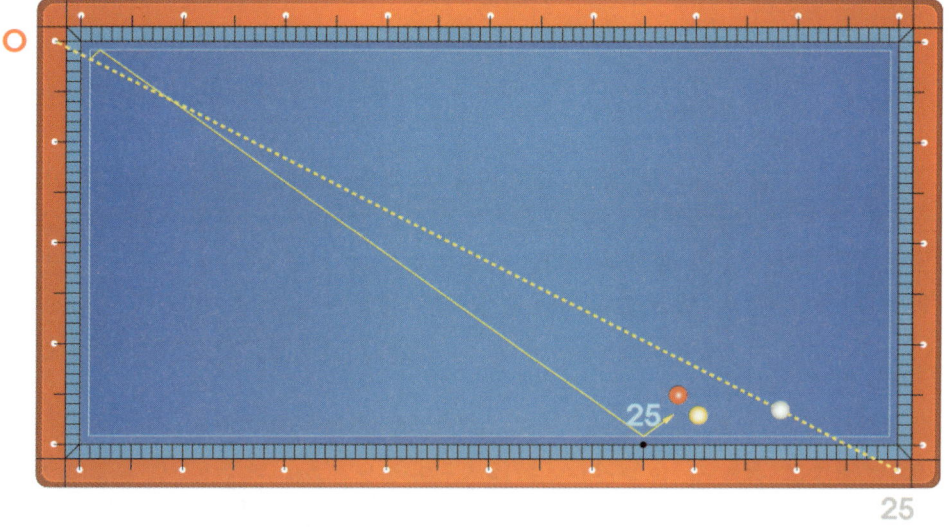

3.3-2 큐볼 출발점 25, 첫 입사점 0의 진로

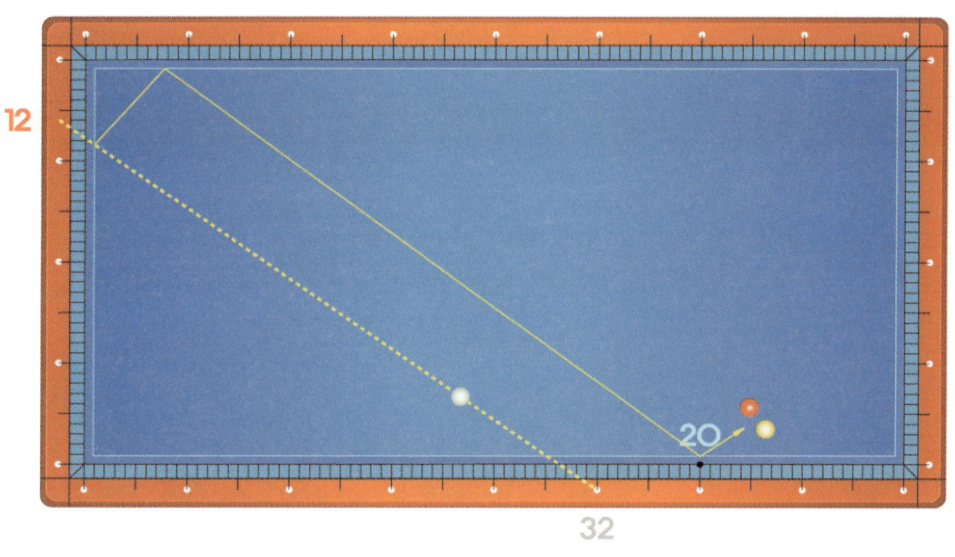

3.3-3 큐볼 출발점 32, 첫 입사점 12의 진로

C 스트록

첫 입사점에 도달한 큐볼의 속도가 2~3레일 스피드가 되도록 조절해준다. 플러스나 플러스 2 시스템에 비해 조금 강한 느낌인데, 타점이 타점이니만큼 과도한 커브로 인해 최종진로가 짧아지는 것을 방지하기 위함이다.

D 보정

잉글리시 값을 사용하며, 첫 입사점의 위치를 이동시키는 독특한 방식이다. 요령은 입사점 20은 잉글리시 값 그대로, 10은 잉글리시 값의 50%를 옮겨주어야 한다. 예를 들어서, 잉글리시 값이 -3인 테이블에서는 20은 +3만큼, 10은 +1.5만큼 이동하는 것이다.

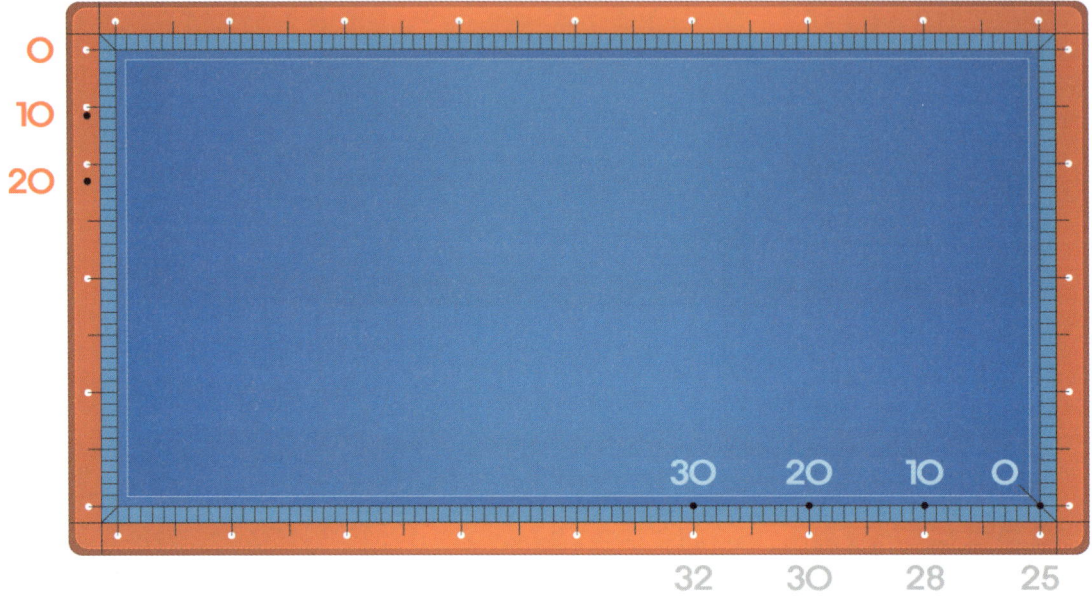

3.3-4 잉글리시 값 -3인 테이블에서의 첫 입사점 위치

3팁 플러스와 같이 3시(혹은 9시) 3팁을 사용하는 시스템은 큐볼이 레일에 바짝 붙어 타점확보가 불가능한 경우엔 운용을 삼가야 한다. 부득이한 경우라면 찍어 치기를 동원할 수도 있지만, 과도한 커브로 인해 정확도를 장담할 수 없게 된다.

3.4 35와 1/2 35 & Half

5와 1/2 시스템은 큐볼 출발점이 30이하로 들어왔을 때, 스트록의 속도조절이나 타점설정이 완벽하지 않으면 오차가 발생한다. 이럴 경우 35와 1/2시스템을 이용하면 견고한 자신감을 가지고 샷을 할 수 있다.

'35와 1/2'이라는 명칭은 기준점 35와 세 번째 입사점간의 상관관계에서 비롯된 것이다.

A 포인트

프레임 포인트만 사용하며, 큐볼 출발점과 세 번째 입사점의 한 포인트는 10, 첫 번째 입사점의 한 포인트는 15가 된다.

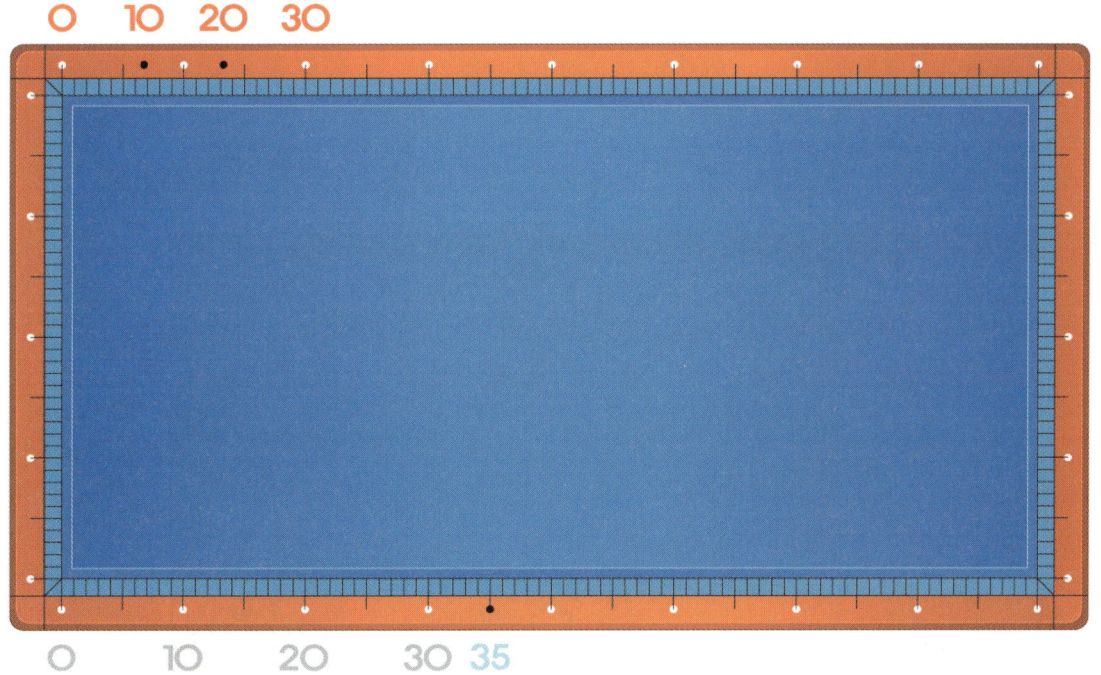

3.4-1 35와 1/2 시스템의 포인트별 수치

※ 출발점과 세 번째 입사점은 같은 수치를 공유하며, 큐볼 출발점이 기준점 35를 넘어가는 경우엔 시스템이 성립되지 않는다.

B 타점 및 방정식

9시(혹은 3시) 3팁을 사용하며, 방정식은 다소 복잡해서 '3fp = ((35 + COfp) ÷ 2) − 1fp'가 된다. 시스템 방정식이 으레 그렇듯, 보기엔 복잡해도 내용을 찬찬히 뜯어보면 별것 아니다. 구조의 핵심은 큐볼 출발점 35이하에서 첫 입사점을 0으로 설정하면 세 번째 입사점이 큐볼 출발점과 35의 절반지점에 형성되고, 첫 입사점을 A로 설정하면 세 번째 입사점이 큐볼 출발점과 35의 절반지점보다 A만큼 짧아진다는 것이다.

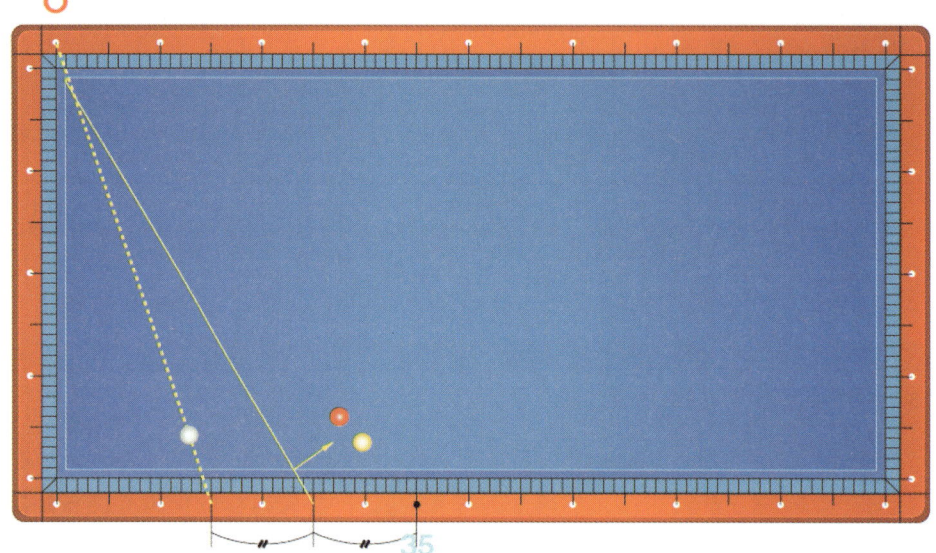

3.4-2 첫 입사점을 0으로 설정했을 때의 진로

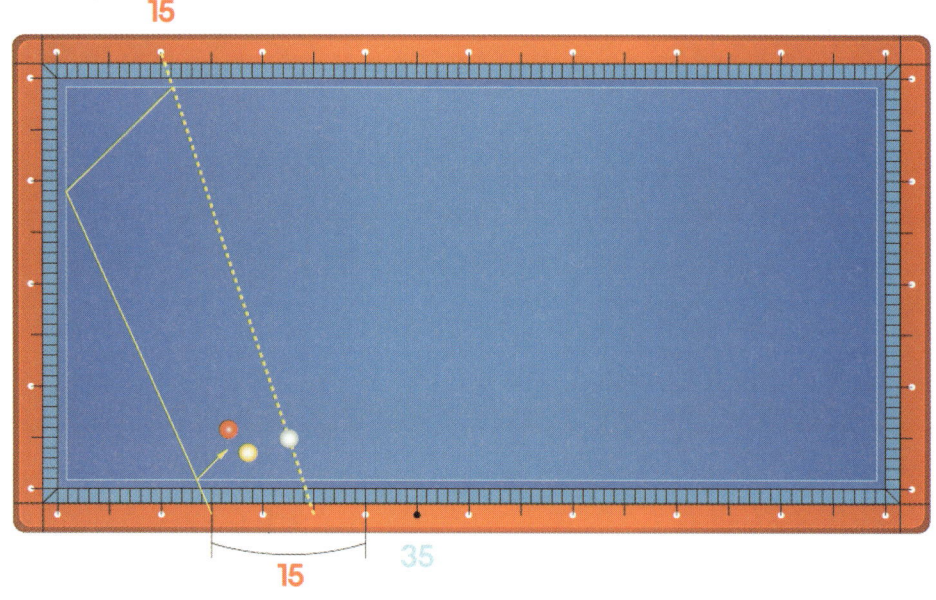

3.4-3 첫 입사점을 15로 설정했을 때의 진로

C 스트록

3팁 플러스와 같은 조건이지만 큐볼의 동선이 짧으므로, 첫 입사점에 도달한 큐볼의 속도를 2~2.5레일 스피드로 조절한다.

D 보정

동선이 짧아 보정을 크게 신경 쓸 일은 없지만, 잉글리시 값이 4이상이거나 -4이하인 경우엔 나침반 측정법을 동원해 잉글리시 값의 절반만큼 정렬을 수정해주어야 안전하다.

3.5 도쿄 연결 Tokyo Connection

롱 레일을 시발로 하는 선회진로에서 두 번째 입사점의 위치를 찾기 위해 개발된 시스템이다. 1뱅크 안으로 걸어 치기, 2뱅크 밖으로 걸어 치기, 2뱅크 뒤로 걸어 치기 등 다양한 용도로 활용된다.

일본 프로들에 의해 제창되어 '도쿄'라는 명칭이 붙었다.

A 포인트

프레임 포인트와 레일 포인트를 함께 사용하며, 첫 입사점의 수치는 5와 1/2 시스템과 같다. 큐볼 출발점도 같은 포인트를 공유하지만 수치를 1/10로 축소했다는 점이 다르다.

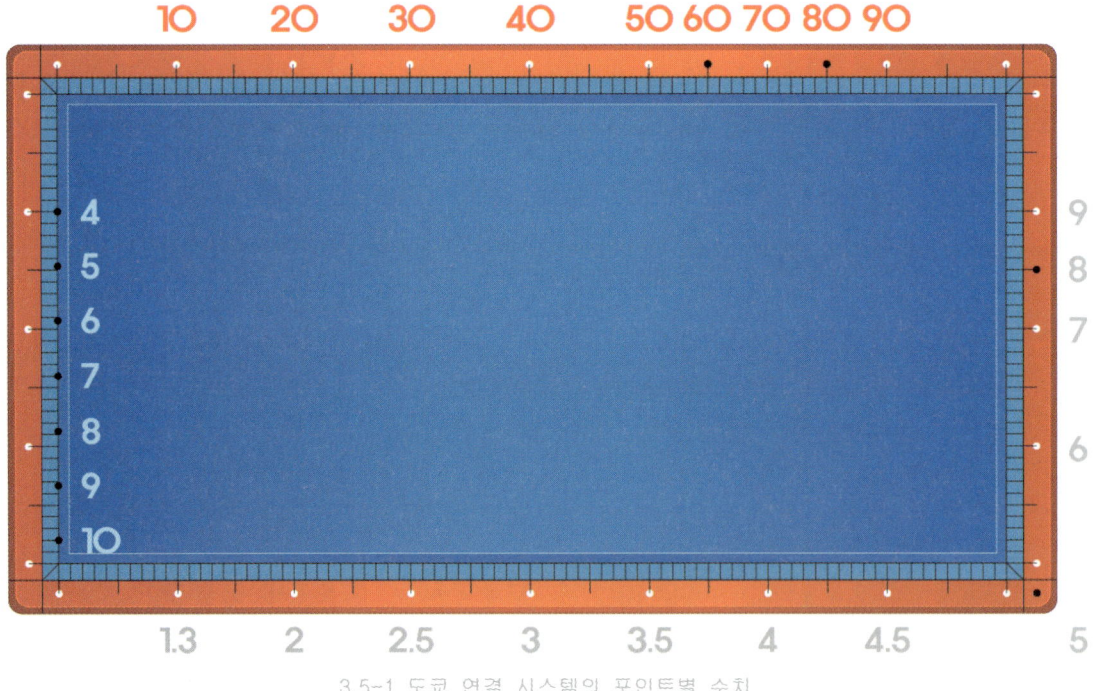

3.5-1 도쿄 연결 시스템의 포인트별 수치

※ 두 번째 입사점의 수치는 4.66포인트가 1에 해당한다. 두 번째 입사점이 4미만인 경우엔 첫 번째 입사점이 가까워서 쉽게 위치를 찾을 수 있다.

B 타점 및 방정식

타점은 2시 15분(혹은 9시 45분) 3팁이며, 방정식은 'COfp × 2rp = 1fp'가 된다. 3.5-2와 3.5-3은 도쿄 연결 시스템을 1뱅크 안으로 걸어 치기와 2뱅크 밖으로 걸어 치기에 적용한 것이다.

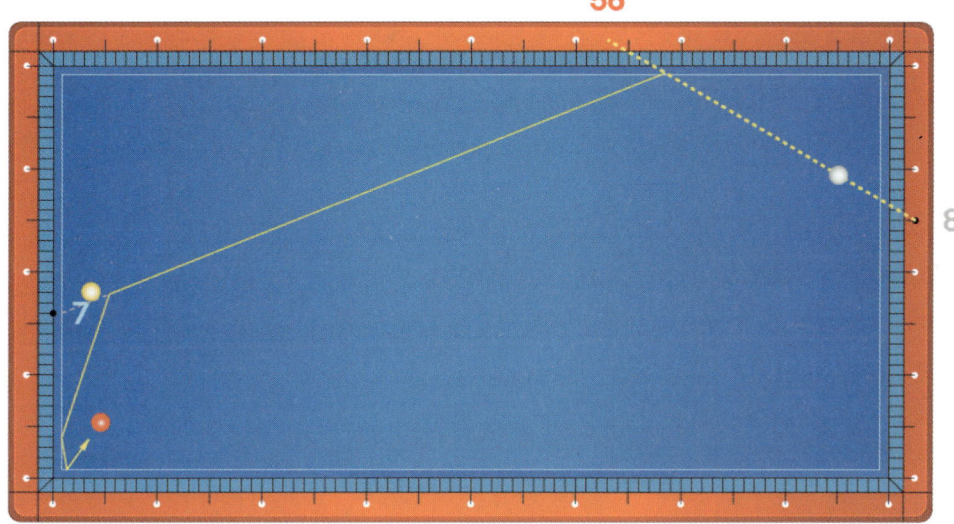

3.5-2 도쿄 연결 시스템을 이용한 1뱅크 안으로 걸어 치기

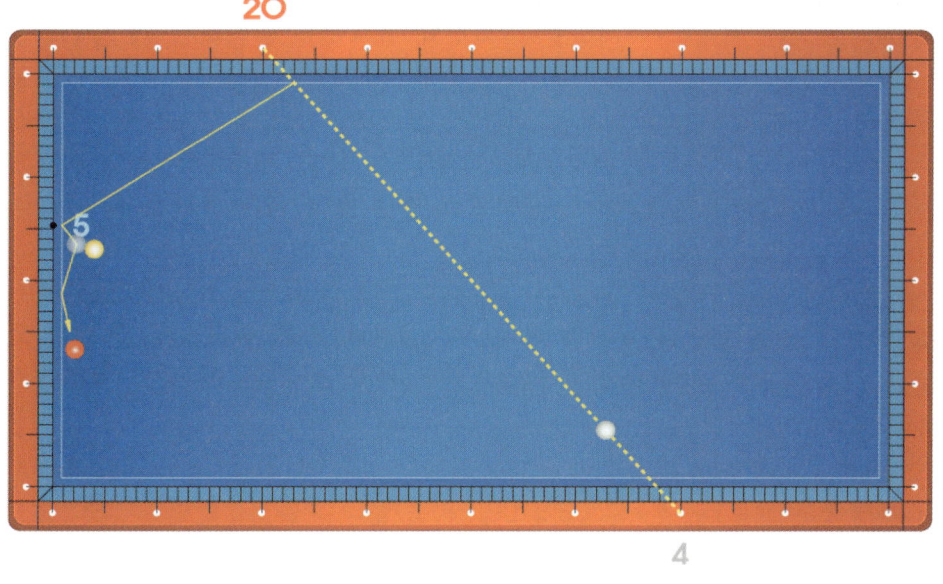

3.5-3 도쿄 연결 시스템을 이용한 2뱅크 밖으로 걸어 치기

※ 3.5-2나 3.5-3과 같은 샷은 정확한 포인트를 읽어내는 것이 관건이다. 레일 포인트라 해도 큐볼의 직경을 고려하지 않으면 바른 입사점을 찾아낼 수 없다.

도쿄 연결 시스템과 5와 1/2 시스템을 병용하면 2뱅크 뒤로 걸어 치기에서 두 번째 입사점과 세 번째 입사점을 연결하는 진로를 구할 수 있다. 특히 큐볼 출발점이 숏 레일에 있는 경우엔 뒤쪽 우산 시스템보다 만족스러운 결과를 얻을 수 있다.

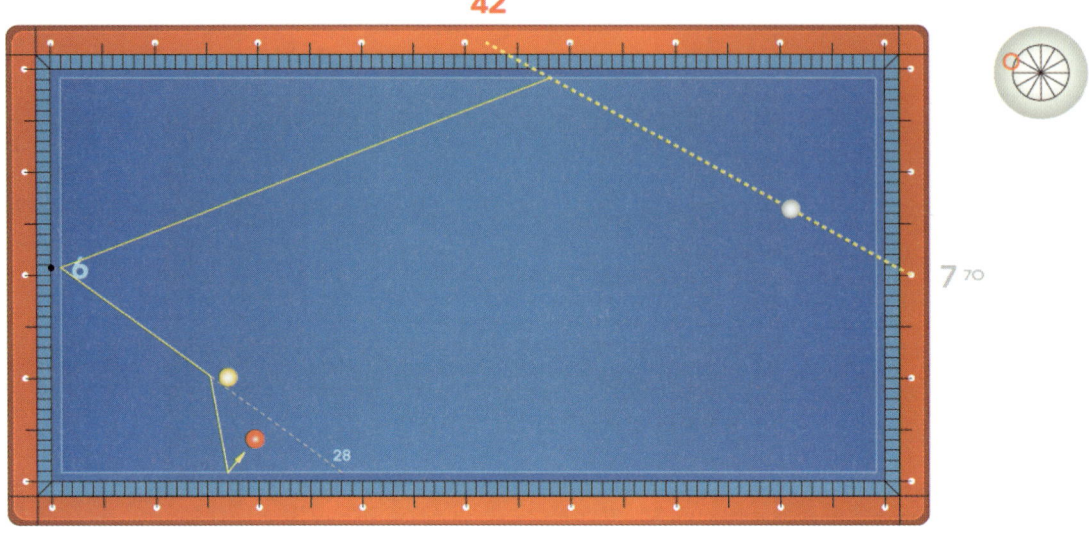

3.5-4 도쿄 연결 시스템을 이용한 2뱅크 뒤로 걸어 치기

C 스트록

스트록의 목적은 과도한 커브를 억제하면서 최소의 반사각을 얻어내는 데 있다. 두 마리 토끼를 동시에 잡으려면 롱 앤 소프트 스트록을 구사해야 한다. 첫 입사점에 도달한 큐볼의 속도는 1~1.5레일 스피드가 적당하다.

D 보정

목적이 두 번째 입사점을 구하는 것이므로 별다른 보정이 없다. 다만 롱 스트록이 서툰 플레이어는 큐볼 출발점 50미만에서 두 번째 입사점이 짧게 형성되므로, 나침반 측정법을 사용해 1~4정도 길게 조정해주어야 한다. 조정치는 각자가 실측을 통해 알아보기 바란다.

3.6 역회전 Reverse

첫 입사점에서는 역 비틀기, 두 번째 입사점부터는 순 비틀기에 의한 선회진로를 갖는 샷을 '역회전'이라 하는데, 이를 위한 시스템이 바로 역회전 시스템이다.

결코 평이하다고 할 수는 없는 진로이나 실전에서 의외로 자주 등장하므로, 잘 알아두지 않으면 후회하게 된다.

A 포인트

프레임 포인트만 사용하며, 포인트별 수치는 3.6-1과 같다.

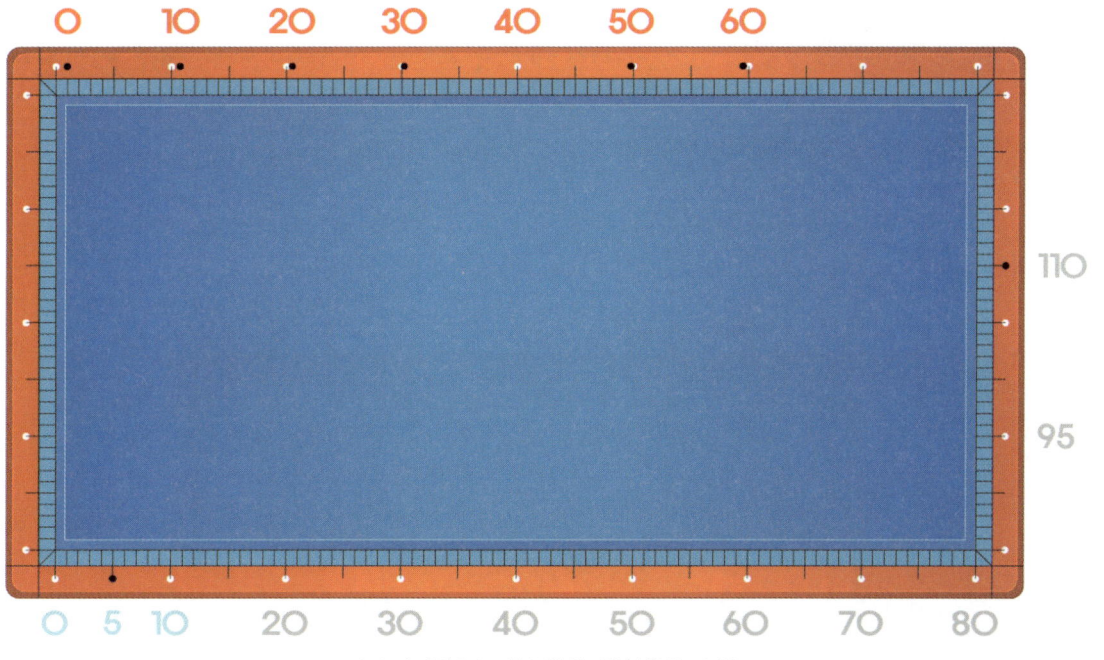

3.6-1 리버스 시스템의 포인트별 수치

※ 40을 제외한 첫 입사점의 위치는 실제 포인트와 조금씩 다르다. 이는 실측에 따른 역 비틀기의 특성을 반영한 것으로, 40을 기준으로 10이 줄거나 늘어날 때마다 0.25 포인트씩 짧아진다. 즉, 0은 실제로 1, 10은 10.75, 20은 20.5, 30은 30.25, 50과 60은 각각 49.75와 59.5가 되는 것이다.

B 타점 및 방정식

타점은 3시(혹은 9시) 3팁을 사용하며, 방정식은 다소 복잡해서 '1fp = (COfp + 3fp - 20) × 2/3'이 된다. 방정식을 기반으로 최종 입사점 0에 도달할 수 있는 정렬선을 첫 입사점별로 정리하면 3.6-2와 같다.

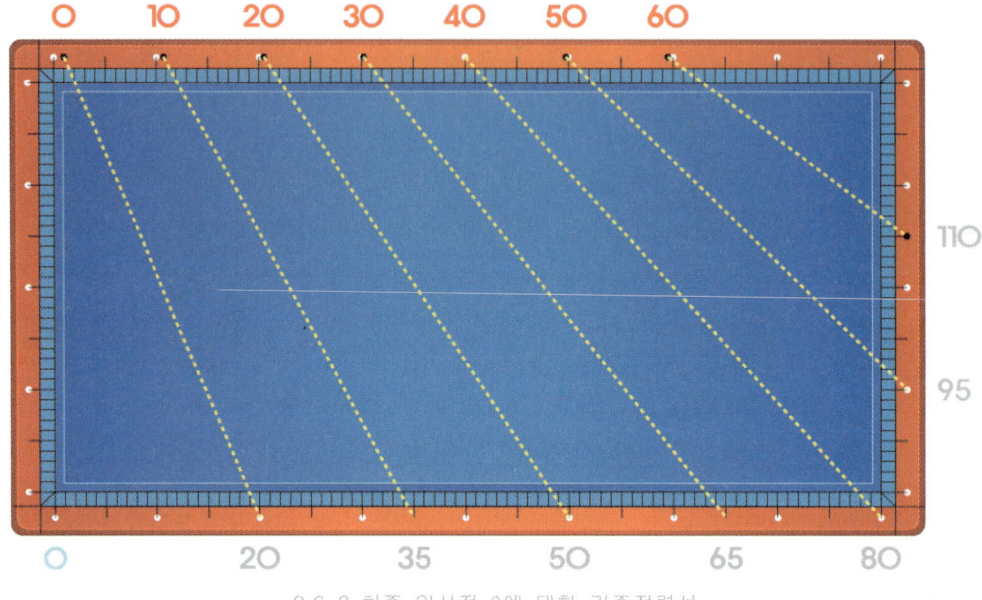

3.6-2 최종 입사점 0에 대한 기준정렬선

만약 원하는 최종 입사점이 0이라면 3.6-2의 기준정렬선들을 활용해 첫 입사점을 찾아내면 된다.

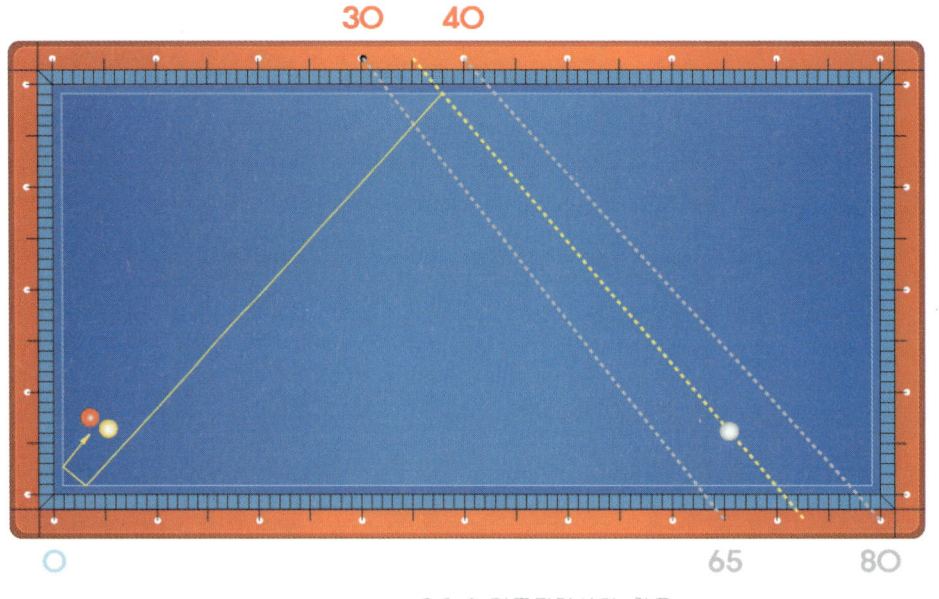

3.6-3 기준정렬선의 활용

큐볼 출발점이 30이하인 경우엔 최종 입사점의 수치가 약간씩 짧아진다는 점을 감안해야 한다. 최대 1.5정도의 근소한 차이에 불과하지만, 무시하면 그만큼 구상의 정확도를 손해 보게 된다.

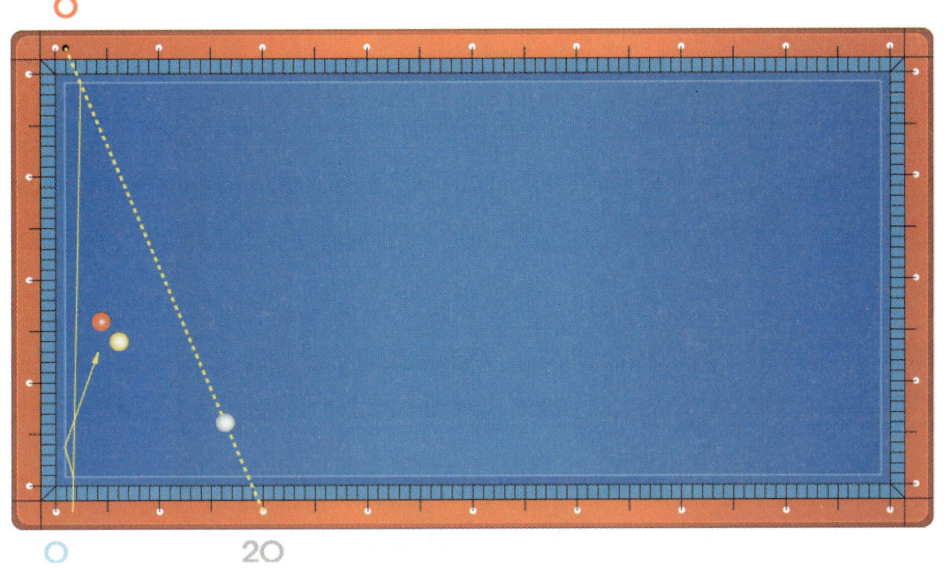

3.6-4 큐볼 출발점 30이하에서 최종 입사점의 변화

최종 입사점이 0이 아닌 경우엔 별 수 없이 방정식을 풀어야 한다. 3.6-5는 최종 입사점이 5인 경우로, 나침반 측정법을 사용해 1fp = (COfp − 15) × 2/3를 만족하는 출발점과 첫 입사점을 찾으면 된다. 주의할 점은 첫 입사점이 40에서 벗어나면 실제 포인트와 조금씩 차이가 난다는 것이다.

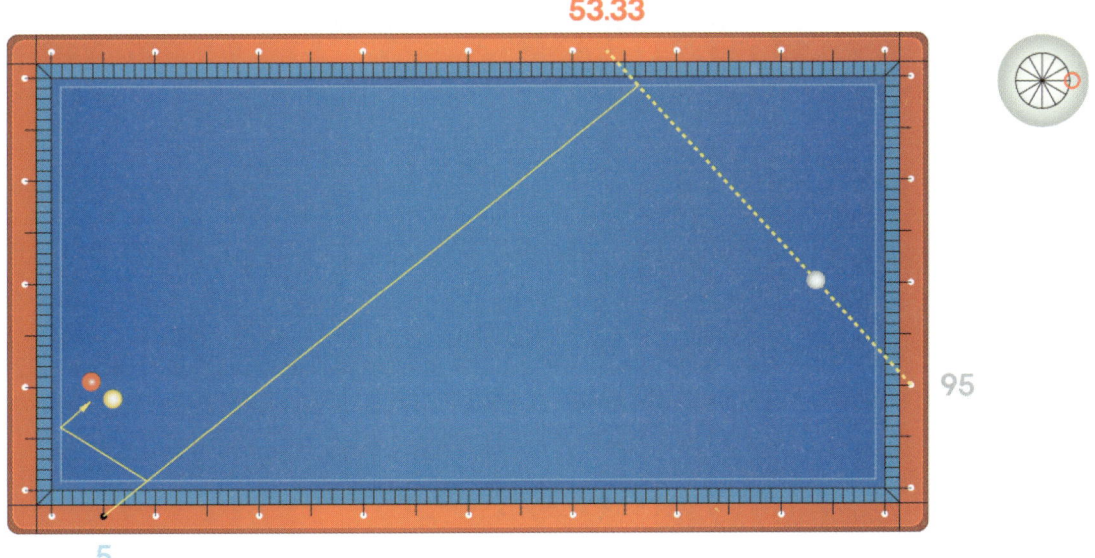

3.6-5 큐볼 출발점 95, 첫 입사점 53.33의 진로

세 번째 입사점 이후의 진로는 5와 1/2 시스템을 원용하여 산출할 수 있다. 첫 입사점과 두 번째 입사점을 바탕으로 5와 1/2 시스템을 적용하는 것이 요령이다. 3.6-5에서 보듯, 5와 1/2 시스템에 입각한 큐볼 출발점은 44.5, 첫 입사점은 0이므로 최종 입사점은 44.5가 되는 것이다.

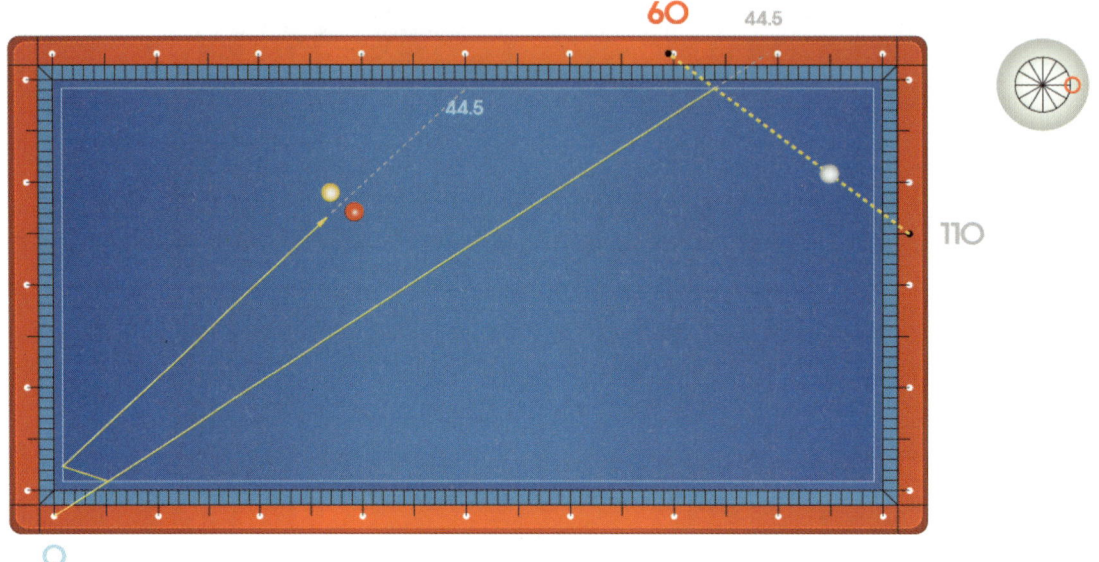

3.6-6 5와 1/2 시스템을 이용한 네 번째 입사점의 산출

C 스트록

첫 입사점에 도달한 큐볼의 속도가 2레일 스피드가 되도록 조절하되, 롱 스트록을 구사해야 한다. 역 비틀기에 따른 반사각은 스트록의 성질에 상당히 예민하므로 주의해야 한다.

D 보정

당연히 역 잉글리시 값을 이용하며, 방정식에 그대로 적용하면 된다. 예를 들어, 역 잉글리시 값이 -5면 방정식은 '1fp = (COfp + 3fp +5 - 20) × 2/3'이 되고, +3이면 '1fp = (COfp + 3fp -3 - 20) × 2/3'이 된다.

3.7 30 퍼짐 Spread 30

매우 기본적인 이론에 근거한 간단한 시스템이지만, 특정 상황에서는 상당히 요긴하게 쓰인다.

A 포인트

프레임 포인트만 사용하며, 한 포인트를 10으로 계산하는 것 외엔 별다른 암기를 요하진 않는다.

B 타점 및 방정식

타점은 7시 30분(혹은 4시 30분) 3팁으로 고정되며, 방정식은 따로 없다. 시스템의 기본구조는 상기 타점을 설정해 롱 레일에 평행하게 진행시킨 큐볼의 진로가 30만큼 퍼진다는 것이다.

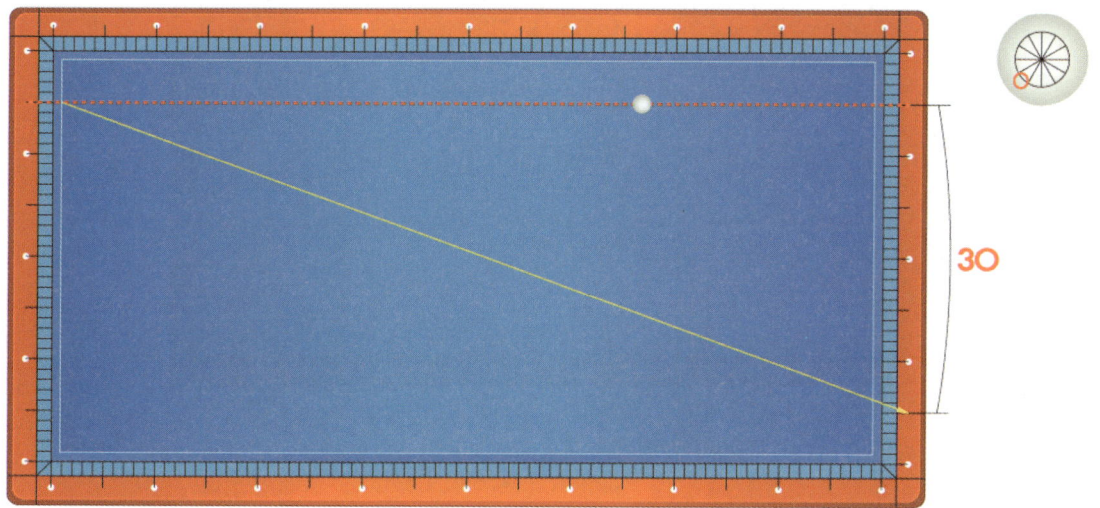

3.7-1 30 퍼짐 시스템의 기본구조 1

구름관성에 따른 반사각의 축소가 억제되는 하단타점의 특성상 첫 입사점을 출발점에서 15만큼 기울어지게 정렬하면 큐볼은 출발점으로 되돌아온다. 실전에서 주로 사용되는 기본구조는 3.7-1이라기보다는 3.7-2가 된다.

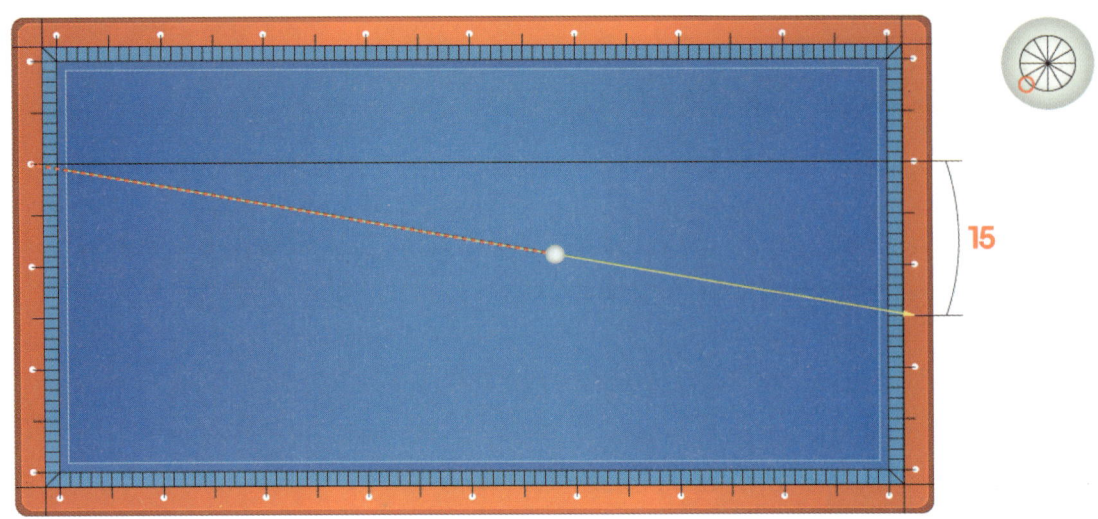

3.7-2 30 퍼짐 시스템의 기본구조 2

이는 숏 레일에 평행한 진로에 대해서도 그대로 적용되는데, 차이점이라면 단지 수치가 절반이 된다는 것뿐이다.

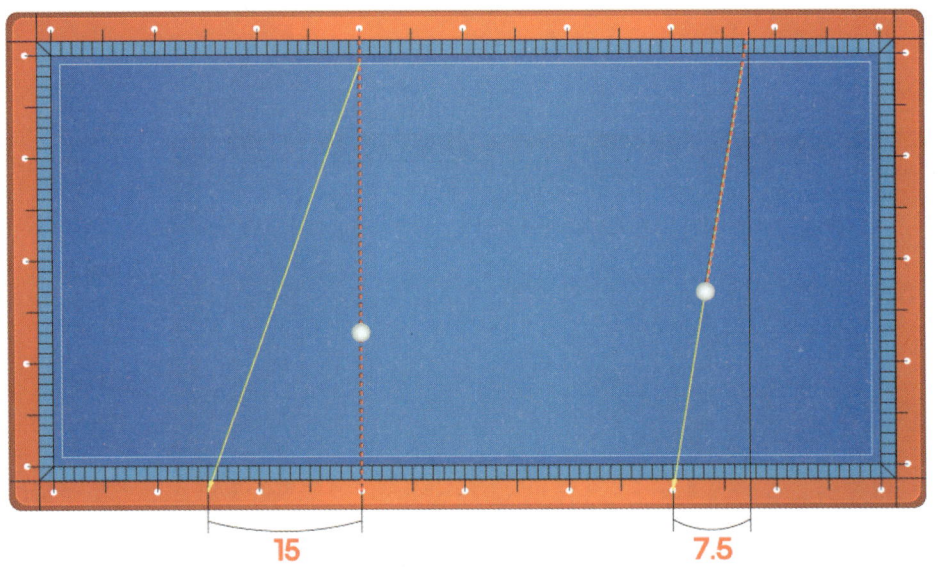

3.7-3 30 퍼짐 시스템의 기본구조 3

C 스트록

하단타점의 효과가 살기 위해선 첫 입사점에 도달한 큐볼의 속도가 적어도 3레일 스피드 이상이어야 한다. 그러나 4레일 스피드를 넘어가면 횡 비틀기의 효과가 감소하므로 주의해야 한다.

물론 숏 레일에 평행한 진로에 대해서는 동선이 절반인 만큼, 스트록의 속도도 절반이 된다. 3.7-4와 3.7-5는 30 퍼짐 시스템을 실전에 응용한 것인데, 두 번째 입사점에서 일부 남아있는 횡 비틀기가 작용하면서 반사각이 조금 크게 형성된다는 점을 놓쳐선 안 된다.

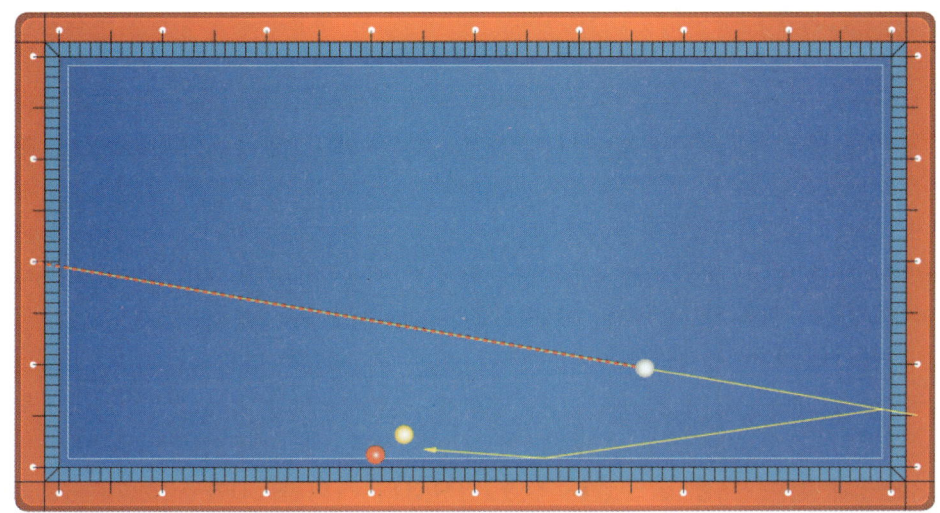

3.7-4 30 퍼짐 시스템의 운용(롱 레일 방향)

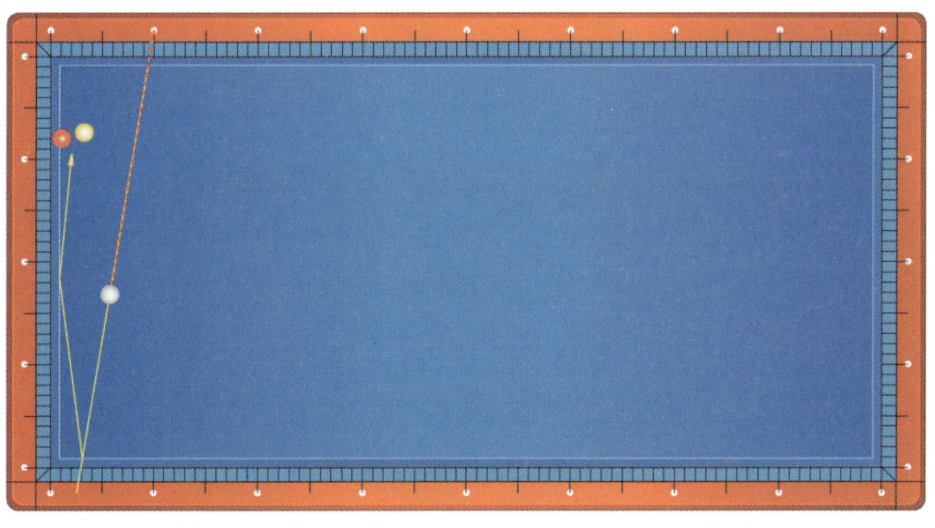

3.7-5 30 퍼짐 시스템의 운용(숏 레일 방향)

D 보정

잉글리시 값의 1.5배만큼 보정한다. 예를 들어, 잉글리시 값이 -2라면 30 퍼짐이 아니라 '33' 퍼짐, +2라면 '27' 퍼짐 시스템으로 바뀌는 것이다.

3.8 아코디언 Accordion

30 퍼짐의 파생시스템으로, 오직 레일-퍼스트 샷에만 적용한다. 실전에서 사용빈도는 극히 드물지만, 아코디언 시스템을 운용해야 하는 경우라면 다른 진로는 없다고 봐도 무방하다. 성공할 경우 관중들의 환호가 부상으로 주어지는 몇 안 되는 시스템 중 하나이기도 하다.

'아코디언'이라는 명칭은 독특한 횡단진로의 형태에서 따온 것이다. 포인트와 방정식은 따로 없으며, 타점 및 스트록, 보정에 대한 기준은 30 퍼짐 시스템과 같다.

시스템의 구조는 두 번째 입사점을 큐볼 출발점과 원하는 최종 입사점의 절반으로 맞춰 줌으로써 점점 커지는 반사각을 이용해 최종 입사점과 네 번째 입사점을 일치시키는 것이다. 3.8-1과 같이 큐볼 출발점과 최종 입사점의 거리가 30이면 정렬선은 숏 레일과 평행이 되고, 3.8-2와 같이 거리가 10씩 줄어들 때마다 정렬선은 2.5씩 기울어지는 것이다.

스트록의 속도나 타점이 조금이라도 어긋나면 상당한 편차가 발생하기 때문에, 자신감이 생길 때까지 많은 연습이 필요하다.

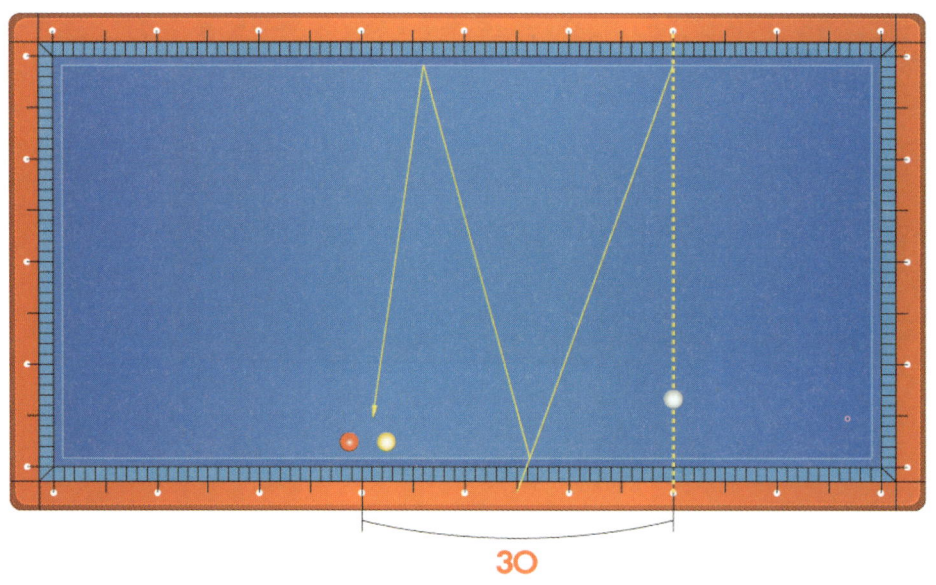

3.8-1 큐볼 출발점과 최종 입사점의 거리가 30인 경우의 정렬선

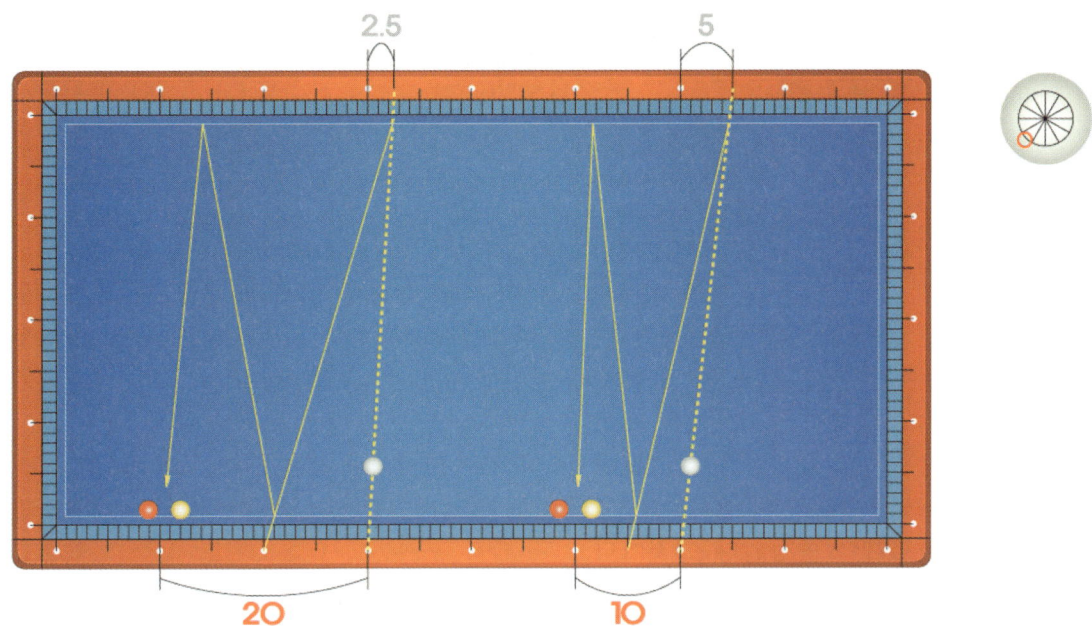

3.8-2 큐볼 출발점과 최종 입사점의 거리가 20과 10인 경우의 정렬선

※ 다분히 감각적인 샷이므로, 오차 허용치가 크지 않다면 롱 레일에 평행한 진로에 대해서는 운용을 자제하는 것이 바람직하다.

3.9 3팁 횡단 3tip Across

　외형은 30 퍼짐 시스템과 유사하지만, 실질적인 내용은 리버스 시스템과 연관성이 큰 시스템이다. 하단 타점을 사용하는 30 퍼짐 시스템이 첫 입사점 이후 횡 비틀기의 효과가 거의 나타나지 않는 반면, 순수 횡 비틀기를 사용하는 3팁 횡단 시스템은 두 번째와 세 번째 입사점까지도 횡 비틀기가 살아있다는 것이 특징이다.

　타점은 9시(혹은 3시) 3팁을 설정하며, 포인트나 방정식의 암기는 필요치 않다. 시스템의 기본 구조는 3.9-1과 같이, 상기 타점을 설정해 40만큼 기울어지도록 정렬하면 거의 90°의 반사각이 형성된다는 것이다.

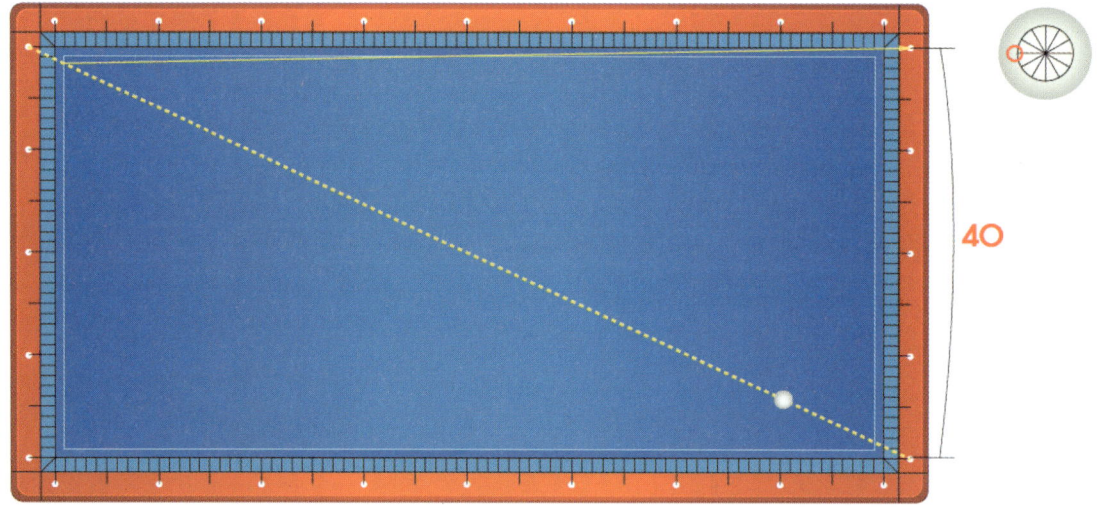

3.9-1 3팁 횡단 시스템의 기본구조

A 스트록

　첫 입사점에 도달한 큐볼의 속도가 2.5레일 스피드가 되도록 조절하되, 롱 스트록을 구사해야 한다. 진로의 특성상 전반적으로 리버스 시스템보다는 조금 강한 스트록이 필요한 것이다.

　※ 다른 시스템도 마찬가지지만 최적의 스트록은 반드시 실험을 통해 몸소 확인해야 한다. 3.9-1과 같이 큐볼을 진행시켰을 때 제대로 된 스트록을 구사했다면 큐볼이 상단의 롱 레일을 타고 진행하게 된다.

3.9-2은 3팁 횡단 시스템을 실전에 응용한 것이다.

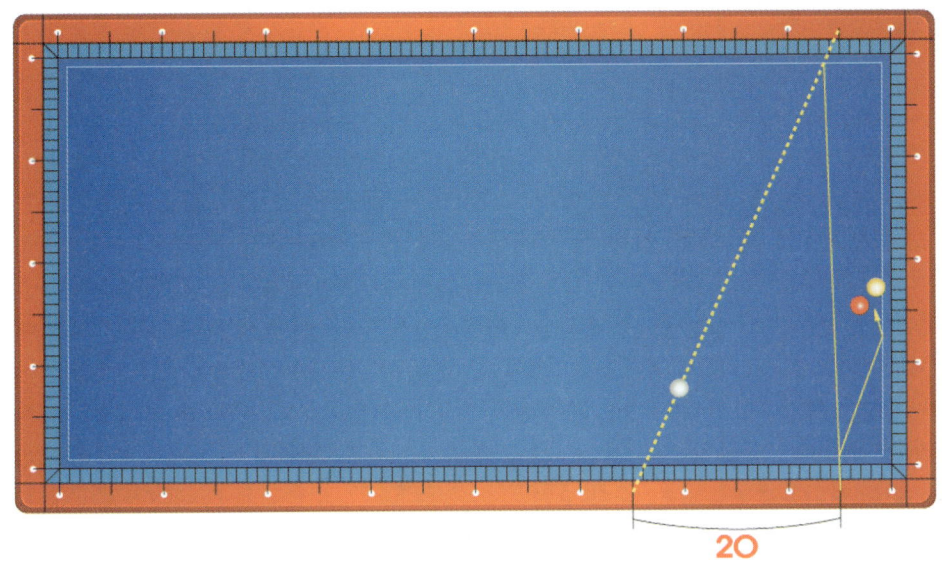

3.9-2 3팁 횡단 시스템의 실전응용 1

3.9-2의 진로를 응용하면 3.9-3과 같은 배치도 간단히 해결할 수 있다.

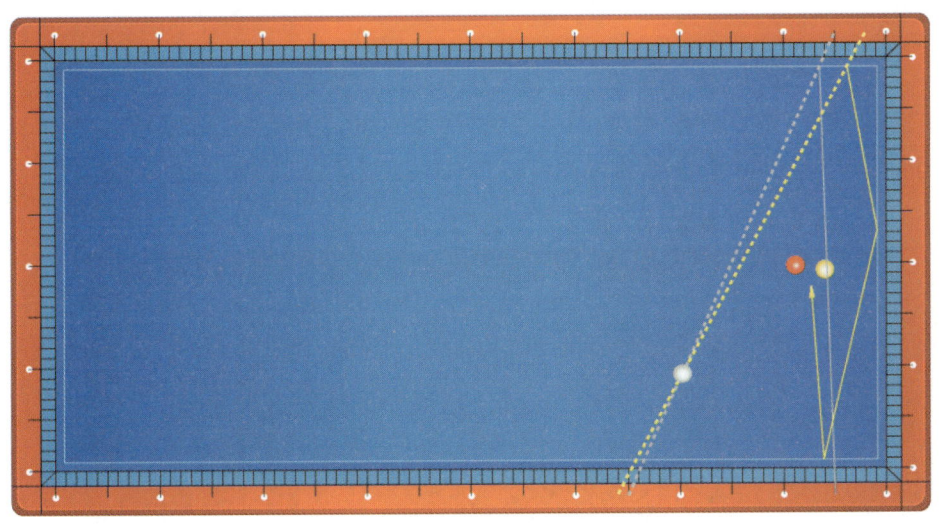

3.9-3 3팁 횡단 시스템의 실전응용 2

B 보정

동선이 짧은 진로에서 사용되는 시스템이므로 별다른 보정은 필요치 않다. 다만 잉글리시 값이 너무 크면 평소보다 조금 강한 스트록을, 너무 작으면 조금 약한 스트록을 구사하면 된다.

3.10 접시 Plate

되돌려 치기를 위한 또 하나의 시스템이다. 타점을 이동하는 더블 레일 시스템과는 달리, 정렬을 변경함으로써 원하는 최종 입사점을 조절하는 방식이다.

하나의 진로에 두 개의 시스템을 소개하는 이유는 최적의 안정성을 보이는 영역이 서로 다르기 때문이다. 큐볼 출발점이 롱 레일에 근접한 경우는 더블 레일 시스템이 보다 안정적인 반면, 큐볼 출발점이 롱 레일에서 한 포인트 이상 떨어진 경우는 접시 시스템이 더 안정적이다. 당연히 두 가지 시스템을 모두 능숙하게 구사할 수 있어야 비로소 사각이 없어진다.

'접시'라는 명칭은 큐볼의 진로가 옆에서 바라본 접시의 형태와 닮았기 때문에 붙은 것이다.

A 포인트

프레임 포인트와 레일 포인트를 함께 사용하며, 포인트별 수치는 3.10-1과 같다. 세 번째 입사점 50과 60의 위치에 주의해야 한다.

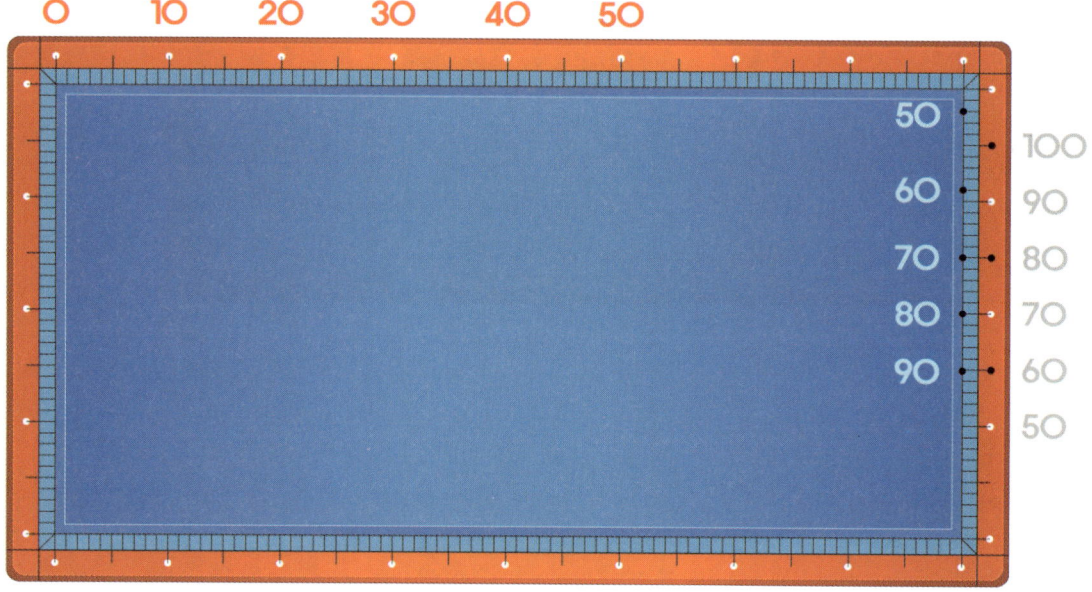

3.10-1 접시 시스템의 포인트별 수치

B 타점 및 방정식

타점은 3시(혹은 6시) 3팁을 설정하고, 방정식은 'COfp − 1fp = 3rp'가 된다. 아래 3.10-2는 큐볼 출발점 50, 첫 입사점 0의 진로이다.

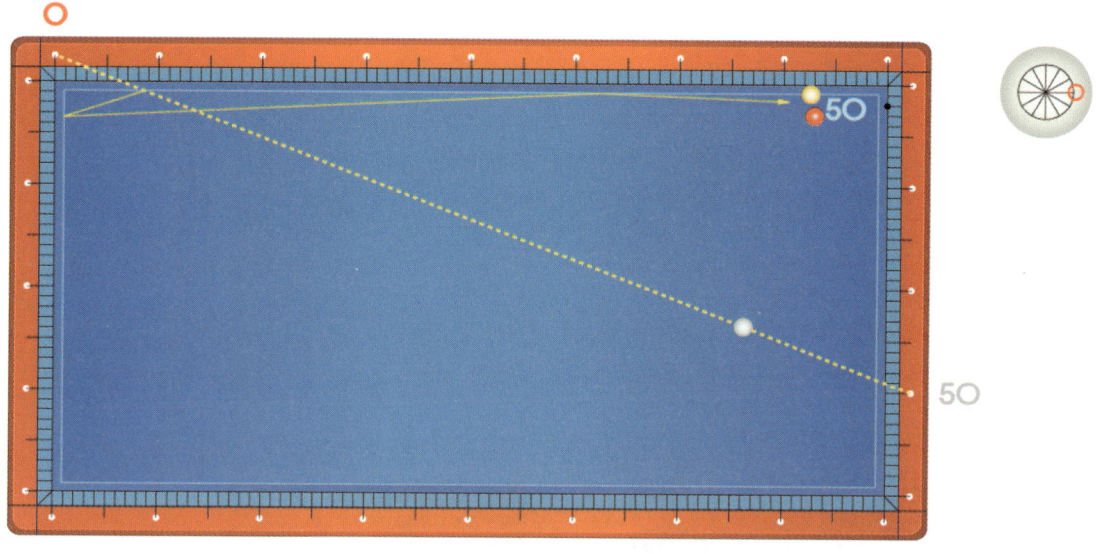

3.10-2 큐볼 출발점 50, 첫 입사점 0의 진로

오브젝트볼이 최종 입사점에서 먼 경우는 약간의 추가조정이 필요하다. 3.10-3에서 보듯, 오브젝트볼이 롱 레일의 중간쯤 위치하면 3rp의 최소치인 50에서 추가로 4를 더 감해야 한다. 최종 입사점이 있는 숏 레일에서 한 포인트 떨어질 때마다 1씩 감하는 셈이다.

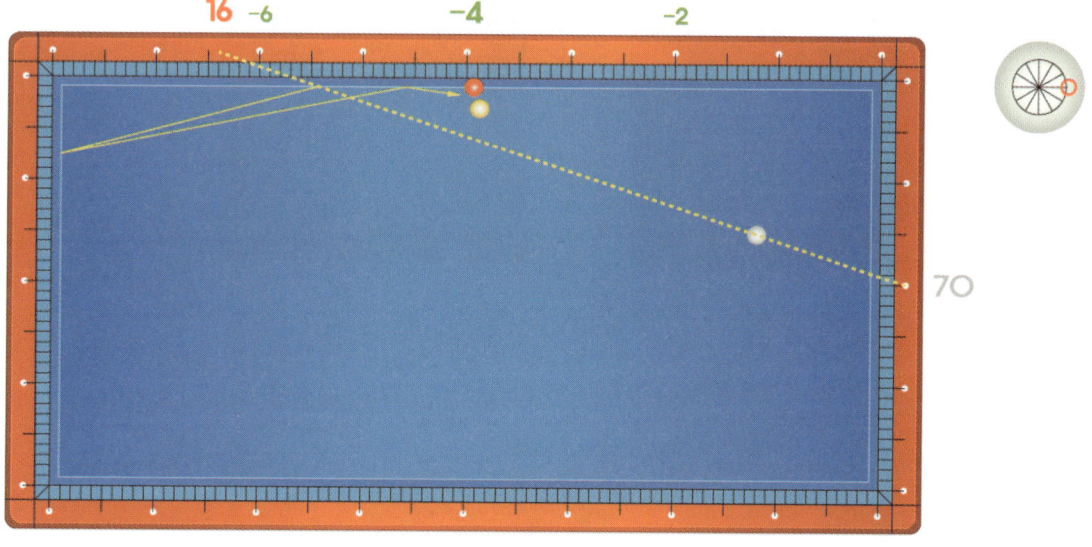

3.10-3 오브젝트볼의 위치에 따른 추가조정

C 스트록

두 번째 입사점에 도달한 큐볼의 속도가 2레일 스피드가 되도록 조절하는 것으로, 더블 레일 시스템보다 다소 강한 스트록이 요구된다.

D 보정

요령은 더블 레일 시스템과 같아서, 잉글리시 값을 그대로 반영한다. 예를 들어, 잉글리시 값이 −3이 나오는 테이블에서는 방정식이 COfp − 1fp −3 = 3rp, 잉글리시 값이 +5가 나오는 테이블에서는 방정식이 COfp −1fp +5 = 3rp가 되는 것이다.

※ 더블 레일 시스템과 접시 시스템을 숏 레일에 평행한 진로에 운용하려면 각 포인트의 간격을 절반으로 줄이되 첫 입사점의 프레임 포인트를 레일과 프레임의 경계선으로 옮겨주어야 한다.

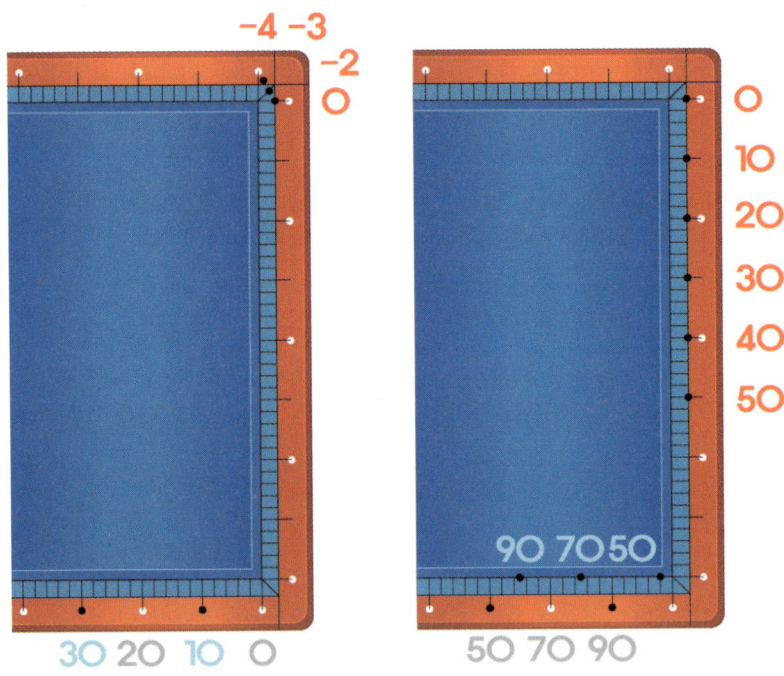

3.10-4 더블 레일 시스템과 접시 시스템의 변형

3.11 셰이퍼 Schaefer

실전에 자주 등장하는 '1뱅크 되돌려 치기'를 위한 시스템으로, 100% 실측 데이터를 기반으로 구성된 까닭에 뛰어난 신뢰도를 자랑한다.

'셰이퍼'라는 명칭은 시스템을 처음 제창한 야콥 셰퍼$^{Jacob\ Schaefer}$ 선수의 성을 영어식으로 발음한 것이다.

A 포인트

프레임 포인트만 사용하며, 포인트별 수치는 3.11-1과 같다.

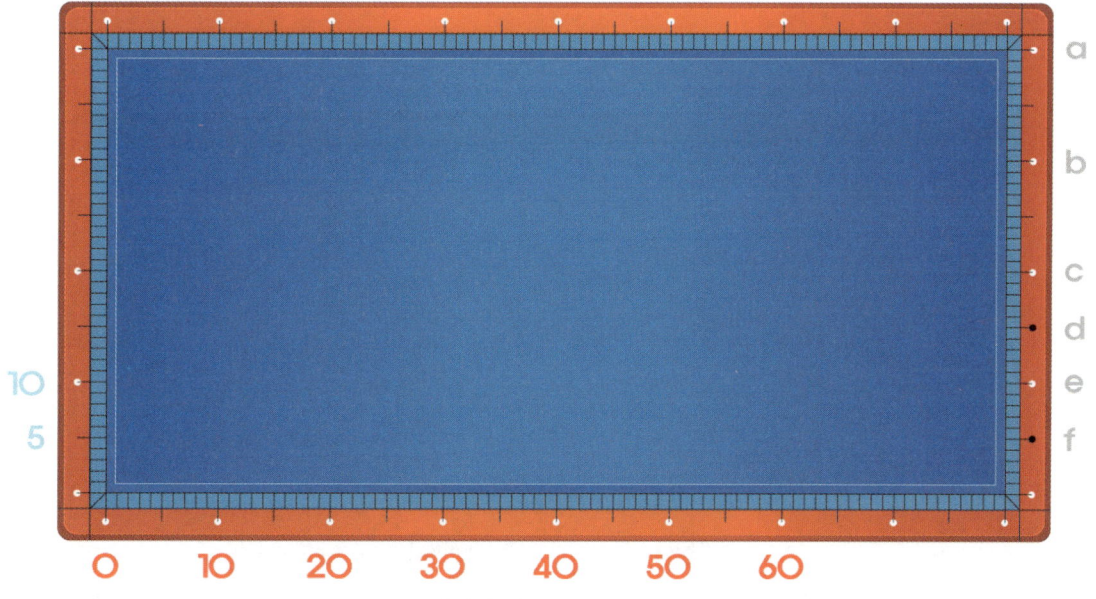

3.11-1 셰이퍼 시스템의 포인트별 수치

큐볼 출발점의 구성은 최종 입사점의 수치에 따라 결정된다. 두 번째 입사점이 10이면 a는 12, b는 +6, c는 +7, d는 +7, e는 +7, f는 +16이 되고, 두 번째 입사점이 5면 a는 5, b는 +2, c는 +5, d는 +5, e는 +5, f는 +10이 된다. 각각의 수치는 누진해서 적용하므로, 두 번째 입사점이 10일 때 큐볼 출발점이 d라면 첫 번째 입사점은 a + b + c + d, 즉 12 + 6 + 7 + 7 = 32가 되는 것이다.

※ 실전에서 신속한 운용을 생각한다면 a, b, c, d, e, f를 일일이 암기하는 것보다는 3.11-2와 3.11-3에 적색으로 표시된 첫 입사점 수치들을 암기해버리는 것이 낫다.

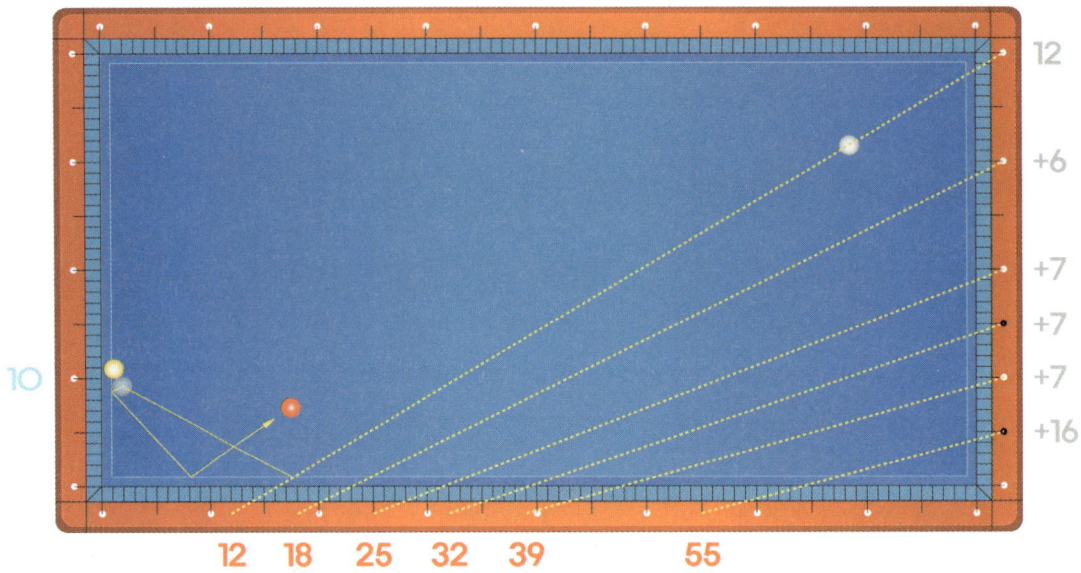

3.11-2 두 번째 입사점 10에 대한 출발점별 수치

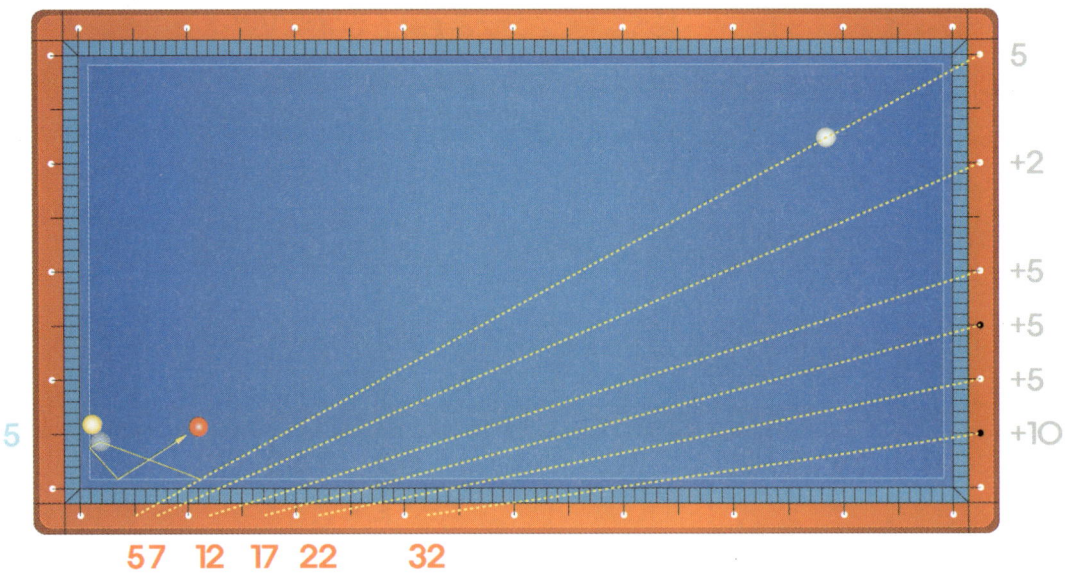

3.11-3 두 번째 입사점 5에 대한 출발점별 수치

B 타점 및 방정식

타점은 9시(혹은 3시) 3팁을 설정하며, 첫 입사점에 부여된 고유 수치를 누진해서 합산하는 것 외에 별도의 방정식은 없다.

큐볼 출발점이 기준점과 일치하지 않거나, 두 번째 입사점이 5나 10이 아닌 경우엔 첫 번째 입사점도 그에 맞춰 설정해야 한다.

3.11-4와 같이 큐볼 출발점이 a와 b의 중간인 경우는 첫 입사점도 두 기준치의 중간이 된다. 이 경우 두 번째 입사점이 10이므로 첫 번째 입사점은 12와 18의 절반, 즉 15이다.

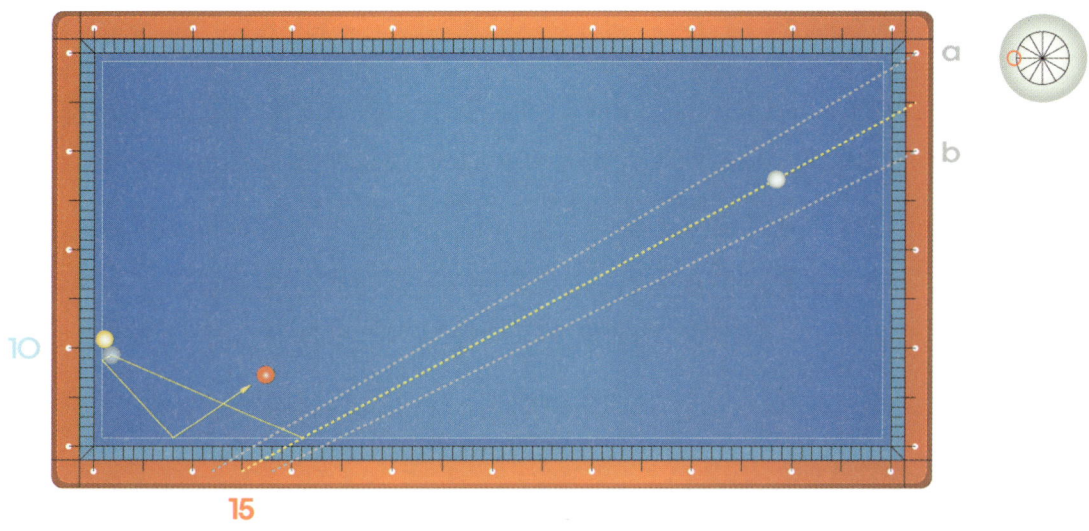

3.11-4 기준점과 기준점 사이에서의 정렬 1

3.11-5는 두 번째 입사점이 5와 10의 사이에 위치한 경우로, 첫 번째 입사점은 5와 12의 절반, 즉 8.5가 된다.

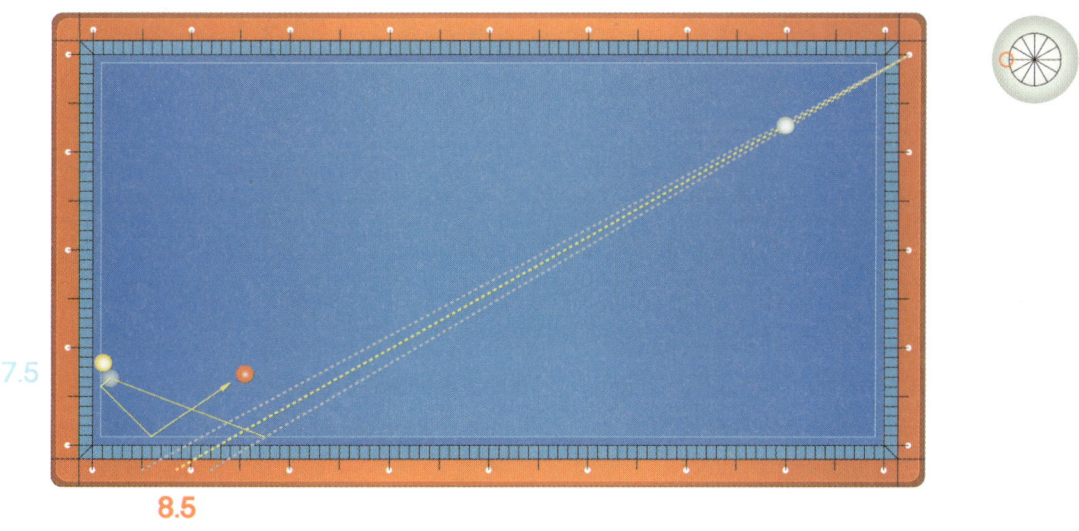

3.11-5 기준점과 기준점 사이에서의 정렬 2

C 스트록

커브를 최대한 억제하면서 역 비틀기의 효과를 살리려면 두 번째 입사점에 도달한 큐볼의 속도가 1.5~2.5레일 스피드가 되도록 제어해야 한다. 부드러운 스트록에서는 구름관성으로 인해 반사각이 줄어들면서 두께가 1/2보다 얇아지고, 강한 스트록에서는 레일의 변형으로 인해 두께가 1/2보다 두꺼워진다.

D 보정

셰이퍼 시스템은 특이하게도 테이블 값에 따른 보정을 스트록으로 해결하는데, 역 잉글리시 값이 음수이면 조금 약하게, 양수이면 조금 강하게 조절하는 방식이다. 각자 연습을 통해 테이블 값과 스트록의 상관관계를 알아보도록 하자.

※ 두 번째 입사점이 5보다 작으면 눈대중을 이용하면 되고, 10보다 크면 역 비틀기를 살리기도 어렵고 첫 입사점을 산출하기도 어려우므로 다른 진로를 선택하는 것이 좋다.

3.12 등비 Even Ratio

'1뱅크 되돌려 치기'를 위한 또 하나의 시스템으로, 셰이퍼 시스템이 롱 레일방향 진로를 담당하는데 비해 등비 시스템은 숏 레일방향 진로를 담당한다.

'등비'라는 명칭은 숏 레일에서 오브젝트볼1까지의 거리와 같은 레일에서 큐볼까지의 거리의 비율을 활용해 첫 입사점을 찾는 특성에서 비롯된 것이다.

첫 입사점 산출요령을 제외하면 모든 것이 셰이퍼 시스템과 동일하므로, 3.12-1로써 설명을 대신한다.

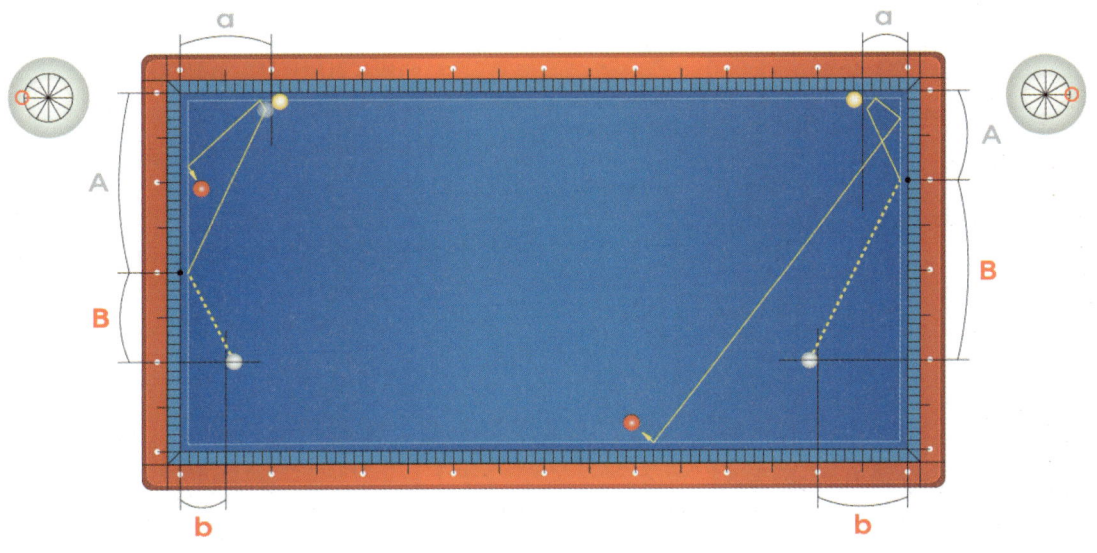

3.12-1 등비 시스템의 실전응용

주의할 점은 다음과 같다.

● 첫 입사점은 레일 포인트로 맞춘다.

● 숏 레일로부터의 가로거리는 공의 내측을 기준으로 측정한다.

● 공과 공의 세로거리는 오브젝트볼 1의 뒷면에서 큐볼의 중심까지가 된다.

3.13 분열 Split

매우 간결한 구조의 시스템으로, 모든 잉글리시 시스템 중 운용은 가장 쉽지만 정렬이나 스트록이 수준급이어야 자신감을 갖고 샷을 할 수 있다.

'분열'이라는 명칭은 큐볼의 진로가 코너를 가른다는 의미를 담고 있다.

A 포인트
프레임 포인트만 사용하며, 포인트별 수치는 3.13-1과 같다.

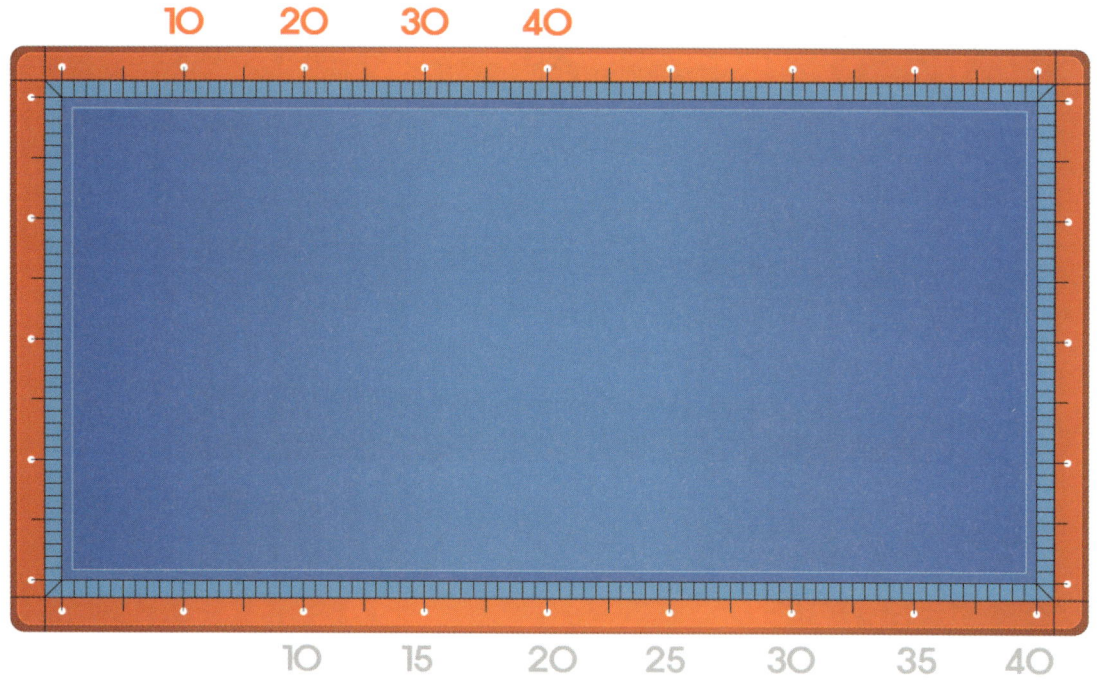

3.13-1 분열 시스템의 포인트별 수치

B 타점 및 방정식
타점은 3시(혹은 9시) 0.5팁을 설정하며, 방정식은 'COfp = 1fp'가 된다. 단순히 큐볼 출발점과 첫 입사점의 수치를 일치시키기만 하면 된다.

3.13-2와 3.13-3은 분열 시스템을 실전에 운용한 것이다.

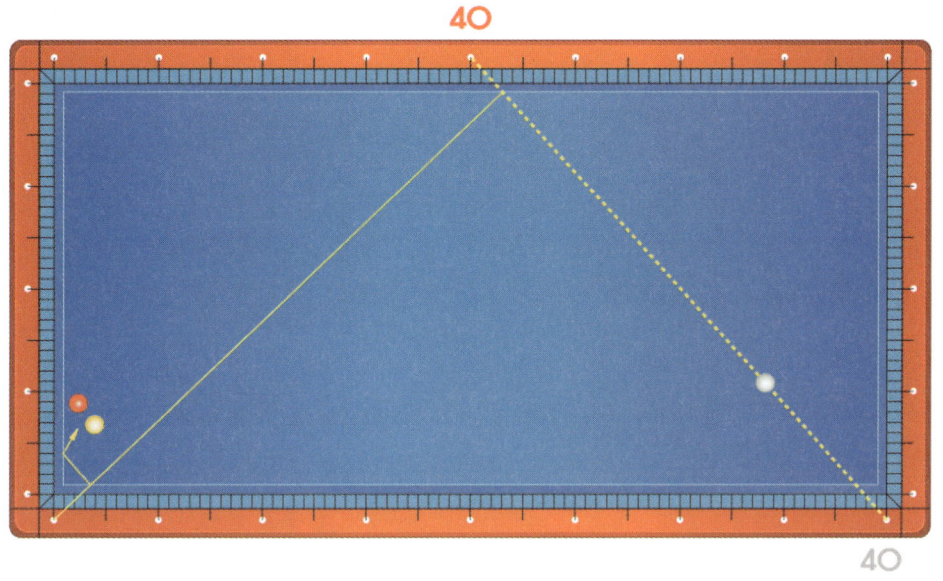

3.13-2 큐볼 출발점 40, 첫 입사점 40의 진로

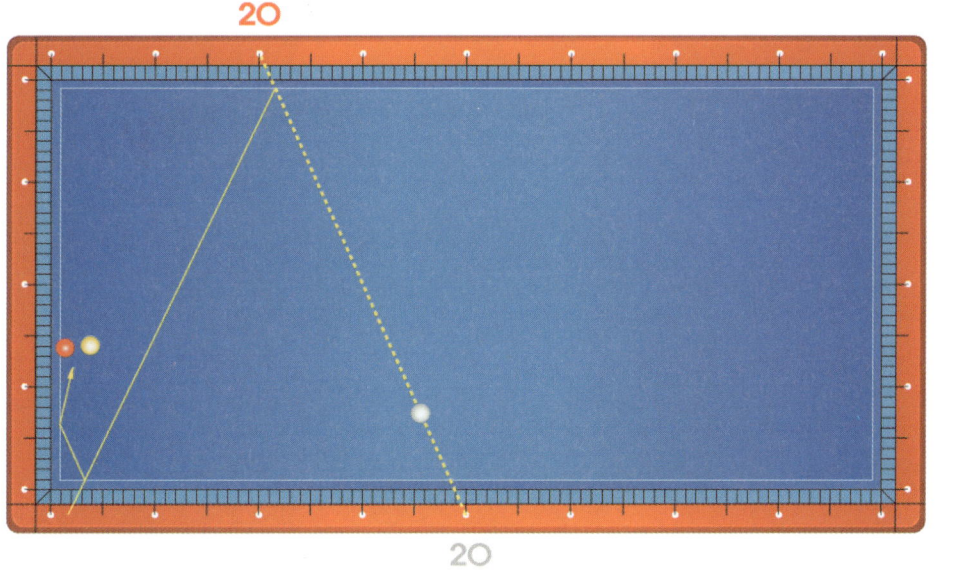

3.13-3 큐볼 출발점 20, 첫 입사점 20의 진로

※ 리버스 시스템과 마찬가지로 큐볼 출발점이 작아질수록 두 번째 입사점은 0보다 조금씩 짧아진다. 두 번째 입사점에서 입사각과 반사각은 거의 일치하며, 세 번째 입사점에서는 반사각이 약 2/3로 줄어든다.

C 스트록

스트록에 대한 조건은 리버스 시스템과 같아서, 첫 입사점에 도달한 큐볼의 속도가 2레일 스피드가 되도록 조절하면서 롱 스트록을 구사해야 한다.

D 보정

보정은 역 잉글리시 값을 사용하며, 방정식에 역 잉글리시 값의 1/2을 대입한다. 예를 들어, 역 잉글리시 값이 -4면 방정식은 'COfp - 2 = 1fp', 역 잉글리시 값이 +3이면 'COfp + 1.5 = 1fp'이 되는 것이다.

4 스프레드 시스템
Spread System

4.1 긴 쐐기 Long Wedge

4.2 N자 횡단 N Across

4.3 밀고 당기기 Push & Pull

4.4 터키 각 Turkish Angle

4.5 클레이사격 Clay Shooting

4.6 O팁 플러스 Otip Plus

4.7 번 Byrne

4.8 지그재그 Zigzag

4.9 안쪽 우산 Inside Umbrella

　　노 잉글리시 시스템의 일종인 스프레드 시스템은 큐볼의 직진성을 향상시키기 위해 상단 종 비틀기를 사용하는 것이 특징이다. 종 비틀기에 의해 큐볼의 구름관성은 최대가 되고, 그 영향으로 반사각은 입사각보다 작아지게 된다.

　　확실한 구름관성을 얻기 위해 타점은 12시 2팁으로 고정되고, 레일의 변형을 막기 위해 최대 2.5레일 스피드 이하의 롱 스트록을 구사해야 한다. 퍼짐 값에 이상이 없는 한 보정은 필요치 않다.

　　스트록이 완전해지기 전까지는 타점에서 횡 비틀기를 완전히 배제하기가 쉽지 않다. 따라서 처음엔 큐볼과 브리지의 거리를 최소로 유지하고, 훅을 단단히 조여 타구 시 큐 스틱이 좌우로 흔들리는 현상을 방지해야 한다.

4.1 긴 쐐기 Long Wedge

　　'2뱅크 밖으로 걸어 치기'를 위한 시스템으로, 두 번째 입사점의 수치를 정확히 읽어낼 수 있는 능력이 있고, 정렬과 스트록에 별다른 문제가 없다면 최고의 득점성공률이 보장된다.

　　널리 알려진 시드 배너[Sid Banner] 선수의 '시드 시스템[Sid system]'은 긴 쐐기 시스템과 동일한 구조를 지녔지만, 두 번째 입사점의 위치가 정확치 않아 혼선의 여지가 있다.

　　큐볼이 두 번째 입사점에 도달하기까지의 진로가 쐐기를 닮았다 해서 '쐐기'라는 명칭이 붙여졌다.

A 포인트

　　프레임 포인트와 레일 포인트를 함께 사용하며, 포인트별 수치는 4.1-1과 같다.

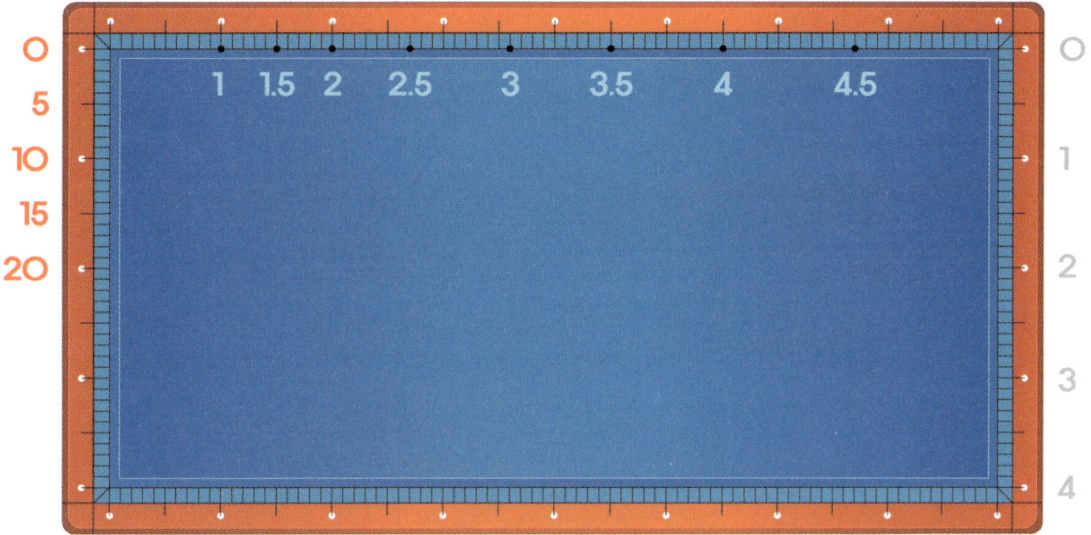

4.1-1 긴 쐐기 시스템의 타점별 수치

두 번째 입사점 2.5의 위치는 실제 레일 포인트 27, 3은 36, 3.5는 45, 4는 55, 4.5는 67이 된다. 각 입사점간의 거리는 5, 5, 7, 9, 9, 10, 12이다. 이는 일일이 암기하는 것 외엔 도리가 없다.

B 방정식

방정식은 '1fp = COfp × 2rp'가 된다. 4.1-2는 큐볼 출발점 3, 두 번째 입사점 3인 경우로, 첫 입사점은 9가 된다.

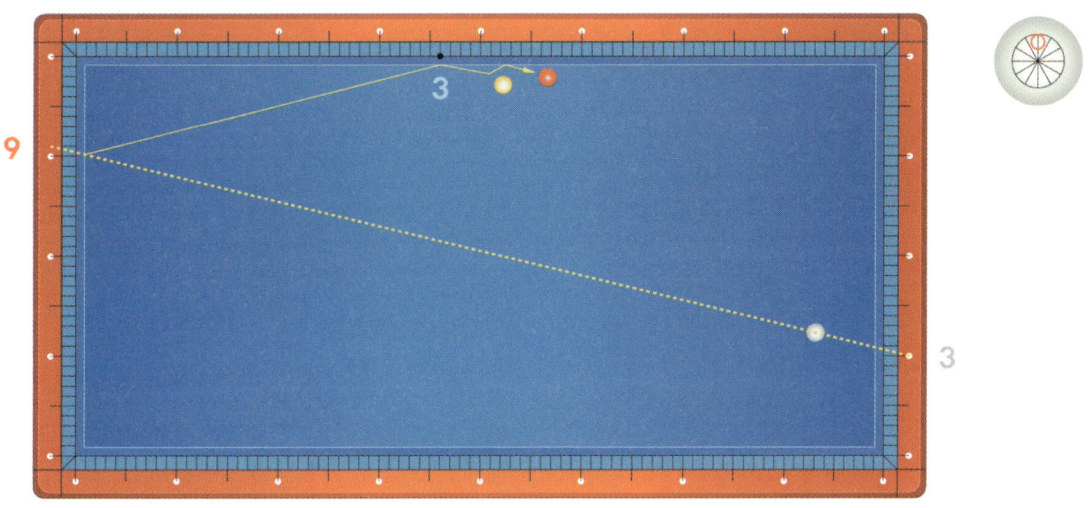

4.1-2 첫 입사점 3, 첫 입사점 9의 진로

큐볼 출발점이 애매한 경우엔 눈대중을 이용해 정렬선을 찾을 수 있다. 4.1-3과 같이 두 번째 입사점이 4면, 출발점 좌우에 정수로 떨어지는 출발점의 정렬선을 가정해 비율에 맞춰 첫 입사점을 설정하는 방식이다. 물론 암산에 자신이 있는 플레이어라면 직접 계산해도 상관없다.

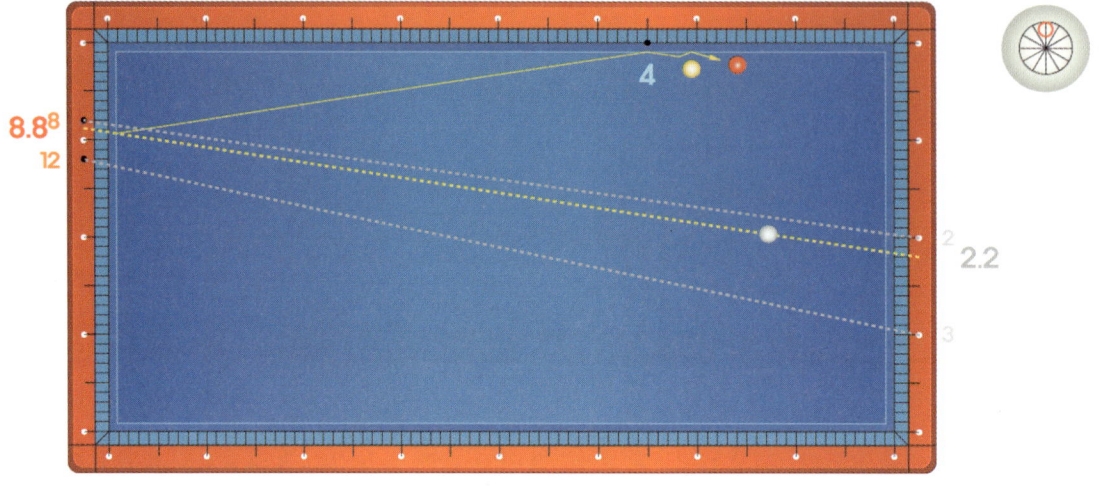

4.1-3 눈대중을 이용한 첫 입사점 설정

C 스트록

부드러울수록 좋지만, 너무 약하면 입사각이 작아질수록 두 번째 입사점이 짧아지고, 득점 후 큐볼과 오브젝트볼2의 간격이 좁아 진로선택이 한정될 수도 있다. 따라서 첫 입사점에 도달한 큐볼의 속도를 1~1.5레일 스피드가 되도록 조절해야 한다.

4.2 N자 횡단 N Across

긴 쐐기 시스템의 사촌과 같은 시스템으로, 두 번째 입사점이 첫 번째 입사점의 맞은편 레일에 형성되는 '테이블 횡단 샷^{cross table shot}'에 적용된다.

'N'이라는 명칭은 진로의 형태에서 따온 것이다.

A 포인트

프레임 포인트와 레일 포인트를 함께 사용하며, 포인트별 수치는 4.2-1과 같다.

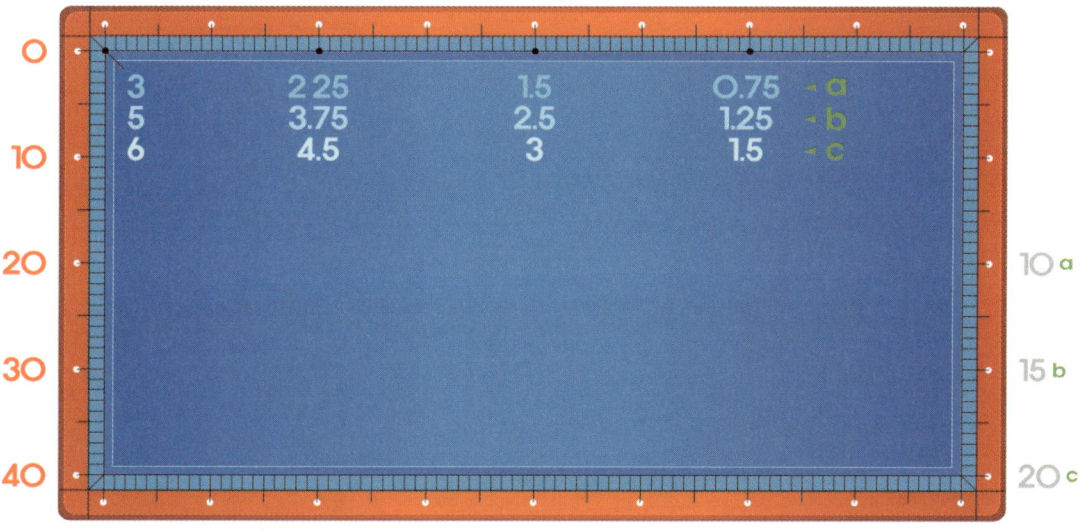

4.2-1 N자 횡단 시스템의 포인트별 수치

보기엔 복잡하지만 실제로는 간단하다. 큐볼 출발점이 10이면 롱 레일 왼편 끝에 있는 세 번째 입사점은 3, 15면 5, 20이면 6이라는 것만 암기하면 된다. 롱 레일 오른편 끝에 있는 세 번째 입사점은 언제나 0이다. 나머지 입사점들은 비율에 따라 정해진다.

B 방정식

오브젝트볼의 위치에 적합한 세 번째 입사점을 반영하는 것으로, 방정식은 'COfp + 3rp = 1fp'가 된다.

4.2-2는 N자 횡단 시스템을 실전에 응용한 것으로, 큐볼 출발점의 위치에 따라 세 번째 입사점은 3이 된다. 만약 큐볼의 출발점이 15나 20이라면, 같은 위치의 세 번째 입사점은 2.5나 1.5가 되는 것이다.

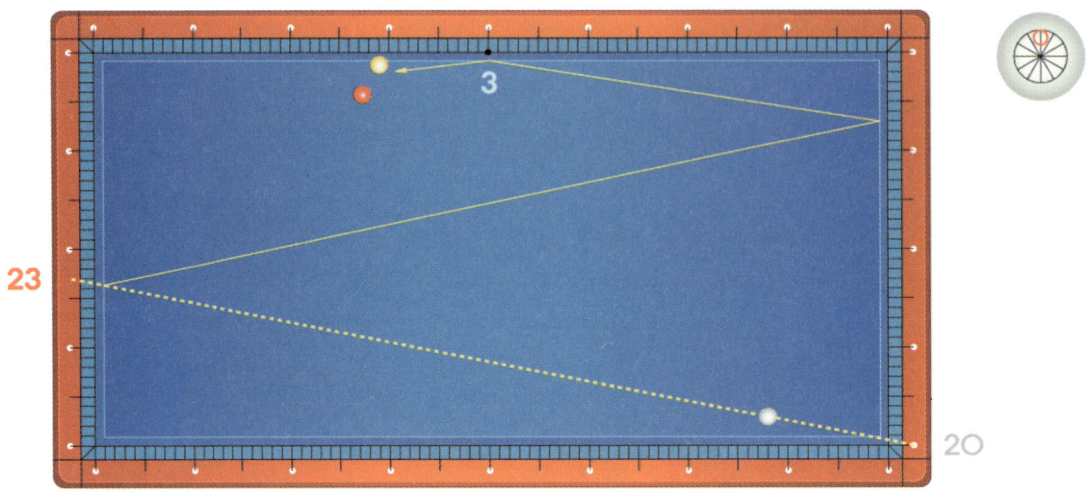

4.2-2 큐볼 출발점 20, 첫 입사점 23의 진로

N자 횡단 시스템은 숏 레일방향 진로에도 적용할 수 있으나, 그 방법이 조금 다르다. 숏 레일방향의 진로는 동선이 짧기 때문에, 연습만 조금 하면 누구나 두 번째 입사점의 위치를 찾아낼 수 있다. 따라서 방정식에서 3rp대신 2fp를 대입하면 된다.

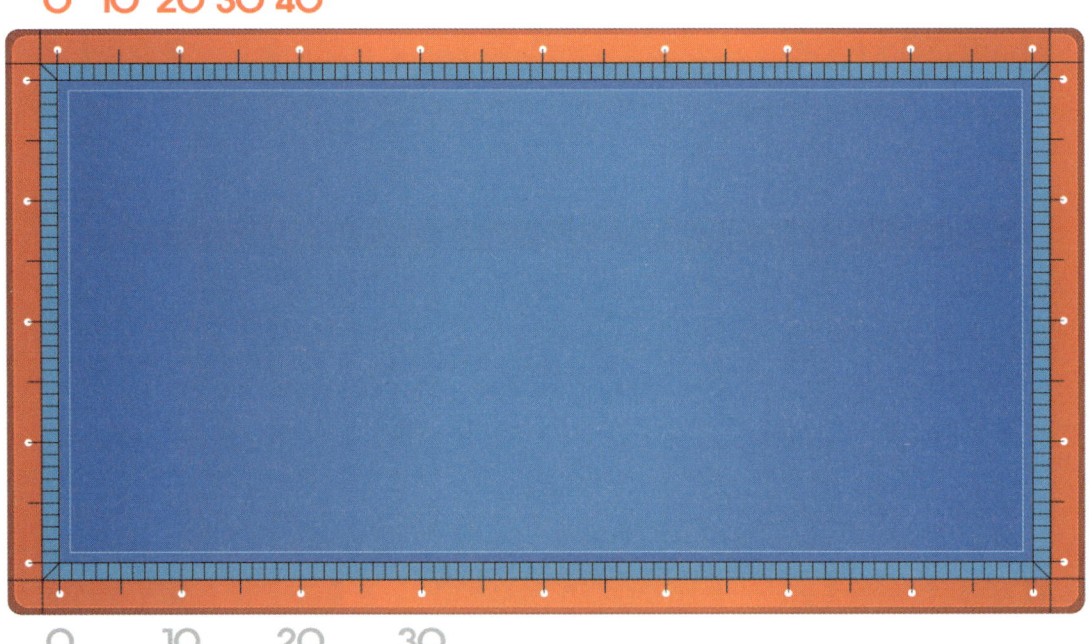

4.2-3 숏 레일방향 진로에 대한 N자 시스템의 포인트별 수치

※ 두 번째 입사점 2fp의 수치는 큐볼 출발점의 수치를 공유한다.

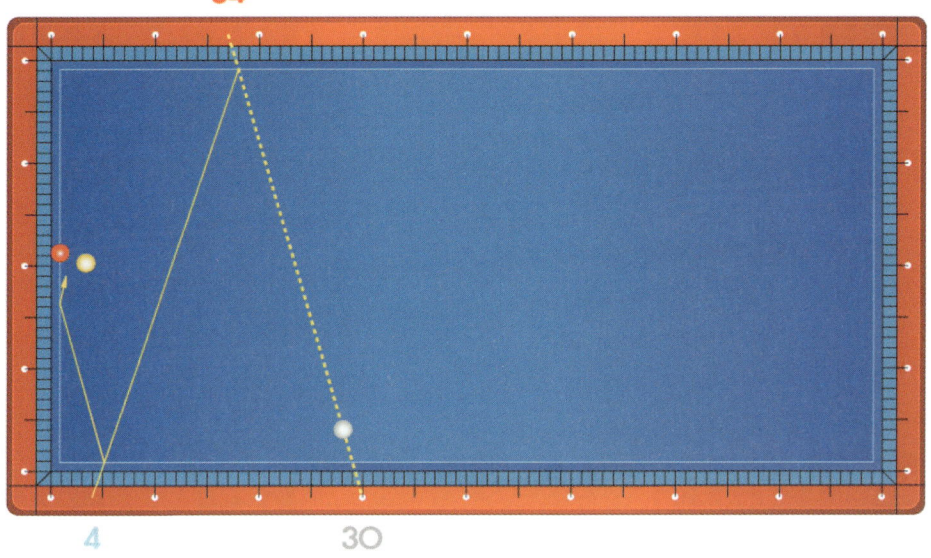

4.2-4 숏 레일방향 진로에 대한 N자 시스템의 실전응용

C 스트록

시스템의 특성상 입사각에 큰 편차가 생기지 않으므로, 첫 입사점에 도달한 큐볼의 속도가 2~2.5레일 스피드가 되도록 조절한다.

4.3 밀고 당기기 Push & Pull

긴 쐐기 시스템이 롱 레일방향의 진로를 담당하는 반면, 밀고 당기기 시스템은 숏 레일방향의 진로를 담당한다. 한 마디로 짧은 쐐기 시스템이라 할 수 있다. 포인트나 방정식은 필요치 않으며, 스트록의 속도는 긴 쐐기 시스템의 절반이 된다.

'밀고 당기기'라는 명칭은 가상진로를 따라 가상큐볼을 이동키는 시스템의 특성에서 비롯된 것으로, 운용 요령은 다음과 같다.

🔸 원하는 두 번째 입사점의 레일 포인트를 찾아낸다.

🔸 감각적으로 옳게 느껴지는 가상진로를 설정하고 가상큐볼을 가상진로를 따라 이동시켜 두 번째 입사점과 평행한 위치에 둔다.

🔸 두 번째 입사점과 가상큐볼의 중심까지의 거리를 절반으로 나눈 지점을 숏 레일에 평행하게 이동시켰을 때 기 설정한 가상진로의 첫 입사점(프레임 포인트)과 일치하는지 확인한다.

🔸 일치하지 않으면 가상진로를 수정해 앞의 과정을 반복한다.

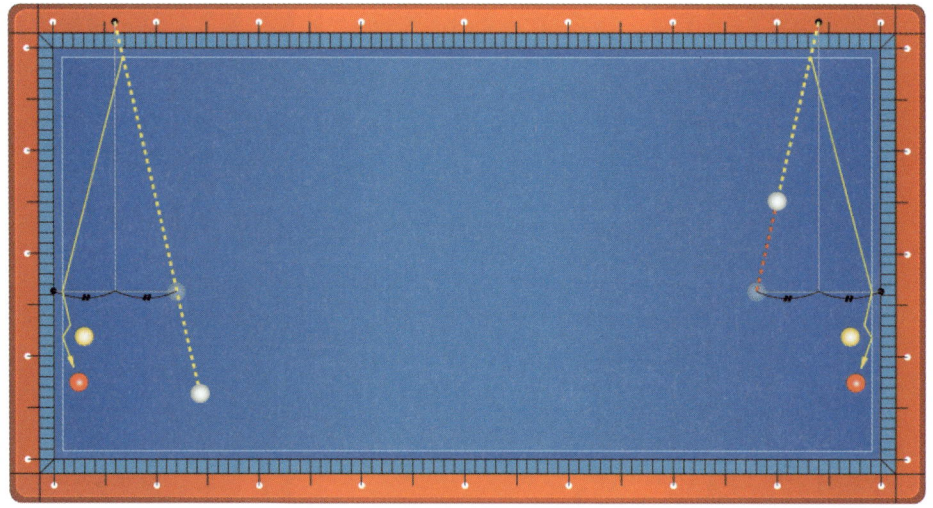

4.3-1 밀고 당기기 시스템의 실전응용

4.4 터키 각 Turkish Angle

횡 비틀기가 배제된 선회진로를 담당하는 시스템으로, 다양한 진로에 대한 선택권을 제공한다. 기본원리는 2/3 시스템과 같다.

터키 프로들에 의해 제창되어 '터키 각'이라는 명칭이 붙었다. 스트록을 맞추기가 까다롭지만 확장성은 스프레드 시스템 중 단연 뛰어나서, 거의 모든 큐볼 출발점을 커버할 수 있다.

A 포인트

프레임 포인트만 사용하며, 포인트별 수치는 4.4-1과 같다.

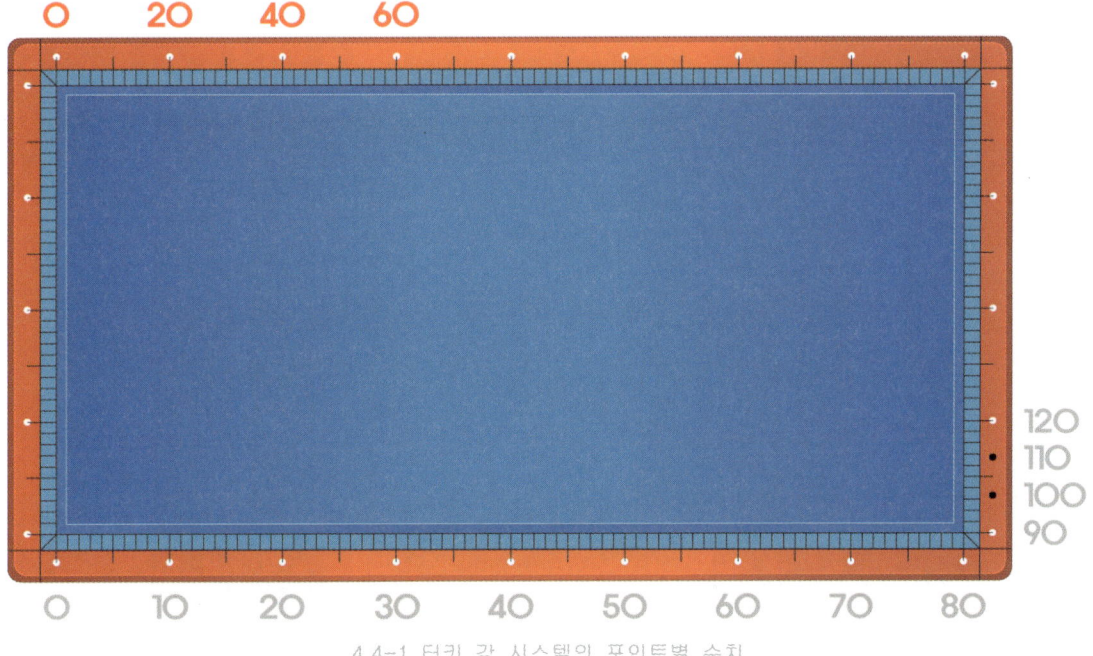

4.4-1 터키 각 시스템의 포인트별 수치

큐볼 출발점 100과 110은 90과 120을 삼등분해서 1/3과 2/3지점이 된다.

B 방정식

방정식은 '(COfp - 1fp) × 2/3 = 3fp'가 된다.

실전에서는 COfp − (3fp × 1.5) = 1fp로 계산하는 것이 편하다. 4.4-2와 4.4-3은 실전에 터키 각 시스템을 적용한 것이다.

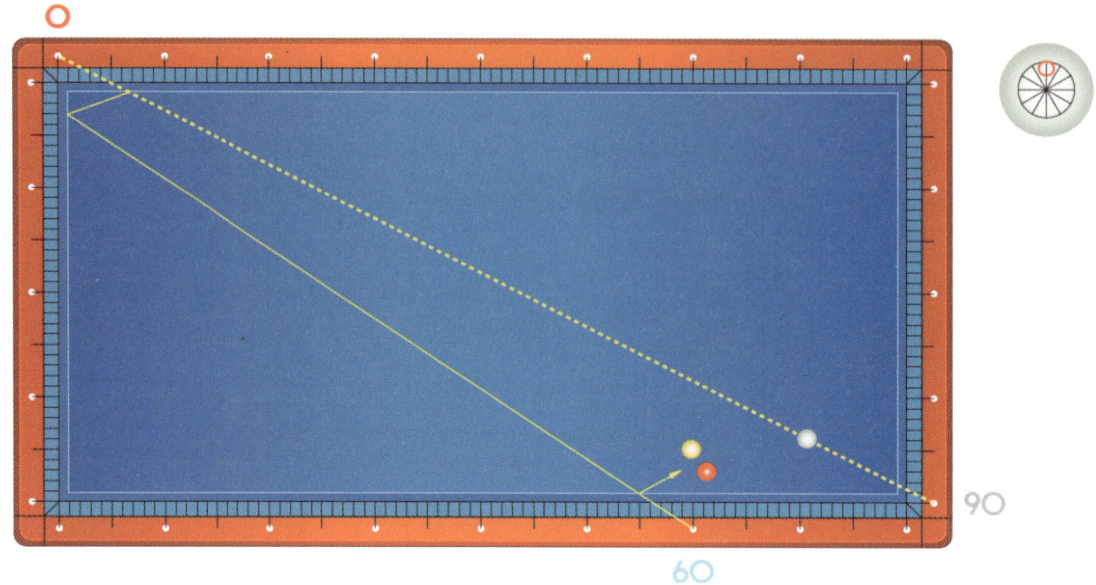

4.4-2 큐볼 출발점 90, 첫 입사점 0의 진로

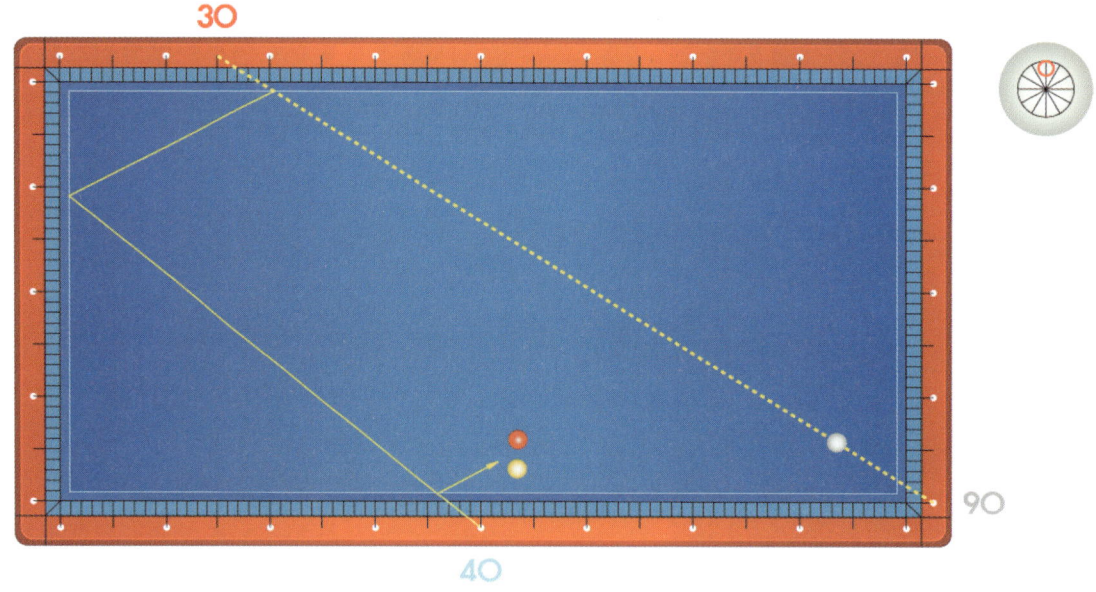

4.4-3 큐볼 출발점 90, 첫 입사점 30의 진로

큐볼 출발점이 120을 넘어가는 경우엔 첫 입사점과 큐볼 출발점의 수치를 각각 한 포인트와 반 포인트에 20씩 더하거나, 정렬선 자체를 평행으로 이동시켜주면 된다. 후자는 아무래도 눈대중에 의지하게 되므로, 전자를 추천한다.

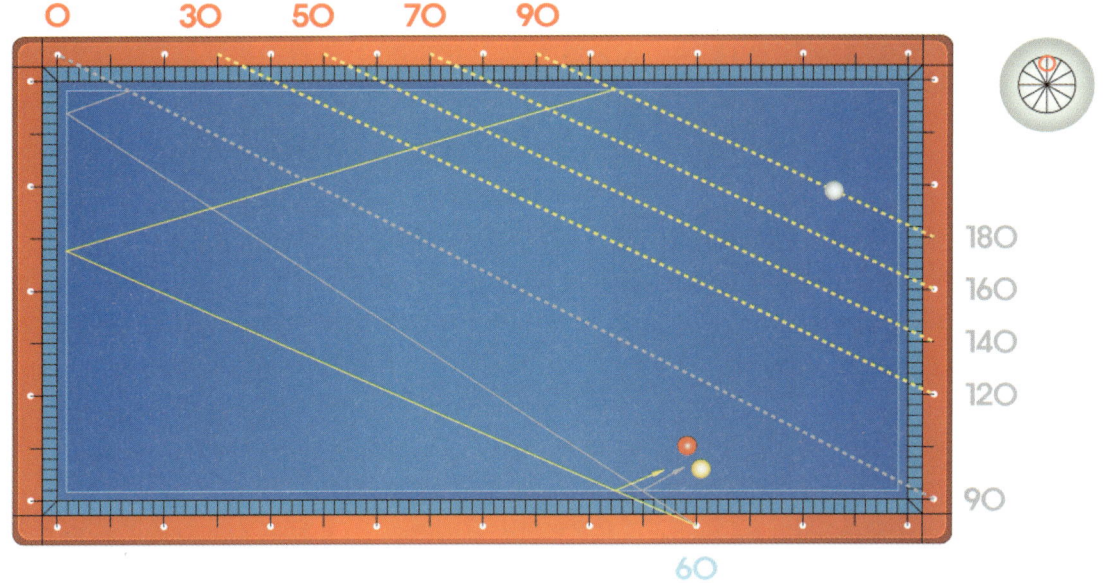

4.4-4 큐볼 출발점에 따른 정렬선의 변화 1

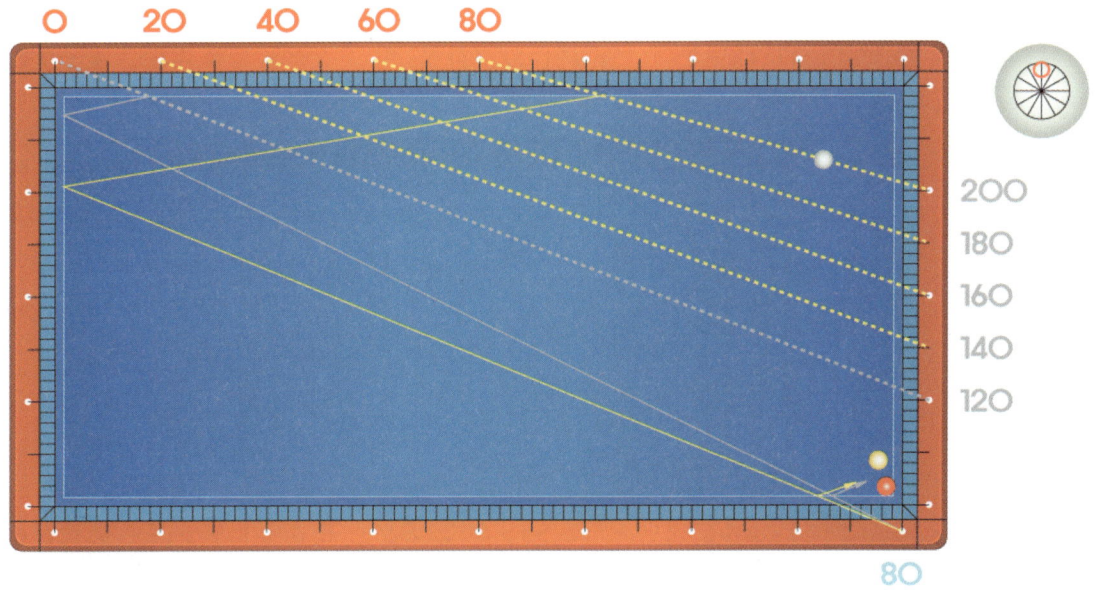

4.4-5 큐볼 출발점에 따른 정렬선의 변화 2

C 스트록

첫 입사점에 도달한 큐볼의 속도가 1.5~2레일 스피드가 되도록 조절하되, 롱 스트록을 구사해야 한다. 큐볼의 위치가 첫 입사점에서 가까울수록 부드럽게 타구해야 레일의 변형을 예방할 수 있다.

4.5 클레이사격 Clay Shooting

진로의 형태는 앞장에 소개된 플러스 시스템과 유사하지만 횡 비틀기를 배제한다는 점이 다르다. 같은 영역에서 흔히 사용되는 '버니 시스템^{Bernie system}'의 구조적 결함을 해결한 일종의 개정판으로, 포인트 암기가 까다로운 만큼 높은 득점성공률이 보장된다. 역시 2/3 시스템의 기본원리를 공유한다.

'클레이사격'이라는 명칭은 출발점에 따라 최종 입사점의 위치가 이동하는 특성에서 유래된 것이다.

A 포인트

프레임 포인트만 사용하며, 출발점에 따라 세 번째 입사점의 위치가 달라진다. 이런 변화는 서로 연관성이 없기 때문에, 일일이 암기하는 것 외엔 도리가 없다. 4.5-1은 큐볼 출발점 80의 진로이다.

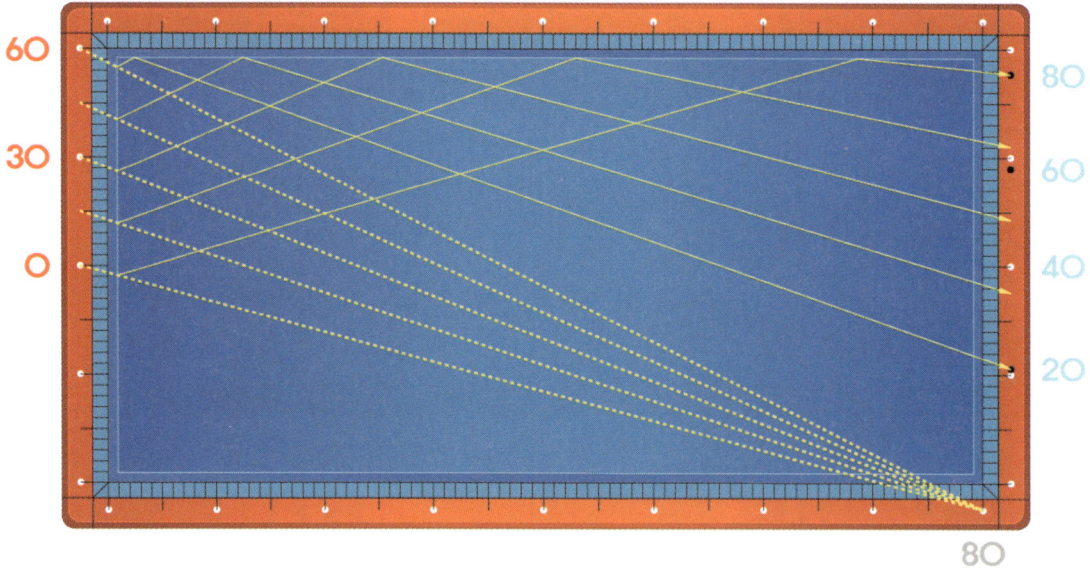

4.5-1 큐볼 출발점 80의 진로

우측 숏 프레임 하단의 포인트를 0으로 가정했을 때 세 번째 입사점 20의 실제 프레임 포인트는 10.5, 40은 20, 60은 29, 80은 37.5가 된다.

4.5-2는 큐볼 출발점 70의 진로로, 우측 숏 프레임 하단의 포인트를 0으로 가정했을 때 세 번째 입사점 10의 실제 프레임 포인트는 6, 20은 11, 40은 21, 60은 30.5, 70은 35.5가 된다.

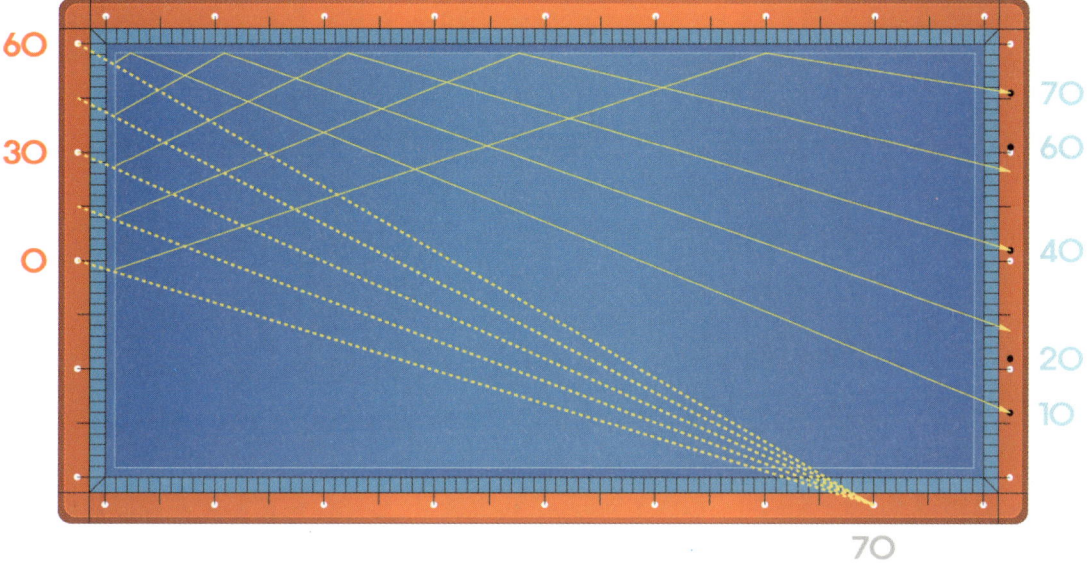

4.5-2 큐볼 출발점 70의 진로

4.5-3은 큐볼 출발점 60의 진로로, 우측 숏 프레임 하단의 포인트를 0으로 가정했을 때 세 번째 입사점 0은 그대로, 20의 실제 프레임 포인트는 11, 40은 22, 60은 32.5가 된다.

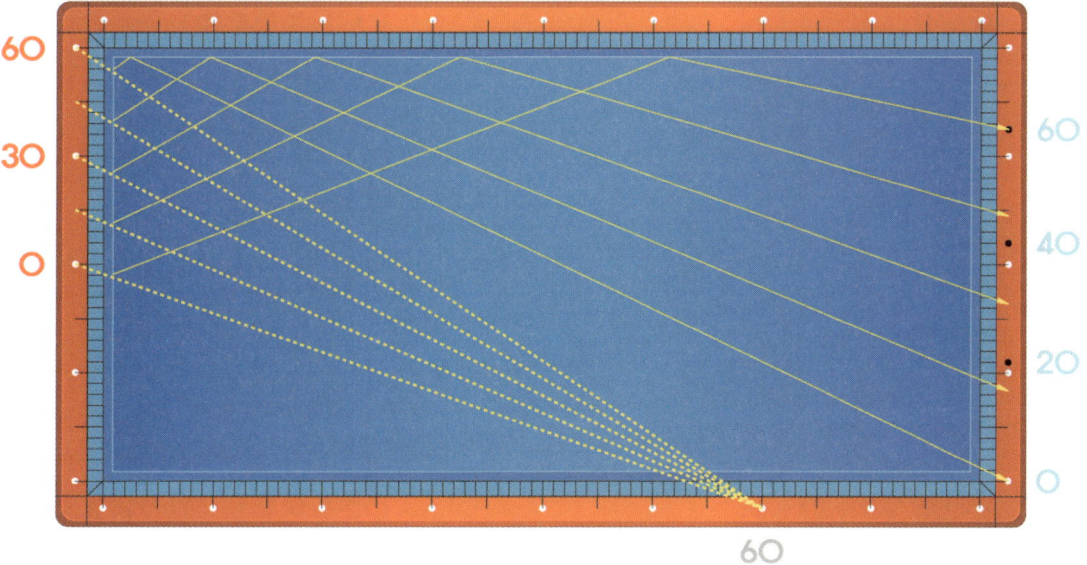

4.5-3 큐볼 출발점 60의 진로

4.5-4는 큐볼 출발점 50의 진로로, 하단 롱 프레임 우측의 포인트를 0으로 가정했을 때 세 번째 입사점 -10의 실제 프레임 포인트는 -7.5이며, 0은 코너, 20은 이전과 같은 방식으로 따져서 9.7, 40은 21.5, 50은 27.5가 된다.

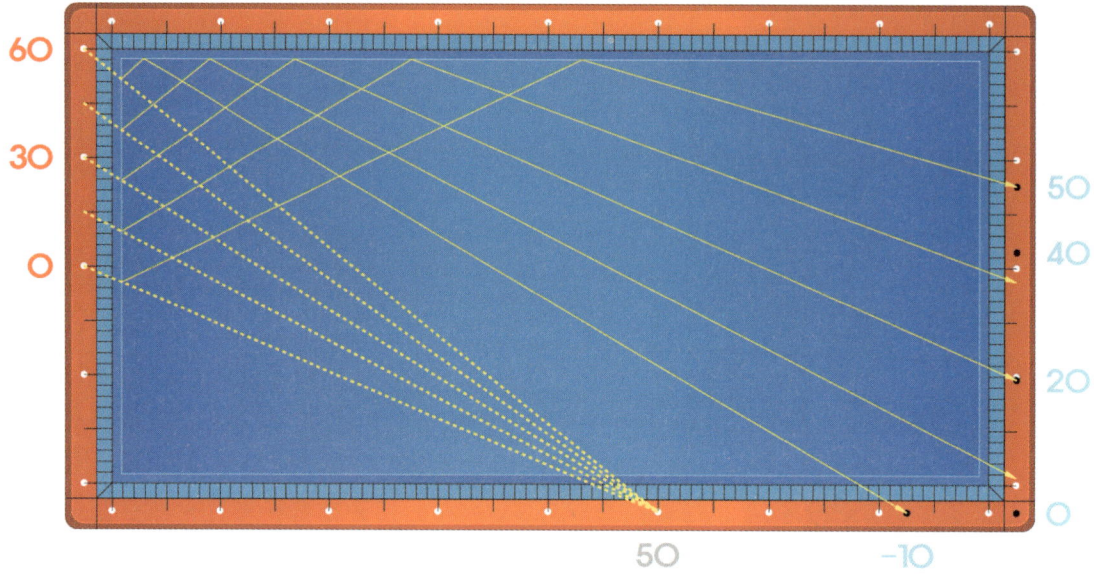

4.5-4 큐볼 출발점 50의 진로

4.5-5는 큐볼 출발점 40의 진로로, 하단 롱 프레임 우측의 포인트를 0으로 가정했을 때 세 번째 입사점 -20의 실제 프레임 포인트는 -22.5이며, 0은 -5, 20은 이전과 같은 방식으로 따져서 10, 40은 21이 된다.

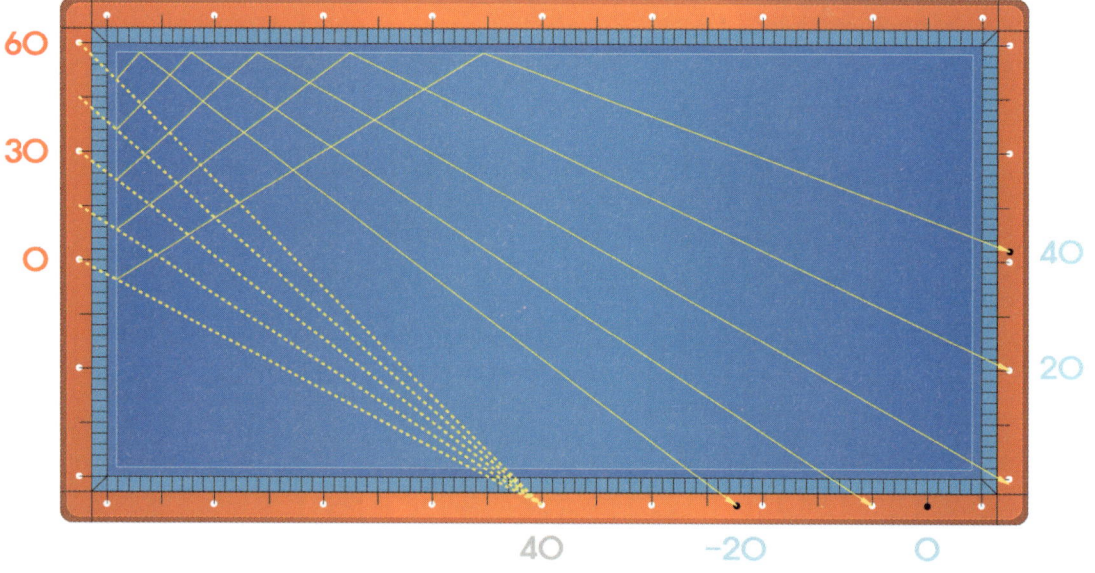

4.5-5 큐볼 출발점 40의 진로

암기의 편의를 위해서 세 번째 입사점의 기준수치를 4.5-6과 같이 정하자. (이는 사실 버니 시스템의 포인트별 수치이다.)

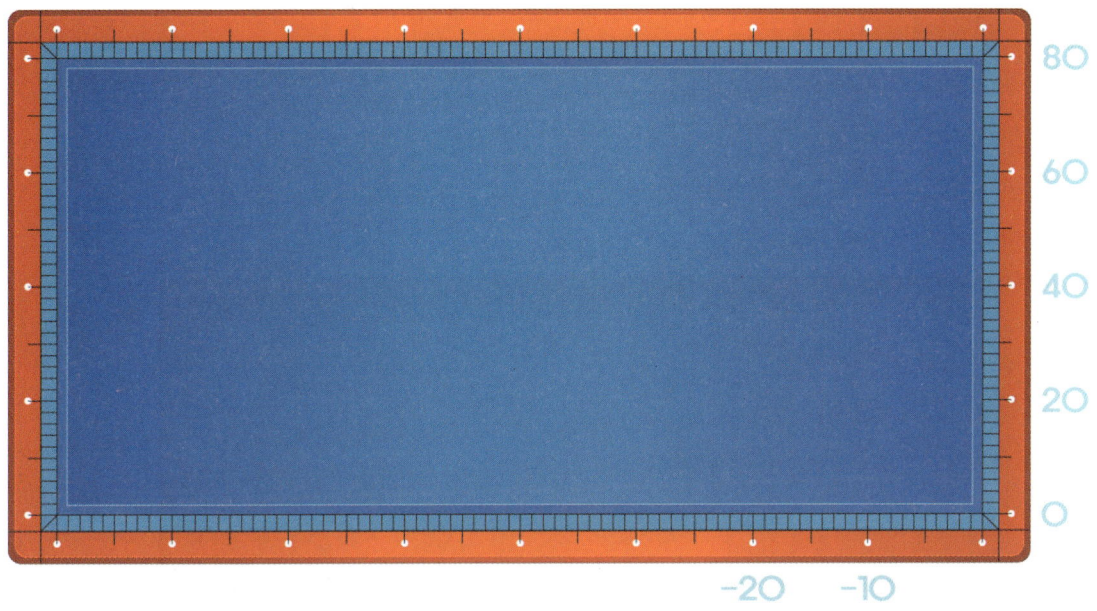

4.5-6 기준 포인트 수치

다음으로 4.5-6의 기준수치와 출발점에 따른 실제 최종 입사점의 편차를 도표로 정리하면 4.5-7과 같다.

기준 3rp\COfp	80	70	60	50	40
80	−2.5				
70	−1.75	+0.5			
60	−1	+0.5	+2.5		
50	−0.5	+0.75	+2.25	+2.5	
40	0	+1	+2	+1.5	+1
30	+0.25	+1	+1.5	+1	+0.5
20	+0.5	+1	+1	−0.3	0
10		+1	+0.5	−1.5	−5.5
0			0	C	−5
−10				+2.5	−4
−20					−2.5

4.5-7 큐볼 출발점에 따른 세 번째 입사점의 변화량

※ 기준수치는 한 포인트가 20으로 설정되어 있지만 도표상의 편차는 한 포인트를 10으로 따진 것이며, C는 5와 1/2 시스템의 큐볼 출발점 50처럼 프레임상의 코너를 의미한다.

4.5-7의 도표는 다소 번거롭더라도 스스로 그려낼 수 있을 때까지 암기해야만 한다. 예를 들어, 큐볼 출발점이 70이면 세 번째 입사점 70과 60의 편차는 +0.5, 50은 +0.75, 40부터 10까지는 +1이라는 것이 바로 떠올라야 실전운용이 가능하다.

B 방정식

방정식은 'COfp - 1fp = 3rp'가 된다. 4.5-8은 클레이사격 시스템을 이용한 3뱅크 레일-퍼스트 샷이다.

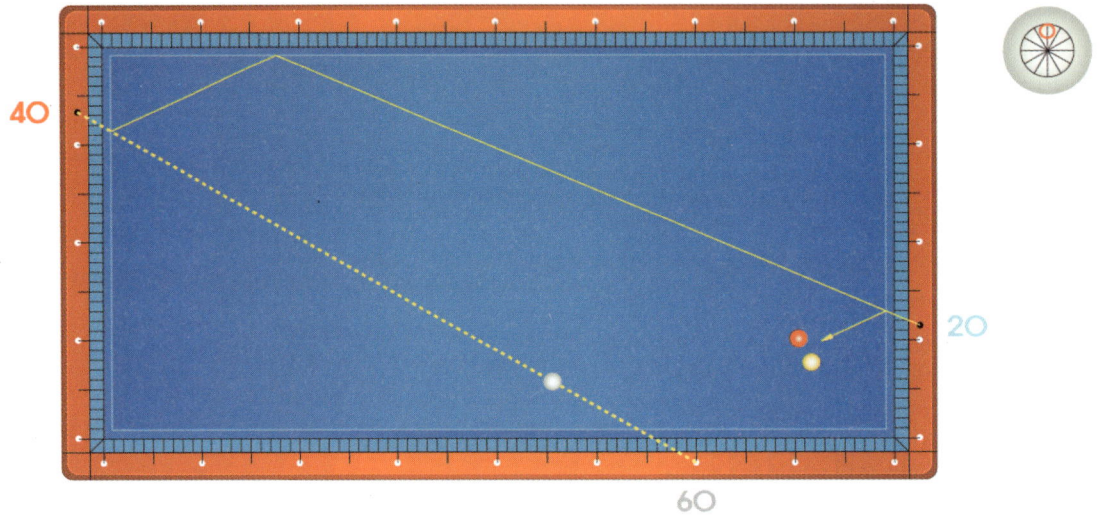

4.5-8 큐볼 출발점 60, 첫 입사점 40의 진로

※ 큐볼 출발점이 포인트와 포인트 사이에 위치한 경우는 편차도 둘의 중간이 된다. 만약 큐볼 출발점이 80과 70의 중간인 75라면 세 번째 입사점 70의 편차도 80의 -1.75와 70의 +0.5의 중간인 -1.25가 되는 것이다.

C 스트록

자연스러운 구름관성이 형성되도록 첫 입사점에 도달한 큐볼의 속도가 2레일 스피드가 되도록 조절해준다.

4.6 0팁 플러스 Otip Plus

   소실점을 이용하는 유일한 스프레드 시스템으로, 첫 입사점이 포함된 숏 레일과 큐볼 출발점의 거리가 한 포인트 이내일 때 독특하고 멋진 해법을 제시한다. 포인트나 방정식은 필요치 않다.

   '플러스'라는 명칭은 플러스 2 시스템과 진로가 유사하다 해서 붙여진 것일 뿐, 덧셈과는 무관하다. 세 번째 입사점 이후의 진로가 레일 잉글리시를 반영하므로, 두 번째 입사점에 도달한 큐볼의 속도가 2.5레일 스피드가 되도록 조절해야 한다.

   운용요령은 다음과 같다.

- 🔴 원하는 세 번째 입사점과 코너를 연결하는 가상의 선분을 머릿속에 그린다. (이때 두 번째 입사점의 위치는 레일의 날선이 아닌 진로변경선이어야 한다.)

- 🔴 그 선분을 두 배 연장한 곳에 소실점을 설정한다.

- 🔴 소실점을 향해 큐볼을 진행시킨다.

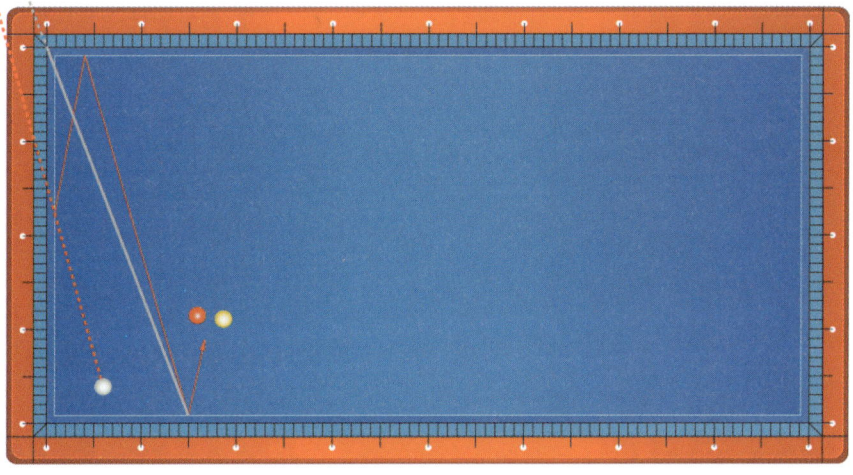

4.6-1 0팁 플러스 시스템의 실전응용 1

오브젝트볼의 위치가 세 번째 입사점에서 멀거나 네 번째 입사점에 가깝다면 운용은 다소 복잡해진다. 4.6-2처럼 일단 두 번째 입사점의 위치를 대략 예측해서 네 번째 입사점까지의 거리를 1.5:1로 나눈 다음, 그 맞은편에 세 번째 입사점을 설정하는 과정이 추가되기 때문이다. 물론 소실점을 찾아낸 후 두 번째 입사점의 위치를 재점검하는 것은 필수다.

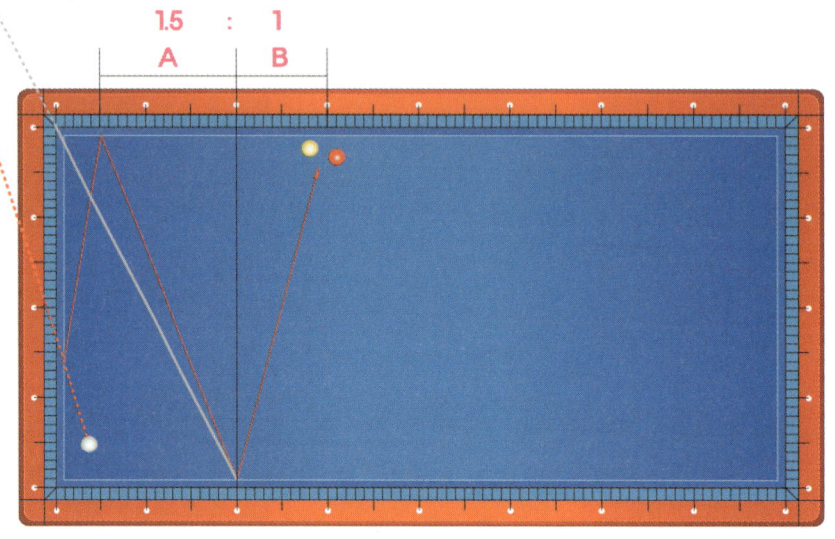

4.6-2 0팁 플러스 시스템의 실전응용 2

만일 처음에 설정한 두 번째 입사점과 소실점을 찾아낸 후에 예상되는 두 번째 입사점이 큰 차이가 난다면, 그 중간에 새로운 두 번째 입사점을 설정하여 소실점을 찾는 과정을 다시 한 번 반복해야 한다. 처음엔 올바른 소실점을 찾기까지 꽤 오랜 시간이 필요하지만, 완전히 숙련되고 나면 단번에 찾아낼 수 있게 된다.

4.7 번 Byrne

클레이사격 시스템과 유사하지만 큐볼 출발점이 숏 레일에 한정되므로 보다 긴 진로에 적합하다.

시스템의 기본구조는 2/3 시스템과 일맥상통한다.

'번'이란 명칭은 우수한 이론서의 집필로 국내에도 널리 알려진 로버트 번[Robert Byrne] 선수의 성을 딴 것이다.

A 포인트

프레임 포인트만 사용하며, 포인트별 수치는 4.7-1과 같다. 세 번째 입사점은 큐볼 출발점의 수치를 공유한다.

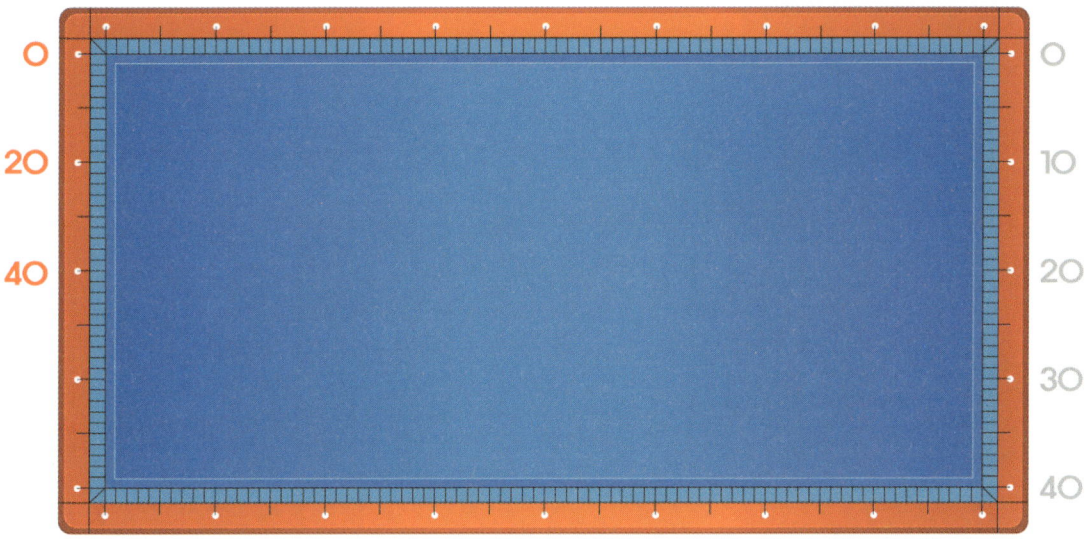

4.7-1 번 시스템의 포인트별 수치

B 방정식

'COfp − (3fp × 1.5) = 1fp'가 된다.

시스템의 운용은 까다로운 것이 없으므로 4.7-2로써 설명을 대신한다.

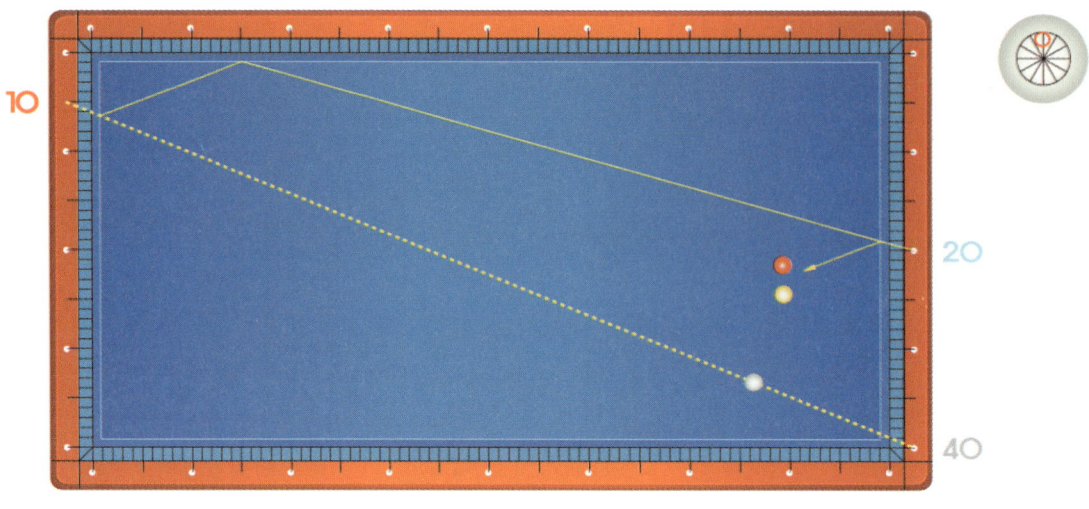

4.7-2 큐볼 출발점 40, 세 번째 입사점 20의 진로

C 스트록

스트록에 대한 조건은 클레이사격 시스템과 동일하다.

4.8 지그재그 Zigzag

입사각이 작은 테이블 횡단 샷을 위한 시스템으로, 긴 쐐기나 밀고 당기기 시스템이 못 미치는 영역을 커버한다.

'지그재그'란 명칭은 진로의 형태에서 따온 것이다.

A 포인트

프레임 포인트만 사용하며, 포인트별 수치는 4.8-1과 같다.

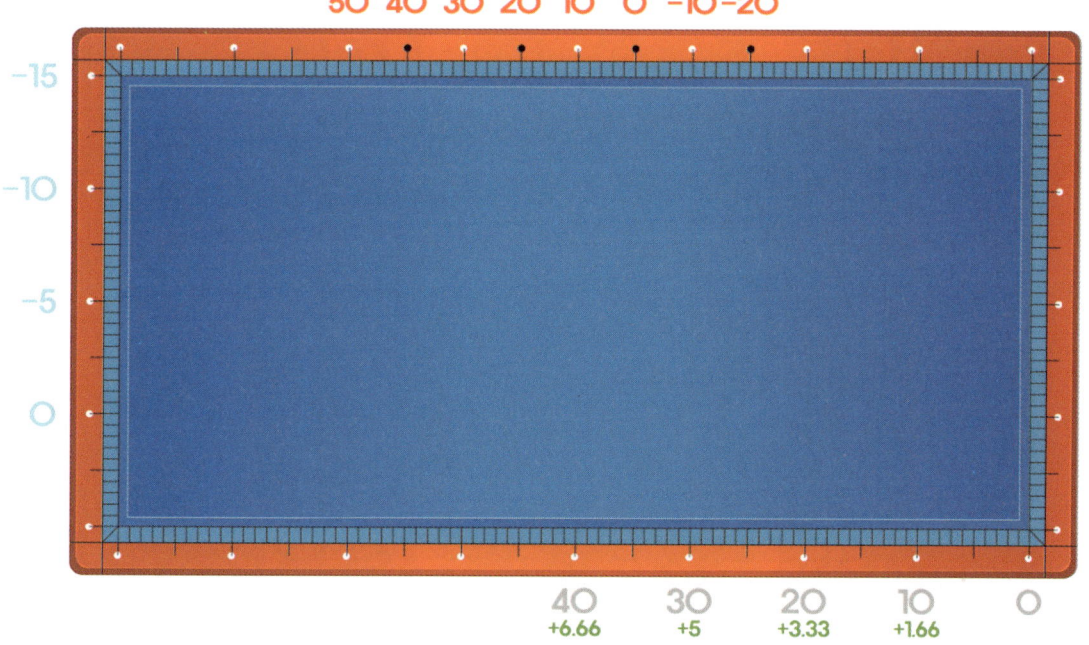

4.8-1 지그재그 시스템의 포인트별 수치

큐볼 출발점에 별도의 보정치가 부여된다는 점이 새롭다.

B 방정식

출발점에 부여된 보정치를 'An'이라 했을 때, 방정식은 'COfp + 3fp + An = 1fp'가 된다.

지그재그 시스템의 신전응용은 4.8-2와 4.8-3을 참조하기 바란다.

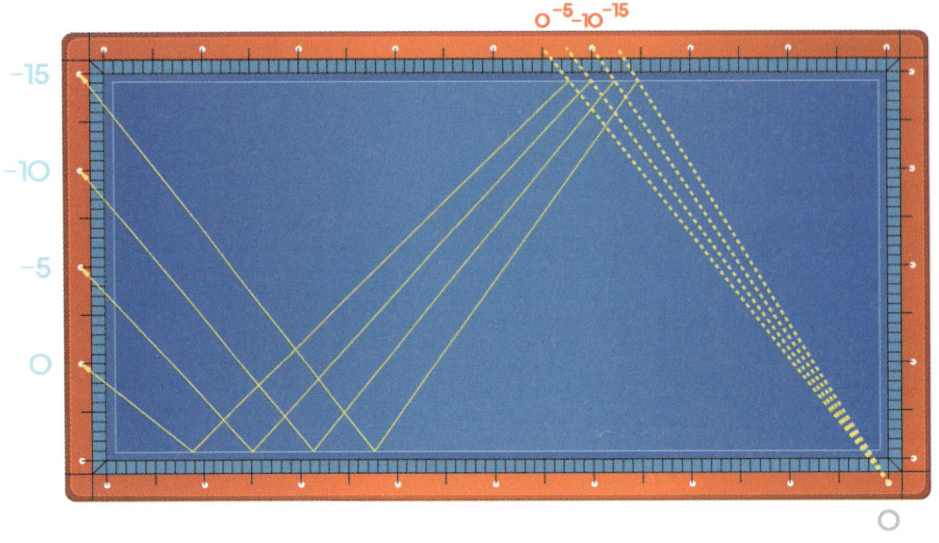

4.8-2 큐볼 출발점 0의 진로

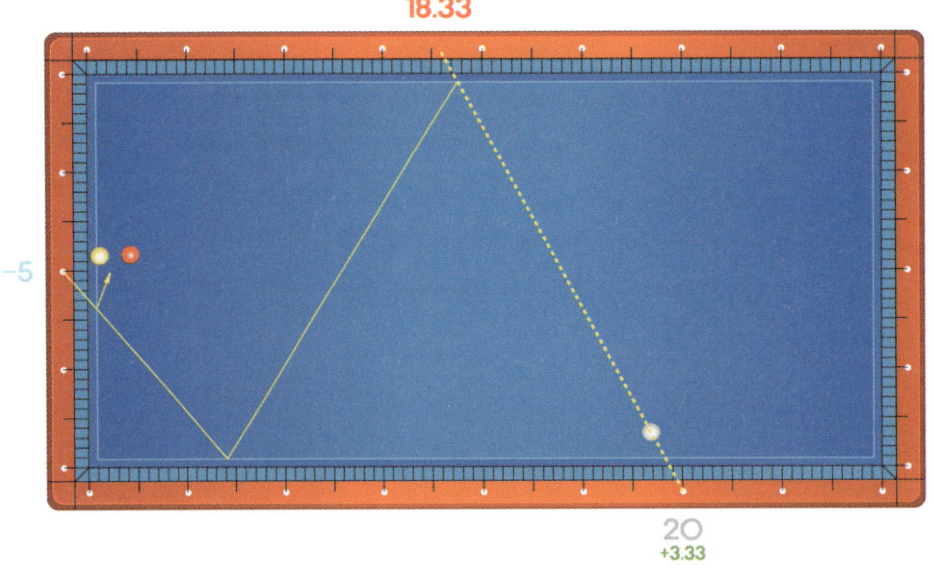

4.8-3 큐볼 출발점 20, 세 번째 입사점 5의 진로

C 스트록

첫 번째 입사점에 도달한 큐볼의 속도가 1.5~2레일 스피드가 되도록 조절한다. 첫 입사점에서 레일의 변형에 따른 입사각의 변화를 최대한 억제하기 위해 롱 스트록을 구사해야 한다.

4.9 안쪽 우산 Inside Umbrella

횡 비틀기가 배제된 1뱅크 안으로 걸어 치기와 2뱅크 밖으로(혹은 뒤로) 걸어 치기를 위한 시스템으로, 난감한 상황에서 훌륭한 해법을 제시한다. 앞서 소개된 아코디언 시스템과 마찬가지로 득점에 성공했을 경우 관중들의 환호가 덤으로 주어진다.

'안쪽 우산'이라는 명칭은 1뱅크 안으로 걸어 치기의 진로가 펼친 우산을 연상시키는 데에서 비롯된 것이다.

A 포인트

프레임 포인트와 레일 포인트를 함께 사용한다. 한 포인트를 1로 계산하며, 별도의 수치를 부여하진 않는다.

B 방정식

방정식은 다소 생소하고 복잡해서, 첫 입사점이 포함된 롱 레일에서 원하는 두 번째 입사점(레일 포인트)까지의 거리를 'A', 첫 입사점과 큐볼 출발점(레일 포인트)까지의 거리를 'B', 첫 입사점이 포함된 롱 레일에서 큐볼 출발점까지의 거리를 'C'라 했을 때, '(A × B) ÷ (A + C) = 1fp'가 된다.

C 스트록

오차 허용치가 극히 작은 경우에 운용하는 시스템이므로 스트록이 성패를 좌우한다고 해도 과언이 아니다. 적절한 반사각을 유지하면서도 오브젝트볼1과 충돌 후 오브젝트볼2에 도달할 수 있는 에너지를 살릴 수 있는 스트록이 필요한 것이다. 따라서 첫 입사점에 도달한 큐볼이 1.5레일 스피드를 초과하지 않도록 제어하되, 확실한 롱 스트록을 구사해야 한다.

4.9-1은 A가 2, B가 8, C가 4이므로, 첫 입사점은 (2 × 8) ÷ (2 + 4), 즉 16 ÷ 6 = 2.66이 된다.

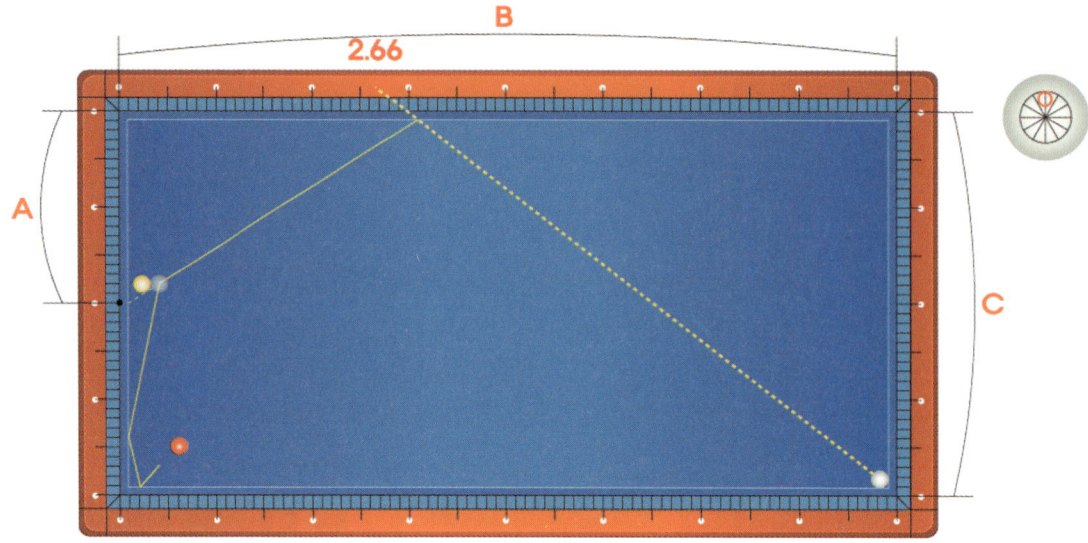

4.9-1 안쪽 우산 시스템의 실전응용

큐볼이 첫 입사점에서 멀어 수치파악이 어려운 경우라면 B의 수치를 조절해 출발점을 확정할 수 있다. 이는 마치 큐볼 출발점이 포함된 숏 레일을 옮기는 것과 같은데, 몇 번의 연습으로 몸에 익힐 수 있다. 4.9-2는 A가 1, B가 6, C가 2이므로, 첫 입사점은 (1 × 6) ÷ (1 + 2), 즉 2가 된다.

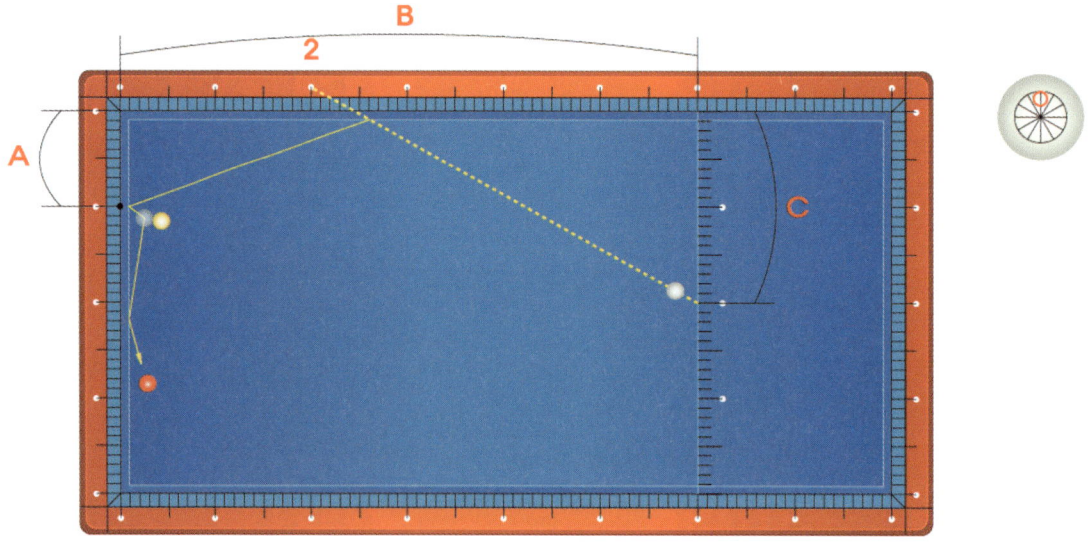

4.9-2 안쪽 우산 시스템의 변형

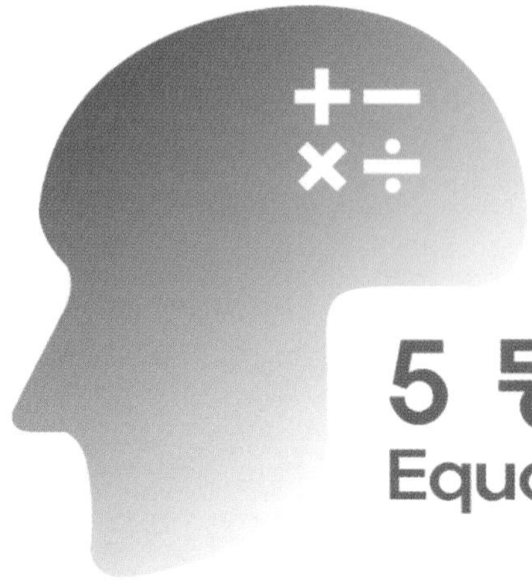

5 등각 시스템
Equal Angle System

5.1 평행 측정 Parallel Gauge

5.2 십자 측정 Cross Gauge

5.3 7⁷

5.4 1/2에 1 ¹ by Half

5.5 플러스 5 Plus 5

5.6 플로리다 예비 Florida Backup

5.7 마이너스 5 Minus 5

5.8 3과 4 3 and 4

5.9 99에서 1까지 99 to 1

> 또 하나의 노 잉글리시 시스템인 등각 시스템은 첫 입사점에서 입사각과 반사각을 일치시키는 것이 특징이다. 그러나 자칫 잘못하면 원치 않는 횡 비틀기나 구름관성, 레일의 변형 등으로 인해 진로가 변경될 수 있으므로 매우 정교한 정렬과 고도로 안정된 스트록이 요구된다. (4부 1.2 참조)
>
> 타점은 0팁이 원칙이나 첫 입사점과의 거리가 멀어지면 6시 방향으로 0.5~1.5팁 정도 이동해 구름관성을 억제해야 한다. 스프레드 시스템과 마찬가지로 퍼짐 값에 이상이 없는 한 별다른 보정은 필요치 않다.

5.1 평행 측정 Parallel Gauge

다음에 소개될 '십자 측정 시스템'과 더불어 구조는 단순하지만 '등각'의 원칙에 가장 충실한 시스템이다. 몇몇 기준점을 연결하는 가상선분을 바탕으로 첫 입사점을 산출하는 방식이다.

포인트별 수치나 방정식과는 관련이 없으며, 운용요령은 다음과 같다.

🔴 큐볼(레일-퍼스트 샷), 혹은 가상 큐볼(볼-퍼스트 샷)의 중심과 두 번째 입사점을 연결하는 선분 1을 구상한다. 이때 두 번째 입사점의 위치는 레일의 날선이 아닌 진로변경선이어야 한다.

🔴 선분 1의 절반지점과 두 번째 입사점의 대칭이 되는 지점을 연결하는 선분 2를 구상한다.

🔴 큐볼(혹은 가상 큐볼)의 중심을 지나면서 선분 2와 평행한 가상선분 3이 정렬선(혹은 2차 진로)이 된다.

5.1-1은 앞서 설명된 과정을 표현한 것으로, 회색 실선은 선분 1, 흑색 실선은 선분 2, 적색 실선은 선분 3이 된다. 이때 첫 입사점에 도달한 큐볼의 속도가 2레일 스피드가 되도록 조절한다.

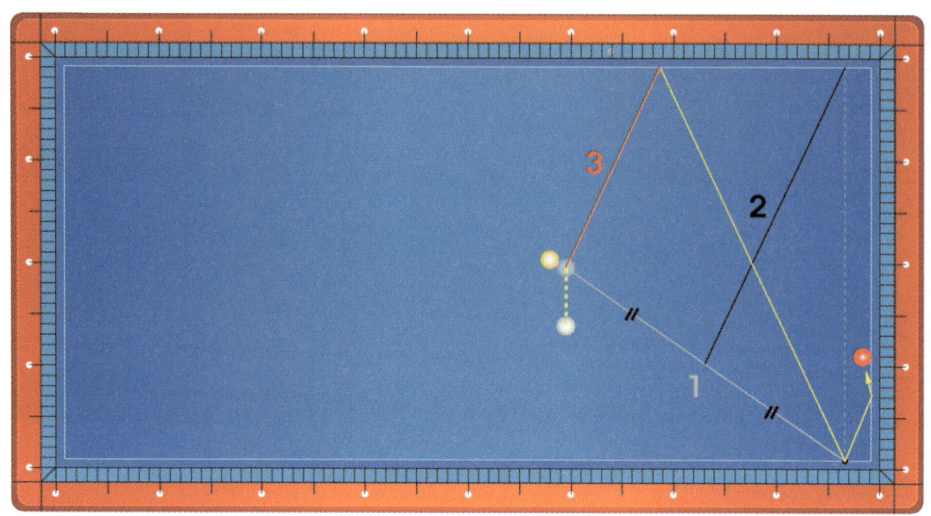

5.1-1 평행 측정 시스템의 실전응용 1

평행측정 시스템의 핵심은 선분 2와 선분 3이 완전한 평행을 이루느냐이다. 두 선분의 평행이 어긋나면 모든 과정이 수포로 돌아가기 때문이다. 따라서 확실한 정렬선을 구하고 싶으면 다소 번거롭더라도 두 선분을 프레임까지 연장해서 각각의 거리가 서로 일치하는지 확인하는 과정을 거쳐야만 한다.

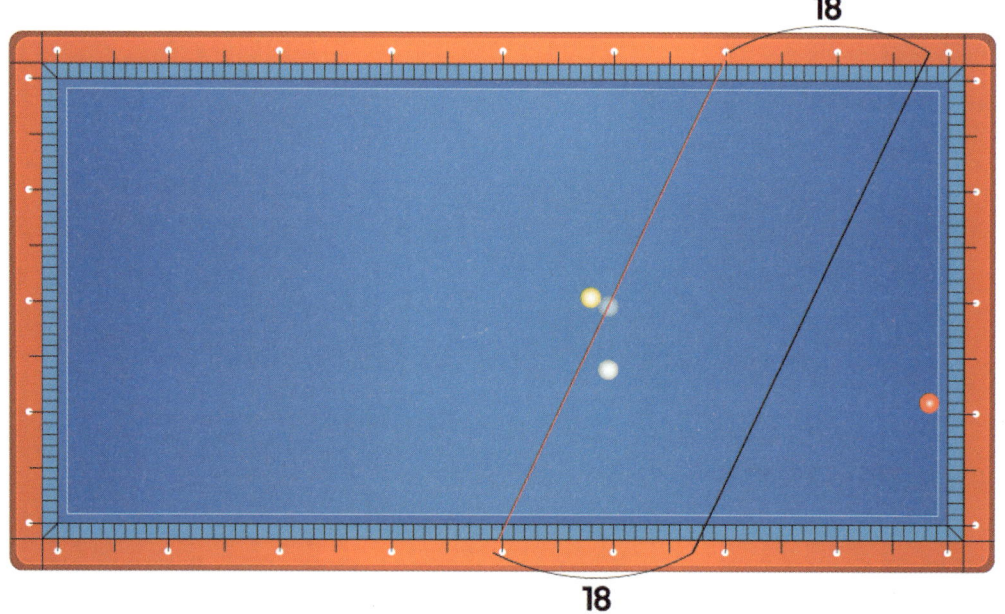

5.1-2 선분 2와 선분 3의 평행 확인

이런 종류의 시스템들은 당연히 선분의 길이가 짧을수록 정확도가 높아진다. 특히 5.1-3과 같은 공의 배치에서는 자세가 불편한 볼-퍼스트 샷보다 평행 측정 시스템을 이용한 레일-퍼스트 샷의 득점확률이 더 높다.

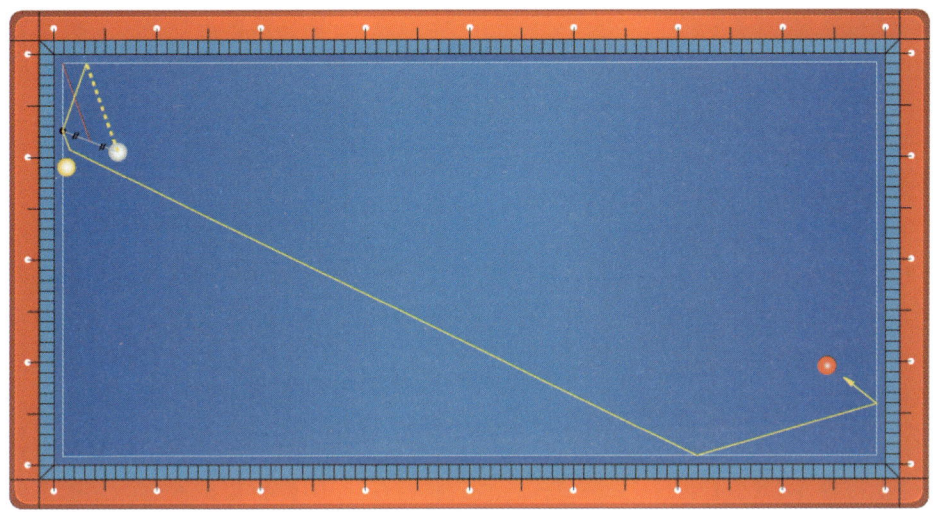

5.1-3 평행 측정 시스템의 실전응용 2

5.2 십자 측정 Cross Gauge

평행 측정 시스템과 한 세트라고 할 수 있는 시스템으로, 공의 배치를 보고 둘 중 어느 것을 운용할지 선택하면 된다. 굳이 차이점을 들자면 첫 입사점을 산출하는 요령이 다르다는 것뿐이다.

두 가지 모두 구조가 간결해서 운용이 용이하고 신뢰도도 뛰어난 편이다. 그렇지만 눈대중에 의존하는 비중이 적지 않으므로, 완전히 숙련되기 전까지는 동선이 긴 경우는 피하는 것이 바람직하다.

평행 측정 시스템과 마찬가지로 포인트별 수치나 방정식은 필요 없으며, 운용요령은 다음과 같다.

● 두 번째 입사점을 첫 번째 레일의 진로변경선까지 평행으로 이동시킨 지점과 큐볼(레일-퍼스트 샷), 혹은 가상 큐볼(볼-퍼스트 샷)의 중심을 연결하는 선분 1을 구상한다. 이때 두 번째 입사점의 위치는 레일의 날선이 아닌 진로변경선이어야 한다.

● 큐볼(혹은 가상 큐볼)의 중심을 첫 번째 레일의 진로변경선까지 평행으로 이동시킨 지점과 두 번째 입사점을 연결하는 선분 1-1을 구상한다.

● 선분 1과 선분 1-1의 교차점 X를 찾아낸다.

● 교차점 X를 첫 번째 레일의 진로변경선까지 평행으로 이동시키면(선분 2) 그 지점이 바로 첫 번째 입사점이 된다.

5.2-1과 5.2-2는 십자 측정 시스템을 이용한 '2뱅크 밖으로 걸어 치기'와 '3뱅크 테이블 횡단 샷'을 표현한 것이다. 첫 번째와 두 번째 입사점은 물론, 모든 가상선분의 기준점들이 진로변경선상에 위치한다는 것을 알 수 있다.

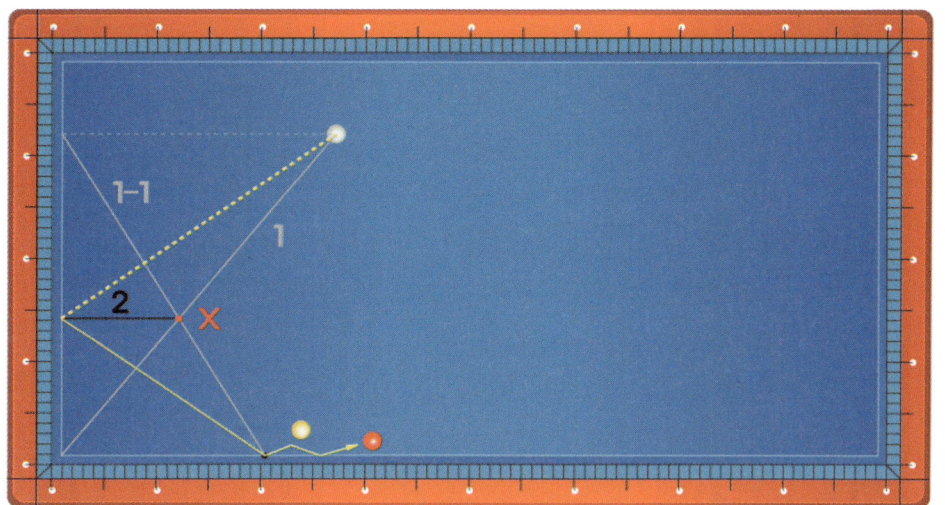

5.2-1 십자 측정 시스템을 이용한 2뱅크 밖으로 걸어 치기

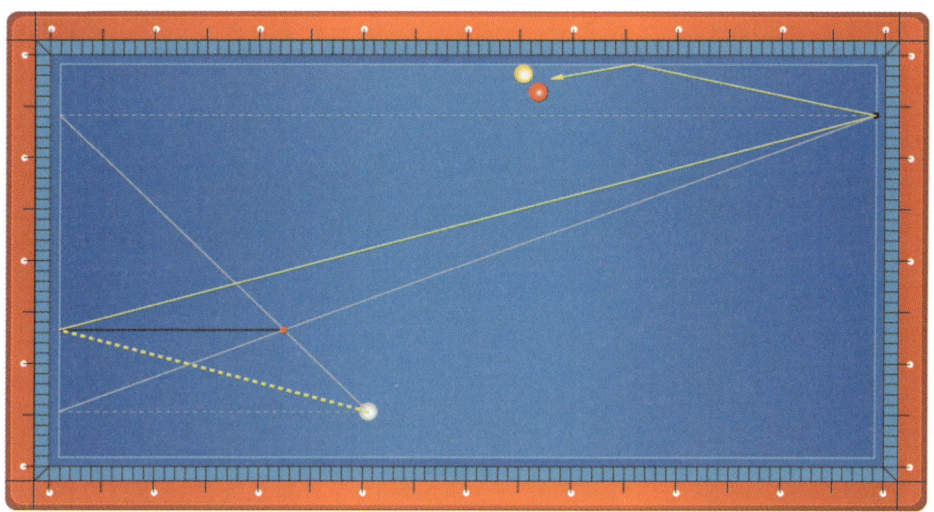

5.2-2 십자 측정 시스템을 이용한 3뱅크 테이블 횡단

5.3 7[7]

클레이사격 시스템과 번 시스템을 합친 광범위한 영역을 커버하며, 등각 시스템의 특성상 최종 입사점은 두 스프레드 시스템보다 조금씩 길게 설정되어 있다.

'7'이라는 명칭은 숏 레일에 포함된 최종 입사점을 7개로 구분하고, 그 중앙에 수치가 7인 특징을 상징한다.

A 포인트

프레임 포인트만 사용하며, 포인트별 수치는 5.3-1과 같다.

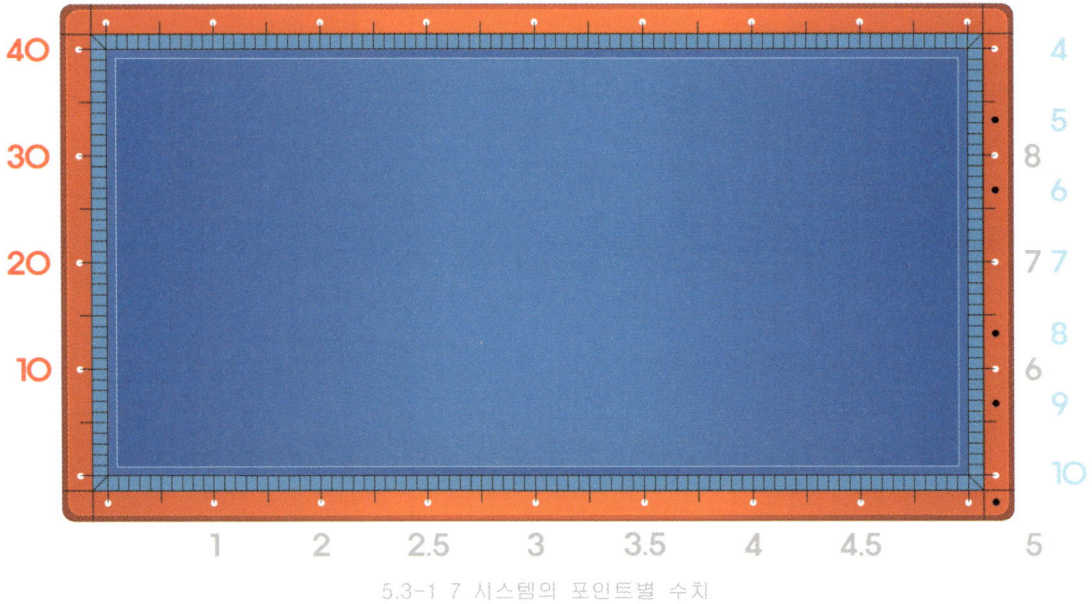

5.3-1 7 시스템의 포인트별 수치

큐볼 출발점의 수치가 도쿄 연결 시스템과 거의 유사하다. 롱 레일의 첫 번째 포인트가 1.3이 아닌 1, 숏 레일의 마지막 포인트가 9가 아닌 8이라는 것만 다르다.

B 방정식

'COfp × 3fp = 1fp'가 된다.

운용은 까다로운 것이 없으니 5.3-2와 5.3-3으로 설명을 대신한다.

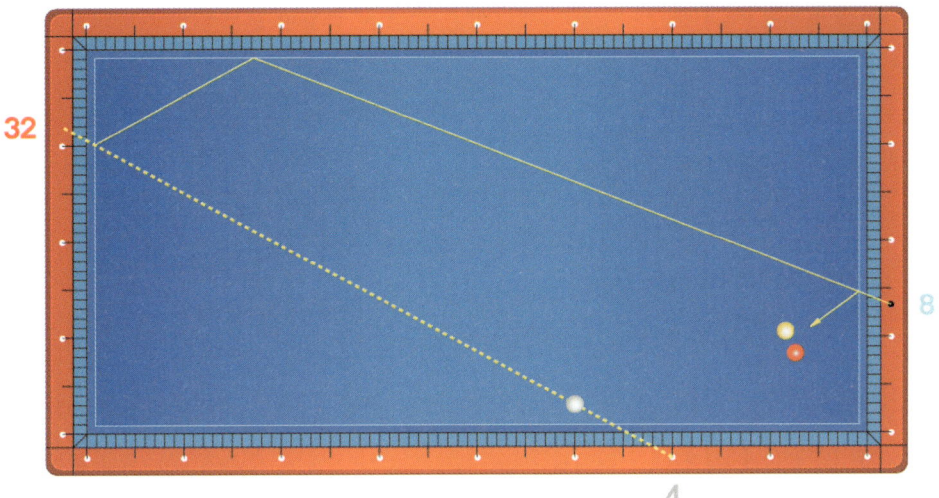

5.3-2 큐볼 출발점 4, 최종 입사점 8의 진로

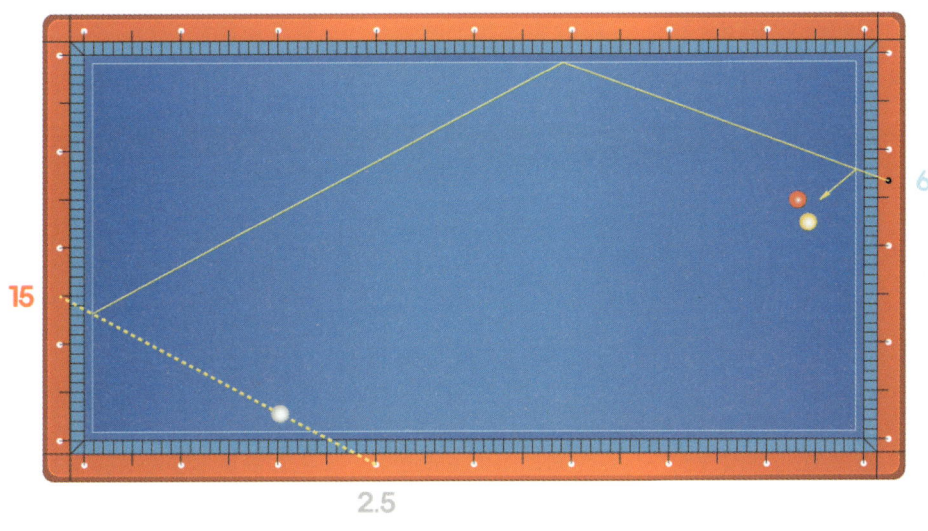

5.3-3 큐볼 출발점 2.5, 최종 입사점 6의 진로

5.4 1/2에 1 [1 by Half]

노 잉글리시 시스템이지만 진로에 따라 약간의 횡 비틀기를 설정한다는 점에서 잉글리시 시스템의 특성이 가미돼있다고 할 수 있다. 다만 횡 비틀기의 용도가 레일 잉글리시의 효과를 조절하는 것이므로, 잉글리시 시스템의 능동적 타점이동과는 본질적인 차이가 있다.

1/2에 1이란 명칭은 기준정렬선을 하나씩 옮길 때마다 타점을 1/2팁씩 이동시키는 시스템의 특성을 반영한 것이다.

A 포인트

프레임 포인트와 레일 포인트를 함께 사용하며, 수치는 따로 부여하지 않는다. 다만 기준정렬선과 최종 입사점에 타점설정에 대한 정보가 붙는다.

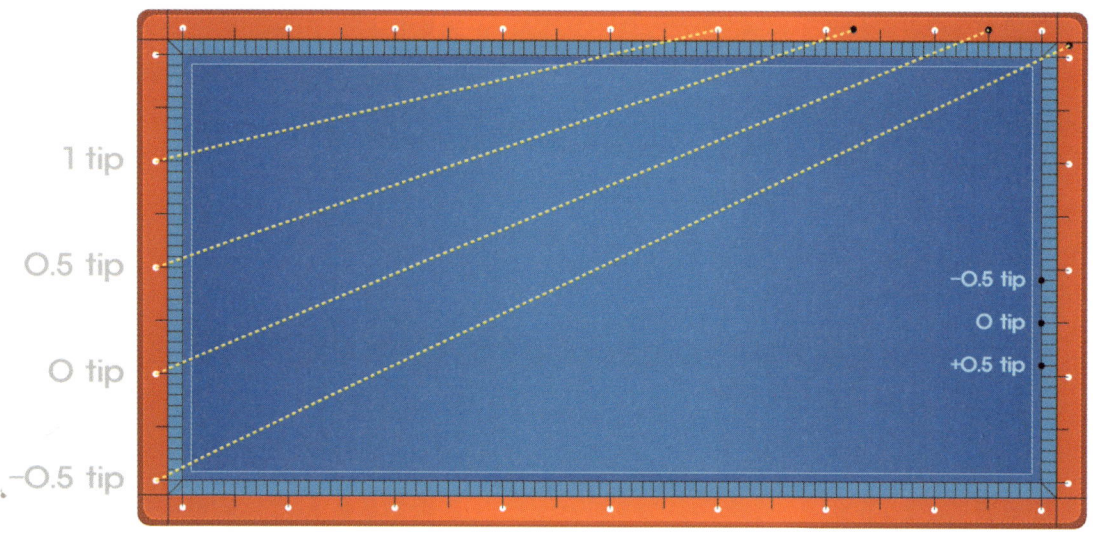

5.4-1 1/2에 1시스템의 정렬선 및 최종 입사점별 타점정보

주의해야 할 포인트는 첫 입사점의 위치인데, 하단의 첫 번째 기준정렬선에서는 완전한 코너, 두 번째 기준정렬선에서는 5, 세 번째 기준정렬선에서는 17.5, 네 번째 기준정렬선에서는 30이 된다. 최종 입사점은 레일 포인트 15를 기준으로 4를 빼거나 더한 지점이다.

B 타점 및 방정식

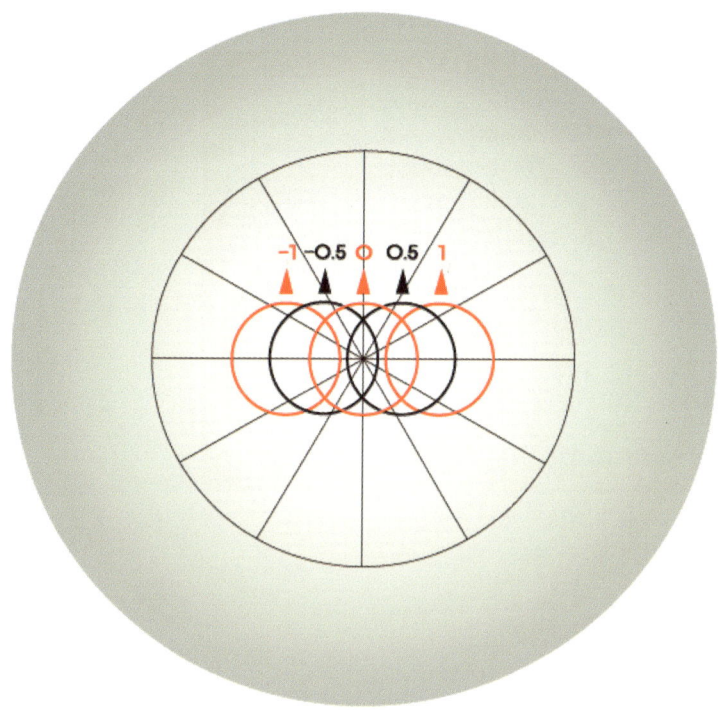

5.4-2 1/2에 1 시스템의 타점별 수치

타점이동의 방위는 3시 (혹은 6시)이며, 최대 1.5 팁을 초과하지 말아야 한다.

0팁을 기준으로 1/2팁씩 이동할 때마다 역 비틀기 방향에는 -0.5, 순 비틀기 방향에는 +0.5의 수치가 부여된다.

별도의 방정식은 없고, 큐볼의 위치에 맞는 기준 정렬선의 타점정보와 오브젝트볼의 위치에 맞는 최종 입사점의 타점정보를 합산해 타점을 결정하는 방식이다.

5.4-3의 경우는 큐볼이 -0.5타점의 정렬선상에 위치하고 오브젝트볼이 0타점의 최종 입사점에 위치하므로, -0.5타점을 설정하면 되는 것이다. 첫 입사점에 도달한 큐볼이 2.5~3레일 스피드가 되도록 조절하되, 롱 스트록을 구사해야 큐볼이 중도에 멎어버리는 일이 없다.

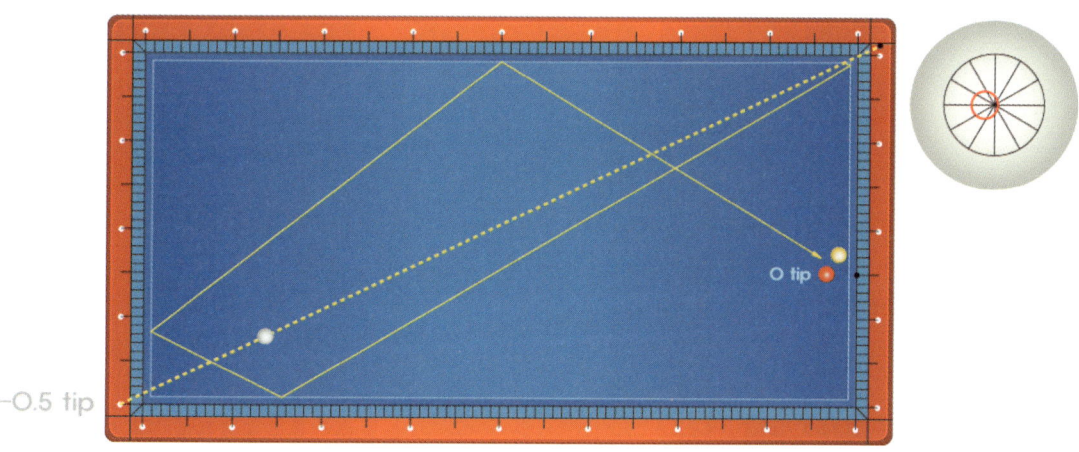

5.4-3 정렬선 -0.5, 최종 입사점 0의 타점설정

5.4-4는 큐볼이 0타점의 정렬선상에 위치하고 오브젝트볼이 +0.5타점의 최종 입사점에 위치하므로, +0.5타점을 설정해준다.

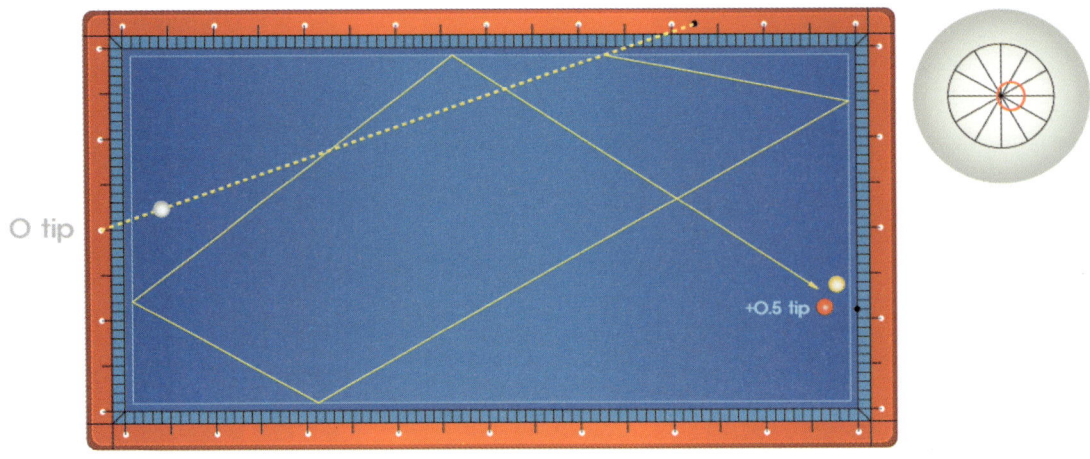

5.4-4 정렬선 0, 최종 입사점 +0.5의 타점설정

5.5 플러스 5 Plus 5

　매우 특이한 구조를 지닌 시스템으로, 안정된 스트록이 갖춰진 상태라면 난감한 상황을 멋지게 극복할 수 있는 무기가 된다.

　'플러스 5'라는 명칭은 세 번째 입사점이 큐볼 출발점에 5를 더한 지점에 형성된다는 특성에 기인할 뿐, 플러스 시스템과는 무관하다.

A 포인트

　프레임 포인트와 레일 포인트를 함께 사용하며, 포인트별 수치는 5.5-1과 같다.

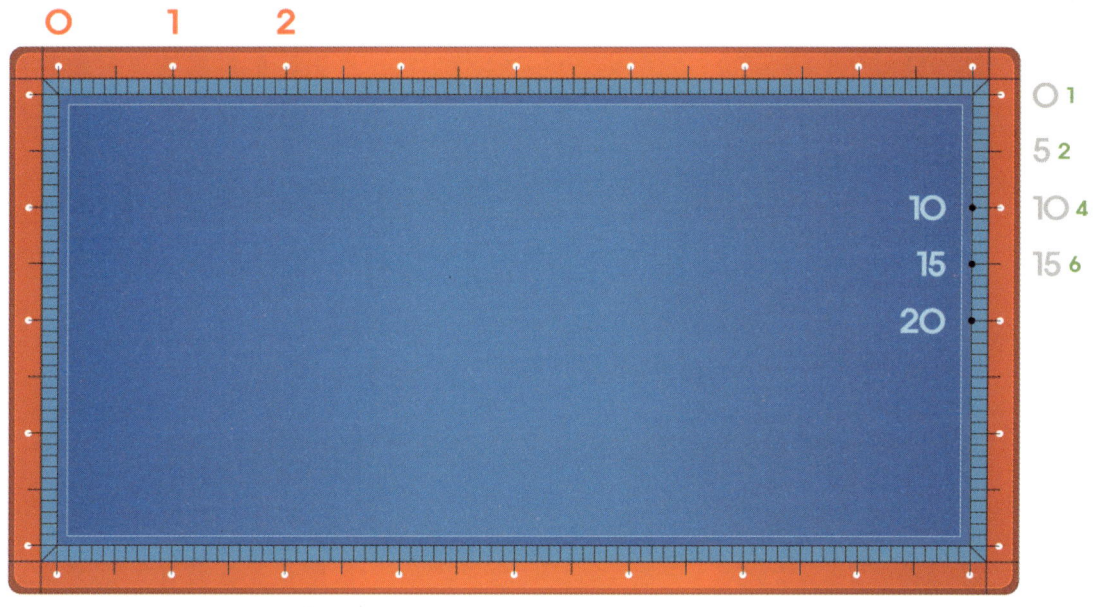

5.5-1 플러스 5 시스템의 포인트별 수치

　입사점에 따로 부여된 녹색의 수치는 자체보정을 위한 것으로, 첫 입사점이 0이 아닌 경우에 사용된다.

B 방정식

　보정치를 'An'이라 했을 때 방정식은 'COfp + 5 + (1fp × An) = 3rp'가 된다.

그러나 정작 중요한 것은 세 번째 입사점이 아니다. 세 번째 입사점이 목표라면 5와 1/2이나 더블 레일, 접시 시스템 등으로 해결할 수 있기 때문이다. 따라서 플러스 5 시스템의 최종 입사점은 네 번째라고 할 수 있으며, 산출방법은 큐볼 출발점을 맞은편 숏 레일로 옮겨 세 번째 입사점의 수치를 더해주는 것이다.

5.5-2는 큐볼 출발점 5, 첫 입사점 0으로, 세 번째 입사점은 5 + 5, 즉 10에 형성되고, 네 번째 입사점은 큐볼 출발점을 맞은편 숏 레일로 옮긴 위치에서 세 번째 입사점 10을 더한 지점이 된다.

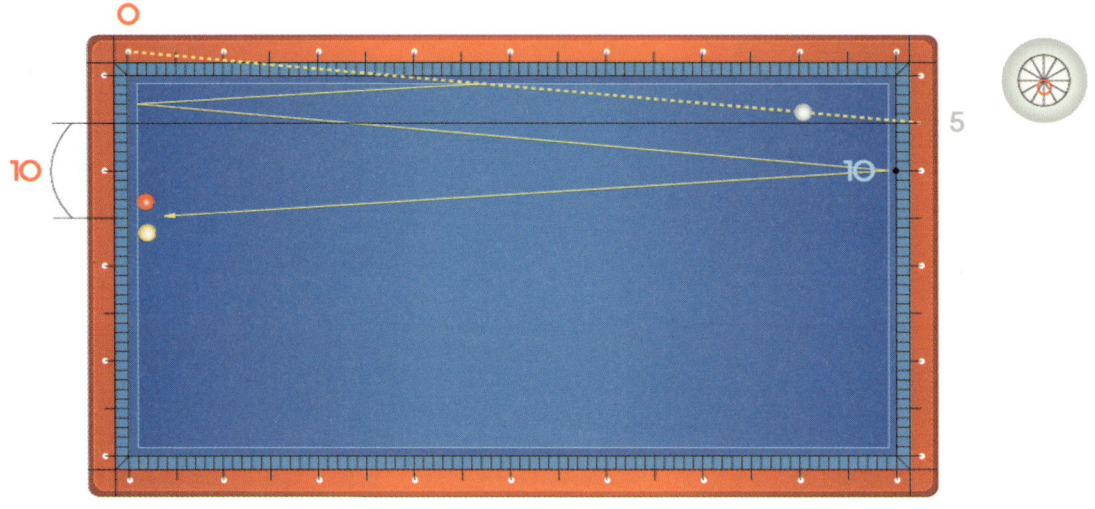

5.5-2 큐볼 출발점 5, 첫 입사점 0의 진로

5.5-3과 5.5-4는 큐볼 출발점 10, 15의 경우를 표현한 것이다. (출발점이 15를 넘어가면 시스템은 성립되지 않는다.)

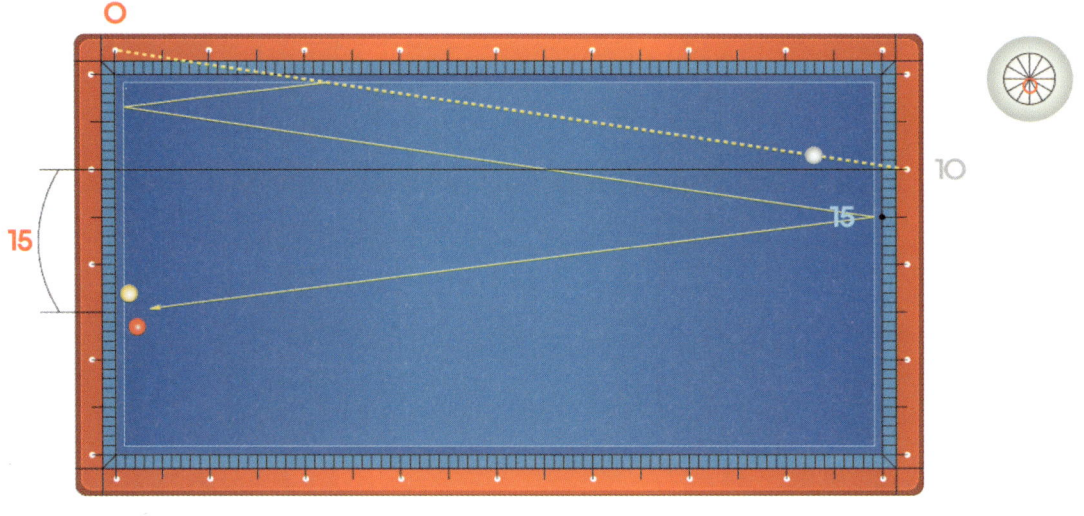

5.5-3 큐볼 출발점 10, 첫 입사점 0의 진로

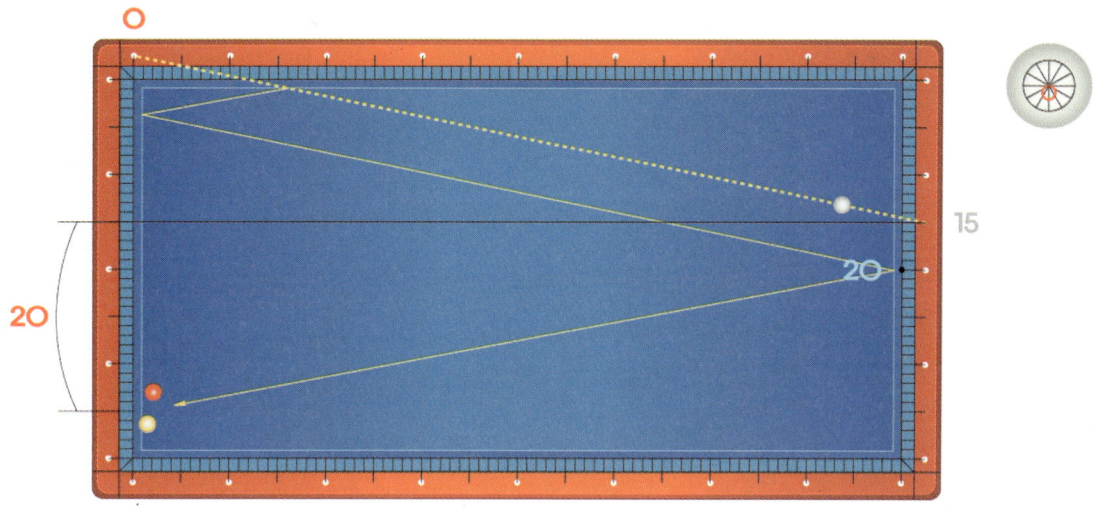

5.5-4 큐볼 출발점 15, 첫 입사점 0의 진로

실전에서 운용할 땐 큐볼 출발점을 맞은편으로 옮겨 COfp + 5를 더한 수치와 실제 오브젝트볼의 위치가 맞아떨어지는지 확인해야 한다. 만일 오브젝트볼의 위치가 (COfp × 2) + 5에 못 미친다면 시스템의 한계를 벗어난 것이다. 그런 경우엔 뒤에 소개될 '99에서 1까지 시스템$^{99\ to\ 1\ system}$'을 적용해야 한다.

반대의 경우라면 첫 입사점을 조정함으로써 보정이 가능하다. 5.5-5와 같이 큐볼 출발점 10에서는 보정치가 ×4가 되므로, 첫 입사점을 2로 설정하면 세 번째 입사점은 10 + 5 + (2 × 4)가 되는 것이다.

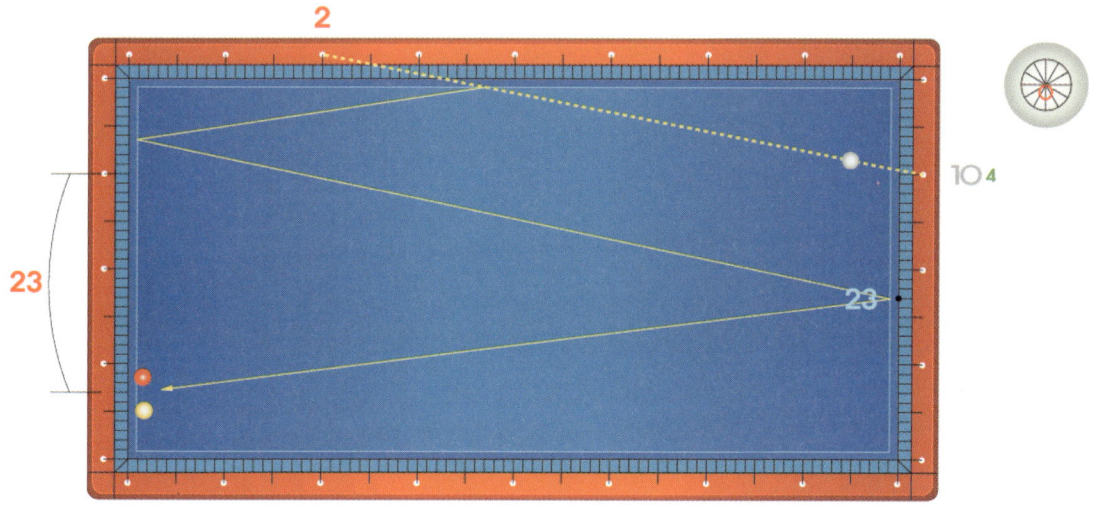

5.5-5 플러스 5 시스템의 자체보정

시스템-등각 시스템   285

5.6 플로리다 예비 Florida Backup

플러스 5 시스템의 사촌이라 할 만한 시스템이다. 플러스 5 시스템의 최종 입사점이 숏 레일에 형성되는 것에 비해, 플로리다 예비 시스템의 최종 입사점은 롱 레일에 형성된다. 각자의 고유영역이 분명한 셈이다.

'플로리다'는 시스템을 처음 제창한 플레이어가 플로리다 출신이어서, '예비'는 여타 시스템이 못 미치는 진로를 커버한다는 의미에서 붙여진 명칭으로 추정된다.

A 포인트

지그재그 시스템과 마찬가지로 큐볼 출발점에 별도의 보정치가 부여된다. 프레임 포인트만 사용하며, 포인트별 수치는 5.6-1과 같다.

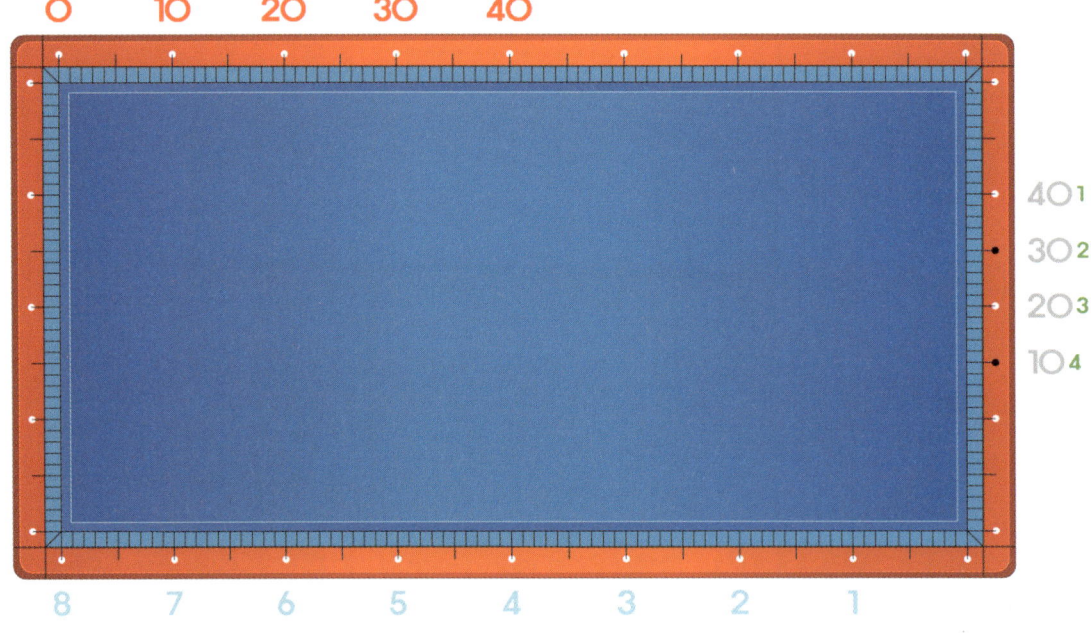

5.6-1 플로리다 예비 시스템의 포인트별 수치

B 방정식

보정치를 'An'이라 했을 때, 방정식은 'COfp − (4rp × An) = 1rp'가 된다.

운용할 때 주의할 점은 첫 입사점에서 입사각과 반사각을 동일하게 유지하는 것이다. 등각 시스템이므로 당연한 얘기지만, 입사각이 워낙 작아서 약간의 구름관성만으로도 최종 진로가 크게 어긋날 수 있다는 점에 유의해야 한다.

5.6-2와 5.6-3은 플로리다 예비 시스템의 실전응용을 표현한 것이다.

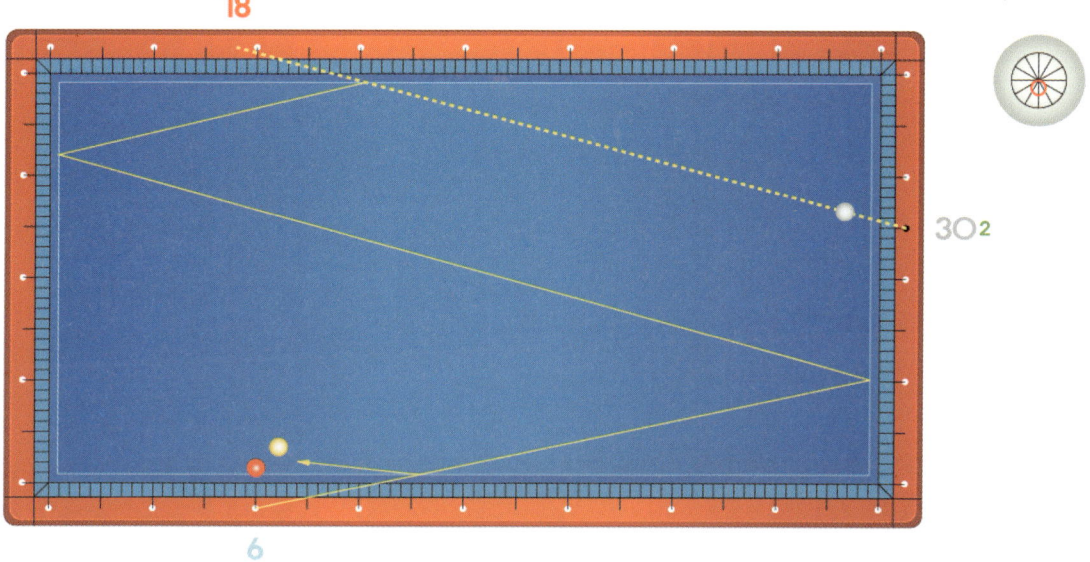

5.6-2 큐볼 출발점 30, 최종 입사점 6의 진로

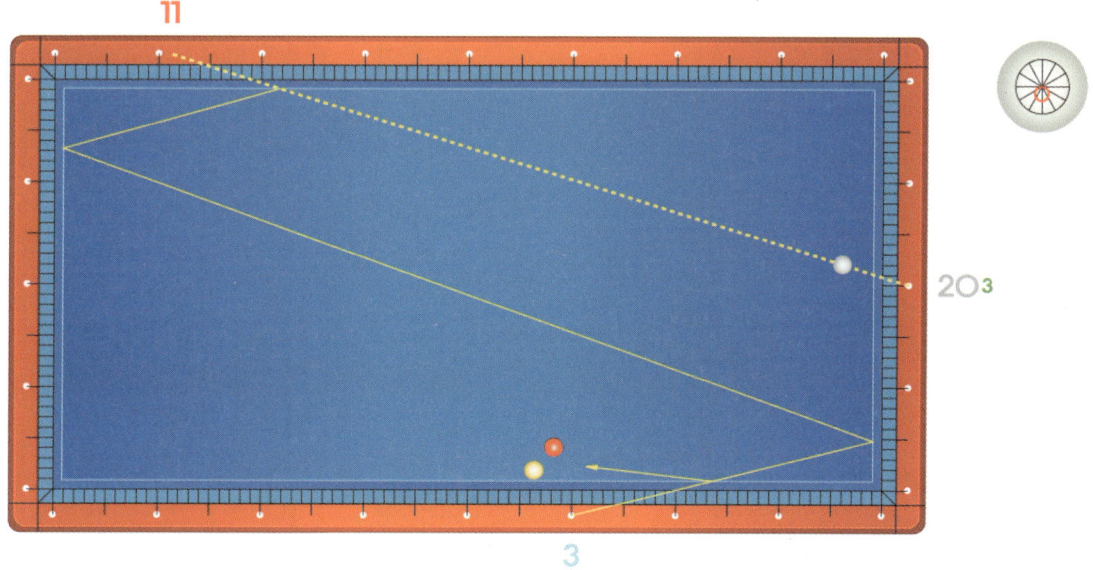

5.6-3 큐볼 출발점 20, 최종 입사점 3의 진로

5.7 마이너스 5 Minus 5

 5와 1/2 시스템의 훌륭한 보조 시스템으로, 특정 영역에서 복잡한 계산을 생략하고 간편하게 운용할 수 있다. 입사각 자체가 퍼짐현상이 극대화되는 영역에 속해 있어서 반사각은 다소 줄어들게 된다.

 '마이너스 5'란 명칭은 방정식의 특성을 반영한 것이다.

A 포인트

 프레임 포인트와 레일 포인트를 함께 사용하며, 첫 입사점에 레일 포인트를 사용한다는 점이 특이하다. 포인트별 수치는 5.7-1과 같다.

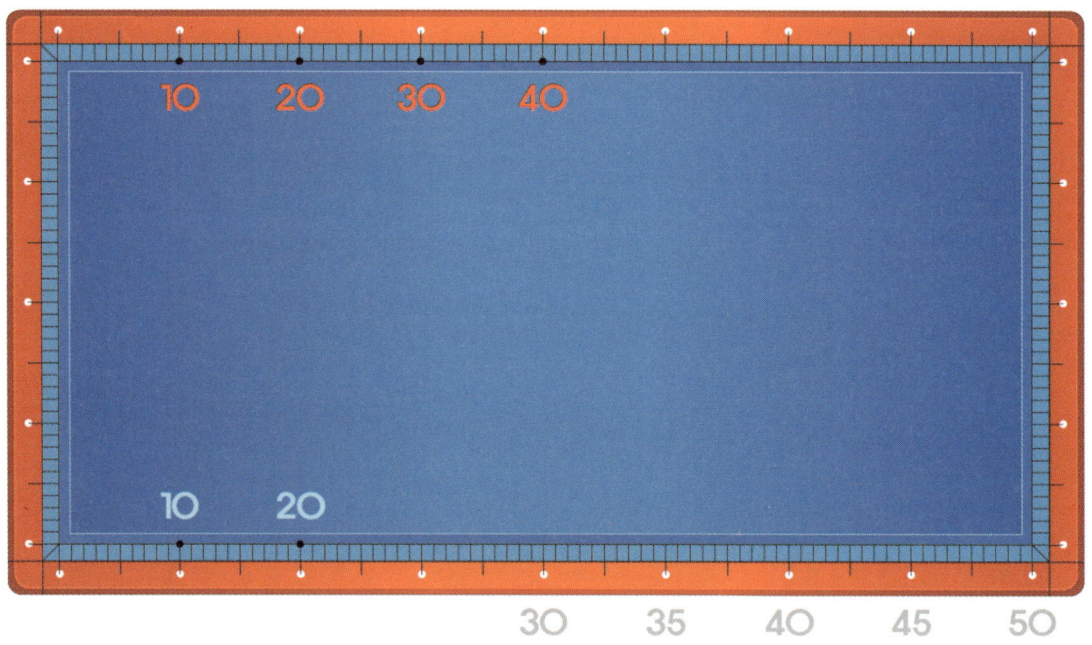

5.7-1 마이너스 5 시스템의 포인트별 수치

B 방정식

 앞서 언급한대로 방정식은 'COfp - 3rp - 5 = 1rp'가 된다. 운용상 특별히 주의할 점은 없으므로 5.7-2로써 설명을 대신한다.

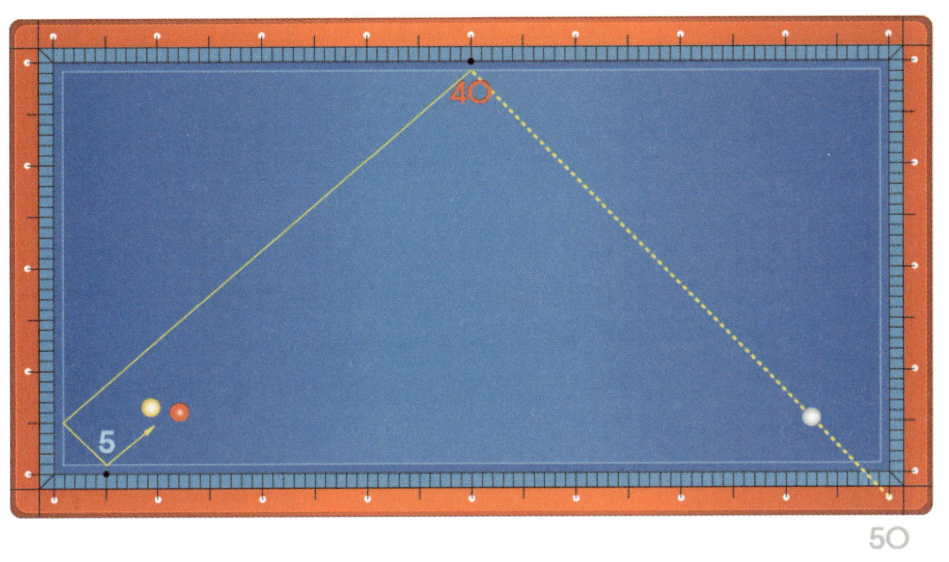

5.7-2 큐볼 출발점 50, 세 번째 입사점 5의 진로

5.8 3과 4 ³ and ⁴

 순 비틀기가 배제된 큐볼이 오브젝트볼과 충돌한 뒤 숏 레일 → 롱 레일 → 숏 레일로 진행하는 샷을 '길게 치기'라 하는데, 보기엔 단순해도 만만치가 않다. 길게 치기를 위한 시스템은 몇 가지가 있지만, 그 중 오브젝트볼2가 네 번째 입사점에 가까운 경우를 담당하는 것이 바로 3과 4 시스템이다.

 '3과 4'라는 명칭은 정렬에 대한 시스템의 특성을 반영한 것이다. 한 포인트를 10으로 계산한다는 것 외엔 암기해야 할 수치나 방정식은 따로 없으며, 운용 요령은 다음과 같다.

🔴 원하는 네 번째 입사점(레일 포인트)에서 세 번째 레일까지의 거리를 측정한다.

🔴 두 번째 레일에서 측정한 거리의 절반만큼 떨어진 지점에 기준점(프레임 포인트)을 정한다.

🔴 네 번째 입사점과 기준점을 연결한 선이 기준정렬선이 된다.

🔴 큐볼이나 가상 큐볼이 기준정렬선의 왼편에 위치하면 출발점(레일 포인트)이 네 번째 입사점에서 10만큼 벗어날 때마다 첫 입사점(레일 포인트)은 기준점의 레일 포인트에서 3씩 이동시킨다.

🔴 큐볼이나 가상 큐볼이 기준정렬선의 오른편에 위치하면 출발점(레일 포인트)이 네 번째 입사점에서 10만큼 벗어날 때마다 첫 입사점(레일 포인트)은 기준점의 레일 포인트에서 4씩 이동시킨다.

 언뜻 보기엔 복잡할 것 같지만 전혀 그렇지 않다. 5.8-1은 3과 4 시스템을 이용한 길게 치기로, 가상 큐볼이 기준정렬선의 왼편에 위치한 경우다. 회색 실선은 기준정렬선, 적색 점선은 가상 큐볼의 위치가 반영된 정렬선이며, 레일에 녹색으로 채색된 부분은 시스템이 안정돼있는 영역을 나타낸다.

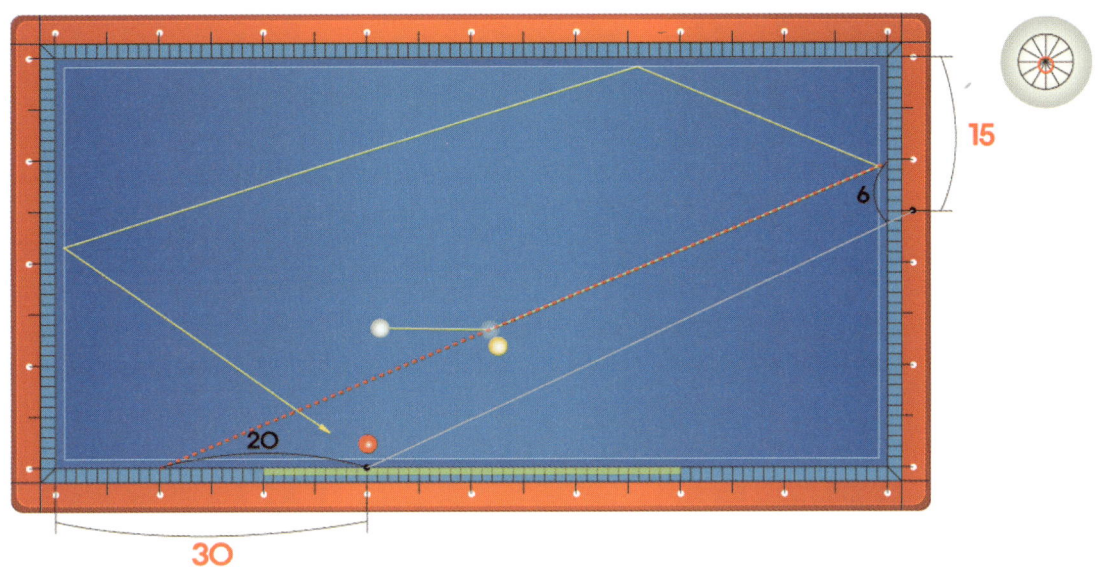

5.8-1 3과 4 시스템을 이용한 길게 치기

5.8-2는 3과 4 시스템을 이용한 3뱅크 레일-퍼스트 샷으로, 큐볼이 기준정렬선의 오른편에 위치한다.

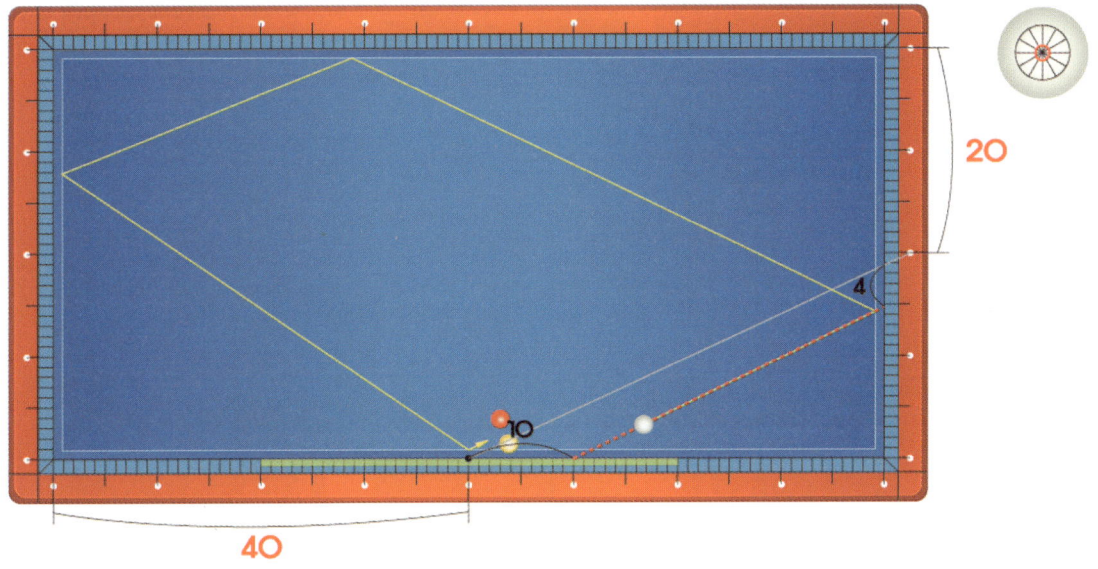

5.8-2 3과 4 시스템을 이용한 3뱅크 레일-퍼스트 샷

5.9 99에서 1까지 99 to 1

난감한 상황을 극복할 수 있는 또 하나의 무기로, 플로리다 예비, 플러스 5 시스템과 병용하면 상당한 영역을 커버할 수 있다. 99에서 1까지 시스템이 나머지 두 시스템과 다른 점은 세 번째 입사점까지 선회진로를 가진다는 것이다.

유감이지만 명칭의 유래에 대해선 필자도 아는 바가 없다.

A 포인트

프레임 포인트와 레일 포인트를 함께 사용하며, 포인트별 수치는 5.9-1과 같다.

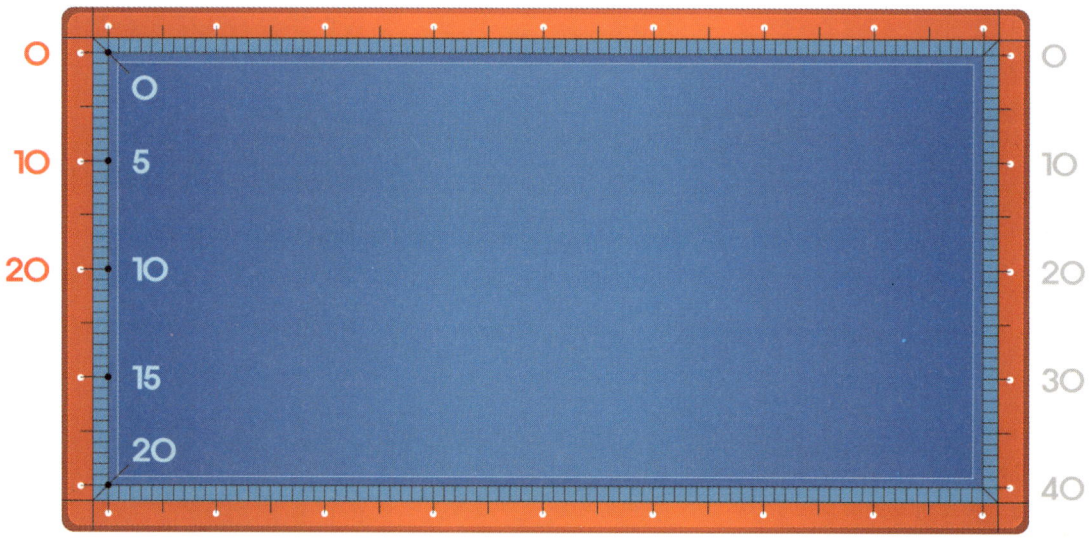

5.9-1 99에서 1까지 시스템의 포인트별 수치

B 방정식

방정식은 'COfp - 4rp = 1fp'가 된다.

※ 큐볼 출발점의 수치가 네 번째 입사점의 수치보다 작거나, 오브젝트볼이 첫 입사점을 가리고 있으면 시스템은 성립되지 않는다.